福建省优秀出版项目

丛书主编/连榕

家庭教育原理与操作指导手册

（初中版）

林荣茂 主编

海峡出版发行集团
福建教育出版社

图书在版编目（CIP）数据

家庭教育原理与操作指导手册：初中版/林荣茂主编．—福州：福建教育出版社，2024.4
（家庭教育指导丛书/连榕主编）
ISBN 978-7-5334-9628-9

Ⅰ．①家… Ⅱ．①林… Ⅲ．①初中生－家庭教育－手册 Ⅳ．①G782-62

中国国家版本馆CIP数据核字（2023）第043120号

家庭教育指导丛书
丛书主编　连榕

Jiating Jiaoyu Yuanli Yu Caozuo Zhidao Shouce（Chuzhong Ban）

家庭教育原理与操作指导手册（初中版）
林荣茂　主编

出版发行	福建教育出版社
	（福州市梦山路27号　邮编：350025　网址：www.fep.com.cn）
	编辑部电话：0591-83763885
	发行部电话：0591-83721876　87115073　010-62024258）
出 版 人	江金辉
印　　刷	福州万达印刷有限公司
	（福州市闽侯县荆溪镇徐家村166-1号厂房第三层　邮编：350101）
开　　本	787毫米×1092毫米　1/16
印　　张	21
字　　数	400千字
插　　页	2
版　　次	2024年4月第1版　2024年4月第1次印刷
书　　号	ISBN 978-7-5334-9628-9
定　　价	52.50元

如发现本书印装质量问题，请向本社出版科（电话：0591-83726019）调换。

编 委 会

丛书主编：连　榕

丛书副主编：孟迎芳　林荣茂　缪佩君

本册主编：林荣茂

本册副主编：林永乐　缪剑峰　叶思思

编者名单（按姓氏拼音排列）：

蔡文佳　陈春林　陈丽华　陈细珠　陈秀平　丁美爱
郭　清　何成勇　洪慧芳　胡　婷　黄发森　李　远
廖潭林　林　楠　林荣茂　林永乐　林　榆　刘建榕
刘永欣　缪剑峰　钱锦彬　邱洁英　沈逸琳　苏晓岑
肖小龙　叶思思　伊　岚　余雪婷　张　静　郑婉瑜
郑艳春　朱　林　邹筱清　左晓荣

前　言

党和政府非常重视和强调家庭教育工作。习近平总书记强调，家庭是人生的第一所学校，家长是孩子的第一任老师，要给孩子讲好"人生第一课"，帮助扣好人生第一粒扣子；要重视家庭建设，注重家庭、注重家教、注重家风，全社会都要担负起青少年成长成才的责任。2022年1月1日起，《中华人民共和国家庭教育促进法》开始施行，这既是大力弘扬中华民族家庭美德的法治体现，也是促进未成年人健康成长和全面发展的法治保障。

父母可能是唯一不需要持证上岗且受鼓励的"职业"。随着我国社会主要矛盾转化为人民日益增长的美好生活需要和不平衡不充分的发展之间的矛盾，社会和家庭对高质量教育的需求更为迫切，如何做一个合格的、胜任的父母成为每一位家长的必修课。但是，由于我国现代化家庭教育指导工作刚刚起步，家庭教育指导资源和专业人员非常匮乏，家长们"自然"获得了这一身份和职业，但缺乏相应的家庭教育知识和技能，在教育孩子时遇到困惑和烦恼无处咨询、无法有效解决等问题已凸显。

为进一步普及家庭教育知识，提升家庭教育的科学性、有效性和可操作性，在福建省委教育工委的指导下，我们组织编写了这套"家庭教育指导丛书"。该套丛书具有两个特点：一是注重差异性和针对性。我们首先根据不同年龄阶段孩子的发展特点和家庭教育的不同侧重点，将丛书各册分为幼儿版、小学版、初中版和高中版，以期更好地反映不同年龄阶段孩子的差异性，提高家庭教育的针对性。二是注重理论性与实操性。各册分为原理篇和操作篇两部分：原理篇结合具体实例，通过通俗易懂的语言描述不同年龄段孩子心理发展的特点、规律，提出家庭教育的基本要领，以期帮助家长快速建构家庭教育的基本知识和认知结构；操作篇搜集了家庭教育中的常见问题，以问题形式，通过具体案例，简述案例背后的原因，给予具体的操作指导和教育提升。本套丛书既可以作为家庭教育的指导用书，也可以作为家庭教育指导师培训的教学用书或参考资料。

本分册原理篇参编人员：林荣茂、刘建榕、林楠、沈逸琳、胡婷、余雪婷。操作篇参编人员：林荣茂、朱林、陈丽华、林榆、郑婉瑜、钱锦彬、丁美爱、叶思思、伊岚、陈秀平、陈春林、蔡文佳、肖小龙、陈细珠、林永乐、郑艳春、洪慧芳、郭清、廖潭林、苏晓岑、黄发森、邱洁英、何成勇、邹筱清、左晓荣、李远、刘永欣、缪剑峰、张静。原理篇由林荣茂拟定，并进行审核和修改；操作篇由林荣茂、林永乐、缪剑峰和叶思思拟定、审核和修改。丛书主编连榕审校了最终稿。

本书在编写过程中参阅了相关文献，在此向原作者致以诚挚的谢意。由于时间和精力有限，书中可能尚存一些纰漏，敬请广大读者批评指正。

编者

2024 年 4 月

目　录

第一部分　原理篇

第一章　心理与心理发展

第一节　心理与生活 …………………………………………………… 3
第二节　心理发展的实质 ……………………………………………… 9
第三节　心理发展的理论 ……………………………………………… 15

第二章　初中生认知发展

第一节　感知觉与注意的发展 ………………………………………… 22
第二节　记忆的发展 …………………………………………………… 30
第三节　思维与想象的发展 …………………………………………… 35

第三章　初中生社会性发展

第一节　情绪、情感与自我意识的发展 ……………………………… 43
第二节　道德与人格的发展 …………………………………………… 50
第三节　人际关系的发展 ……………………………………………… 57

第四章　家庭教育的作用

第一节　家庭教育的影响 ……………………………………………… 66

第二节　家庭教育的促进 ·· 75

第二部分　操作篇

主题一　生命与生活

问题 1：孩子有自虐的倾向，为什么，怎么办？ ···················· 87
问题 2：如何与孩子探讨生命与死亡的相关话题？ ················ 90
问题 3：当孩子在学习和生活中遭受挫折时，该如何帮助他？ ··· 93
问题 4：孩子沉迷于网络游戏，怎么办？ ····························· 96
问题 5：如何让孩子"知戒惧、存敬畏"？ ···························· 99
问题 6：孩子秒变"老手"，怎么办？ ································· 100
问题 7：孩子变得抑郁了，怎么办？ ·································· 104
问题 8：孩子出现心理问题了，怎么办？ ··························· 107
问题 9：孩子谈及自杀，怎么办？ ···································· 109
问题 10：如何和孩子谈钱？ ·· 112
问题 11：如何帮助孩子建立对时间的自我感知？ ················ 114
问题 12：孩子遭受校园霸凌，怎么办？ ···························· 117
问题 13：如何让孩子学会科学运动，放松心态？ ················ 120
问题 14：如何帮助孩子做好时间管理？ ···························· 122
问题 15：如何培养孩子做事有条理的好习惯？ ··················· 125

主题二　亲子关系与沟通

问题 1：如何和孩子建立良好关系？ ································· 128
问题 2：面对亲子冲突，该如何应对？ ······························ 130
问题 3：该如何说，孩子才肯听？ ···································· 132
问题 4：该如何听，孩子才肯说？ ···································· 134
问题 5：如何活学活用非暴力沟通？ ································· 137
问题 6：如何巧用人际法则化解沟通难题？ ························ 140

问题7：孩子没有遵守协议时，该如何与他沟通？ ········· 143

问题8：当孩子犯错时，该如何与他沟通？ ············· 146

问题9：孩子任性胡闹发脾气，该如何与他沟通？ ········· 149

问题10：孩子拒绝与家长沟通，怎么办？ ·············· 152

问题11：如何解开孩子受伤的心结？ ················· 154

问题12：孩子遇到问题宁愿求助网友，不愿意找父母，为什么，怎么办？ ···
··· 157

问题13：孩子留守在家，异地父母该如何与孩子联系和沟通？ ····· 159

问题14：孩子遭受委屈向父母倾诉时，该如何有效安慰？ ······· 162

问题15：孩子出现青春期恋爱时，该如何与他沟通？ ········· 164

主题三 学习与成长

问题1：如何帮助孩子正确应对挫折？ ················ 168

问题2：如何帮助孩子科学设定目标？ ················ 170

问题3：如何帮助孩子正确认识自我？ ················ 173

问题4：如何帮助孩子正确看待异性间的好感？ ··········· 176

问题5：如何帮助孩子找到适合的学习风格？ ············ 178

问题6：如何帮助孩子选择良友？ ··················· 181

问题7：孩子学习成绩退步了，是因为他近期不努力了吗？ ····· 184

问题8：如何培养孩子成长型思维模式？ ··············· 188

问题9：如何引导孩子做个幸福的中学生？ ·············· 190

问题10：如何激发孩子的学习内驱力？ ················ 193

问题11：如何帮助孩子处理好学习和班干部工作或其他兴趣活动的关系？ ···
··· 195

问题12：如何引导孩子处理好同伴交往与竞争的关系？ ······· 198

问题13：孩子考前心态不好，怎么办？ ················ 201

问题14：孩子不能接受现实自我与理想自我的差距，应如何引导？ ········ 204

问题15：如何培养孩子的自我反思能力？ ·············· 207

主题四　品德与个性

问题1：如何发现孩子的天赋并促进其成长为优势？ …………… 210
问题2：如何培养孩子的责任感？ …………………………………… 213
问题3：青春期孩子抽烟、喝酒，应如何引导？ ………………… 215
问题4：如何发现孩子的心理类型？ ……………………………… 217
问题5：面对网络谣言，家长如何帮助孩子理性看待？ ………… 220
问题6：如何在学习中培养孩子学会吃苦耐劳？ ………………… 223
问题7：如何引导孩子"三思而后行"？ …………………………… 226
问题8：如何让孩子拥有感恩的心？ ……………………………… 228
问题9：孩子爱打架，怎么办？ …………………………………… 231
问题10：孩子学习拖延，怎么办？ ………………………………… 233
问题11：家长如何帮助孩子塑造决战未来的领导力？ …………… 236
问题12：孩子受挫能力差，怎么办？ ……………………………… 239
问题13：如何让孩子区分个性和叛逆？ …………………………… 242
问题14：如何让孩子学会尊重他人？ ……………………………… 244
问题15：如何培养孩子的乐观精神？ ……………………………… 247

主题五　家教与家风

问题1：家庭关系序位对孩子的成长有何影响？ ………………… 250
问题2：长辈太宠孩子，怎么办？ ………………………………… 252
问题3：父母教育观念不一致，怎么办？ ………………………… 255
问题4：父母该如何克服自身文化不足的问题，引导孩子好好学习？ …… 257
问题5：如何为孩子营造良好的学习环境？ ……………………… 259
问题6：如何营造"热爱读书"的家庭氛围？ …………………… 261
问题7：如何培养初中生良好的学习习惯？ ……………………… 264
问题8：夫妻吵架应避开孩子，为什么？ ………………………… 266
问题9：家暴会遗传吗？ …………………………………………… 269
问题10：孩子抱怨父母偏心，怎么办？ …………………………… 271

问题11：为什么用同样的方式教养两个孩子，结果却不同？ ……… 273
问题12：该如何与孩子聊天？ ……………………………………… 275
问题13：父母如何为孩子营造和谐、平等、美好的家庭环境？ … 278
问题14：夫妻关系会影响到孩子吗，为什么，怎么办？ ………… 281
问题15：家风传承要讲好家庭故事，为什么，怎么做？ ………… 284

主题六 家长自我提升与家校合作

问题1：学了育儿知识，为什么还是教育不好孩子？ …………… 288
问题2：如何面对与孩子之间的代沟？ ……………………………… 290
问题3：如何与班主任有效沟通？ …………………………………… 292
问题4：孩子恋爱了，该如何引导？ ………………………………… 294
问题5：为什么一直表扬孩子，孩子却没有进步？ ………………… 296
问题6：家长如何逐步放手对青春期子女的掌控？ ………………… 299
问题7：初中家长自我提升要做什么，怎么做？ …………………… 301
问题8：如何与老师一起一步步提高孩子的自信心？ ……………… 304
问题9：孩子嫌弃父母，怎么办？ …………………………………… 306
问题10：孩子的问题真的是家长的错吗，为什么，怎么办？ …… 308
问题11：父母的挫败感怎么解？ …………………………………… 310
问题12：如何缓解教育孩子过程中的焦虑？ ……………………… 313
问题13：离异夫妻如何当好父母？ ………………………………… 316
问题14：当孩子抱怨老师时，该如何维护老师的威信？ ………… 319
问题15：该如何和孩子谈论学校的人与事？ ……………………… 321

第一部分　原理篇

第一章 心理与心理发展

◇ 心理学是一门怎样的科学？
◇ 什么是心理发展？个体心理发展有哪些特点？
◇ 个体心理发展的进程是怎样的？
◇ 个体心理发展受哪些因素的制约？
◇ 有哪些经典理论可以解释个体的心理发展？

说到心理学，许多人会说"挺深奥的，不太懂"，是魔术，意念控制，算命？很多人都觉得心理学神秘莫测，看不见又摸不着。其实，心理实质上是人脑的一种功能，也就是人脑对客观事物主观的反映，如一朵花的颜色、形状，这些信息储藏在脑海里就变成了记忆。而心理学就是研究心理现象的一门科学。人们对心理的研究历史悠久，但直到1879年德国心理学家冯特在莱比锡大学建立了世界上第一个心理学实验室，心理学才从哲学中脱离出来，成为一门真正独立的科学。从1879年至今这短暂的百余年发展历程中，心理学不仅在不断地自我发展，在人们生活中的地位也逐渐提高。呼唤健康心灵、注重个体自我实现，不仅是心理学研究的目的，也是孩子成长的目标。

第一节 心理与生活

> ▶ **心理实验**
>
> 1968年的一天，美国心理学家罗森塔尔和他的伙伴们一起来到了一所学校，他们先对小学一至六年级学生进行了一次预测未来发展的智力测验，之后，在各班随机抽取20%的学生作为实验组，并告诉各班级的老师这些

> 学生智力测验得分很高，未来肯定大有成就。实验者将"最有发展前途者"的名单交给了各班级老师，并叮嘱他们务必要保密，以免影响实验的准确性。其实，罗森塔尔撒了一个"权威性谎言"，因为名单上的学生是随便挑选出来的。八个月后，罗森塔尔和助手们对这些学生又做了一次智力测验，结果奇迹出现了：名单上的学生成绩都有了显著进步，他们的智力测验得分也上升了！且个个性格活泼开朗，自信心强，求知欲旺盛，更乐于和别人打交道。

上述例子中，在罗森塔尔和老师等人的热切期待下，那些学生的成绩真的显著进步了。心理学上把这种现象称为罗森塔尔效应，也叫期待效应。那么，这种神奇作用是如何发生的呢？其实，这就是一种心理暗示。研究人员给老师暗示哪些学生会有优异的发展，左右了老师对这些学生的评价，使老师在日常教学中无意间对这些学生传递出热爱和期待，学生感觉被肯定，感到鼓舞和振奋，从而在之后的学习中朝着被期待的方向努力。你们看，这就是心理学在生活中发挥作用的经典例子。不需要高深的技巧，也不是什么窥视人心之术，仅仅是一句赞美、一个肯定，就能满足他人被信任的需要，就会激发和影响一个人的行为。所以，心理学不是电影中高深莫测的领域和学科，相反，它就像我们每天呼吸的空气、喝的水一样，深深地存在于我们的日常生活中，却又常常被人们忽略。心理学就是研究人的行为和心理活动规律的一门科学。

一、生活中的心理现象

生活中，你是否担忧孩子的成长问题？如何让他们的身心健康成长，如何帮助他们面对生活带来的问题和情绪，如何帮助他们养成好习惯、形成规则感？小朋友逐渐长大，心理活动也日渐丰富，和父母的冲突也逐渐增多，父母该如何和孩子形成良好联结，达到有效沟通呢？是否有方法能让孩子提高学习效率、提升学习兴趣呢？网络诱惑那么多，生活环境复杂，要如何教养孩子才不会"长歪"呢？……诸如此类的烦恼和困惑相信是每个父母都会面临的问题。其实，无论是情绪的处理、行为的养成，还是沟通的风格、学习的动力，抑或是道德品质的养成，都属于心理学的研究范畴。每个发展阶段的个体都有特定的心理特点，父母可以通过心理学知识了解孩子的内心、知晓他们的需求，如此"对症下药"，才能建立良好的亲子关系，让孩子们的身心健康发展。下面，我们通过一个小现象来看看心理学在生活中的表现吧！

> **▶心理实验**
>
> 心理学家做过这样一个实验,把一群孩子分为两批,让他们在不同的条件下完成两个具有相同吸引力的绘画游戏。第一种条件是让孩子们自己选择顺序依次完成两个活动;在第二种条件下,孩子们被告知他们如果想要做其中的一个活动,必须先做另一个活动。研究者在暗处观察孩子们在每个活动上各花了多少时间。结果发现,那些自己选择顺序完成两个活动的孩子在两个活动上花的时间相当;而那些先要完成一个活动来达到参与后一个活动的目的的孩子会倾向于避开前一个活动,他们对前一个活动的兴趣已经被破坏了。

为什么会发生上述情况呢?其实,在心理学中,我们为了得到其他东西而实施了某个行为,那么这个行为的价值会被我们低估,这种现象被称为过度辩护效应。本来孩子们做绘画游戏是出于对活动的兴趣,但当这种活动变成达到目的的手段,该行为的动机就从内部原因转为外部原因,从而让孩子们忽略了本身对活动的兴趣和动机。在生活中,家长经常会为了让孩子取得好成绩或有其他好表现而奖励他们,在有些情况下甚至会用某种外部的奖励来"诱惑"孩子努力达成自己的目标。但是家长们渐渐会发现,有时候当撤销奖励时,孩子们学习的动力就减弱甚至消失了。当孩子出于兴趣做某件事时,父母如果给予过多的奖励,就会弱化兴趣对孩子的激励作用,孩子就不再因为"我喜欢数学""我觉得钢琴很有趣"去学习,而是为了"我学了就能得到很多零花钱"去学习。渐渐地,孩子就会变成被奖励推动的被动学习者。

二、心理学的起源与发展

心理学作为一门真正独立的学科,虽然到现在只有百余年的历史,但在这短暂的时光中却获得了惊人的发展,整个心理学界出现了前所未有的学术探讨的繁荣局面,其研究的深度和广度也是史无前例的。在这一百多年的历史发展中,心理学家各立门派,每个学派都在这段历史的某个节点大放光彩,客观而深刻地影响着心理学的发展进程。下面就让我们来了解一下各学派的理论。

(一)刺激与反应的联结——行为主义

1913年,华生为心理学界带来了行为主义,该学派的代表人物还有斯金纳等。该理论确立之初,华生就高举两面反对大旗:反对研究意识、反对内省。他主张用客观方法来研究那些可以被观察、预见,最终可以被科学工作者控制的行为。华生提出了心理研究的基本公式——S-R(刺激-反应),心理学研究行为的任务就是查明刺激和反应之间的规律性关系。行为主义心理学发现的行为习得的规律有经典条件反射、操作性条件反射、社会观察学习。同时，行为主义在心理发展上的观点是典型的环境决定论，认为个体的行为完全是由环境控制和决定的。行为主义强调用客观方法研究行为的观点对心理学的发展具有积极作用，但是该流派过于强调环境对行为的塑造作用，忽视了遗传和意识的影响。

▶心理实验

斯金纳箱

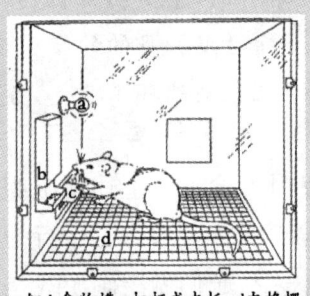

斯金纳箱

心理学家斯金纳设计了一个箱子，箱壁的一边有一个可供按压的控制杆，杆下面有个小孔和外面的食物传送器连接。只要箱内的小白鼠按动控制杆，食物就会通过通道落在食槽里。刚开始时，小白鼠只是无意间碰到控制杆而吃到食物，经过不断地重复后，小白鼠逐渐掌握了按压控制杆与得到食物之间的联结，这只是最初的学习行为。之后，斯金纳对小白鼠进行了更加复杂的训练，如灯亮时按压控制杆才可以得到食物，灯灭则没有。渐渐地，小白鼠也学会了在灯亮时按压控制杆。

（二）探讨无意识——精神分析学派

精神分析学派代表人物有弗洛伊德、荣格、阿德勒。弗洛伊德将人格分为潜意识、前意识和意识三个部分，提出了心理冰山模型。他认为性的欲望是人类最基本的行为动力，而这些欲望都藏在人的潜意识当中。在他看来，露出海面的是可见的意识，在水下的大部分是潜意识，也叫无意识，包括人的原始冲动、各种本能和出生后形成的各种欲望。潜意识是意识的基础，决定着人的大部分行为，而前意识是两者之间的"检察官"，防止潜意识随意进入意识当中。

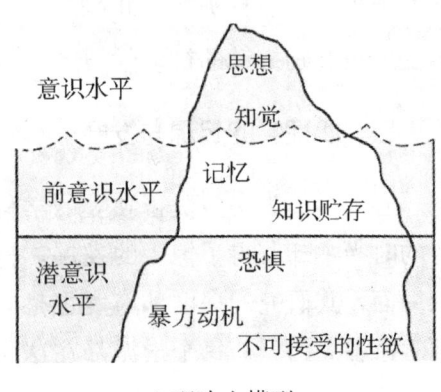

心理冰山模型

> **知识拓展**
>
> 人具有免疫系统来保护我们的身体健康,同样,心理也具有自我防御机制来避免精神疾病,弗洛伊德提出了9种自我防御机制,一起来看看主要的几种吧!
>
> | 压抑 | 主动地将超我不允许的欲望和动机驱逐入潜意识中 |
> |---|---|
> | 投射 | 个体将潜意识存在的,但承认引起焦虑的事转嫁到别人身上 |
> | 反向形成 | 将合乎自己态度的感受用相反的方式显现出来 |
> | 转移或替代 | 将敌意等强烈的情感从最初唤起的对象转移到另一个比较不具有威胁的对象上 |
> | 合理化 | 用自我能接受的理由来代替自己行为的真正理由 |
> | 否认 | 扭曲现实,从而避免面对那些无法解决的问题和无法实现的愿望,来降低焦虑 |
> | 升华 | 将具有威胁性的潜意识冲动转化为可被社会接受的社会性行为 |

(三)信息处理器——认知主义

1967年,美国心理学家奈塞尔发表的《认知心理学》标志着现代认知心理学的诞生。认知主义心理学家认为心理学应该研究认知过程中表现出的各种心理活动,具体包括人的注意、感知觉、记忆、想象、思维、智力和创造力等。奈塞尔指出,认知是感觉输入受到转换、简约、加工、存储、提取和使用的全部过程。认知主义认为人本身就具有丰富的内在资源,并且能够利用这些资源和周围环境发生相互作用。在该理论中,人就像一个信息加工者,接收外来的信息,开始考虑各种可能性,找到最合适的方案,最后付诸行动。

> **知识拓展**
>
> **认知风格**
>
> 认知风格反映了个体在信息加工方式上的偏好。下面是一些常见认知风格的对比,看看你更偏向于哪种认知风格吧!
>
> 1. 场独立型与场依存型。场独立型的个体在判断客观事物时以自己作为参照标准,不容易受外来因素的影响和干扰;相反,场依存型的个体在判断客观事物时以外部作为参照依据,更容易受环境因素的影响,特别容易受权威人士的影响。

2. 沉思型与冲动型。沉思型的个体遇到问题时，往往会先深思熟虑一番，用充足的时间审视各种解决问题的方法，再从中挑选出最佳方案，错误较少；冲动型的个体往往不假思索就对问题迅速作出反应，容易发生错误。

3. 整体型与系列型。整体型个体在解决问题时，倾向于从整体入手，先对问题进行总体分析；系列型个体则常常把重点放在解决系列子问题上，按顺序一个一个解决，直至最后才形成对问题比较完整的看法。

（四）相信你自己——人本主义

人本主义心理学家倡导以人为本，强调个体的个人价值和潜在力量。他们认为个体行为的动机都是在需要发展的基础上才被激发起来的，按需求性质由低到高可以分为七个层次：生理需要（满足基本生存与种族延续的需要），安全需要（避免遭受威胁，获得安全感的需要），归属与爱的需要（被他人接纳、关爱的需要），尊重需要（获得他人尊敬、认可的需要），认知需要（获取知识、理解未知的需

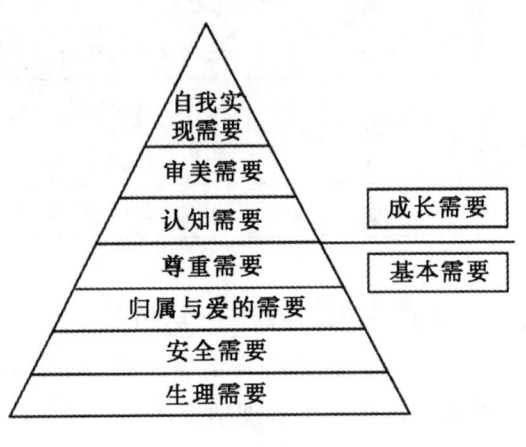

需求的七个层次

要），审美需要（追求和享受美好事物的需要），以及自我实现需要（个人理想全部实现的需要）。

在这七种需要中，前四种需要属于基本需要，是个体成熟发展所必需的；后三种属于成长需要。当基本需要被满足后，个体就更多表现出对成长需要的追求。因此，家长和教师在对儿童进行教育时，要充分满足儿童成长的基本需要，给予他们充分的安全感与归属感，保护他们的自尊心，以激发他们对成长需要的追求，达到自我实现的理想境界。

三、心理学的研究领域

心理学的应用领域非常广泛，小到一个表情、一个动作，大到人际交往、学习工作，都涉及心理学。随着心理学的不断发展，心理学研究领域也逐渐细化。下表是一些主要的心理学研究领域及其主要研究内容。

主要研究领域	主要研究内容
发展心理学	研究个体从受精卵开始直至生命结束各方面发展的全过程
人格心理学	研究个体特有的行为模式,包括气质、性格、动机等方面
认知心理学	以个体的认知过程为主要研究对象,如记忆、思维、创造力等方面
变态心理学	研究个体心理与行为的异常表现,包括焦虑障碍、抑郁障碍、睡眠障碍等
教育心理学	研究教育教学情境中学与教的基本心理规律,并应用于教育教学之中
社会心理学	研究个体和群体在社会相互作用中的心理和行为的发生及变化规律
工业心理学	研究工业劳作过程中人的心理特点和行为方式,可分为消费心理学、管理心理学等
医学心理学	研究心理因素在疾病的发生、诊断、治疗及预防中的作用
军事心理学	研究军事人员的选择和培训,军事职业的特点,军队中的人际关系和组织、士气等
咨询心理学	研究心理咨询的过程、原则、技巧和方法,增进身心健康

第二节 心理发展的实质

一、心理发展的内涵

(一)心理发展的含义

所谓心理发展,是指个体从受精卵开始到出生、成熟直至衰老、死亡整个生命过程中的连续性和稳定性的心理变化。一方面,心理发展是毕生持续,贯穿于生命全过程的。心理发展可以是积极的变化,表现为心理机能的改善;也可能是消极的,表现为心理机能的衰退。另一方面,这些变化是有序的、模式化的、相对持久的、稳定的,而一些短暂的变化,比如说平日里沉默寡言的个体由于喝醉酒而性情大变,则不能称为心理发展。

人类个体的心理发展,是一个随着年龄增长,在相应环境的作用下,整个反应活动不断得以改进,日趋完善、复杂化的过程,大致体现为:反应活动从混沌未分化向分化、专门化演变;反应活动从不随意、被动向随意、主动演变;从认识客体的外部现象向认识事物的内部本质演变;对周围事物的态度从不稳定向稳定演变。这一系列的变化使人类个体对环境更有适应性,能够表现出更有组织、更高效和更为复杂的行为,这一过程在青少年期最为典型。

(二) 心理发展的特点

1. 连续性与阶段性。

发展的连续性强调心理发展过程中量的积累。儿童心理发展随着量的不断积累,在某些特定时刻会发生质的飞跃,表现出一些带有本质性的重要差异,使儿童的心理发展呈现出阶段性。在发展的不同阶段,个体会表现出不同的年龄特征及主要的矛盾,也面临着不同的发展任务。家长和教师在教育孩子的过程中,也要时刻关注每个阶段儿童的特殊性,从实际情况出发,进行有针对性的教育。

2. 定向性与顺序性。

正常情况下,心理发展遵循一般规律,具有一定的方向性和先后顺序。尽管个体发展的速度可能存在个别差异,但总体不可逆向发展,发展顺序也不能逾越。例如:婴儿总是先学会抬头,再到坐、爬、站,最后才是行走。这也提示我们在对儿童进行教育时,要遵循儿童身心发展的规律,注重循序渐进,由浅入深,切忌过于超前的灌输。

3. 个体差异性。

人类发展具有一定的共性和一般规律。但由于个体的遗传素质、接触的环境以及主观能动性的不同,个体的发展优势、发展速度、发展高度往往是千差万别的。比如有人善于记忆,有人善于逻辑推理;有人早慧,有人大器晚成;有人善于交际,有人安静内敛。因此,我们在对儿童进行引导教育的过程中,要对他们进行全面深入的了解,针对儿童的不同发展水平、个性、爱好等,因材施教,促使个体充分发挥潜能。

4. 不平衡性。

个体的发展不是按照一个模式进行的,也不是匀速直线发展的,而是表现出不平衡性。具体表现为两个方面:一方面,不同系统的发展速度、起始时间、达到的成熟水平是不同的。比如说:婴幼儿时期,个体的神经系统的发育显著快于生殖系统。另一方面,同一个机能系统在不同的发展时期也具有不同的发展速度。例如:个体身高的发育存在两个高峰期,即婴儿期与青春期。因此,把握儿童发展的关键期,不失时机地施以教育,才能更好地促进儿童的发展。

▶知识拓展

发展的关键期

人的某些行为与能力的发展有一定的特殊时期,如果在这些特殊时期给予儿童良性刺激,会促使其行为与能力得到更好的发展,反之则会阻碍其发展甚至导致行为与能力的缺失,这就是所谓的发展的"关键期"。心理学家所

> 津津乐道的是一则关于印度狼孩的报道：狼孩卡玛拉从小就离开人类社会，在狼群中生活了8年，被深深地打上了狼的烙印，后来虽然被救回并接受教育与训练，但到17岁时她的智力仅仅只有3岁儿童的水平，只学会50个词，只能讲简单的话。这间接说明了，个体确实会在特定时期对某些刺激特别敏感，过了这一时期，同样的刺激影响很小甚至没有影响。

（三）生命的毕生发展观

1. 毕生发展观的提出。

早在19世纪之前就已经出现了一系列儿童心理学的思想，如柏拉图、夸美纽斯等杰出的思想家都提出了有价值的教育思想。之后达尔文又从进化的角度来探讨儿童心理发展。但直到1882年普莱尔《儿童心理》的出版，才标志着科学的儿童心理学的诞生。之后儿童心理学的研究范围也在不断拓展，不但涉及早期儿童的心理发展问题，20世纪六七十年代以后还逐渐扩展到人的一生的发展。可以说，发展心理学是由儿童心理学逐渐进化而来的。

20世纪初，"美国儿童心理学之父"霍尔将儿童心理学的研究范围拓展到青少年，埃里克森直接将心理发展的年龄范围拓展为人的一生，提出了人格发展八阶段。1927年，第一本发展心理学著作《发展心理学概论》问世。1957年，美国《心理学年鉴》正式以"发展心理学"代替"儿童心理学"作为章名，发展心理学的学科概念逐渐确立。由于社会老龄化问题和发展心理学本身研究范围的拓展，毕生发展问题引起广泛注意。20世纪六七十年代，以德国的巴尔特斯为代表的一批心理学家提出了毕生发展的思想，注重对生命全程的研究。

毕生发展观认为，毕生发展心理学是关于从妊娠到死亡的整个生命过程中行为的成长、稳定和变化规律的科学。它的核心假设是个体心理和行为的发展并没有到成年期就结束了，而是拓展到整个生命全程，它是动态的、多维度的、多功能的和非线性的，心理结构和功能在一生中都有获得、保持、转换和衰退的过程。

2. 毕生发展观的基本观点。

（1）个体的发展是整个生命发展的过程。

生命是一个不断发展变化的过程，从婴儿迈向老年，我们经历了分不同阶段但又连续的一生，每一个阶段我们都要面临新的问题和挑战，或许还要解决上个阶段遗留的问题，不停地开始又不停地结束。

传统的心理发展观认为，个体自出生后不断发展，直至成年期时到达顶点并保持稳定，之后夕阳西下，心理衰退也就成为老年阶段的主旋律。可以看出，传统心理发展观注重个体前期的发展，认为儿童青少年是发展的主要年龄阶段。同时，传统心理发展观也强调早期发展对后续发展的重要性，认为后续的发展由早期经验所决定。毕生发展观则不然。它认为个体发展是整个生命发展的过程，不仅青少年期在不断发展，老年期也有发展。毕生发展观也注重每个阶段特定的社会背景等因素的影响，而不是单纯地主张心理发展取决于上个阶段，因此，每个阶段对个体的发展都有着十分重要的意义，不存在一个年龄阶段对发展的本质特别重要。

（2）个体的发展是多方面、多层次的。

在一片树林里找不到两片相同的树叶，就像世界上不存在两个相同的人。同理，在人的发展过程中，心理和行为发展的各个方面，甚至同一方面的不同成分和特征，它们的发展进程和速率都各不相同。

传统发展理论认为个体的发展在成年期达到顶峰，而老年期则进入衰退模式。按照这一观点，成年期应该是个体智力发展水平最高、最具智慧的时期，但为什么无论中西方，通常智慧的代表都是老人呢？卡特尔提出了流体智力和晶体智力来解释，之后巴尔特斯提出的认知机械和认知实用的概念也与

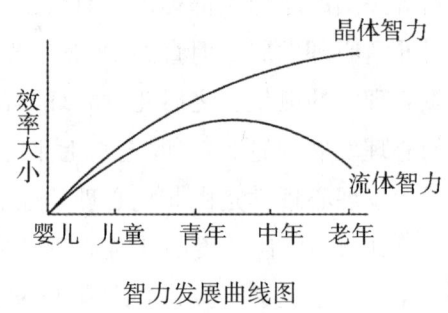

智力发展曲线图

卡特尔的概念两相对应。其中，认知机械反映了认知的神经生理结构特征，随着生物的进化和成熟不断发展，在个体成年期之后开始衰退；认知实用主要与知识的获得和文化作用密切相关，包括言语、技能等，其中以才智为典型指标，即使中年后也可以保持增长。可见，个体的发展是多方面的，老年期的个体虽然其他方面开始衰退，但智慧却在持续发展。

（3）个体的发展是由多种因素共同决定的。

个体随着年龄增加，生理和心理都在发生不断的变化，但毕生发展观强调社会文化环境等因素，因此，年龄只是影响心理发展的因素之一。整体来看，主要有三类影响系统决定个体的发展：

①年龄阶段的影响，主要指生物性上的成熟和与年龄相关的社会文化事件，包括接受教育的年龄、女性更年期、职业事件（如退休）等。

②历史阶段的影响，指与历史时期有关的生物和环境因素，如战争、经济状况等。

③非规范事件的影响，指对某些特定个体发生作用的生物与环境因素，包括疾病、离异、职业变化等。这类突发事件无论在哪个年龄阶段都会对个体的心理产生影响。

二、人类心理发展的进程

从精子与卵子在母亲体内相遇结合形成受精卵的那一刻开始，生命也就随之开始了。胎儿的发育阶段为人一生的生理与心理发育奠定了基础，之后个体会经历婴儿期、幼儿期、学童期、青少年期、成年期等若干个发展时期。

（一）婴儿期（0～3岁）

婴儿期指的就是个体0～3岁的时期。这个时期的儿童处在生理与心理发展最快速的时期。婴儿大脑和身体在形态、结构以及功能上的生长发育，为其认知、语言、情绪以及社会性等方面的发展奠定了基础。研究发现，婴儿在感知觉、注意、记忆等认知方面有着飞跃性的发展；这一时期也是语言发展的关键期，19～21个月的婴儿会出现"语词爆炸"的现象。同时，婴儿在与主要监护人和同伴的早期交往中不断社会化。

（二）幼儿期（3～6岁）

幼儿期的生理与心理相较于婴儿期有了更进一步的发展。到幼儿末期，其神经系统的发育已经接近成人水平。在语言发展方面，这时期的儿童能够与成人进行更为有效的沟通，初步掌握书面语言。在社会性发展方面，儿童能初步评价自己的行为，能与成人和同伴相处，个性倾向性开始形成。

（三）学童期（6～12岁）

这一时期的儿童开始进入小学学习，这是儿童生活中具有重大意义的转折点。小学时期，儿童的脑和神经系统的发育表现出均匀和平稳的特点，心理则处于快速、协调发展的时期。在新的社会生活中，儿童自我认识的内容不断丰富，对他人的认识也更为深刻，自我中心成分逐渐减少；社会交往能力不断提高，品德发展表现出协调性的特点。因此，小学时期是促进儿童智力发展、形成和谐个性、培养良好心理品质与行为习惯的好时机。

（四）青少年期（12～18岁）

青少年期是童年期向成年期过渡的时期，也是个体身心发展的加速期。青少年身体外形的变化、体内机能的增加以及性的发育和成熟，是其生理发育的三个主要标志。在认知方面，思维由形象思维、抽象思维过渡到辩证思维。基于个体生理与认知的发展，个性发展也表现出新的特点。例如：情绪上表现出一系列矛盾共存的特性；自我意识的发展迎来第二个飞跃期；与父母、同伴的相处模式发生改变；性的成熟使个体产生异性意识等。

（五）成年早期（18～35岁）

这一时期是个体获得经济和独立的时期。与青少年时期相比，职业发展代替学业发展成为这一时期的主要发展主题。在个人事务方面，个体也面临着选择配偶、成家立业、开始家庭生活等新挑战。

（六）成年中期（35～60岁）

成年中期相比于其他人生发展阶段来说，是心理的相对稳定期。中年期的个体往往表现出既成熟又精力旺盛的一面，工作状态达到一生中的最高峰。当然，中年期也是一个从成年到老年的过渡时期，面临着各种各样的转折和冲突。来自生理的、家庭生活的、事业上的变化和压力更容易给中年人带来所谓的"中年危机"。

（七）成年晚期（60岁以上）

个体60岁之后就进入了人生发展的最后一个时期——成年晚期。这一时期是人生中一个重要的适应与调整时期。个体要适应健康状况的下降、退休、收入减少以及社会角色转变等一系列问题。诚然，这一时期个体主要表现出退行性变化，但毕生发展观认为人的心理机能一生都在发展，因而这一时期是衰退与获得性发展并行的时期。

三、影响个体心理发展的因素

（一）生物遗传因素

遗传指双亲的身体结构和功能的各种特征通过遗传基因传递给下一代的现象，是儿童心理发展必要的物质前提。我们知道，最高等的动物，就算它长期和人类一起生活并接受专门的训练，也不可能具有人的心理发展水平，这就是基因限制了它们的发展。可见，遗传是儿童心理发展的物质前提。

（二）家庭环境因素

家庭是社会的小单元，家庭成员间不仅有自然方面的遗传因素，也有社会方面的遗传因素，主要表现为家庭的教养问题。俗话说有其父必有其子，父母按照自己的意愿和方式来教育孩子，使他们具有某些特定的心理特征，不同的家庭教养方式会形成不同的个体特征。如权威型的教养方式，表现为过于支配和控制孩子，会造成孩子消极、被动、依赖的性格特征；放纵型的教养方式，表现为过于溺爱孩子，会导致孩子形成放纵、随心所欲、缺乏规则等性格特点；民主型的教养方式，表现为尊重孩子，和孩子处于一个平等的位置，会促进孩子形成主动、积极等性格特点。所以在对孩子的教育中，家长要注意自己的教养方式，不可过于严格也不可过于溺爱。

（三）社会文化因素

你是否有这样的观念，觉得东北人大气豪放，南方姑娘温柔体贴？为什么不同地区的人会给人不同的印象呢？那是因为人们生活的社会环境不同。我们说南北东西有差异，不仅因为地理环境不同，更是因为每个地方的社会文化不同，人在不同的社会文化中成长，受到社会环境的影响，自然会形成不同的心理特点。

(四) 学校教育因素

学校是一种有目的、有计划地向学生施加影响的教育场所。教育确定了对个体发展的期待，教师在教育的过程中让学生朝被期待的方向发展，因此，教师对学生的心理发展具有指导定向的作用。教师的教育风格和言传身教、学校的风气以及学校同伴的交往都会影响学生的个性发展。

(五) 早期童年经历

心理学家阿德勒有句至理名言："幸福的人用童年治愈一生，不幸的人用一生治愈童年。"弗洛伊德也认为，个体各种心理疾病都和早期童年经验相关。也就是说，早期童年经历确实会对个体未来的发展产生深远影响，但不幸的童年就会注定一生的不幸吗？答案是否定的。我们时常听闻童年时期历经苦痛最终成才的故事。可见，早期童年经历不能单独对个体起决定作用，它与其他因素一起影响个体心理发展。

(六) 主观能动性

上述因素都是外部因素，内部因素也会影响孩子的心理发展。主观能动性指人的主观意识和行动对于客观世界的反作用，它是人身心发展的动力。外部环境的客观要求只有转化为个体身心需要才能发挥环境与教育的影响力。教育环境再好，孩子自己缺乏主观能动性，不愿意学，那也是徒劳。因此，在教育中，培养孩子的主观能动性、提升孩子学习生活的积极性是非常有必要的。

综上所述，个体心理的发展是先天和后天结合的产物，是遗传和环境相互作用的结果。遗传决定了个体发展的可能性，环境决定了发展的现实性，其中教育起到了关键的作用，自我能动性是个体发展的内部决定因素。

第三节 心理发展的理论

在上一节当中，我们了解了心理发展的含义、特点以及影响因素，那是什么在推动个体的心理发展呢？人一生的发展具体有哪些阶段，每个阶段又有着怎样的特点呢？个体的发展进程都是一样的吗？对于这些问题，每个流派都有着不同的理论观点。接下来，就让我们一起看看心理发展的经典理论是怎样回答这些问题的吧！

一、精神分析的心理发展观

(一) 弗洛伊德的心理发展学说

精神分析学派产生于20世纪20年代，其代表人物是奥地利精神病医生弗洛伊德。在他看来，人的所有行为，不仅受到外部的社会伦理规范的约束，更受到内部的生物方面的原始本能的驱动。他把这些不能被意识到的欲望和冲动称为潜意识，之后又将"意识""潜意识"细分为本我（id）、自我（ego）和超我（superego）。本我遵循"快乐原则"，主要是为了满足生理上的欲望和需求；自我遵循"现实原则"，根据社会环境的现实性来限制本我的满足；超我遵循"道德原则"，通过道德标准来指导自我对本我的限制。正常情况下，三者处于相互平衡的状态。

弗洛伊德认为人的所有行为都是为了需求的满足，有些需求从根本上是人的本能，而其中性本能的力量最为强大。因此，他把性本能（力比多）看作是驱动人行为的基本动力。这里的性本能不仅指性欲，还包括满足快乐的需求。在心理发展的不同阶段，性本能的投射点也不同，而这些投射点被称为性感区。根据不同的性感区，弗洛伊德把心理发展分为五个阶段，创建了独特的心理性欲发展阶段理论。

1. 口唇期（0~1岁）。

这一阶段性本能投射在口、唇和舌上。婴儿通过吮吸、咀嚼和咬等行为来获得快感。如果这一阶段的发展不良，可能会形成不良的口腔型人格。如果需求没有得到满足，会形成口腔性依赖，表现为不成熟，过分依赖他人；若过分满足，则可能会出现口欲施虐的现象，表现为苛求、退缩、贪吃等负面人格特征。

2. 肛门期（1~3岁）。

在这个阶段，性感区域转到肛门、直肠和膀胱，大小便的排泄是儿童获得快感的主要来源。这个时期父母会对儿童进行排泄行为的训练。但如果要求不适宜，与儿童发生冲突，则会形成所谓的肛门型人格。过于严格会形成肛门便秘型人格，表现为过分干净、固执、小气、忍耐等；过于宽容则会出现肛门排泄型性格，表现为邋遢、缺乏条理、放肆、凶残等。因此对于儿童大小便的训练不宜过早、过严。

3. 性器期（3~6岁）。

这个时期儿童通过抚摸和暴露生殖器来获得满足。这个阶段，男孩会出现"恋母情结"，表现为爱恋自己的母亲而敌视自己的父亲，同时由于害怕受到惩罚而产生一种"阉割恐惧"，于是转而模仿自己的父亲。女孩出现"恋父情结"，情况和男孩相反。

4. 潜伏期（6~11岁）。

本阶段儿童的性冲动受到压抑，处于潜伏状态。儿童进入校园，注意力被社会活动所吸引，男女之间界限分明，对性缺乏兴趣。

5. 生殖期（11或13岁开始）。

这一时期儿童进入青春期。潜伏期被压抑的恋父恋母情结在这一阶段转移到同龄的异性身上，表现为乐于接受他人，寻求与他人建立长期的异性关系。

虽然之后弗洛伊德的"泛性论"受到批评和反对，且研究对象主要集中在儿童期而忽略了成人期，但在20世纪初，这套理论一经提出，在当时的心理学界很快掀起轩然大波，更是在心理学百余年发展历史中经久不衰。

（二）埃里克森的心理社会发展理论

埃里克森继承了弗洛伊德的人格结构说，但是他反对弗洛伊德关于性本能的说法，更加注重社会文化背景对心理发展的作用。他认为，每个人在成长过程中，都普遍经历着生物的、生理的、社会的发展顺序，按照一定的成熟程度分阶段地向前发展。在精神分析理论的基础上，埃里克森提出了自己的人生发展阶段理论。他把人的一生划分为八个阶段。

1. 信任对怀疑（0～1岁）：这一阶段婴儿的发展任务是培养信任感，克服不信任感，经历着信任的实现。如果婴儿的需求能得到很好地满足并与父母建立了良好的亲子关系，婴儿就会形成健康的依恋关系。

2. 自主对羞怯（1～3岁）：这一阶段儿童的发展任务是发展自主性，克服羞怯感，体验能力的实现。这一时期儿童的自我意识高涨，有着强烈的自我控制意识。他们能够凭自己的力量做越来越多的事，自主感提升。

3. 主动感对内疚感（3～6岁）：这一时期的发展任务是形成主动感，克服内疚感，获得良心和性别角色，体验着目的的实现。这一阶段儿童表现出对世界的好奇，表现出主动性和创造性。如果这一阶段他们的自我娱乐活动受到成人的禁止，会降低他们的自信心和主动性。

4. 勤奋感对自卑感（6～12岁）：这一阶段的任务是获得勤奋感，克服自卑感，体验着能力的实现。这一阶段获得良好发展有助于培养以后学习工作的勤奋和积极性。

5. 自我同一性对角色混乱（12～18岁）：这一阶段的主要任务是获得自我同一性，防止角色混乱，体验着忠诚的实现。所谓的自我同一性就是关于自己是谁、在社会上有何种地位、将来会怎样等稳定的自我形象和自我历程的体验。青年期是新的自我同一感形成的关键时期。

6. 亲密感对孤独感（18～25岁）：这一阶段的主要任务是获得亲密感，避免孤独感，体验着爱情的实现。这个时期个体感受到情感和家庭的需求，希望能在工作和家庭中获得别人更多的认可，并与异性建立亲密关系，避免过分孤独。

7. 精力充沛感对颓废感（25～50岁）：这一时期的发展任务是获得繁殖感，避免停滞感，体验着关怀的实现。繁殖不仅指生育和照料孩子，而且指在工作中创造出新的事物，缺乏这种经验的人难免会有停滞颓废的感觉。

8. 完美感对沮丧感（50岁之后）：最后一个阶段是从老年期到死亡，主要发展任务是获得完美感，避免绝望和对人生的厌倦，体会着智慧的实现。

二、行为主义的心理发展观

（一）华生的心理发展理论

1913年，华生开创了行为主义新学派。他认为心理的本质是行为，主张心理学研究的对象是行为而不是意识和精神等。他提出了著名的刺激-反应公式（S-R），即环境中的刺激，包括体内的和体外的各种刺激，可以直接引起有机体的任何反应。基于这种理论，华生成为环境决定论的代表人物之一，他认为环境和教育决定了儿童的一切发展，他的观点主要体现在以下两方面。

1. 否认遗传的作用：（1）导致行为的刺激来自客观而不是遗传，所以行为不可能取决于遗传；（2）生理上的遗传作用并不引起心理上的差异；（3）行为主义者研究心理学的目的是提高行为的可控性，而遗传是不可控的，否认遗传就能提高行为的可控性。

2. 夸大了教育和环境的作用：（1）构造上不同只导致简单反应的不同，复杂的行为都是后天形成的；（2）鼓吹教育万能论；（3）刺激塑造行为，只要呈现的刺激适当，无论多复杂的行为都能形成。

（二）斯金纳的心理发展理论

斯金纳是新行为主义的代表人物。他在华生的理论基础上提出了操作性条件作用来解释行为的获得。斯金纳的操作条件反射强调塑造、强化与消退、及时强化等原则。斯金纳认为强化作用是塑造行为的基础，如果一种行为得到了满意的结果，这种结果就会提高该行为出现的概率。这种通过施加个体想要的刺激，或撤销个体不想要的刺激，来增加某种行为出现的概率的过程就是强化。同样，如果行为没有得到强化就会逐渐消退。同时，斯金纳还强调及时强化，他认为强化不及时是不利于人的行为发展的。因此，教育者要及时强化希望在儿童身上看到的行为。

> ▶知识拓展
>
> **强化和惩罚的区别**
>
> 强化包括正强化和负强化，正强化是指通过施加给儿童一个喜欢的刺激（如糖果），来使他的某种行为更有可能发生；负强化是指撤销一个儿童讨厌的刺激（如做家务）导致行为概率的增加。但是，惩罚是通过给儿童一个他不想要的刺激（如罚款），来使某种行为出现的概率降低，它和强化刚好相

反。例如，一个孩子和别人打架受到老师的斥责，这个孩子的打架行为以后就减少了，其中，斥责就构成了惩罚。虽然强化和惩罚都可以用来塑造儿童的行为，但斯金纳更强调强化的作用。

	愉快刺激	厌恶刺激
给予	正强化	正惩罚
撤除	负惩罚	负强化

强化和惩罚的类型

（三）班杜拉的心理发展理论

观察学习是班杜拉心理发展理论的一个基本概念。他认为个体不必亲自体验强化，只需观察他人（榜样）的行为表现及其结果就能进行学习。例如：班上有同学做好事得到了学校的肯定和表扬，其他同学观察到了这一行为的积极结果，也强化了他们乐于助人的行为表现。

> ▶**心理实验**
>
> 在班杜拉著名的波波玩偶实验中，研究者让一些儿童观看男子攻击人形玩偶，另一些儿童则未看到攻击行为。之后，实验者将这些儿童带到有人形玩偶的房间中，暗中观察他们的行为表现。那些看到过攻击行为的儿童比未看到过攻击行为的儿童对玩偶表现出更多的攻击性。班杜拉认为，许多社会行为通过观察、模仿即可习得，不需强化。也就是说，在日常生活当中，家长和教师要给孩子树立积极正面的形象，提供给孩子良好的学习榜样，注重榜样的教育力量。

三、皮亚杰的心理发展观

皮亚杰是建构主义的代表人物，他认为人生来就有如抓握反射、吮吸反射等先天的图式，个体为了应付周围的世界，逐渐丰富和完善自己的认知结构以达到与环境的平衡，获得发展。在这个发展过程中，认知结构在与环境的相互作用下不断重构，从而表现出具有不同质的不同阶段，具体包括以下四个阶段。

（一）感知运动阶段（0～2岁）

此阶段为儿童思维的萌芽期，这个阶段的儿童还不能用语言和抽象符号为事物命名。儿童主要通过探索感知觉与运动之间的关系来获得动作经验。其中，手的抓取和嘴的吮吸是他们探索世界的主要手段。

（二）前运算阶段（2~7岁）

这一时期是儿童的表象思维阶段。在这一阶段，儿童开始能运用语言或较为抽象的符号来代表他们经历过的事物，但这一阶段的儿童还不能很好地掌握概念的概括性和一般性。个体思维具有刻板性、不可逆性、不守恒性、以自我为中心的特点。

（三）具体运算阶段（7~11岁）

这一阶段儿童的认知结构已发生了重组和改善，思维可逆，并获得了关于长度、体积、重量和面积等方面的守恒概念，能凭借具体事物进行逻辑思维和运算。但这个阶段儿童的思维仍离不开具体事物的支持，还不能进行抽象思维。

（四）形式运算阶段（11岁以上）

这一阶段儿童的思维已超越了对具体的可感知事物的依赖，即这时期儿童可以不依赖具体事物进行思考，可以进行纯逻辑的推理、演绎、归纳；能理解符号的意义、隐喻和直喻；能做一定的概括，其思维发展水平已接近成人的水平。

四、维果茨基的心理发展观

维果茨基从种系和个体发展的角度分析了心理发展实质，提出了文化历史发展理论。他区别了两种心理机能：一种是作为动物进化结果的低级心理机能，如基本的知觉加工和自动化过程；另一种是作为历史发展结果的高级心理机能，即以符号系统为中介的心理机能，如记忆的精细加工。维果茨基认为，心理发展是个体的心理自出生到成年，在环境与教育的影响下，在低级心理机能的基础上，逐渐向高级心理机能转化的过程。

> ▶知识拓展
>
> ### 最近发展区
>
> 在探讨认知发展与教学的关系时，维果茨基提出了"最近发展区"的概念。最近发展区指的是儿童独立活动时所达到的解决问题的水平（现有水平）与在有指导的情况下儿童所达到的解决问题水平（潜在水平）之间的差异。根据最近发展区的思想，维果茨基提出教学应当走在发展的前面。教师应当创造最近发展区，为学生提供有一定难度的内容，调动学生的积极性，发挥其潜能，以促进学生在其现有的水平上获得更进一步的发展。
>
>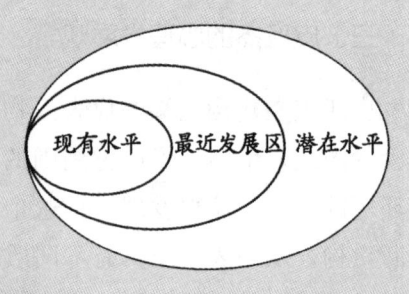

五、生态系统发展观

生态系统理论是由布朗芬布伦纳提出的个体发展模型,强调发展个体嵌套于相互影响的一系列环境系统之中,系统与个体相互作用并影响着个体发展。

(一)微观系统

布朗芬布伦纳认为,环境层次的最里层是微观系统,指的是个体活动和交往的直接环境。对于大多数的婴幼儿来说,家庭就是他们生活发展的最主要的微观环境。当然,随着个体成长发展,进入幼儿园、学前班,他们与老师、同伴等有了更为密切的接触,此系统也就变得越来越复杂。

(二)中间系统

布朗芬布伦纳认为,第二个环境层是中间系统,指的是微观系统中的家庭、学校和同伴群体等之间的联系或相互关系。若微观系统之间有较强的支持性和一致性关系,那么个体就更有可能实现最优化发展。例如:家长对孩子的要求若与教师对学生的要求是协调一致的,个体就更能够将这些要求内化为自己的行为准则,也就更有利于学生的发展。

(三)外层系统

布朗芬布伦纳认为,第三个环境层是外层系统,指的是那些儿童未直接参与但却对他们的发展产生重要影响的系统。例如:父母的工作状况、教师的教学风格、同伴的家庭条件等。因此,在对儿童进行教养的过程中,不应忽视这些潜在因素对儿童的影响。

(四)宏观系统

布朗芬布伦纳强调发展也出现在宏观系统中。宏观系统实际上是一个广阔的意识形态,包括文化、亚文化、价值观等。它规定如何对待儿童、教给儿童什么,以及儿童应该为之努力的目标。在不同的文化中这些观念不同,间接地影响儿童知识经验的获得。

(五)历时系统

布朗芬布伦纳的模型还包括了时间维度,或者称作历时系统,将时间和环境相结合来考察儿童发展的动态过程。随着时间的推移,儿童生存的环境不断发生变化。布朗芬布伦纳将这种环境的变化称为"生态转变",每次转变都是个体人生发展的一个阶段,比如升学、结婚、退休等。

第二章　初中生认知发展

◇ 初中生认知发展包括哪些方面？
◇ 初中生认知发展相比于儿童期有哪些变化？
◇ 初中生认知发展有什么特点？
◇ 初中生认知发展有哪些现实表现？
◇ 如何看待初中生的认知发展？

初中，是青春期的萌芽，是充满梦幻的年华，是人生阶段非常特殊的时期。在这个时期，初中生由少年向成人过渡，年龄在十二三岁至十四五岁，他们在生理上迎来了人生发育的第二次高峰。身体的巨变以及性的成熟，对初中生的心理产生了很大的影响。随着年龄的增长和认知的发展，初中生处于一种半幼稚半成熟的状态，这一时期是依赖性和独立性、自觉性和幼稚性错综复杂的时期。初中生的认知是个体认识客观世界的信息加工活动。感觉、知觉、记忆、思维、想象等认知活动按照一定的关系组成一定的功能系统，从而实现对个体、对环境的认知。处在初中阶段的孩子，他们的心理活动较活跃、激烈。初中生身心发展的特殊性表现在身心发展的整体加速、青春期的萌动，以及需要一个同成人能平等交流情感的时间和空间。可见，由于初中生具有以上这些心理特点，这是教育的难题也是教育的机遇，它对人生的成长有重要的意义。

第一节　感知觉与注意的发展

> 让每一种官能都发挥它的最大作用，为世界通过大自然提供的各种接触的途径向你展示的多种多样的欢乐和美的享受而自豪吧！
> 　　　　　　　　　　　　　　　　　　——海伦·凯勒

> ▶ **心理案例**
>
> 小学时期的小超是一个上课容易走神的小学生,在课堂上不能够很好地集中自己的注意力,只要教室外有什么风吹草动都会引起他的注意。但到了初中阶段后,小超变化很大。他不再是那个容易走神的小学生了,一堂课下来,小超能够将注意力很好地集中在老师身上。同时,他能够在听老师讲课时把不懂的知识点写下来,这样也不妨碍他听课的效率。小超也发现上初中的他和小学的他有很大的改变,从小学时的肢体极其不协调到现在能够完成较复杂的体育活动,这是在运动知觉上有了很大的改变。
>
> 是什么使得小超从一个上课经常走神的小学生变成一个上课认真的初中生?是什么让小超从一个肢体不协调的小学生变成一个能够完成复杂动作的初中生?从小学到初中的转变,不仅是年龄增长了,身体上也会有很大的变化,例如变高、变壮等,而且心理上也会发生很大的改变,尤其在认知的发展上。初中生在感知觉以及注意上的发展,使得他们能够完成相应的复杂活动。

一、感知觉与注意的概念

(一) 感知觉

人对客观世界的认识常常是从认识事物的一些简单的属性开始的。感觉是人脑对事物的个别属性的认识。例如,假设面前有一束花,我们可以用眼睛知道花的颜色、花的形状、花的数量等。这里的颜色、形状、数量就是花的个别属性,人脑接受和加工了这些属性进而认识了这些属性,这就是感觉。感觉受感觉器官的生理特性和外部刺激的物理特性等的影响,是生理、心理的活动。

根据刺激物的性质以及感官的性质可以将感觉分为内部感觉和外部感觉。内部感觉包括内脏感觉、运动觉、平衡觉等,外部感觉包括听觉、视觉、肤觉、触压觉、痛觉、嗅觉、味觉等。并不是所有的刺激都能被感觉器官感受到,个体的感官只感受特定范围内的刺激,这种对刺激的感受能力就是感受性。而对最小刺激量的感受能力就叫作绝对感受性。并不是所有人的绝对感受性都相等。比如,青少年和老年人在视听觉方面上的感受性就有很大的差别。

知觉是指个体通过感官得到了外部世界的信息,大脑对这些信息进行加工,产生了对事物整体的认识,并了解事物的意义。知觉是人脑对事物的整体属性的认识。例如,你听到一首歌,你认为这首歌的旋律很好听,这就是知觉。知觉受个体的知识经验、兴趣爱好等的影响,是一种纯粹的心理活动。根据人脑所认识的事物特性，知觉可以分为时间知觉、空间知觉、运动知觉。知觉具有选择性、整体性、理解性、恒常性。

1. 知觉的选择性。

人在知觉时，从复杂的环境中把某些事物当作知觉的对象，而把另一些事物当成知觉的背景，这就是知觉的选择性。外界的刺激很多，个体在知觉世界里，会根据当前自己的需要，有选择地将某些事物当作知觉的对象，而把其他当前不需要的事物当作知觉的背景。例如，初中生在课堂上认真听讲时，老师的语言就会被他们当成知觉的对象，而教室外的杂音就会被当成知觉的背景。如下面的图（1）所示，你看到的是什么？是一个人的上半身还是一只动物？这就取决于你将什么当成知觉的对象和知觉的背景。

2. 知觉的整体性。

把事物的各种属性或各个部分作为一个整体来反映。有些事物只有部分或个别属性对我们的感官起了作用，但个体将它知觉成整体，这就是知觉的整体性。人的知觉会把个别属性以及部分综合成为整体。如下面的图（2）所示，你会倾向于把空白处连接起来形成一个三角形吗？这就是知觉的整体性。同样，"一目十行"说的也是知觉的整体性。

3. 知觉的理解性。

个体在知觉一些事物或现象时能够根据自己已有的知识经验从不同方面对事物加以理解，这就是知觉的理解性。人在知觉事物的过程中并不是被动地去知觉事物的特点，而是会根据自己已有的知识经验，对感知的事物进行加工，赋予知觉对象意义。如下面的图（3）所示，这是一幅斑点图，但大部分人都可以根据自身的知识经验把斑点图知觉成一匹马。

4. 知觉的恒常性。

当知觉条件发生一定改变但客观事物本身不变时，个体的知觉映象仍然不变，这就是知觉的恒常性。知觉不会随着知觉条件的改变而改变，会保持相对的稳定性。如下面的图（4）所示，门在打开和关着时给我们呈现的是不同的形状，打开时是梯形，关着时是矩形，但个体不会因为门打开了就认为门是梯形的，而一直都认为门是矩形的。

（1）知觉的选择性

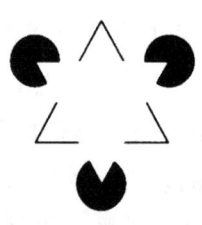
（2）知觉的整体性

（3）知觉的理解性　　　　　（4）知觉的恒常性

> ▶ 知识拓展
>
> 错　觉
>
> 错觉是指错误的知觉，是在特定条件下产生的对客观事物歪曲的知觉。如下图，比较左右两边中心的圆圈1和圆圈2，你会认为哪个更大？还是一样大？有些人可能会认为圆圈2更大。其实两个圆圈是一样大的！
>
>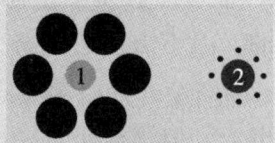
>
> 联　觉
>
> 联觉是指一种感觉引起另一种感觉的现象，是不同感觉器官之间相互作用的结果。例如，色彩容易引起联觉，黑色给人以一种神秘的感觉，白色给人以一种洁净的感觉。
>
>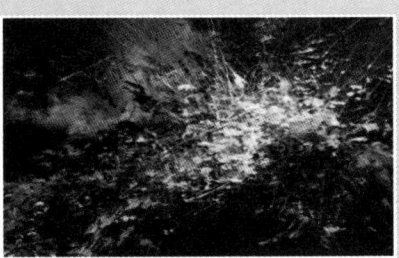

(二) 注意

在现实生活中，时时刻刻都需要"注意"的参与。上课需要集中注意力听老师讲课，人们工作时也需要全神贯注去完成工作任务，等等。"专心致志""全神贯注""聚精会神"说的就是注意。那什么是注意？注意是个体的心理活动或意识对一定对象的指向和集中。注意是一种心理状态而不是一个独立的心理过程，但心理过程又需要注意的参与，注意离开心理过程同样也没有实际意义，两者是紧密联系的。

注意的两个基本特征是指向性和集中性。注意的指向性是指个体的心理活动或意识对某个对象进行注意而忽视了其他对象。例如初中生在课堂上认真听讲，他们的心理活动或意识选择了讲台上老师讲的知识、老师的动作表情等，而忽略了课堂上的其他同学。注意的集中性是指当个体的心理活动或意识指向某个对象的时候，他们的注意力会在这个对象上集中起来。例如初中生在考试的时候，他们的注意力高度集中在试卷的答题上，与考试无关的都被排除在他们的意识之外。指向性是注意的基础，集中性是注意的发展，两者是密不可分的。

根据注意是否有预定的目的以及是否需要意志努力的参与，注意可以分为无意注意、有意注意、有意后注意。无意注意是指事先没有预定目的，也不需要意志努力的注意。例如，当初中生在课堂上认真听课时，突然有人推门而进，所有人就会把头转向这个人，这就是无意注意。有意注意是指事先有预定目的，需要一定意志努力的注意。例如，初中生正在专心致志地完成作业，聚精会神地思考问题，这就是有意注意。因此，有意注意是受个体支配的，是注意的高级形态。有意后注意是指事先有预定目的，但不需要意志努力的注意。有意后注意是在有意注意的基础上产生的。例如，当一个人开始学骑自行车时，往往需要集中注意，专心致志在学习骑自行车这件事上。但当他经过一段时间的学习后，对骑自行车已经达到了熟练的程度，就不需要意志努力而继续保持注意，这就使有意注意发展成为有意后注意。我们平常说的"熟能生巧"就是这样的道理。

注意的品质具体包括以下几方面。

1. 注意的广度。

在同一时间内清楚地知道知觉对象的数量叫作注意的广度。知觉到的对象的数量越多，注意的广度越广。注意广度对个体的学习和生活有着重要的意义。有哪些因素会影响注意的广度呢？第一，注意对象的特点。注意对象越集中、越有规律，注意的广度就会越大。第二，个体的知识经验。个体的知识经验越丰富，他的知觉能力就会越强，注意的广度就会越大。第三，活动的任务。个体活动的任务越多、越难，则注意的广度就会越小。

> ▶心理实验
>
> ### 注意广度小测试
>
> 物品：书、笔、篮球、杯子、凳子、钉子、拖鞋等或一些文字、非文字材料（单字、符号、图形等）。
>
> 测试：将准备的物品摆好，让孩子短暂观看物品，然后让孩子凭着刚刚一瞬间的记忆将看到的所有物体或材料说或写出来。最后，根据孩子说对或写对的物品数量来测试他的注意广度。

2. 注意的稳定性。

注意能够长时间地保持在某一对象上叫作注意的稳定性。例如，初中生在学习时，他们的注意保持在学习上的时间越久，则注意就越稳定。但个体很难长时间将注意力保持在同一个对象上，这种注意出现周期性的加强或减弱叫作注意的起伏。这种起伏是正常的现象，它有助于防止疲劳从而提高注意的稳定性。有哪些因素会影响注意的稳定性呢？第一，注意对象的特点。通常，内容相对丰富的对象要比内容相对简单、枯燥的对象更能维持注意的稳定性。第二，个体的状态。一个身体健康、精神状态较好的个体比一个疲劳失眠、精神状态差的个体更能维持注意的稳定性。同样，个体如果对所从事的活动很感兴趣，那么他在这项活动上的注意的稳定性就容易维持。

3. 注意的分配。

在同一时间内把注意指向在几个不同的对象上就叫作注意的分配性。例如，有些初中生能够在听课的同时做笔记。我们平常所说的"眼观六路""耳听八方"讲的就是注意的分配性。

4. 注意的转移。

一个人将注意从一个对象上转移到另一个对象上就叫作注意的转移。例如，初中生第一节课上的是语文课，第二节课上数学课，这就要求他们能够及时将注意力转移到数学课上。一个良好的注意转移具有注意转换时间短、注意活动效率高的特点。影响注意转移的因素有：第一，对原活动的注意集中程度。如果个体在上一个活动中高度紧张，那么就难以将注意转移。如果个体在上一个活动中紧张度低，那他的注意就容易转移。第二，新对象的吸引力。如果新注意的对象的吸引力很大，能够引起个体的兴趣、满足个体的需要，那么注意的转移就容易实现。

二、初中生感知觉与注意的发展特点

第一，在视觉方面，初中生的视觉感受性不断提高。例如，在区别各种颜色和色度的精确性上明显提高。也有研究表明，初中生的视敏度已经发展到最高水平。

第二，在听觉方面，初中生的听觉感受性不断提高。例如，在区别高音的能力上有所增强。

第三，在运动觉和平衡觉方面，初中生的运动灵活性、协调性以及稳定性有很大的发展，这些能力的发展使得他们能够完成一些较复杂的动作和活动。

第四，在知觉方面，初中生知觉的有意性和目的性进一步提高。比起童年期，初中生能够有目的地、有选择地知觉和观察事物。例如，初中生在课堂上能够自觉并且有选择地知觉老师教授的知识，能够比较长时间地维持在知识点上。初中生知觉的精确性、概括性也在不断提升。相比于小学阶段，初中生在知觉过程中分析和综合的水平不断提升，能够对相似的事物更好地进行分辨。初中生知觉的逻辑性不断增强。例如，在学习过程中，初中生能够将学习的原理与现实生活中知觉到的事物联系起来，这样能够更好地将知识融会贯通。但由于初中生还处在半幼稚半成熟时期，在不良条件的影响下，他们的知觉也会出现一些不足。例如，知觉过程的片面性等。相比于小学阶段，初中生的观察能力也有所提高，他们能够深入全面地发现成年人也容易遗漏的问题。观察是指有意识、有目的、有计划、较持久的知觉过程，是知觉的高级形式。对于初中生来说，观察使他们能够从客观的世界了解更多的信息，经过头脑的加工，创造出创新性的事物。

第五，在注意力方面，与童年期相比，初中生的有意注意能力也有了很大的进步，他们的有意注意取代无意注意占据了注意的主导地位。他们能够长时间将注意力集中在自己要完成的事情上。同时，他们的注意品质也得到发展：注意稳定性增强。青少年随着意志力的发展，对自身注意力的控制能力增强，注意的稳定性也会得到发展。例如，他们的有意注意持续时间变长。其中，在注意力稳定性的发展中，女生相比男生发展更早更缓慢。有较好的控制注意分配的能力，有意注意的目的也更加明确，也更加服从于个体心理调节上的需要。例如，初中生能够在课堂上边上课边做笔记，但小学生要两者兼顾就很难。初中生的注意广度较易受到本身知识经验和知觉对象的特点的影响，但已经接近成年人的水平。由于初中生的知识经验要比小学生的更丰富，所以初中生的注意广度也比小学生的注意广度更广。注意转移的发展。初中生比小学生有更大的灵活性和自主性，因此，他们能够迅速地将注意力转移到另一个对象上。

三、如何看待初中生的感知觉与注意的发展

注意是初中生心理活动的一种状态。每一个初中生的注意都有他的风格和特点。有的初中生注意力稳定持久，注意力转移迅速灵活；有的初中生注意力集中、狭窄；有的初中生注意力范围广阔。这些个人在注意上的特点和初中生的心理发展有很大的关系。家长在教育孩子的同时，需要加强孩子注意力的品质，培养孩子良好的注意习惯。初中生比小学生容易认识自己注意的优劣性，正逐步开始懂事；另外，初中生要养成良好的注意习惯还比较容易。初中阶段是儿童心理发展教育中的少年阶段，家长对孩子的教育也必须随着他们出现的心理变化特点做出相应的改变。

（一）家长应尊重孩子自身的兴趣

由于感知觉以及注意的发展，初中阶段的孩子对周围事物的感知比童年期会更加敏感，他们由此发展起来的兴趣也不尽相同。有些孩子可能对色彩更加敏感，

而有些孩子可能对音乐更加敏感。因此，家长在初中阶段培养孩子的兴趣时不应根据社会或者自身的偏好去要求孩子学习某些科目或者发展某些方面的爱好，而应根据孩子的自身发展去培养孩子。初中生相比于小学生来说，一旦他们对某门科目或者某项活动产生了兴趣，他们就能长时间地把注意力集中在这项活动上而不需要太多的意志努力，这样初中生才能更好地得到发展。因此，家长需根据孩子自身的发展状况来培养孩子的兴趣并且充分尊重孩子的兴趣。

（二）家长应阻止分散孩子注意力的外在因素

在初中阶段，虽然初中生的有意注意占据了注意的主导地位，但外在的因素也容易分散孩子的注意力。家长应该给孩子创设一个安静且舒适的学习环境，防止外在噪声对孩子的学习产生干扰。例如，在孩子学习时，家长不要将电视或者手机的声音放得很大，而应调至一个合适的音量或者直接将电视关掉。同时，在孩子学习时不应将电子设备放在孩子的房间里，防止孩子禁不住电子设备的诱惑而分散注意力。家长最好也要做到不在孩子面前玩手机，这样不仅能够给孩子树立一个良好的榜样，也能够让孩子的注意力集中在学习上，从而更好地完成学习任务。

（三）家长在孩子集中注意力时不应打扰孩子

初中阶段的孩子注意品质不断改善，注意广度也接近成人水平，抑制分心的能力不断提升，也更能将注意力集中在目标事物上。因此，当孩子将注意力集中在某个事物上时或者孩子在全神贯注做某件事时，家长不应打扰孩子，这样才有助于孩子保持良好的注意力品质。

> ▶ **知识拓展**
>
> **控制注意力的方法**
>
> 1. 自我暗示。
>
> 帮孩子做几张卡片，卡片上写上"不许说话""不许走神""全神贯注"等词语，然后将卡片放在书包或者贴在课本、笔记本上容易看到的地方。这样能对孩子起到一种提醒或暗示的作用。
>
> 2. 记录法。
>
> 给孩子准备一本专门用来记录上课和做作业时具体表现的本子。比如上课时有没有认真听讲，做作业时有没有分心，等等。这样记录一周后，家长可以和孩子一起从头到尾看记录的情况，帮助孩子分析主要的表现，加以改正，树立决心。

第二节　记忆的发展

> 记忆是知识的唯一管库人。
>
> ——锡德尼

▶ **心理案例**

明明是一名初中三年级的学生。由于需要参加初中学业水平考试，所以他的课业任务很重，基本各个科目都有需要背诵的知识。然而即便有这么多需要背诵的知识点，明明也能够合理安排好时间并且背诵得很好。明明在小学阶段时每天只需要背诵老师布置的内容，并且在家长的监督下完成背诵任务就可以了，并不会自己主动去记忆学习。但上了初中的明明学习变得更加主动，不需要家长监督就能够积极主动完成任务。各个科目有需要背诵的知识他都能够很好地记下来。原来明明有自己的记忆方法，他并不是像小学那样从头到尾、一字一句机械地背诵，而是开始根据自身的经验联想到生活中的事物进行有意义的记忆，这样不仅背诵得快，而且也记得更牢。

是什么使得明明能够积极主动地去记忆知识点，而不是像小学那样老师、家长叫他干什么才去干什么？是什么使得明明会采取意义记忆的方式去记忆知识点而不是直接机械地去记忆呢？其实，随着年龄的增长，初中生的记忆也会随之变化。初中生记忆能力的发展与小学生有很大的不同，呈现出更多的自主性以及意义记忆的重要性。

一、记忆的内涵

记忆在现实生活中起着非常重要的作用。无论从事什么活动，都离不开记忆。那什么是记忆？记忆不像感知觉那样反映当前作用于感觉器官的事物，记忆是过去的经验在头脑中的反映。过去的经验指过去对事物的感知、对问题的思考、对事件的情绪反应以及进行过的动作操作。这些过去的经验都能够储存在头脑中，又能够从头脑中提取出来，这个过程就是记忆。记忆可以将过去的经验与当前的心理活动联系起来，这样人就能够不断地积累知识和经验。按照信息加工理论的观点，记忆是对输入的信息进行编码、存储，并在一定条件下进行检索的过程。

记忆包括编码、存储、提取三个基本过程。编码是记忆的最初过程。它能够把个体感知到的信息变成记忆系统能够接收和使用的形式。在日常生活中，编码是自动而迅速进行的。例如生活中的某些经历会让你印象深刻，这就是个体将经历进行编码后保留在了记忆中。存储是记忆的第二个过程。这一过程将编码的信息进行存储。在大多数情况下，个体都会努力将信息存储下来，防止日后需要这些信息。提取是记忆的第三个过程。当信息从记忆系统中被找出来就发生了提取，保存在记忆系统中的信息只有被提取出来了才有意义。提取又包括回忆和再认。例如，将所学的知识进行复述就是回忆的过程，在回忆的知识中说出哪些是讲过的知识就是再认的过程。

（一）遗忘

在上学期间，我们学习过很多知识，也经历过很多事情，有些知识和经历记得很清楚，但有些事情就已经不记得了，这就是遗忘发挥的作用。因此，记忆会随着时间的流逝而变得模糊甚至消退。遗忘是指记忆的内容不能够保持或提取信息时存在困难。1885年，德国心理学家艾宾浩斯得出了一条遗忘曲线（见下图），从图中可以看出，遗忘在学习之后就已经开始了，最初遗忘相对来说还是一个比较快速的过程，后面就相对缓慢。例如，在学习20分钟后，记忆只保留了58.2%。

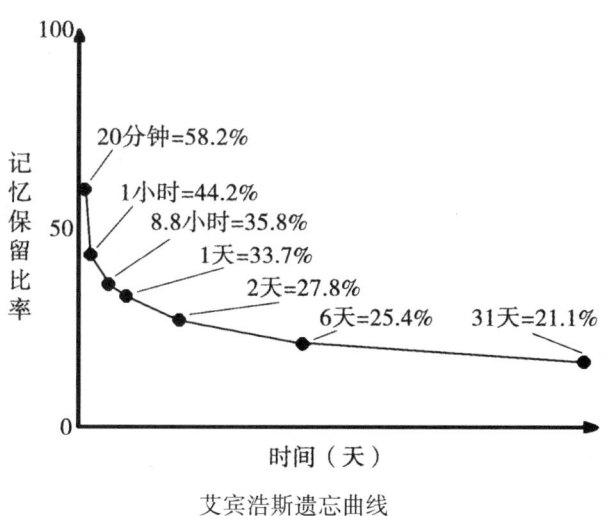

艾宾浩斯遗忘曲线

（二）记忆的分类

按照信息保存时间的长短以及信息的编码、储存和加工方式的不同，记忆可以分为感觉记忆、短时记忆、长时记忆三类。感觉记忆是指感觉信息到达感官的第一次直接的印象，也称瞬时记忆。感觉记忆的时间极其短暂，保留的时间不到1秒。感觉记忆的信息只有转换成了短时记忆或者长时记忆才不会消失。但并不是所有的信息都会被个体所感知并进行加工，选择性注意就会控制什么信息能够进行进一步的加工。有些被个体注意到的感觉信息就会加工成短时记忆。短时记忆的信息只能保持30秒，容量为7±2个组块。在短时记忆中，信息的保持时间是有限的，如果信息没有进行复述，则很快就会消失。因此，复述对信息的保持起着很重要的作用。长时记忆是指信息经过充分的加工后，在头脑中保持长时间的记忆。长时记忆的容量几乎是无限的。因此，只有将信息保留到长时记忆才能够发挥更大的作用。

按照是否意识到，记忆可以分为外显记忆和内隐记忆两类。外显记忆是指过去经验对个体当前活动的一种有意识的影响。内隐记忆是指在无意识的情况下，个体过去经验对当前行为产生的影响。

按照记忆的内容，记忆可以分为形象记忆、情景记忆、情绪记忆、语义记忆、动作记忆五类。

二、初中生记忆的发展特点

（一）初中生的意义记忆与机械记忆相比占主导地位

按照记忆的不同方式，可以将记忆分为意义记忆和机械记忆。意义记忆是指个体根据对记忆材料内部联系的理解，在反复领会并弄清楚材料本身意义的基础之上再结合自身的知识经验所进行的记忆。机械记忆是指个体根据材料的外部联系，在没有理解材料的意义的基础上，采用机械重复的方法对材料进行记忆。

相比于小学阶段的机械记忆，由于初中生知识经验的增加，他们的意义记忆占主导地位。有研究表明，从初一到初二，机械记忆的效果随年级增加而提高，初二开始机械记忆的效果随年级增加而下降；意义记忆的效果则随年级的增加而上升。初中阶段的孩子在主观上也不愿意用机械的方法去记忆知识，在背诵知识他们倾向于使用各种记忆策略，去寻找事物之间的联系与规律。

记忆策略是认知活动的一种特殊形式，是指个体经过主观努力，在一定的目标指导下，用以提高记忆成绩所采取的各种方法。记忆策略包括复述策略、组织策略、精加工策略等。

记 忆 策 略

复述策略	通过言语在大脑中重现所需的信息，可以是外部言语或者内部言语。例如，一直重复背诗。重复、做记录、画线等都属于复述策略。
组织策略	将记忆内容分组成有意义的类别。组织策略能够使每项信息与其他信息联系起来进而加强记忆的效果。例如，当需要记忆的项目很多时，可以根据项目所属的类别进行分类，再根据分类进行记忆。组块、列提纲等都属于组织策略。

续表

精加工策略	对要记忆的项目增加细节内容，使得要识记的内容与有意义的内容建立起联系。例如，将要识记的诗词进行展开记忆。想象、总结、类比等都属于精加工策略。

（二）初中生的有意记忆与无意记忆相比占主导地位

根据记忆活动是否带有意志性和目的性，可以将记忆分为有意记忆与无意记忆。有意记忆是指事先有一定识记目的和任务，经过一定的意志努力，运用一定的方法和策略进行的记忆。无意记忆是指事先没有识记目的，也没有经过特殊的意志努力自然而然发生的记忆。初中生有意识记慢慢地不依靠成人的要求，能够有意识地为自己设定记忆的任务，即有意记忆的主动性增强。由于是积极主动地识记，他们的注意和意志都会跟上，有意记忆的效果要好于无意记忆。

> **▶知识拓展**
>
> **初中生记忆的主要特点**
>
> 1. 自觉地运用意义记忆，有效地运用机械记忆。
> 2. 多方面的记忆效果达到个体记忆的最佳时期：①形象记忆量随年龄增长而增加，初中阶段达到最高；②抽象记忆量在初中阶段增大；③抽象记忆的发展量高于形象记忆。
> 3. 有效运用各种记忆策略。

三、如何看待初中生记忆的发展

记忆是整个心理生活的基本条件。记忆在初中生的发展中起着重要的作用。在学习上，初中生需要依靠记忆积累知识和经验去解决学习中遇到的问题。离开记忆，复杂的心理活动将不存在，初中生的学习也会停止。在人生的阶段中，青少年期的综合记忆能力最为强盛。在这一时期里，青少年记忆的广度、深度、内容等都有了较大的发展。因此，家长要充分利用孩子记忆的特点，好好培养青少年的记忆力。

（一）选择合理的记忆时间

俗语"一日之计在于晨"中提出的最佳记忆时间在早上，然而并非所有孩子的最佳记忆时间都在早上，因此，家长没必要要求孩子每天早起背诵，而是应该通过观察或者与孩子进行交流，确定孩子的最佳记忆时间。在最佳记忆时间里，帮助孩子合理安排记忆任务和学习任务，督促孩子在最佳记忆时间熟记知识，这样才能提高学习效率，达到学习效果。

（二）保证充足睡眠和适度锻炼

心理学上有研究表明，有足够睡眠时间的青少年的记忆效果要比缺乏睡眠时间的青少年的记忆效果更好。因此，家长要保证孩子拥有充分的休息和睡觉时间。家长不应给孩子报很多的课外辅导班，因为过多的课外辅导班会占据孩子的休息时间，得不偿失。在孩子睡觉前要严格管控孩子不能从事导致兴奋的活动，例如，玩手机、玩电脑游戏等。让孩子养成一个早睡早起的好习惯。同时，家长可以多陪孩子进行适度的体育锻炼，如慢跑、打羽毛球等。这样不仅能够锻炼身体、提升记忆能力，还能增进亲子关系，营造和谐的家庭氛围。

（三）合理利用记忆策略

家长要根据自己孩子的记忆发展情况特点，选择合适的记忆策略。因此，家长在帮助孩子记忆的过程中可以让孩子对知识采取归纳、列表、分类、组块的记忆策略。由于遗忘的存在，孩子学习的知识如果不进行强化很快就会忘记。孩子经过一天的学习回到家时，家长可以在家监督孩子去复习当天所学的知识，达到一个强化的效果，这样所学的知识才不容易忘记。

▶**知识拓展**

教材学习的记忆技术

心理学家提出用于教材记忆的方法PQ4R法，是一个由六步法的首字母组成的方法，代表学习应遵循的六个步骤：

1. 预习（preview）：对要学习的材料进行快速地浏览，有一个初步的了解。

2. 提问（question）：阅读时可以提出一些问题，例如："为什么要这样写？"

3. 阅读（read）：通过阅读材料，尝试回答自己提出的问题。

4. 思考（reflect）：通过思考尝试理解信息。用所学的信息去解决联想到的相似的信息。

5. 背诵（recite）：可以通过复述、画线等方式记忆材料。

6. 复习（review）：及时地去复习所看的知识，重新去阅读材料。

第三节　思维与想象的发展

> 凡善于考虑的人，一定是能根据其思考而追求可以通过行动取得最有益于人类东西的人。
>
> ——亚里士多德

▶**心理案例**

小刚是一名正在读初中二年级的学生。自进入初中以来，他的学习成绩相比小学阶段有了很大的提升。他发现在上小学阶段不理解的数学问题到现在不仅能够理解了，还能够从不同的角度去归纳关系并解答问题。"这到底是为什么呢？"这是小刚一直不明白的事情。小刚妈妈也发现小刚没有小学时那么听话了。在小刚上小学时，无论小刚妈妈叫小刚做什么他都会去做，丝毫不会提出不同的意见。而上初二的小刚不仅会质疑他妈妈的做法，还会提出自己不同的想法，这让小刚妈妈很是惊讶。

是什么使得小刚对小学不理解的知识茅塞顿开？是什么促使小刚会质疑他妈妈的做法并能够提出自己的想法？初中生相比于小学生的认知发展有什么特点？其实，随着孩子的长大以及认知的发展，初中生的思维相比小学生的思维更加抽象，他们慢慢学会对事物进行更深入的思考。初中生的思维和想象能力也进一步发展起来了。

一、思维与想象的概念

（一）思维

在日常的生活中，人每时每刻都离不开思维。人不仅能够认识事物和现象的外部联系，也能认识事物和现象的内在联系。这种认识就是通过思维过程来实现的。那么什么是思维？平时我们经常听到这样的话："你孩子的思维能力很强""孩子要用发散思维去想问题"……心理学上认为思维是人脑对客观事物的本质属性或规律的一种间接的概括的反映。思维包括分析、综合、比较、抽象、概括、判断和推理等过程，并通过联想和逻辑过程来实现。思维是在感知觉的基础上发展起来的，但又不同于感知觉。感知觉对现实的反映是直接的、具体的，是初中生认知过程的感性阶段。思维对现实的反映是间接的、概括的，是初中生认知过程的理性阶段。思维是一种更复杂、更高级的认知活动,借助于思维过程,初中生能够深刻、完整地认识客观事物。

1. 思维的特点。

思维具有间接性和概括性的特点。思维的间接性是指思维是通过其他事物作为媒介实现对客观事物的反映过程。思维的间接性可以使初中生凭借已有的知识经验认识没有感知过的事物。知识和经验是思维间接性反映的中介因素。初中生的知识经验越丰富,思维能力就可能发展得越好。思维的概括性是指思维所反映的是一类事物所共有的本质属性和各类事物之间的规律性的联系。思维的概括性可以使初中生对客观事物的本质特征和内在规律性的关系作出反应,对零星、孤立的知识进行抽象的概括。

2. 思维的种类。

根据思维任务的内容、性质以及解决问题的方式,思维可分为直观动作思维、形象思维、逻辑思维。直观动作思维的解决问题的方式是需要通过实际的动作。形象思维的解决问题的方式是通过个体头脑中的具体形象。逻辑思维解决问题的方式是通过概念、理论知识相结合进行的。

个体根据日常生活经验来进行的思维叫作经验思维。根据科学的概念和推断去解决问题进行的思维叫作理论思维。

个体在面对新问题时能够快速作出判断而进行的思维叫作直觉思维。分析思维也是逻辑思维,根据逻辑规律去解决问题得出正确的答案。

个体根据已有的信息利用熟悉的规则去解决问题而进行的思维叫作聚合思维。个体不局限于熟悉的规则去解决问题,而是从不同的角度去看待问题,重新组织当前的信息形成独特的新思想而进行的思维叫作发散思维。

创造性思维是指个体在创新意识的驱动下,通过综合各种知识经验,运用各种思维方式,对头脑中的知识进行新的加工而形成新的观点、新的理论的思维过程。创造性思维是突破以往思维习惯的局限,产生与以往不同的、新颖的、大胆的、意想不到的答案,从而获得意想不到的效果。创造性思维具有独创性、多向性、综合性、联动性、跨越性的特点。创造性思维有五个阶段:定向阶段,是创造性思维的开始阶段。准备阶段,这个阶段个体开始尽可能地收集相关的信息。酝酿阶段,这个阶段的个体所能想到解决问题的方式都不能够真正解决问题,看似无动于衷,实则仍在思考。顿悟阶段,这个阶段的个体突然就想到了解决问题的方法,展现了思想的火花。验证阶段,这个阶段的个体开始评价在顿悟阶段中想到的解决问题的方法,如果方法是错的,就继续思考。

> ▶ 心理实验
>
> 探究活动
>
> 活动名称：创造性思维的训练。
> 活动目的：提升运用创造性思维去解决问题的能力。
> 活动材料：一支笔、一张纸、秒表。
> 活动过程：让孩子在纸上尽可能地写出回形针的用途，要求不仅要写得多还要写得快。家长通过计时，看看孩子在多长时间内能够尽可能多地写出回形针的用途。

（二）想象

爱因斯坦说："想象力比知识更重要。"那么什么是想象？想象是人脑对已储存的表象进行加工改造形成新形象的过程。例如，在听说书时，根据说书人的描述，人们在头脑中会形成故事主人公的形象，这个过程就是想象的过程。

想象是一种高级的认知活动，形象性和新颖性是想象活动的基本特点。想象有预见作用、补充知识经验的作用、替代作用以及对机体的生理活动过程进行调节的作用。根据想象活动是否具有目的性，可以把想象分为有意想象和无意想象。有意想象是指一种有预定目的、自觉地产生的想象。无意想象是指一种没有预定目的、不自觉地产生的想象。

二、初中生思维与想象的发展特点

（一）初中生思维发展的特点

初中生的思维处在不断发展的过程中。有些孩子在初一时对一些数学上的问题难以理解，到了初二时就能够理解了，这就是思维发展的结果。皮亚杰将儿童青少年的认知发展分为四个阶段，分别为：感知运动阶段、前运算阶段、具体运算阶段、形式运算阶段。

皮亚杰认知发展理论

感知运动阶段	前运算阶段	具体运算阶段	形式运算阶段
0～2岁	2～7岁	7～11岁	11岁以后
认知活动主要是通过探索感知觉与运动之间的关系来获得动作经验；获得了客体永恒性，即当某一客体	发展了运用符号来表征客观物体的能力；不能理解守恒原理，思维具有集中化、不可逆性；"泛灵论"。	思维具有守恒性。思维运算必须有具体的事物支持，可以进行简单抽象思维；思维具有可逆性；去自我	在头脑中可以将事物的形式与内容分离开。本阶段中个体能够进行假设性思维，采用逻辑推

续表

感知运动阶段	前运算阶段	具体运算阶段	形式运算阶段
从儿童视野逐渐消失时，儿童知道该客体并非不存在。		中心主义。	理、归纳或演绎的方式来解决问题。

> ▶**心理拓展**
>
> **形式运算阶段的假设演绎推理**
>
> 　　发展心理学家皮亚杰的钟摆实验表明形式运算阶段的孩子已经具备抽象逻辑推理能力，能够运用假设演绎推理，推导出问题的结论。在钟摆问题中，给学龄儿童和青少年呈现不同长度的绳子、一根用来挂绳子的横木以及系在绳子上的不同重量的物体，要求学龄儿童和青少年回答是什么影响了钟摆的速度。
>
> 　　处在具体运算阶段的孩子没有注意到钟摆释放的高度以及推钟摆的力量也能影响钟摆的速度。而处在形式运算阶段的孩子能够提出各种不同的假设，运用假设演绎推理，推导出问题的结论。

皮亚杰钟摆示意图

　　初中生处于形式运算阶段，形式运算阶段的特点是思维超出具体事物和过程的限制，个体可以利用语言文字进行抽象的逻辑思维和命题运算。初中生思维发展有以下特点。

　　1. 初中生的思维由具体形象思维向抽象逻辑思维转变。

　　抽象逻辑思维是一种通过假设进行的、形式的、反省的思维，具有以下特征：是通过假设进行的，思维具有预计性，思维形式化，思维活动中自我意识以及监控能力的明显化。初中阶段的孩子抽象逻辑思维发展迅速，抽象逻辑思维逐渐占优势地位，但更大程度上还处于经验性。初二年级是抽象逻辑思维由经验型水平转向理论型水平的关键期，是思维发展的质变时期。初中生的抽象逻辑思维发展特点体现在他们运用假设的能力上。初中生在面对问题时并不是像小学阶段那样直接去寻求问题的结论,他们会通过思考并从问题的材料中找到解决问题的可能性,接着才用逻辑分析和实验去验证这些可能性从而确定最后正确的结论。正是因为初中生有这种建立假设并会用怀疑的态度去检验每个假设的过程,他们的思维发展才会更有深度和灵活性。

2. 初中生思维的自觉性、独立性和批判性得到了较大的发展。

初中生由于知识经验的增加,尤其是独立意识的发展,他们感到自己有能力独自解决问题。因此,他们常常喜欢并愿意自己独立思考问题,大胆提出假设,并且对教科书以及老师教授的知识提出疑问。面对问题,他们会展开丰富的想象,所以在作业中就能看到他们创造的结果。例如,一题多解、举一反三等。初中生也不同于小学生那样需要老师和家长对其进行总结和反思。初中生大都可以自觉地反思自己的思维过程。例如,当初中生在解一个数学问题时,最后解出的结果是错的,他们就会总结思考自己在解题过程中的哪些思路不对,从而转换一种思路尝试,最终解出正确答案。思维的批判性表现在初中生能够根据客观事实冷静地考虑多方面的意见,并且能够对自己和他人的思维过程进行客观、公正的评价,虚心地进行自我反思,舍弃错误观点,支持正确观点。但由于初中生的自我意识过强,导致他们经常高估自己的能力。然而,由于他们的知识经验还不够丰富,思维也还有限,使得他们思考问题处于表面,因而看待问题可能不够全面,具有思维的片面性。

3. 思维出现第二次自我中心。

自我中心思维是指个体在思考问题时往往以自己的观点作为正确的观点,并在解决问题的过程中往往主要以自己的想法和情绪为转移的思维。思维的第一次自我中心出现在幼儿时期。幼儿时期的思维自我中心是由于认知的局限,思维常常只能出击周围的事物,不能站在别人的角度去思考问题,以为自己看到的、想到的就是正确的。而初中生的思维自我中心性知识因为他们的自我意识过强,他们能够站在别人的角度看待问题,只不过他们过分看重别人的看法,会据理力争自己的观点是正确的来展示自己的能力,确立自己在群体中的地位。

4. 初中生能够初步理解矛盾对立统一,开始认识事物的相对性,辩证逻辑思维有了进一步的发展。

辩证逻辑思维是个体思维发展的高级形式。相关研究表明,初一学生开始掌握辩证逻辑思维,然而辩证逻辑思维水平还相对较低。因为初一学生对事物的理解还相对处在表层,缺乏对事物更本质的了解,他们还处在适应期,在学习和生活上具有一定的依赖性,这在一定程度上也会限制他们的思维发展。而初三学生所学的知识更加系统、深刻,他们也克服了依赖性,变得相对独立,因此,初三学生的辩证逻辑思维发展迅速,他们考虑问题变得全面,能够从变化、统一完整的角度来认识问题。例如，初三学生能够理解电、运动、磁场之间的辩证关系。

5. 初中生的思维表现出较高的计划性和灵活性。

例如，在解决问题前，初中生能够考虑到问题的各种可能性并作出相应的假设，制订相应的计划，这就体现了思维的计划性。初中生在解决复杂的问题时能够通过转换各种关系来达到目的，这就体现了思维的灵活性。

6. 初中生创造性思维的发展。

初一孩子的创造性思维水平较低，这个年龄段的孩子刚从儿童向青少年阶段过渡，他们还处在初中生活的适应期，他们的思维也还是原有的认知结构。但随着年龄的增长，创造性思维逐步得到发展。

7. 初中生思维监控的发展。

思维监控是指个体为了保证达到预期的效果，在进行思维的过程中将思维个体作为意识对象并对其进行积极主动地定向、控制、调节的能力。思维监控具有如下几个功能：明确思维的目的。管控非认知因素，将消极的非认知因素变成积极的非认知因素。选择恰当的思维材料，捕捉恰当的思维信息。选择恰当的思维策略。监控思维过程，评价思维结果。随着自我意识的增强，初中生思维过程中的自我意识以及监控能力也在发展。初中生开始会反思自己的思维过程，对思维过程中出现的问题或者思维的方式等进行评价，从而达到自己的预期目的。思维监控的发展是初中生思维发展趋向成熟的一个标志。

（二）初中生想象发展的特点

初中生的想象活动大多数是有目的地进行的，进行想象活动可能是老师或家长要求的，也可能是自己主动进行的，由个体自己要求进行的积极主动的想象活动随年龄提高而提升。在有目的的想象过程中，初中生不仅注重想象过程的乐趣，也注重想象的结果。例如，在写想象的作文中能够很好地体现这一点。初中生的想象大部分是再造想象，由于初中生的独立性、自觉性增强，他们的创造想象也逐渐占据优势。他们在想象过程中不愿重复他人的想象方式，不想和他人有相同的想象的结果。同时，随着初中生知识技能的增加以及思维能力的发展，他们的想象更加丰富，想象的方式也越来越多，这就为他们创造出新颖的东西奠定了基础。初中生的想象也更加现实化。随着思维的发展，他们逐渐明白怎样的想象方式是可行的，怎样去想象才能实现目的，怎样的想象才有意义等。由此可见，初中生的想象处在不断发展和完善过程中，正是由于这样的特点才体现了初中生生机盎然的心理面貌。

三、如何看待初中生思维与想象的发展

初中生的思维虽然还尚且不能与成年人相比，但处在不断的发展中。家长在

教育孩子的过程中需要根据孩子思维发展的特点以促使其思维更好地发展。处于初中阶段的孩子的思维也存在一些不足。例如，思维缺乏方向性，有时在解题时不能根据题目的要求进行思维，而是胡乱猜测、盲目尝试等。因此，家长对孩子思维和想象能力的培养可以从以下几方面入手。

（一）启发孩子独立地提出问题、分析问题、解决问题

当孩子遇到问题时，家长可以先给孩子一些时间，让孩子自己想办法去解决，而不是一味地去帮孩子做。随着抽象思维的发展，他们在面对问题时并不会像小学时那样直接去寻求问题的结论，他们会通过自己的思考并从问题本身去寻找解决问题的可能性。如果只是一味地去告诉孩子答案，那么孩子会形成一种依赖，这样他们的思维发展就可能会受到限制。家长可以帮助孩子总结在解决问题的过程中出现的问题，和孩子一起分析出现问题的原因，并探讨在以后解决问题的过程中怎么去避免这些问题，从而快速准确地实现预期的目的。

（二）通过实践活动培养孩子的思维能力

思维是大脑运转的过程，思维活动是一种动态的过程。因此家长可以通过一些实践活动去培养孩子的思维能力。有些家长会认为孩子每天大部分的时间都在学校，孩子的教育只需交给老师就好。这种想法是万万不可的。孩子在学校学习的更多是课本上的知识，而一些相应的实践活动会较少。家长可以通过实践活动让孩子明白课堂活动的重要性，让孩子在课堂上积极主动地接受老师的信息，学习老师的思维方法。因此，家长不能放弃在课外提高孩子思维能力的机会，例如，可以让孩子在家做出一道创新型的菜品等。

（三）耐心引导孩子全面看待问题

初中生各方面都处在一个发展的过程中，大多数心理还没发展成熟。因此，他们的发展还存在一些局限性。他们在看待问题和解决问题的过程中难免会存在一些片面性和局限性。因此，家长要谨慎对待孩子思维的发展特点，既要保护孩子的自尊心，同时还要引导孩子全面地看待问题、客观正确地认识别人的意见，不要和孩子发生争执，更不能够强迫他们接受你们或他人的观点，因为这样会适得其反，引起孩子的反感，造成心理的叛逆，不利于他们的发展。

（四）培养孩子的创造性思维

创造性思维在孩子的发展过程中起着重要的作用。家长自身要明白创造性思维和普通的思维有什么不一样。创造性思维通常来说就是指对一般的问题提出新的方案，并创造出新的思维成果的思维活动。由于初中生自我意识的不断增强，他们的创造性思维也在不断发展，这个阶段正是培养孩子创造性思维的好时期。因此，家长在教育孩子想问题时不应让孩子重复自己或他人的方案，要引导孩子自己独立去思考问题，并大胆地提出自己的看法。例如，在谈论一个问题时，不

要先给孩子灌输自己对这件事的看法,而是要让孩子勇敢表达自己的观点,即便孩子表达的观点和自己的观点大相径庭。而当孩子提出具有创造性的方案时,即便不是很合适,家长也不能完全否定孩子的答案,更不能对孩子破口大骂或质疑孩子。家长应该首先鼓励孩子的创造性思维,然后帮助孩子找到问题的症结所在,引导孩子往正确的方向去想。这样孩子才能够发动他们的大脑勇敢地去进行思维的碰撞,才能够激发自身的潜能。

(五)鼓励孩子进行大胆的想象

想象就是一个创作的过程。初中阶段的孩子在自主性上逐渐发展,他们的想象更加丰富,想象的方式也越来越多。当孩子对你们表达出自己对某件事的看法或者对某个事物进行创作时,即便他们创作的想法看起来有些不符合实际甚至可能会有一些无厘头,家长也不能够采取打击或者不好的态度去对待孩子的创作。家长应该鼓励孩子大胆地进行想象,并把自己符合实际的想象变成现实,这样才能让孩子的想象有发展的空间,孩子才能够发展自身的创新性。很多精美的作品都是艺术家进行想象的结果。与其周末让孩子待在家写作业,不如多带孩子出去走走,去感受大自然的风景,去感受人文的情怀。在这个过程中孩子能够接触到更多他们认知上没有的事物,这样对想象的发展也是积极的。

第三章 初中生社会性发展

◇ 社会性发展主要包括哪些方面？
◇ 心理学家从哪些方面解读社会性发展？
◇ 社会性发展的研究成果应用在哪些领域？
◇ 初中生的社会发展有什么特点？

社会化是一个过程，通过社会化，初中生习得在社会中进行常规活动所应具备的道德、品质、理想，以及受到社会称许的处事方式；通过社会化，初中生掌握融入社会的人际关系技巧，形成遵守社会规则、规范的意识，承担起社会赋予初中生的责任和履行相应的社会义务，并且提升顺利完成这些任务所必备的技能。如果初中生没有完成该阶段的社会化任务，行为和态度与统一的社会规范相违背，那么该个体将难以融入社会，将在社会生活中步履维艰。

第一节 情绪、情感与自我意识的发展

> 能控制好自己情绪的人，比能拿下一座城池的将军更伟大。
> ——拿破仑

▶**心理案例**

美国心理学家米歇尔曾做过一个著名的儿童实验——糖果实验，有600多名3～6岁的儿童参与实验。实验将每一名儿童都留在一个房间里，并给每一个儿童都发放一颗糖果，然后主试会告诉孩子们，自己有事要先离开，

> 如果他们回来的时候糖果没有被吃掉，那么孩子们可以得到双份的糖果作为奖励，如果吃掉了眼前的糖果，那就没有额外的奖励。随后，参加实验的儿童将有15分钟独处时间。在这期间，孩子有各种各样的反应。最后，大部分的孩子都没有抵挡住眼前的诱惑，只有大约20%的孩子得到了两倍的糖果。实验之后，研究者对参与实验的儿童进行了长期跟踪，发现那些得到双倍奖励的孩子在中学时期表现出更强的社会适应力、更强的自信心和更好的人际关系等。
>
> 上述实验说明，那些更能够抵挡住诱惑、更善于进行自我情绪和行为控制的孩子，心理健康水平更高，有更好学业的表现和更健康的身体状况。

一、情绪、情感发展

(一) 情绪、情感的特点

1. 两面性。

随着初中生身心的发展和生活体验的增加，他们的情绪逐渐丰富，但情绪表现出两面性，远不如成年人的情绪稳定。

（1）强烈与温和共存。

初中生的情绪常被人们用"狂风暴雨"来形容，这反映了他们对情绪反应的强烈程度，甚至达到了直抵人心的程度。尽管初中生的情绪起伏大，但是他们的情绪表现也并非只有强烈，有时也表现出温和的一面。情绪的温和性指的是个体以缓和的方式表现出来。初中生相比于儿童，已经积累了较多的生活经验，有了一定的情绪控制能力，能够适度控制消极情绪，或者对情绪进行掩饰，从而以相对缓和的方式表现出来。

（2）可变性与固执性共存。

情绪的可变性是指情绪体验不稳定、不深刻，常常从一种情绪转变为另一种情绪。情绪的固执性是指情绪体验上的顽固性。初中生对客观事物的认识存在偏执的特点，这也使得他们的情绪具有顽固性特点。

（3）内向性和表现性共存。

情绪的内向性指的是，初中生在情绪表现上逐渐失去了毫无掩饰的单纯和率真，在某些场合中，他们将各种情绪隐藏于心中。情绪的表现性指的是情绪在表露的过程中，自觉或不自觉地带有表演性。

2. 丰富性。

随着自我意识的持续发展，青少年情绪情感的种类和强度逐渐丰富，情绪情感的体验程度也日益加深。青少年体验到的喜怒哀乐忧惧相比于儿童时期的情绪情感体验更加深刻。青少年不仅具有丰富多彩的自我情感，例如，自傲、自卑、自尊等，而且产生了对爱情的体验，并形成了一些高级的社会性情感，例如，社会责任感、集体荣誉感、审美感、理智感等。青少年的发展需要导致青少年情绪具有丰富性的特点。在婴幼儿时期，个体的需要以生理需要为基础，因此，情绪主要受到生理变化的影响。随着个体的逐渐成长，社会方面的需要产生和发展，并逐渐位于主导地位，伴随社会发展需要带来的社会性情绪变化逐渐居于情绪的主导地位。青少年社会性情绪是衡量青少年社会心理成熟水平和精神生活丰富程度的重要标准，社会性情绪在青少年生活中出现得越多表示他们的社会心理成熟水平越高。

3. 文饰化。

文饰化指的是情绪情感表达里外不一，文饰起到合理化的作用。例如，明明因为取得了好成绩满心欢喜，表面上却波澜不惊；明明被激怒到暴跳如雷，却装作无动于衷。儿童时期的情绪情感具有明显的表露性，喜怒哀乐形于色，内心感受和外显表现较为一致。而青少年的自我控制能力不断发展，情绪与情感表达的方式多样化，出现文饰情绪与情感的现象，使人们对他们真实的内心世界捉摸不透。文饰化是青少年心理封锁性特点的表现。青少年情绪文饰性出现的原因在于他们自我意识和社会意识的双重觉醒，使他们认识到个体情绪在不同社会情境中表达的适宜性。而衡量适宜性的重要指标之一，是社会、他人对于个体言行和个人形象的评价。当青少年想要自由地展示自己真实的情感，但又无法准确把握他人和社会对于自己言行和形象的评价时，他们可能会选择将自己复杂的内心情感封闭起来，而将复杂的情感一般化地表现出来。

(二) 心境的变化

1. 烦恼突然增多。

进入中学后，许多问题接踵而来，初中生在短时间内难以适应，平添了许多烦恼。

(1) 不知道如何出现在公共视野中。生理和外形的变化，使得青少年急切地想要改变自己在他人心目中的形象，但是不知道如何改变才能获得他人的认可。

(2) 与父母的关系不稳定。初中生愈发认为父母无法理解和认可他们的看法，自己的某些愿望甚至还会受到父母的阻挠和批评，这是亲子关系疏离的直接原因。

(3) 不知在同伴关系中如何定位。进入中学后，初中生的自我意识逐渐高涨，自尊心增强，他们希望同伴能够接纳自己，希望自己获得认可。然而由于许多原因，在这期间常常会遇到两种情况：第一种是自身地位的相对降低，第二种是自身地位的相对提高。这两种情况都导致青少年一时间难以接受，需要一些时间明确个人在群体中的定位。

2. 孤独。

美国心理学家霍林沃思将青春期到青年早期这一阶段称为"心理断乳期"。从中学起，个体将在心理上感受到自己逐渐脱离父母的保护及对他们的依恋，进而成长为独立的社会成员，这同时也给青少年带来了很大的不安，尽管他们十分渴望独立，事实上却难以短时间内独自生活。中学时期遭遇的内心矛盾及现实生活中遭受的挫败较多，加上面临的许多问题都无法独立自主地应对和解决，且中学生自尊心很强，认为请教父母和他人有损自尊与独立人格，因而容易陷入孤独的泥潭无法自拔。

3. 压抑。

压抑是当需求无法满足时产生的心理体验。随着年龄的增长，中学生产生了生理和心理的多方需求，但有时因为种种原因导致愿望无法实现，例如自身愿望的异想天开和不切实际、父母过度的干涉和阻挠、自身解决问题的能力不足等。因此，中学生的自尊心出现危机，但他们年轻气盛、意气用事，产生矛盾、冲突的情况，导致他们常常处于压抑的心境。

(三) 常见问题

1. 逆反心理。

逆反心理在初中生群体中普遍存在，主要表现为对一切外在力量予以排斥的意识和行为倾向。逆反心理的行为表现有：态度强硬，举止粗暴；态度冷淡，漠不关心；逆反的迁移性。中学生逆反心理产生的原因主要有：①自我意识突然高涨；②中枢神经系统兴奋过度；③独立意识觉醒。

2. 焦虑。

初中生常见的焦虑源自对生活学习环境改变的不适应、考试学习焦虑、生理和容貌的变化焦虑等，他们的焦虑多为状态性焦虑，由生活、学习、交往中的具体情境引发。

适度焦虑具有积极意义，但过度焦虑会引发失眠、心悸、多汗等不良反应。如何发展适度焦虑呢？引导初中生形成正确的自我认识和自我评价，确立适合自己实际情况的理想抱负，避免过高的目标引发焦虑，避免过低的目标不利于激发上进心。

3. 愤怒。

愤怒往往是由于个体愿望受阻而无法实现时产生的强烈情感反应，有损个体身心健康，且容易引发不理智的冲动和攻击行为。初中生的心智发展不完全，心智不稳定，遇事容易激动和过度反应，因此，愤怒情绪在初中生身上较为常见。初中生的愤怒情绪与错误认识、不良环境和先天气质类型等因素有关系。

如何消除愤怒？首先，思想上应认识到愤怒情绪只会激化矛盾而不能解决任何问题。其次，学会适度宣泄，把怒气闷在心里对身心伤害极大，应在合理的范围内适度宣泄。再次，调整认知，根据实际情况进行陈述，少用非理性的陈述。最后，增强自我控制能力。当愤怒情绪将要爆发的时候，暂时离开愤怒情境，通过深呼吸、注意力转移等方式控制自己。

4. 抑郁。

抑郁是有关精神疾病的"普通感冒"。抑郁障碍是一种对于外部刺激或压力感到缺乏应对的能力而产生的心境持续低迷的情绪情感状态，时常伴随忧愁、紧张、恐惧、苦闷等消极情感体验，同时伴有身体不适、入睡困难等生理障碍，情况严重的患者会产生轻生念头。长期低落的心理状态会严重危害中学生的日常生活与学习，还会诱发抑郁型神经征。学业表现不良，家庭关系不和谐，频繁遭遇挫折，是中学生抑郁情绪的常见后果。

那么应该如何走出抑郁状态呢？首先，修正错误认知：错误的认知偏差是造成情绪障碍的重要因素，要找到并及时纠正不合理信念。其次，正确认识自己：错误的自我认识是导致抑郁障碍的重要因素，中学生应当对自己有正确且客观的认识，并且学会悦纳自我。最后，积极参与社会实践：跳出自己的舒适圈，拓展交际圈，和谐的人际关系是消除情绪障碍的重要法宝。

二、自我意识发展

（一）自我意识的发展

1. 第二个飞跃期。

进入青春期后，初中生生理发育迅速，很快出现了性成熟的现象，自我反省能力逐渐增强，此时初中生的自我意识高涨。他们的内心世界愈发丰富多彩，在日常生活中时常进行自我反省。关于"我"的问题在初中生的心头反复萦绕，例如"我的品性如何？""别人是不是在注意我？""我的未来是什么样的？"等。这些问题他们很少向父母倾诉，更多地选择将心事记录在日记本中，日记中的笔墨往往伴随着浓厚的个人情感基调，体现了个人的特色。

2. 自我分化。

初中生阶段的自我逐渐分化为主体我和客体我，客体我不断被主体我审视和评价。当发现理想自我和现实自我的差距时，则不断督促自我完善和努力，从而实现"现实自我"和"理想自我"的统一。

（二）自我意识发展的一般趋势

自我意识通常是在人际交往中逐渐形成和发展起来的，初中生自我觉察能力的提高为自我意识的形成和发展创造了条件。通常，初中生自我意识发展存在以下发展趋势。

1. 从自我意识的内容发展来看，自我意识发展趋势是从外部的、可观察的、具体的自我特点到内部的、不可直接观察的、抽象的自我特点。如幼儿期意识到的是生理上的自我，逐渐意识到行为自我、社会自我，到了青春期，自我意识才得到充分发展。

2. 从自我意识的结构发展来看，从简单到多层次、复杂的自我意识结构系统。如幼儿只能对简单行为进行评价，到了青春期，自我认识才逐渐完善。

3. 从自我意识的独立性发展来看，以他人评价为标准逐渐到独立进行自我评价；自我评价的客观性、准确性程度不断提高。

（三）自我意识发展存在的问题

初中生自我意识的发展是一个缓慢的过程，在这期间，初中生的自我意识发展逐渐成熟和完善，但仍然存在以下问题。

1. 幼稚性。

幼稚性指的是个体的自我意识与自身年龄不相符，自我认识模糊甚至停留于儿童时期。在自我评价方面，初中生对自己的评判受到父母和老师评价的影响，而无法独立且客观地评价自己。在自我情感体验上，初中生的情绪状态往往不太稳定，处理突发事件时不够冷静。

2. 超限性。

中学生的自我意识发展是一个逐渐成熟的过程，然而如果成熟过度，则会物极必反，出现问题。中学生的自我意识超限性主要表现在：①过度敏感。当刺激出现时，过度紧张焦虑而导致消极情绪的出现。②过度独立。过于独立通常表现为拒绝采纳父母长辈的任何建设性意见，对于他人的善意十分抵触，完全不顾及他人的感受，我行我素等。过度独立可能是自信过头和人格的偏执以及认知的差异导致的。

3. 过度自尊。

过度自尊，换个说法就是过度自卑。过度自尊的初中生通常认为自己在某些方面不如别人，担心别人因此冷落自己，所以会特别在意别人对自己的言论和态度。

4. 过分自责。

适度的自责有助于个体端正自己的态度，消除自身的缺点；而过分的自责则会带来消极后果，不利于缺点的消除。不合理、不正确的自我认识会导致个体过度自责。

（四）情绪管理策略

1. 认知转变法。

转变认知是一种十分有效的情绪调节方式，认识评价介于事件情境与情绪情感的产生之间,具有重要的中介作用。每一枚硬币都有两面,每一件事情也都有两面性,态度积极地看待问题才能更加客观、冷静地分析事件本身。有些学生在看问题时容易钻牛角尖,使得情绪坠落低谷。其实,只要改变认知就能让看起来复杂的事情变得简单,自身也会有完全不同的感受。

2. 文字宣泄法。

文字宣泄法是指当个体处于情绪不佳的状态时,通过传统且便捷的写日记、写诗歌、写文章、写书信等方式直接或者间接地将情绪表达出来的方法。文字宣泄法是一种温和的、自我的宣泄方法,这种方式的倾诉和倾听对象都是自己,是自己与内心深处的对话。宣泄是情绪调节的重要策略,对于愤怒、苦闷等消极情绪,个体不应当压抑自己,而应当通过合理的途径宣泄出来。采用文字宣泄法时应当注意方式,如果简单粗暴地进行文字漫骂,非但不利于良好品德的形成,还容易将个体引向极端。

3. 安慰法。

个体处在情绪低落的状态时,要学会自己安慰自己,同时应寻找积极的社会支持,通过网络途径或者面对面地与亲友交谈和倾诉来获得心灵上的抚慰。安慰的方式分为两种。第一种方式是当个体非常想要得到某样东西,却求而不得时,选择故意诋毁这件东西,表明自己不想要得到它的态度。第二种方式是当个体内心对于某些东西,内心并非十分满意,但是言行上仍然表现得十分满意。这两种方式看似表里不一的消极做法,实则对于情绪调节能起到积极的作用。

三、如何看待初中生情绪情感的发展

情绪情感是个体对客体的主观态度和情感体验。初中生的精神层面的认识和实践活动,并非简单地受到自身思想的影响,同时受到情绪情感的影响。初中生的情绪情感活动始终活跃在他们进行认识与实践活动的过程中,不存在脱离情绪情感的认识和实践过程。

(一)指导初中生明确情绪情感体验的心理意义

家长可以通过沟通交流的形式让初中生明确情绪情感健康的重要意义,让他们在日常生活中体会自身情感的两极性,认识自身情绪情感的发生发展机制,从而提高自身培养健康情绪情感的要求。

(二)指导初中生掌握自我情绪情感调节和控制的方法

1. 了解自身特点。

任何一种心理活动都不是一个孤岛,而是个体长年累月的生活经历的融合。初中生的情绪情感不仅反映了当时的心理状态,也反映出个体的脾气和秉性等。因此,想要了解自己的情绪情感特点,应当在长期的生活中不断进行自我观察,

冷静且客观地自我剖析。同时，家长也可以第三方视野对初中生进行综合评定，在与初中生进行交谈时举一些情绪情感变化强烈的例子进行重点解析，以此来明确需要解决的情绪情感问题。

2. 预防学业焦虑。

初中生的学业压力较大，容易产生学业焦虑情绪。正常的学业焦虑表现为轻度的紧张感，是一种适当兴奋的水平，有利于促进初中生集中注意力。然而，当处于高度的学业焦虑状态时，初中生常常感到过度紧张和心烦意乱，不利于他们的正常生活。

3. 学习情绪调节策略。

家长可指导初中生学会实践性较强的自我调节策略，例如，注意力转移法、文字宣泄法、呼吸调整法、角色转换等多种方法。

(三) 培养初中生高尚的情操

培养初中生高尚的情操，对于学校情感教育和社会发展有重要意义。具有高尚情操的初中生通常刻苦学习，有更高的精神追求，具有责任感，严于律己，宽以待人，他们的身心健康，意志顽强。所以家长对初中生进行教育时，应牢牢把握对他们高尚情操的培养，这才是初中生情感教育的抓手。

第二节　道德与人格的发展

> 优良的品德是内心真正的财富，而衬显这品行的是良好的教养。
> ——约翰·洛克

▶心理案例

13岁的男孩小张，刚上初一时性格开朗、身体健康，学会上网后逐渐沉迷其中，上课无法集中注意力，对学习产生厌倦情绪。由于沉迷网络，小张的成绩一落千丈。父母得知小张把零花钱都拿去上网后，不再给小张零花钱，小张则开始从自己的亲戚、朋友和同学身上骗取钱财。久而久之，小张再也骗不到身边人的钱财，转而走上偷盗和抢劫的不归路。

案例中的小张正处在道德发展的重要时期，却因为没有树立正确的世界观、人生观、价值观，没有养成良好的品德行为，最终沉迷网络，走上

> 盗窃和抢劫的不归路。初中生是道德发展的重要时期，培育初中生良好的道德品质，促进他们形成正确的人生观和价值观是义务教育阶段的重要任务，也是家庭教育的重要目标。在教育过程中，应掌握初中生道德品质和人格发展的特点与规律，了解其影响因素，从而引导初中生形成良好的道德品质。

一、道德发展

(一) 道德认识的发展。

1. 皮亚杰的儿童道德认识发展。

皮亚杰采用对偶故事法追踪儿童道德认识发展，他认为儿童道德认识发展由他律道德转向自律道德，共分为三个阶段：前道德阶段、他律道德阶段、自律道德阶段。

（1）前道德阶段。

该阶段儿童对于事件的起因只有模糊的认识，他们的行为直接受到行为结果的影响，因此该年龄段儿童的行为既不是道德的，也不是不道德的。

（2）他律道德阶段。

该阶段儿童认为制度、规则是一成不变、固定的，受到权威的支配，而不是可以协商改变的。他们判断行为的好坏并不根据主观愿望的动机，而是依据行为的后果。

（3）自律道德阶段。

该阶段儿童认识到规则和制度是可以商定的，对于行为的判断兼顾行为的后果和行为的动机。

2. 科尔伯格的儿童道德认识发展。

科尔伯格采用两难故事法纵向研究儿童道德认识发展，提出了儿童道德认识发展的三水平六阶段理论，认为这些阶段按照从低到高的顺序逐级提高。

（1）前习俗水平（4～10岁）。

第一阶段：服从与惩罚。该阶段儿童缺乏是非善恶观，为免受惩罚而服从规则。

第二阶段：工具性目的。该阶段行为的好坏在于行为的结果，儿童期望遵守给人即时利益的标准从而获得奖励。

（2）习俗水平（10～13岁）。

第一阶段："好孩子"定向。该阶段儿童"与人为善"，相信"金科玉律"，避免他人不喜欢。

第二阶段：社会制度与良心。该阶段个体履行个人承诺，自觉维护权威和秩序。

（3）后习俗水平（13岁以后）。

第一阶段：社会契约定向。该阶段个体意识到人人都有不同的价值观，因而遵从社会契约，维护公共利益。

第二阶段：普遍伦理原则。该阶段个体相信道德法制的普遍价值，认识到人性的尊严，遵守自己选择的伦理原则。

(二) 道德情感的发展

1. 内容丰富且明显发展。

随着初中生身心迅速发展，他们的自我意识同样迅速发展，使得他们逐渐意识到个体的"成人感"，这些改变对中学生的道德情感产生了巨大影响，既丰富了他们的道德情感，又在一定程度上发展了道德情感。

2. 自觉性。

由于初中生步入青少年阶段，逐渐过渡到青年期，社会对于初中生的要求相对于小学生而言标准提高，对于初中生理解道德的意义、掌握道德的标尺同样提出了要求，因此初中生开始审视自己的道德水平，主要表现在初中生不仅关心他人的内心世界，同时也审视自己的道德情感。

3. 不稳定且难以克制。

初中生的想法天马行空，敏感但不成熟，且自我调控能力较差，容易受到社会上不良风气和思潮的影响。初中生刚步入青春期，体验到成人感的他们主观上要求与父母、老师建立完全平等的社会关系，如果父母、老师打破他们主观上的意愿，往往会引发他们的强烈反对，甚至有意忤逆师长，挑起有违道德人伦的事端。

(三) 不良道德与问题行为

1. 问题表现。

（1）吸烟、酗酒。

吸烟、酗酒有害身心健康，是对人体健康的巨大威胁。然而初中生具有好奇心重、逆反心理强、易受他人影响等心理特征，容易养成吸烟、酗酒等不良习惯。不少初中生为了满足自己的欲望，选择去盗窃物品、勒索他人，走上犯罪的道路。

（2）网络成瘾。

互联网以一种便捷的方式向初中生展示了虚拟世界中丰富的网络资源和独特的交流方式，对于自我控制能力发展不完全的中学生来说，互联网具有强烈的吸引力。网络成瘾指的是网络使用者长期沉浸在互联网中，对它产生重度的依赖，以至于达到了难以自我解脱的心理和行为状态。网络成瘾对中学生的生活学习产生严重的负面影响，应注意及时调节与控制上网时间、频次。

（3）犯罪。

未成年人犯罪呈现低龄化趋势，初中生正处于叛逆期，辨别是非的能力较差，容易受人唆使，在某些情境下犯下不可弥补的过错，给他人带来伤害。精神科医生通常将青少年做出过失行为认定为行为障碍，一旦这样的行为触及法律，社会将把这些行为界定为犯罪。针对中学生的特殊性，我们有必要通过适宜的方式，及时预防和发现初中生犯罪行为。

（4）自伤自杀。

人的生命只有一次，十分宝贵。近年来，我国自伤自杀现象呈低龄化，初中生自伤自杀处于上升趋势，且女生产生自伤自杀意念的比例明显高于男生。以下是常见的与自伤自杀意念相关的风险因素：矛盾心理，学习生活中的无形压力压得他们喘不过气，一方面想要得到解脱，一方面又寻求他人帮助；认知偏差，自伤自杀意念者常常将事件感知绝对化，认为某些事物必定如此，没有任何缓和的余地，随即产生绝望感，因而失去生存的信念；关系失调，有自我伤害倾向的学生往往性格孤僻，内心阴暗，难以与他人展开良好的人际互动，长期缺乏亲友的关心，缺少必要的社会支持，最后越来越孤独，逐渐封闭自我，丧失自我价值感。

2. 问题成因。

（1）客观原因。

家庭教育功能缺失，父母对于子女教育的方式不当。如，有些家庭对于子女的成长有着过高的期望，一旦子女没有达到他们的要求，对孩子非打即骂或常常使用冷暴力；有些家庭溺爱子女，无原则地纵容、包庇等。

学校思想品德教育的缺位，学校教师在教育理念上的偏颇。如，有的教师对于学生的要求过高或过低，导致学生产生厌烦情绪；有的教师辱骂或体罚问题行为学生，处理学生问题时不能"一碗水端平"等。

社会上不正之风对于初中生身心健康的腐蚀。

（2）主观原因。

初中生心理内部矛盾。成长中的初中生，他们的内心发展不平衡，时常产生各种各样的心理矛盾。初中生的认知往往带有盲目性和冲动性，他们的情绪情感丰富且不稳定，容易走向极端。

意志力薄弱。当道德观念和个体欲望发生冲突时，一些学生禁不住诱惑，正确的道德观念被不合理的需求打败，从而产生问题行为。

性格上的缺陷。个体已有的不良性格特征导致他们习惯性忽视他人和集体的需求和利益，做出违背社会公德的行为。

3. 行为矫正。

(1) 消除疑虑与敌对情绪。

有过严重过错的初中生也许曾经有过受人指摘和唾弃的经历，心理状态常常很敏感，对待他人缺乏善意，往往有敌意、有戒备，主观上自动将他人设定为厌恶自己、漠视自己的陌生人，以至于对于他人的善意和关心置之不理，主动回避。为了消除疑虑和敌对的心理障碍，指导师应当投入工作热情，从多个方面来关心和帮助他们，同时从细节做起，让他们感受到由内而外的真诚，渐渐消除心理防备，慢慢接受身边人的善意和关怀。

(2) 重视教育方式，尊重初中生的自尊心。

自尊心是在社会交往的基础上形成的一种心理状态。人人都有自尊心，初中生的自尊心相比于一般的成年人来说更强，他们十分在意他人对自身形象的关注和评价。维护初中生自尊心的正确方式应该是：在他们取得进步时给予恰当的肯定和支持；在他们有了过失的时候，在不放任自流的前提下，尝试与他们进行深度交谈，晓之以理，动之以情，走进他们的内心深处，了解他们的真实想法。最后，应该尽可能使他们的合理请求得到满足，减少需求得不到满足而带来的挫败感，从而避免问题行为的发生，矫正不良品德行为。

(3) 培养正确的是非观与是非感。

初中生的是非观和是非感的偏差是他们不良品德与问题行为形成的主要原因，培养初中生形成正确的是非观和是非感是帮助他们改正错误和矫正行为的重要方式。帮助曾经犯有过错的初中生形成正确的观念，应注意把握宽严的尺度，注意舆论的控制和严明赏罚。

(4) 提高初中生自控力和抵御诱惑的能力，使其养成良好的行为习惯。

个体内部错误信念的推动和外部刺激的引诱共同导致过错行为的产生。心理学的研究结果显示，个体共情能力越强，抵御诱惑的能力也越强，问题行为的发生率下降。依据这个发展趋势，引导初中生掌握共情的技巧，提高抵御诱惑的能力，激发初中生的同理心，从而减少他们不良道德行为的发生。通过角色扮演和情景模拟的方法，引导初中生意识到自己行为的偏差，进而改变行为方式，建立新的正确的行为习惯。

(5) 对症下药，依据个体差异，善用教育智慧。

初中生的不良品德与行为基于不同的年龄、性格及事件的具体情况，其行动的表现方式不尽相同。为了更高效地解决具体问题，应当对症下药，采用灵活多样的教育对策。考虑到初中生群体中问题行为的多种情况，通常采用积极诱导法（肯定初中生行为中的积极方面，指出行为中不恰当的地方，指导他们采用正确的方法来实现愿望等）、信任法（给予初中生鼓励，坚定地表示相信他们能够勇于承认错误并且承担错误带来的后果)、活动矫正法或曲折迂回法，顺势而为，把握好解决不同学生的具体问题行为。

二、人格发展

(一) 自我发展理论

1. 埃里克森的心理社会发展阶段理论。

自我发展与个体的一生密不可分。自我意识的发展和自我同一性的确立，决定个体发展的方向和水平，对于个体的人生观和价值观的形成与发展产生影响。儿童期：个体在与外部世界互动、接触的过程中认识自我的存在；青年期：个体开始意识到本我的存在，并将注意力集中于发现自我和关心自我存在；成年早期：本阶段的主要任务在于发展自我意识和确立自我同一性。

2. 拉文格的发展类型说。

自我不仅可以作为客体被认识，也可以发挥主体的调节作用。拉文格认为，自我是人格的核心，认识自我的发展等同于认识人格的发展。自我的发展是个体与环境互动的结果，自我的改变意味着自我的思想、价值、道德等组织方式的改变。

3. 艾森克的人格维度说。

艾森克十分关注先天遗传对个体人格与行为的作用，致力于开展人格的基础性研究。艾森克的研究结果表明，人格可以分为三个基本维度：内外倾性、神经质、精神质。不同的维度具有不同的表现：①内外倾向性高的个体较为外向，低的个体较为内向。外倾性高的个体喜爱人际交往，性格活泼冲动。②高神经质的个体情绪不稳定，喜怒无常，容易激动。③高精神质的个体与精神分裂障碍高度相关，常常表现出冷漠、自我中心、偏执的倾向。

(二) 人格特点

1. 稳定性和可变性。

"江山易改，本性难移"指的是人格具有稳定性的特点。人格发展指的是个体从出生到死亡的整个生命历程中，人格特征伴随年龄、阅历的增长而发生改变的过程。在这一过程中，个体的行为具有一定的稳定性和可变性。

2. 整体性。

人格是个体精神风貌的体现，是一个人不同的人格倾向性、人格特征以及自我评价自我认识的有机结合体，个体的各种人格特征并不是孤立存在的，而是相互交错、相互作用形成的完整人格。

3. 独特性。

"世界上没有两片完全相同的叶子"，讲的就是人与人之间的不同，每个人都有自己与众不同的人格特点，有些人性格豪爽，有些人心思细腻，有些人脾气火暴，这些差异使得每个人都具有自己的独特性。

(三) 常见人格障碍

现实生活中，存在一些人格结构发展不完全、不协调的初中生，他们的人格在一定程度上偏离正常发展轨迹，这种不良发展倾向的常见结果就是形成偏常人格。

1. 回避型人格。

回避型人格也称为逃避型人格，最大的特点在于行为退缩、心理自卑，面对未知的事物多采取回避或逃避的态度应对，主要的特征是：有一颗容易因他人的消极评价而受伤的玻璃心；鲜有除了至亲之外可以交心的朋友；行为退避，尽量避免非必要的社会交往活动或工作；心理自卑，在社交场合总是保持沉默，担忧与人交谈时闹出笑话或者回答不上他人的问题；敏感且害羞，害怕在他人面前显露出不好的一面；处理事情时总是夸大问题的难度。

2. 自恋型人格。

初中生自恋型人格的典型特征为自我重视和夸大，主要的特征是：不能接受他人对自己的负面评价，对于负面评价感到愤怒或羞耻；始终以自我为中心，只关切自身利害得失，而不考虑他人；观念上自以为是，行为上无理取闹地要求别人服从自己；见不得别人比自己好，对他人的成绩、成功十分嫉妒，对他人的失败落井下石，从不向他人提供任何有用的信息；爱慕虚荣，渴望被关注与赞美；冷漠无情，缺乏同理心。

3. 依赖型人格。

依赖型人格又称虚弱型人格，典型特征为缺乏自信心和依赖他人。他们缺乏果断和判断力，不时地需要他人为自己做出决定或者指明方向。依赖型人格的主要特征为：没有得到他人的大量建议和保证之前，无法对日常事件做决策；缺乏独立性，难以独自实施计划或完成任务；过度容忍，为讨好别人甘愿去做自己不情愿的事；对于亲近或归属有非理性、盲目的渴望；时常被遭人抛弃的念头折磨。

三、如何看待初中生道德与人格的发展

教育的本质是唤醒人格心灵，道德品质的培育是人格教育的核心内容。初中生应充分发展自己的人格，并且调动个体的主动性、判断力以及责任感，最后充分落实到实践中。初中生道德素质的提升和人格心灵的唤醒是道德与人格的发展的关键内容。

首先，道德素质是个体综合素质的重要成分。初中生的变化发展在于他们个人素质的变化发展。初中生的素质包含身体、心理、文化和道德素质等。不同的

素质之间相互联结、相互作用，其中道德素质推动和发展其他素质。因此，家长在重视初中生整体素质发展的同时，更应注重道德人格的培育。

其次，重视初中生人格教育。健全的人格是初中生学业进步、健康成长的重要保证，"欲成才，先成人"讲的就是这个道理。古语言"德者智"，就是说品德高尚的人，往往有明确的奋斗方向、强烈的社会责任感、坚忍不拔的意志品质和较强的自主精神与节制能力，因此重视初中生人格教育，可以最大限度地挖掘他们的潜能，帮助他们成长成才。

第三节　人际关系的发展

> 友谊像清晨的雾一样纯洁，奉承并不能得到友谊，友谊只能用忠实去巩固它。
> ——马克思

▶ **心理案例**

13岁男生小森，七年级学生，头脑灵光，学习成绩优异，性格开朗，喜欢参与班集体活动。然而，如果他与同学之间有小矛盾或者小摩擦时，往往不能心平气和地解决，而习惯采用暴力方式。他在班级里担任副班长，同学们一致认为他以权谋私，处理事情一意孤行，漠视他人的需求。与人交往时，一旦出现了分歧，他的眼里只会看到他人的过错和问题，从不客观冷静地分析自己的言行。小森脾气暴躁，不近人情，总是蛮横无理，自以为是。刚开学没多久，就和班级的同学起了冲突，最后还出手伤人，同学们都渐渐疏远他。

小森的行为表现说明他和同伴的交往出现了冲突，他的问题在于处理同伴矛盾的方式过于直接和粗暴，又无法意识到自身的错误。因此，小森有必要修正原有的行为方式来适应同伴关系，为将来更好地融入社会奠定基础。

中学时代是人生发展的关键期，在这期间，中学生面临社会身份和生活方式的改变，他们的内心渴望摆脱父母的管教，与同伴形成良好的友谊并走向独立。因此，他们需要改变原有的行为方式来适应这一时期的学习与生活要求。本节主要介绍初中生人际交往、同伴关系、亲子关系方面的内容。

一、同伴关系、亲子关系与师生关系

(一) 同伴关系

1. 同伴关系的价值和功能。

同伴关系指的是与自己年龄相近或相同的儿童少年之间在互动中建立起来的人际交往的关系，它对于儿童少年的社会性心理发展起着独一无二的作用。首先，儿童少年在同伴交往的过程中习得与他人相处的知识和技能。其次，良好的同伴关系给儿童少年带来安全感和归属感，有利于他们的身心健康。最后，同伴关系为儿童少年确立自我同一性提供了重要的参照系。

2. 同伴关系的类型。

同伴关系主要可以分为友谊和同伴群体关系。

(1) 友谊。

友谊是两个个体之间形成的较为持久且亲密的交互关系。友谊是一种独特的同伴关系，对初中生的社会性发展有着十分重要的意义，不仅可以提高他们的社会交往技能，还是他们的重要社会支持来源。初中生强调同伴之间的情感联结，他们希望从友谊中收获理解和情感支持。初中生之间的个体相似性是建立和维系友谊的重要因素。

(2) 同伴群体关系。

同伴群体关系是同伴关系的另一种重要类型，它不是友谊那种一对一的关系，而是个体之间出于相同目标、行为准则或兴趣而自发形成的共同参与某种活动的群体关系。同伴群体关系同样对初中生的身心发展起着重要的推动作用。同伴群体存在一定的组织性，不同的成员扮演不同的角色，有着不同的地位，初中生在同伴群体中扮演着不同的角色，在与人相处的过程中逐渐学会尊重个体差异和应对不同人际的冲突，发展社会交往技能。

3. 同伴关系的特点。

(1) 逐步改变了团体的交往方式。

儿童同伴关系的典型特征是团体性较强。进入青春期后，生理的巨大变化导致青少年的心理发生巨大变化，他们需要可以倾诉苦恼、交流思想的朋友，因此交往范围缩小，原先的团体慢慢解体。

(2) 同伴关系在日常生活中变得重要。

进入青春期后，初中生的情感比重逐渐向关系要好的朋友倾斜。他们与亲密朋友相处的时间比父母、亲友在一起的时间更多。初中生相比于儿童时代对于友谊有了更深的理解，他们开始寻找志同道合的朋友，情感和性格的相似性是友情形成和维系的基础，他们可以从朋友那里获得理解和情感支持。

（3）异性友谊。

异性友谊区别于同性友谊和浪漫关系，是一种特定类型的人际关系。在青春期之前，同伴之间的交往不受性别的影响，男女生经常一起玩游戏。进入青春期后，男女生渐渐意识到性别的差异，并对异性开始产生兴趣。青春期早期，男女生对异性的兴趣常常表现为冷漠、轻视和言语攻击这类相反的方式。进入青春期后，异性之间互不往来的状态发生转变，男女生之间可以和睦相处，而且每个男女生心中一般都会有一个自己爱慕的异性同伴。

（二）亲子关系

家庭是社会的基础单位，父母是影响孩子学习成长的重要角色。童年期儿童眼中父母的形象无比光辉，他们对父母充满敬重与信任。进入青春期后，青少年与父母的关系发生了许多变化。这些变化体现在以下几个方面。

首先，情感脱离。青少年在情感上有了其他依恋对象，与父母之间的关系不如从前亲密。其次，行为脱离。青少年渴望独立的愿望十分强烈，在行为上表现出对父母约束的反对和脱离。再次，观念脱离。青少年自主意识的发展使得他们对于任何事件都喜欢自主分析和判断，而不是直接接受现有的观点和法则。最后，父母示范作用减弱。随着青少年生活半径的扩大、生活阅历的丰富，一些理想的人物形象通过各种途径进入他们的视野，相比之下，父母的形象暗淡了许多。此外，随着青少年思辨能力和知识水平的提高，他们会逐渐发现父母身上存在的缺点，这些都使得父母的示范作用减弱。

儿童时期的孩子对于父母具有高度的依赖性，青春期后，他们渴望脱离父母的管教、束缚，想要独立生存，但在很多方面仍然要依靠父母的支持。随着青少年独立意识的逐渐增强，亲子之间的代际差异越来越大。青少年已经具备了一定的独立思考和独立生存的能力，然而许多父母仍然不理解他们的心理变化，不善于沟通或者不愿意他们获得一定程度上的自由。初中生的亲子关系问题的矛头往往指向两者之间独立与平等的关系。父母难以将初中生不再当作儿童看待，难以主动改变自己对初中生原有的生活习惯、思维方式的态度，那么就难以收获平等和谐的亲子关系。

（三）师生关系

青少年除了与同伴、父母的关系发生变化之外，与老师之间的关系也发生了变化。在小学阶段，老师在孩子的眼中就是权威，大部分的师生关系较为友好，通常情况下，小学生们可以接受各种教学风格和类型的老师。进入青春期后，初中生不再盲目，他们有选择地接受自己喜爱的老师。他们开始对每一位老师进行评价，通常每个学生都有一两位自己最喜爱的老师。受初中生欢迎的老师具有以下特征：博闻多识、平易近人、和蔼可亲、认真负责、充满热情等。在青少年的心中，他们对于喜欢的老师言听计从，在行动上给予这些老师最好的反馈。例如：认真学习喜爱的老师所教授的课程，努力掌握该科目的重难点知识；尽全力落实喜爱的老师提出的学习要求；对于喜爱的老师提出的建议和观念，仔细体会和吸收；等等。同样，在青少年的心中，也会有一两位站在喜爱对立面的老师，他们无法接受这样的老师的授课方式，拒绝接受其提出的各种意见。

二、亲社会行为的发展

（一）亲社会行为的概述

亲社会行为指的是对他人和社会有帮助的行为。亲社会行为按照动机不同可以划分为两个类型：利他行为和助人行为。

利他行为指的是行为者不寻求任何精神上或者物质上回报的自愿行为。利他行为是行为者自觉自愿的行为，而不是因为某些原因而不得不为之的行为。例如，爱心人士主动为贫困的家庭匿名捐款，而不是看到他人捐款，担心自己不捐款受人非议。

助人行为指的是行为者出于利己动机而做出有利于他人的行为。例如，曾经受人恩惠而帮助他人的回报式助人行为，曾经给他人带去损失而进行补偿的补偿式行为。

（二）亲社会行为的发生与发展

1. 亲社会行为的发生。

本能论认为，亲社会行为的发生由遗传决定，是一种为保证物种存续而自我牺牲的内部机制。为集体利益而牺牲自己是利他行为的最高级表现。本能论认为人类的亲社会行为与生俱来，不受后天环境的影响。

习得理论认为，亲社会行为并非与生俱来，而是受到后天环境影响，在社会学习中不断形成的。亲社会行为要到一定的年龄才能表现出来。年龄小的儿童可以感受到他人的负面情感，但是很少表现出亲社会行为。而年长一些的儿童则会表现出各式各样的亲社会行为，如安慰他人等。

2. 亲社会行为的发展。

随着年龄的增长，儿童的亲社会行为不断发展，利他行为和助人行为逐渐增多，这与道德认知发展理论相一致，他们的亲社会行为主要集中在以下几方面。

（1）助人。

儿童助人行为在他们很小的时候就出现了，儿童很小的时候就认为自己对他人负有责任，就会向他人表示关心，对他人的负面情绪做出情感反应，还会表现出想要帮助他人的利他行为。儿童的利他行为多数受到父母的影响，儿童时期形成的帮助他人的观念及其父母的榜样教育都是利他行为形成的重要原因。

(2) 合作。

合作是两个及以上个体为了完成共同的任务而共同工作的行为。合作是个体间的基本互动形式，儿童出生后的第二年，合作行为开始出现并迅速发展起来，这与儿童认知能力迅速发展关系密切。研究发现 1 岁大的儿童很少进行合作游戏，而绝大多数 1～2 岁儿童开展合作性游戏的频率开始增加。

(3) 安慰和保护。

儿童对他人的负面情绪做出亲社会反应，包括注视悲伤者、抽泣、鸣咽等。

(三) 亲社会行为的培养

1. 亲社会行为的影响因素。

(1) 外部因素。

①旁观者效应。旁观者指的是那些在他人需要帮助时袖手旁观的人。旁观者效应指的是个体面临紧急事件时，个体单人的反应与同他人在一起时的反应差异。因为他人的存在会抑制或激发个体的亲社会行为，当多人在场时，可能造成责任分散，很容易造成个体等待旁人去提供应该提供的帮助。

②榜样作用。研究表明，榜样的示范行为不仅塑造儿童对于助人行为的正确认知和理解，还会增加儿童的助人行为。榜样的形象引导儿童进行效仿，当儿童将习得的助人行为在具体的情境中展开，就可以促进儿童的亲社会行为发展。

③情境模糊性。情境模糊性指的是，个体在不能确认事情正在发展的事态，不确定他人是否需要帮助时，往往不会主动提供帮助。任何导致情境模糊性增加的影响因素都会抑制个体采取有效的利他行为。

(2) 内部因素。

①认知因素。亲社会行为发生前，个体首先会对有关信息进行认知加工。研究表明，社会观点采择与亲社会行为之间关系密切。具有观念采择能力的儿童能够更深入地理解他人的需要，从而引发个体的亲社会行为。

②个体心理状态。积极心境下的个体，更容易减少对自己的关注，更多地去考虑他人的需求，更愿意把亲社会的认知转化为亲社会行为。消极心境下的个体则相反，会增加对自己的关注，更少地去关注他人的需求。

(3) 性格特征。

日常生活中，具有以下性格特点的个体更容易做出亲社会行为：共情能力较强，社会责任感强烈，社会动机强烈。总体上看，更需要被肯定的个体和有着强烈社会公正信念的个体相比于这些方面需求较弱的个体来说，更愿意自觉提供帮助。

2. 亲社会行为培养。

(1) 榜样示范。

社会观察学习理论认为，个体可以通过观察学习或者效仿榜样习得某些社会行为和社会态度，而不需要通过外部奖励。初中生正处于频繁结识朋友的阶段，年龄相仿的朋友对他们的影响可能已经超过了父母或师长对他们的影响，因此，初中生群体更适合作为他们的榜样。此外，可以设置具体情境，树立亲社会榜样，引导初中生效仿和学习。

（2）移情训练。

霍尔曼认为，移情是亲社会行为（如助人、合作、分享等）的动力基础。移情是激发和促进初中生亲社会行为的助推器。角色扮演法由移情研究衍生而来，通过角色扮演法可以增加亲社会行为，对于改善初中生社会性发展有着重要意义。

（3）强化训练。

强化训练指的是采用积极正向的方法来肯定初中生的亲社会行为，使得他们的行为内化，进而催生日后更多的亲社会行为。当个体觉察他人的亲社会行为受到肯定时，会产生"替代性强化"。社会交换理论提醒我们，采用强化训练法引导初中生强化亲社会行为时，应把握好分寸，强化过度则会适得其反。

三、攻击行为的发展

（一）攻击行为的概述

攻击行为指的是个体违背了社会发展主流价值观的、有攻击意图和动机的、伤害他人的行为。攻击行为具有以下特征：第一，具有攻击他人的意图和动机；第二，必须是外显攻击行为，而不仅仅停留于主观的情感和想法，没有付诸实践的意图不属于攻击行为；第三，严格来说，攻击针对有生命的个体，不包括损坏物品；第四，被攻击对象有避免伤害的动机。

（二）攻击行为的类型

1. 依据不同的意图可分为报复型攻击和工具型攻击。

报复型攻击的意图在于让受害者报复和教训对方，让其遭受不幸，如打架斗殴；工具型攻击的意图在于将攻击行为当作一种达到其他目的的手段，如劫匪以暴力的方式获取钱财。

2. 依据攻击的方式差异可分为言语攻击和行为攻击。

言语攻击指的是通过语言文字、面部表情对受害者进行攻击，如谩骂、嘲讽、造谣等；行为攻击指的是通过身体部位或者利用工具对受害人进行攻击。

（三）攻击行为的理论

美国心理学家罗森茨韦克提出挫折—攻击理论。该理论的基本观点认为，攻击行为由挫折引发，挫折直接导致攻击行为，严重的挫折会产生报复和一些暴力犯罪行为。美国社会心理学家多拉德在前人的基础上完善了该理论，他认为挫折的存在是攻击行为产生的必要基础，在特定的情况下会产生特定的攻击行为。例如，饥荒战乱之后，经济受到严重影响，就业机会减少，人们找不到工作，生活的方方面面受到限制时，不同形式的攻击行为就会显露出来。班杜拉认为，攻击行为并非生来就有，而是通过后天习得的。他认为社会攻击行为是通过效仿他人行为及自身体验强化后形成的，而不是简单的生理冲动或本能。道奇在班杜拉之后继续发展挫折—攻击理论，他认为，个体的社会行为受到社会认知的影响，出现攻击行为的个体可能对外界环境的认知加工产生了偏差。

(四) 攻击行为的影响因素及其干预

1. 影响因素。

(1) 挫折。

由挫折—攻击理论可知，挫折感常常引发攻击行为。强烈的挫折感可能引发直接的攻击行为，而较微弱的挫折感可能引发间接的攻击行为。例如，在学校学习落后、行为表现较差的初中生，在同伴中缺乏影响力，长期无人关心，久而久之，他们的情绪变得易怒易躁，可能会染上攻击他人、喜欢惹是生非和破坏公物的不良习惯。

(2) 挑衅。

当人们被他人挑衅时，往往会直接被激怒，想要以牙还牙，采用同样的方式攻击对方。下面的研究表明挑衅可能会引发侵犯性行为。

研究人员让被试完成一个广告设计的任务，他们的完成质量由另外一位被试来点评，助手进行了一定的消极评价。评价存在两种方式：第一种是"破坏性批评"，助手的评语带有诽谤、贬低性质；第二种评价是"建设性评价"，评价相对委婉、温和。被试得到相应的评价之后，让他们填写一份问卷，说明他们是否愿意与该助手成为同事。结果表明，那些得到破坏性评价的被试，非但不愿意与助手合作，反而带有很强烈的攻击性表现；得到建设性评价的被试则与此相反。

(3) 诱因。

诱因指的是引发挫折和攻击行为相联系的刺激源。贝克威茨在1965年提出攻击的诱因理论，该理论认为，挫折使得攻击行为处于准备状态，在环境中诱发适当的攻击刺激，真正的攻击行为才会被激发。班杜拉针对不同情境下不同的攻击行为诱发因素及作用机制进行了深度分析，他将诱因分成以下几类。

①厌恶性。引发厌恶体验的刺激多种多样，这些厌恶性刺激包括语言威胁和辱骂、生活环境恶化、目标行为遇到障碍。当个体受到恶语相向或者被暴力对待时，感受到的威胁和伤害激发个体进行反抗性行动。

②奖励性。如果个体对于攻击行为的预期结果是具有奖励性质的，这种预期的危害性更大。例如，谋人钱财、害人性命、烧杀抢掠等。奖励性诱因使得个体在认知上对于攻击行为的奖励性后果产生了期待，因而起了歹心。

③训导性。初中生在社会化进程中，不断接受来自社会各方面的约束和规范，接受权威性主体的指令。有时，社会化的结果是服从权力性的指令，从而使得个体进行权力性攻击行为。

④幻觉性。精神不正常的病人，时常因为头脑中奇怪的幻觉和信念而具有攻击他人的行为。例如，被害幻想症患者，经常怀疑自己被跟踪被欺凌，于是进行报复性攻击，被害幻觉是他们产生攻击行为的原因。

（五）攻击行为的消除与控制方法

1. 宣泄。

精神分析学家弗洛伊德提出攻击是一种本能的观点，他认为攻击是人类生而有之的驱动力。每个人都有攻击的行为倾向，应当以一种合理的方式将攻击的能量宣泄出来，例如通过球赛这类竞技性体育方式或学会幽默，参加文娱活动等进行宣泄。

2. 置换。

生活中常见这样的情况，某人由于他人的阻挠而遇到失败和烦恼，但又因为他人的身份、地位的缘故不能将愤怒的情绪发泄在他人身上，在这种情况下，遭受挫折和烦恼的人往往会通过其他方式来满足个人的需求，例如选择身份地位不如自己的对象宣泄愤怒，这种方式被称为"置换"。举个例子，一个小孩想出去玩，父母不准许，这个小孩就会感到愤怒。但是出于对父母地位和权力的敬畏，他不能对父母进行言语或者身体上的攻击，于是他就会向他人发泄怒火，比如弟弟、妹妹或者邻家小孩。有研究表明，与迫害者越相似的人，被迫害者越有强烈的攻击倾向。

3. 消除对个体的关注。

正负强化都会导致某些行为的继续，进而演变为个体的某种习惯。一些个体的攻击性更强可能是由于其表现出攻击倾向后，获得了更多人的关注度，进一步强化了个体的攻击行为。所以，当初中生出现攻击行为倾向时，父母师长应不予以关注，而当初中生表现出帮助他人等亲社会倾向时，予以积极的肯定和关注，长此以往，能够有效地减少初中生的攻击行为，增加他们的亲社会行为。

四、如何看待初中生人际关系的发展

人际关系紧张是初中生常见的问题之一。家长应根据该阶段初中生的心理发展特点，帮助他们积极调节和适应，帮助他们发展和谐的人际关系，促进心理健康发展。

首先，父母应引导学生树立正确的态度。初中生个性鲜明，常常与他人有着不同的见解，发生冲突和矛盾也较为常见。可是有些初中生主观上认为是他人蓄意刁难自己，夸大这些寻常的矛盾，进而对他人产生怨念，造成难以承受的心理负担。

其次，家长要引导初中生学会将心比心和自我反省，帮助他们积极认识和处理人际关系，从根本上解决问题；教导初中生积极面对问题和勇于解决矛盾。

再次，家长应传授一些人际交往的经验和方法，引导初中生学习并掌握人际交往的技巧。中学生往往有较为强烈的意愿与人交往，然而一些初中生常常缺乏人际交往的经验和技巧，因此在与他人的交往中常常遭遇挫折。

最后，家长应多与孩子沟通和交流。初中生的自尊心较强，即使遇到冥思苦想也无法解决的难题，也不愿意开口向父母和老师求助，常常将苦闷憋在心里。因此，当初中生在人际交往过程中受挫时，家长应与他们积极沟通，引导他们找到受挫的原因，并且对症下药，解决人际冲突问题。

第四章 家庭教育的作用

◇ 什么是家庭教育？
◇ 家庭教育的理论基础有哪些？
◇ 家庭教育中有哪些角色？
◇ 良好的家庭教育有哪些标准？
◇ 家庭教育有什么样的促进作用？
◇ 学校教育与家庭教育的关系如何？

青春期自我意识的觉醒使儿童从童年向青年过渡，是身体发育与心理发展的关键时期，也是矛盾冲突多发的"危机"时期。在这个人生重要的转折点，家庭是他们成长的"蛋壳"，家长为他们提供关心和指导，帮助他们顺利度过这段人生中的必经之路。

第一节 家庭教育的影响

> 社会教育是从家庭开始的。形象地说，家庭教育好比树木的根须，供养着教育的树干、枝叶和花果。学校教育的成果是建立在良好的家庭教育道德基础上的。
>
> ——苏霍姆林斯基

> **▶心理案例**
>
> 一个1周岁左右的小男孩,被年轻的妈妈带到公园玩耍。到了有十几个阶梯的台阶下,小男孩挣脱开妈妈的手,准备自己爬上去。当爬上两个台阶后,他觉得台阶很高,回头瞅了一眼妈妈,妈妈并没有伸手去扶他的意思,只是眼睛里充满了慈爱和鼓励。小男孩放弃了让妈妈抱的想法,开始手脚并用小心地向上爬。他爬得很吃力,小屁股抬得老高,小脸蛋也累得通红,但最终他爬上去了。年轻的妈妈这才上前拍拍儿子身上的土,在那通红的小脸蛋上亲了一口。这个小男孩,就是后来成为美国第16任总统的林肯。他幼时家境贫寒,只在学校读了不满一年的书,但是他非常渴望知识,好在母亲南希可以帮助他很多,对于林肯的提问,南希总会耐心地回答。一次,林肯天真地问着他不知从哪儿听来的名词:"妈妈,什么是解放?"南希屏住了气,用目光注视着他:"解放,就是自由,就是一个人属于自己而不像奴隶一样属于别人。这是每个人应当有的权利,不管是什么肤色,都该拥有自由。"林肯严肃地点了点头,南希无法确定这番话对这个幼稚的孩子产生了怎样的影响。后来历史证明,她的这番话,影响了一个国家的进程,这番话对林肯心灵的震撼和人生态度的改变是无法形容的。

家庭对于一个人的意义是持久的、巨大的,林肯的母亲对他的影响不仅仅在这一件小事中,她的一言一行对林肯都有着潜移默化的影响。家庭教育在个体成长中起的作用是主导的。如果将子女的一生比作高楼,那么家庭教育就是最坚实的地基,家庭教育的质量直接关系到子女的一生。

一、家庭教育概述

(一) 什么是家庭教育

家庭教育是在家庭生活中发生的,是以亲子关系为中心、以培养社会需要的人为目标进行的教育活动,是在人的社会化过程中,家庭(主要指父母)对个体(一般指儿童青少年)产生的影响作用。家庭教育是终身教育,它开始于胎儿时期。家庭是人一出生就投入的社会文化环境,是人生的第一所学校。婴幼儿时期的家庭教育是"人之初"的教育,在人的一生中起着奠基的作用。孩子上了小学、中学后,家庭教育既是学校教育的基础,又是学校教育的补充和延伸。

(二) 家庭教育的理论基础

1. 家庭系统理论。

家庭是以某些特性和显著特点为特征的社会系统,该理论将一般系统理论应用于家庭，家庭运行的方式被描述为与自然界中其他系统运行的方式相似。家庭系统理论提供的模型描述了随着时间的推移，家庭如何管理日常工作以及如何通过交流来维护家庭的稳定性，也解释了家庭对变化做何反应。它探讨了影响群体做决定、设置和达成目标、树立管理成员行为的榜样的因素，解释了如何维持群体的稳定性。这个理论的关键概念包括整体性、互相依存、模式（规则、角色和沟通方式）、交互作用和反馈、界限、等效性、适应和平衡（动态形成和动态静止）。亲子关系是构成家庭系统的多个子系统之一。

2. 家庭系统发展理论。

家庭系统发展理论模型是描述家庭随时间变化的一个更现实的模型。这个以过程为导向的模型把注意力放在传统家庭发展理论所固有的问题上。系统模型提出：家庭既是相似的又是有差异的，整体性和相互作用的概念深刻地描述了两代间存在的复杂性。

所有家庭随着时间的推移都经历了一个普遍的发展变化过程，但这些在一个特定的家庭中如何发生却有很大的差异。根据系统发展模型，这个所有家庭共有的一般发展过程就是不同时期的压力因素。压力因素迫使一个家庭系统做出改变来适应，并导致一个变迁的结果。大部分变迁减轻了来自压力因素的压力，然而面对一个艰难的任务，家庭不能成功地适应或变迁，家庭就会处于一个困难关头。作为家庭中的每个部分都有自己的特殊压力，通过考察来明确自己需要做出哪些调整才能应对这个压力，这些调整让家庭能够应对危机。家庭成员需要重新定位自己的角色、形式和界限，从而重建平衡。当新的危机出现时，则需要一个更高程度的凝聚力来平衡。

3. 家庭生态理论。

布朗芬布伦纳提出的生态学理论将我们的注意力延伸到了不同环境的作用以及对个体、家庭功能和亲子关系的影响。第一个是微观系统，包括与个体相互作用的家庭、同伴、学校或邻居组成的环境；第二个是中间系统，包括第一个系统和所有影响个体的其他系统，比如父母与学校的关系；第三个是外系统，指个体并未直接参与但对个体产生影响的环境，比如政府机构、社区环境、父母工作环境等；第四个是宏观系统，指影响个体的更大的环境，包括个体生活环境的更大的文化；第五个是历时系统，包括个体在其人生特定历史时期的事件或变化的组织，比如儿童时期搬家或被虐待等。

布朗芬布伦纳概述的家庭生态理论强调家庭和社会环境以及这个世界之间的双重影响。一个环境所发生的事情和环境本身会影响其他环境和组成社会的一个个家庭。同样，家庭中所发生的事情也会影响个体所生活的环境。作为大环境的一部分，个体不是被动地接受他人和环境的影响，而是积极参与直接的互动。

4. 心理社会发展理论。

埃里克森的心理社会发展理论指出人生每个阶段都有要解决的冲突，人的发展历经八个阶段，每个阶段都有相对应的核心任务，当其得到恰当的解决，就会获得较为完整的同一性。核心任务处理得不成功或是失败，则会出现同一性残缺、不连贯的状态，处理成功和失败即为两个极点。例如学龄期儿童要处理的就是勤奋对自卑的冲突，当儿童的勤奋感大于自卑感时，他们就会获得"能力"的品质。

埃里克森认为，在每个心理社会发展阶段中，解决了核心问题之后所产生的人格特质，都包括了积极与消极两方面的品质。如果各个阶段都能保持向积极品质发展，就算完成了这阶段的任务，逐渐实现了健全的人格。如果向消极品质发展，则会产生心理社会危机，出现情绪障碍，形成不健全的人格。

(三) 家庭教育的原则

1. 正确导向原则。

家庭教育中，家长应坚持以正确的价值观对子女的身心发展施加教育影响，使他们在正确的引导下，朝着社会与家庭期望的目标成长。家长的教养态度和方式是家庭教育价值导向的具体体现。只有当家长以发展子女潜能为教育目标，促进其个性发展，并因此增进更多人的幸福和我国现代化进程时，才能在家庭教育中坚持以现代化为目标的价值取向，尊重子女的人格，相信他们，与子女平等相处，关心他们的进步，注重情感交流，形成和谐、融洽的亲子关系；在教育中注重耐心说服、循循善诱，民主型的教养态度和方式，正是现代化价值导向在家庭教育中的具体体现。

2. 理性施爱的原则。

在家庭教育中，家长在无私爱子女的基础上，更要将情感与理智相结合，坚持科学的教育。爱是家庭的核心和纽带，也是父母之所以为父母的基础，只有无私的爱，才能产生感化的力量，但爱不是听之任之、任其自流。理性施爱要求家长在教育子女中，要做到晓之以理，动之以情，导之以行。家庭教育的理性施爱原则，要求家长既要有身为父母对子女的关爱，又要有身为老师对学生的严肃，做到爱而不纵、严而不苟。

3. 启发诱导原则。

在家庭教育中，家长要注意调动子女的积极性，使他们由内而外地想要成为更好的人。未成年人受心智发展水平的局限，其分辨是非、独立思考问题的能力都较差，一味地灌输势必会挫伤其积极性。作为家长，需要针对子女的发展水平，抓住适当时机，给其足够的空间独立解决问题，并且在子女有进步后及时进行强化，但强化要把握分寸和方式。

4. 要求适度的原则。

要求是以教育为目的而不是控制；要求要合理适当，以促进子女身心健康和个性发展为目的；要求要符合子女的发展水平，不要过高也不要过低，要跳一跳就能够到。要注意不要将合理要求与专制画等号，专制型教育强调控制和命令，更多以"不准、不要、不能"等形式出现，这是不健康的教养方式，对子女的发展并无益处，要学会宽严并济，期望适当，尊重子女人格和发展阶段。

5. 教育一致性原则。

首先，家庭成员间的教育目标和教育要求要保持一致，及时沟通，共同研究教育子女的问题，互相配合，彼此维护威信，有分歧的时候不要在子女面前进行争论。对于子女的教育态度和方式，也要保持基本一致，不要有传统的"一个人扮白脸，一个人扮红脸"的观念，父母教养方式的极端会让子女无所适从，应该爱和育并存。

(四) 家庭教育的功能

1. 教导子女掌握基本的生活技能。

新生儿缺乏生存的能力，环境适应能力非常差，所以需要家人的照料才可健康成长，在发育成熟之前都需要家长提供其衣、食、住、行等方面的照顾和教导，不断掌握生存的技能来适应社会，为未来独立生活做准备。这些技能都是在父母的帮助和教导下逐渐掌握的，而这也是家庭教育最基本、最不可或缺的功能。

2. 教导子女掌握社会规范，形成道德情操。

个体要在社会中生存，就必须具备社会价值观念，遵守社会行为规范和道德准则，而这些都是在与家庭和学校以及与社会的相互作用中掌握的。在进入学校前，父母就要在日常生活中对儿童进行引导和教育，使其在学校中能够与他人很好地相处，走向人生的下一个阶段，也就是家庭教育和学校教育协同作用的阶段。

3. 教导子女形成生活目标、个人兴趣和理想。

子女最初的兴趣、爱好是在家庭生活中萌发的，家庭教育在儿童发展兴趣爱好的过程中所起的作用就是满足儿童的好奇心，培养子女的进取心。支持子女的兴趣和爱好，让其逐渐懂得热爱生活，发现自身的长处，为子女的人生道路铺砖贴瓦。

4. 培养子女社会角色。

角色的确立能让个体意识到自己的社会地位、作用和责任、义务，并对自己产生期待和规划。不论是性别角色还是未来的种种角色都离不开成长的环境，那就是家庭，父母扮演的种种角色也会成为子女的榜样。

5. 引导子女性格形成以及培养其社会适应能力等。

家庭成员的素质、教养、言行举止和世界观、人生观、价值观等都影响着子女的成长,长时间的耳濡目染对儿童成长以及未来走上社会都起着重要的作用。子女的性格和个性、学习态度、为人处世在家庭中表现得最多,也最自然最充分。所以,家庭教育要注重了解子女的各个方面,并从其实际出发,进行相应的指导和培养。

二、家庭教育中的角色定位

从孕育新生命开始,父母才成为父母,不仅要养育子女,还要担任子女第一个老师的角色。雅克·德洛尔说:"儿童是人类的未来。"洛克曾说:"一个孩子未来能成为什么样的人,这完全取决于孩子的父母是何种层次的人,取决于孩子在早期成长过程中所受的何种层次的家庭教育。可以说,家庭教育左右着一个孩子一生的命运。"

(一)母亲在家庭教育中的角色

"母亲"这个称号,一提到就会让人感到温暖和亲切,由于男女在自然生理上的差异,在生物的自然法则上,女性教育儿童的本能超过男性。"母亲与子女之间是由血肉联系的,从受孕、怀胎到分娩,这种亲密的感情是自然而然的。而父亲与子女的感情需要培养,需要时间、经验以及妻子的鼓励。"婴幼儿时期,母亲的抚摸会让子女产生愉快感,这种刺激和感知对于孩子的心理发展是非常必要的。母爱是婴幼儿身心发展的重要条件。随着社会的发展,好母亲的标准也在不断变化,从传统的会做家事和满足子女的生理需求、管教子女到现在的培养子女独立自主的能力、满足其情绪需求、鼓励其社会发展、提供丰富的环境、照顾个别的发展需要等。在家庭教育中,母亲也要认清自己的角色定位,母亲并不仅仅是物质的提供者,也是孩子社会化路上的榜样,坚定且温柔,爱与严并存,才能更好地教育子女。

(二)父亲在家庭教育中的角色

"父亲"代表着刚毅、果断、豁达。在家庭中父亲的角色是不容忽视的,德国哲学家 E. 弗洛姆指出:"父亲虽不能代表自然界,却代表着人类存在的另一极,那就是思想的世界、科学技术的世界、法律和秩序的世界、阅历和冒险的世界。父亲是孩子的导师,他能指给孩子通向世界之路。"父亲在家庭教育中有区分于母亲的重要作用。

父亲是儿童早期依恋的另一个对象,父亲带孩子到户外进行运动对孩子的身体发育即健康水平和抗压能力具有积极作用。研究指出,有些过早失去父亲,生活在女性环境中的男孩,会出现懦弱、偏女性化的性格缺陷,如果是女孩则会更胆小、懦弱。父亲也有助于子女性别意识的形成,性别认同在 3 岁左右就已经完成,这段时间婴幼儿会通过模仿来形成自己的性别认知,如果缺少了某一个性别的模仿对象，就有可能使他们的性别意识颠倒，这种情况在男孩身上较为突出。

(三) 子女在家庭教育中的角色

儿童是家庭教育的对象，是受教者。在儿童期，其生理发展未成熟，非常脆弱，需要成人的帮助和支持才能健康成长，儿童在保证生存后便要向社会中的人过渡，即发展其社会性和个性，这需要一个很长的过程，需要家庭对其的特别关注和教育。没有一个人生来就准备好了，他的潜能需要不断被发现和培养。"家庭教育对于人的教育具有不可置换的意义，因为家庭是人降生以后第一个归属的集团，在那里形成着基本的人格。"家庭就是为儿童成长提供的最适宜的场所，父母对其的责任，就是让其从"自然人"过渡到"社会人"。

三、良好家庭教育的合成标准

(一) 互敬互爱的夫妻关系

父母对孩子的教育大部分是通过言传身教进行的，如果父母处理不好夫妻关系，那么家庭环境必然不适合孩子健康成长，所以在决定成为父母之前一定要形成良好的夫妻关系和相处模式，亲密关系形成之初可能是外貌的吸引力，但决定成为一个家庭，形成这个契约关系并且决定抚养下一代，就必然对下一代的身心健康负有一定的责任。

夫妻关系本身就是一种教育，丈夫与妻子的相互支持与关爱，会给孩子以及整个家庭带来积极的影响；家庭成员充满浓厚的感情，会让孩子从小就感受到家的温暖。在充满爱的家庭中长大的孩子，往往更懂得关心、爱护和尊重别人。营造良好的家庭氛围需要夫妻双方共同的努力，第一要珍惜家庭，夫妻双方都有责任来共同营造乐观、豁达、和睦的生活氛围，维护家庭的和谐并共同实现健康发展；第二要注重情感交流，人作为社会性动物，物质生活的满足和情感上的满足同样重要，夫妻双方只有充分沟通，才能在对孩子的教育上形成一体，达到事半功倍的效果；第三是对彼此的期望适度，每个人都有追求更高品质生活的权利和愿望，但过度攀比，一味对对方提过高的要求，会使夫妻之间造成矛盾；第四是互相尊重，夫妻不仅是无话不说的好友，也是有着独立人格尊严的个体，所以在彼此相爱的基础上要尊重彼此的生活习惯、信仰等，这样夫妻才能和睦相处，为孩子和自己创造良好的家庭环境。

夫妻关系紧张使得家庭氛围紧张，儿童长期处于高压环境中，由于自身发展局限，儿童的认知发展不成熟，无法合理分析并且调整自己的心理状态，从而扰乱其心理发展。父母在发生冲突时往往出言不逊、行为粗鲁，这会使其在儿童心目中的威信降低；在家庭发生"内战""冷战"等情况下，往往会忽视孩子的生活起居和教育,感受不到爱和关心会使得儿童心理扭曲并且发展为"问题儿童"。

在当今社会中也有很多离异家庭和其他类型的家庭,每一个家庭形态都有自己的相处方式,家庭的形式和结构如何并不妨碍家长成为孩子的楷模。

(二) 民主平等的亲子关系

亲子关系是以血缘关系及共同生活为基础,以抚养、教养、赡养为基本内容的自然关系和社会关系的结合。亲子关系的质量直接影响着家庭教育的效果。良好的亲子互动对儿童的正常发展具有非常重要的意义和价值,主要体现在以下几个方面。

1. 儿童认知能力发展的前提。

父母对儿童的影响体现在生活的方方面面,他们的一言一行都影响着子女,他们就是子女的第一任导师和模仿的偶像。儿童从新生儿成长为独立的成人,不仅仅经历着身体的成长,其认知能力也在不断发展,作为独立的个体,有着不同的特点、发展规律和个性需要。一方面,父母应了解子女的生理、心理和个性特征,从而科学地施加影响,开发潜能;另一方面,在与父母的沟通中感受到父母的鼓励、引导和支持,能让子女更加大胆地探索世界,发展自己的潜能和创造力。

2. 儿童个性和社会性的基石。

0~6岁是婴幼儿个性和社会性发生发展的关键期,这个阶段的儿童还没有进入学校,主要就是接受家庭的教育和熏陶。他们通过与周围的环境、人和社会各个方面进行互动,吸收着各种社会文化知识以及发展人际交往能力,发展着自己的能力、情感、社会行为、道德意识、人际关系和性情品质等。

3. 儿童身心健康的保证。

婴幼儿情感发生起源于父母亲的抚摸和家庭温暖的熏陶。母亲和父亲都是婴幼儿积极情感满足的重要源泉之一,是孩子健康成长的精神保证。亲子间良好的关系不仅可以降低儿童的消极情绪,比如紧张、不安、恐惧、焦虑等,还可以促进其积极情绪的发展,从而形成各种积极的品质,比如独立、自信、友爱、合作等。

(三) 良好的家庭环境

家庭环境由三个部分组成:一是物理环境,主要指儿童生活的环境,包括居住的地方、家具和布置等,它是亲子互动最频繁的地方,是家庭教育的主要场所,对儿童的发展有着潜移默化的影响;二是文化环境,主要指父母的教育观念和态度,以及整体素质等;三是心理环境,指亲子关系、家庭氛围、夫妻关系等。文化环境和心理环境我们在本节的前面已经谈过,下面对家庭的物理环境进行进一步解释。

家庭环境的作用从古时"孟母三迁"就深入人心,告诉我们居住环境对孩子的影响。瑞典心理学家丹尼尔做了一个实验，在实验中有两个房间，一个房间布置淡雅、色彩悦目，播放着轻柔的抒情音乐，另一个房间则装饰得很杂乱，播放着躁动不安的音乐。实验对象（10～15岁）在第一个房间待一会儿后便产生了舒适安静的感觉，而在第二个房间里待一会儿就产生了烦躁的感觉。当实验者分别向不同房间里的孩子问一个具有挑衅性的问题时，前一个房间里的孩子表现得较为理智，并且用幽默的话来回答对方；后一个房间的孩子则用脚踢门甚至破口大骂。实验说明，一个温馨、舒适的家庭物理环境对于孩子的健康成长有着重要的积极作用。

家庭环境对个体成长起的作用主要体现在以下几个方面。

1. 参照作用。

孩子在接受某种观念和方式时，并不总是全部接受，而是有自己的一套参照标准，根据自己的标准来选择性地接受。而这些标准的获得都是孩子根据生活中在家庭环境中长期积累的经验。这些标准对孩子日后的成长具有重要的影响，当他们所接受的新鲜事物与自身标准相差不大时便容易接受，反之则会出现排斥心理。

2. 熏染作用。

在家庭环境中，父母的一言一行、待人接物的方式，会对孩子产生影响并且成为孩子模仿的对象，父母对孩子的影响不仅仅在于他们说什么，更多在于他们是如何做的。父母的人生观、价值观、应对方式和情绪管理能力等都体现在日常行为中，这对孩子的影响是潜移默化且巨大的，每个孩子身上都有父母的痕迹。

3. 强化作用。

强化指通过操作奖励物或是惩罚物来对孩子的行为进行增强或减弱。良好的家庭更多通过奖励、赞美等来强化孩子的优点，通过父母的强化，孩子表现出更多的良好行为和习惯，并且增强了自信心。

4. 筛选作用。

孩子的成长过程中会受到许多因素的影响，这个时候父母就要承担起"过滤器"的作用，对这些影响因素进行筛选，为子女创造一个合适的环境，从而对子女的健康成长起到保护的作用。良好的家庭环境甚至会将不良因素转化为积极的影响。

良好的家庭环境会对个体的发展起到积极作用，从而使家庭教育起到事半功倍的效果。而不良的家庭环境会对个体发展起到消极作用，使得家庭对个体的教育产生事倍功半的效果。

第二节　家庭教育的促进

> 如果一个孩子接受了糟糕的家庭教育,他就不可能取得成功,即使后期有出色的教育家对其进行弥补性教育,也于事无补。
>
> ——卡尔·威特

▶**心理案例**

4岁的弟弟和15岁的哥哥在家里追逐打闹,在各个房间穿梭,最后两兄弟都想占据放着电脑的书房。经过一番争执,哥哥占据了上风,成功占领了书房,将弟弟锁在了门外。不管弟弟怎么在书房外敲门、叫喊、闹腾,哥哥始终都不回应。想不出其他办法的弟弟只好向父亲求助:"爸爸、爸爸,哥哥把我锁在了外面,不让我进去!"在一旁观战已久的父亲把弟弟拉到身边,轻轻蹲下,故作神秘地在他耳边说道:"你看,爸爸、妈妈、爷爷、奶奶都在客厅玩,只有哥哥一个人在房间里。看起来是他把你锁在外面,其实啊,他一个人在里面一点儿都不好玩,相当于是你把他锁在了里面。你觉得是不是这个道理?"弟弟似懂非懂地点了点头,随后安静了下来,没有再吵着要进书房了。而哥哥在房间待了一会儿没有再听见外面的动静,自觉无趣,干脆打开房门叫弟弟进去一块玩了。

在上面的案例中,对于4岁的弟弟而言,其行为习惯和认知发展水平都还未得到培养,很难从辩证的角度去思考问题,如果家长教导其恰当的方法和策略,能够培养弟弟从不同角度去思考和解决问题,同时矫正一些不良行为。而对15岁的哥哥而言,与弟弟抢占房间,无非是为了好玩或寻求关注,弟弟因为爸爸的教导而不再吵闹,哥哥的行为也就得不到持续的强化,自然而然也就放弃了。

大部分家长都会遇到孩子制造出的各种各样的问题,他们要么束手无策,任其吵闹;要么简单粗暴地进行干涉,命令哥哥把门打开,并教训一通。可这些教育效果往往都不理想,并且还会无意间纵容了弟弟通过撒娇耍赖达到目的的行为,让哥哥具有父母偏心的想法,不利于孩子健康成长,同时也破坏亲子关系的和谐。上述案例中的父亲并未"快刀斩乱麻"地对哥哥进行呵斥,而是对弟弟进行温柔劝导,让他学会采用不同的思考方式来解决问题,既解决了兄弟间的争执,又促进了孩子认知的发展。因此，良好的家庭教育是关系到家庭和睦幸福、个人健康成长和国家教育发展的大事。

一、良好的家庭教育促进亲子关系

（一）亲子关系概述

亲子关系即父母子女关系，是家庭教育中两个主题要素之间的关系，对家庭教育本身的研究在很大程度上是对亲子关系的研究。从心理学和教育学的角度来看，有专家将亲子关系定义为父母与子女之间以血缘为纽带的相互依存、相互影响的有明显感情倾向的特殊关系。在孩子成长的不同阶段，亲子关系表现出不同的特点。

1. 婴幼儿期（0~6岁）。

亲子关系是婴幼儿最主要的人际关系，某种程度上决定着以后各阶段亲子关系的发展，主要表现在：母亲作为婴儿的重要抚养者，形成专门对母亲的情感联结。而父亲与婴儿的接触时间少于母亲，但作为婴儿时期重要的游戏伙伴，是孩子积极情感满足、人格发展和性别角色正常发展的重要源泉。在此阶段，父母通过言传身教为幼儿提供观察和模仿的范型，以促进其社会性发展；父母通过对儿童的行为作出奖励或惩罚，以改变或巩固儿童某些具体行为，以及告诉他们什么是好的、什么是坏的。这个时期的亲子关系是直线的，儿童完全依赖父母，把父母当成榜样，认为他们是无所不能的"超人"。

2. 儿童期（7~11岁）。

由于儿童的心智发展不成熟、依赖性强，亲子关系仍然占有主导地位。但随着儿童进入学龄期，他们与父母的交往时间减少，家长对儿童的影响减弱，老师与同伴的影响开始增强。师生与同伴关系对儿童不良的亲子关系有一定的弥补作用，加强学校与家庭的协同作用在此阶段对儿童亲子关系的发展有重要影响。

3. 青少年期（12~18岁）。

随着儿童的心智不断成熟，其独立性增强，对成人的权威感有所降低，但他们在很多方面仍然离不开对父母的依赖，这种矛盾心理使青少年与父母之间产生代沟。在此阶段的亲子关系比较容易产生冲突，其中一种表现形式为冷战，即父母与子女之间不如以前亲密，共同语言减少，很难沟通交流；另一种是冲突表面化，孩子在想法上有自己的分析和判断，认为父母不理解自己，家长觉得孩子不听话，于是便争吵，甚至大打出手。这个时期的亲子关系由直线型逐渐调整为斜向型关系，父母对孩子的影响变得不再单一和直接。

然而这并不是说父母对孩子没有影响甚至负向影响，在孩子成长的不同时期，亲子关系的作用和性质都会发生变化，把握亲子关系的不同特点，调整好父母与孩子的相处模式，营造良好的家庭氛围，对孩子的成长至关重要。

（二）家庭生态理论在亲子关系中的应用

布朗芬布伦纳的生态理论可以让我们更好地理解个体和家庭是如何彼此影响，以及他们生存的更大的环境背景。家庭生态理论用五个独立又相互联系的环境背景来解释个体和他的家庭系统在其发展中是如何被影响，以及关系是如何运行的。

作为社会单元，家庭的生存也取决于其能否成功应对社会的变化。现代父母要处理很多新的困难情景，包括社会经济条件的急剧变化、城市生活环境的影响、自身需离家工作的无奈以及儿童身上过重的社会压力等，家庭领袖（父母）往往根据个人的过往经验来指导孩子目前的行为，为他们的成年做好准备，但问题在于谁也无法保证未来和过去一样，特别是处在社会快速变化的时代。每个家庭系统的家庭生态因素都不同，因此，在谈到父母职责的定义、儿童抚养的引导方式以及亲子关系的评价方式时，采用一种定义、一种形式或一种结构都是不可取的。

（三）家庭教养模式

不同的家庭环境和文化下的父母对孩子的行为要求不同，对孩子需求的敏感程度也不同。据此，行为和心理学家根据亲子互动的研究，概括出家庭教养方式的基本模式。

1. 权威型。

权威型的父母会为孩子设立合理的目标，强调儿童在合理界限内的自主性发展，同时他们会耐心倾听孩子的想法，并鼓励他们参与家庭决策。这种民主、理性、耐心和爱的教养方式使孩子更加自信成熟，且能够促进亲子关系和谐。

2. 溺爱型。

溺爱型的父母对孩子充满了爱和期待，很少对他们提出要求或者施加任何控制。在此教养方式下成长的孩子表现得不成熟、任性、自制能力较差。

3. 专制型。

专制型的父母对孩子的要求非常严厉，提出很高的行为标准，要求孩子绝对服从自己的安排，一旦孩子没有达到要求或者讨价还价，就会对其进行惩罚。这种教养方式下成长的孩子会是父母和老师眼中的"乖孩子"，但其往往缺乏独立性和意志力，面对困难表现得不够勇敢。

4. 忽视型。

忽视型的父母对孩子的成长表现出漠不关心的态度，他们多数时候不知道孩子的近况，既不会对孩子提出要求也不会施加任何控制。这种教养方式非常不利于孩子的成长以及与父母的亲密关系，会使孩子缺乏对他人的关心，表现出不合群，导致人际交往障碍。

父母采用的家庭教养方式强烈影响他们与儿童的互动模式，但这种情况会根据特定的情景转变。随着儿童的成长，教养方式显示出家庭系统内部适应性的特点。例如，当孩子处于学前期，父母可能实施控制性教养方式，以此为孩子提供专断性照顾，控制他们的冲动，提高行为的适宜性标准；到学龄期时，教养方式可能转变为权威性的，在控制性教养的同时伴有支持性照顾；随着青少年时期的到来，教养方式在性质上要变得更加宽容，让青少年学会对自己的决定和行为负责。遗憾的是，不是所有的家庭都拥有健康的教养模式，并精心养育儿童，实现积极的预期效果。

二、良好的家庭教育促进健康成长

（一）认知能力的发展

认知能力是大脑对外界事物进行主动探索、加工以及存储和提取信息的能力，包括感知觉、记忆、注意力、想象力、思维和言语发展能力。家长在教育孩子的过程中需要根据孩子认知发展的特点以促使其认知更好地发展。处于初中阶段的孩子认知也存在一些不足，如思维缺乏方向性，有时在解题时不能根据题目的要求进行思考，而是靠乱猜等不恰当的方式。父母需把握初中生认知发展的特点，保障其生理机制的健康发展；保证孩子充足的睡眠和适度的锻炼，营造健康快乐的家庭氛围。良好的家庭环境和科学的父母教养方式能够促进孩子认知朝着积极的方向快速发展，因此家庭教育在一定程度上为孩子的认知能力的发展提供了精神和物质上的支持。

（二）情绪的发展

情绪是以个体的愿望和需要为中介的一种心理活动。当客观事物或情境符合主体的愿望和需要时，就能引起积极的、肯定的情绪。当客观事物或情境不符合主体的愿望和需要时，就会产生消极、否定的情绪。初中生的情绪表现出半成熟、半幼稚的矛盾性特点，他们的情绪感受和表现形式不再像以往那么单一了，但还远不如成年人的情绪体验那么稳定。他们的情绪表现出强烈、狂暴和温和、细腻共存，可变性与固执性共存，内向性与表现性共存。

进入青春期的初中生，许多问题都会接踵而来，有些初中生难以在短时间内适应这个过程便会增加许多烦恼。然而，有些家长并不理解初中生行为的正常变化以及变化带来的情绪改变，他们认为孩子变不听话了，变得不像童年时那样对自己言听计从。因此，有些家长就会打骂孩子，极力谴责孩子的改变，长此以往，孩子与自己的感情逐渐疏远。而一个良好的家庭教育在这个阶段就显得极其重要。有些家长看到了孩子的变化，但他们明白这是孩子长大的必经之路。他们慢慢理解孩子，从孩子的角度去看待他们的世界。静下心来，慢慢剖析行为产生的原因，从而找到症结所在，解决问题。同时，当发现孩子情绪的变化时，他们也会陪伴孩子疏解情绪，共同寻找合适的疏解方式，让消极情绪转化为积极情绪。

（三）个性和社会性的发展

世界上没有两片完全相同的叶子，就像世界上没有两个完全一样的人。人生来就是独特的，不同于他人，但又处在社会大环境之中，因此在具有个性的同时也具有一定的社会性。它是人在社会交往过程中建立的人际关系，理解、学习和遵守的社会行为规范，控制自己行为的心理特征。个体在出生之时，他的社会性和个性还未形成，在社会不断进化的过程中，个性和社会性也随之形成并发展。

初中生个性与社会性的发展包括自我意识、社会交往、性别角色认同以及道德品行的发展。研究表明家庭教育对孩子社会化发展具有启蒙性、连续性、潜移默化性和情感性等特点，培养个体健康的人格，离不开父母科学的教养模式。在这一过程中，如果父母忽视孩子的自我体验和真实能力，一味用成人或者社会的理想标准去要求孩子，会导致他们产生"现实我"与"理想我"之间的矛盾冲突，从而引发其焦虑或恐惧。而这又会进一步导致孩子歪曲、压抑自我真实体验，或产生回避、反抗行为，最终影响孩子健康个性和完善人格的形成。因此，如何让孩子正确认识自己并成为自己，如何让孩子因自己感到自豪，通过自身努力和父母引导，成为合格、幸福的社会成员，家庭教育在其中起着举足轻重的作用。

三、良好的家庭教育促进习惯养成

古今中外，教育学家们一致认为，教育的核心不是传授知识，而是培养人的健康人格，而健康人格的培养要从培养良好的习惯入手。家庭是孩子的第一所学校，家长是孩子的第一任老师，生活中孩子们会时时刻刻用纯净的目光注视着父母，用稚嫩的生命记录和储存着他们的行为，并在日后的生活中自然折射出来。因此，父母应该时刻关注自己的行为，努力提升自身素养，培养孩子良好的生活、行为和学习习惯，从而为孩子创建一条通往健康人格的成长之路。

（一）生活习惯的培养

不少家长认为应该着重培养孩子的学习习惯，以帮助他们在学校取得优异的成绩，即使孩子在家不注重卫生、物品随意乱丢、生活作息混乱，家长都心甘情愿地"伺候"着，只要他能够好好学习。殊不知，学习习惯不是单一存在的，它和生活习惯密不可分，从小培养孩子良好的生活习惯，是养成其他良好习惯的基础。

望子成龙之心，每位家长都有，但教子成才之法，却并非人人都会。近几年，"中国式父母""妈宝"等词引发诸多热议，很多家长在孩子的教养上存在误区：一是，重文化学习，轻体育锻炼。有调查显示，我国中小学生中患有肥胖、近视、贫血等的人数逐年增加，在校学生的综合体能素质持续下降。其主要原因是学习压力过大，缺乏体育锻炼。二是，家长操办孩子的人生，为其安排好一切。所谓"中国式父母"就是为让孩子能够更好地成长，全面操持孩子的人生，却剥夺了他们最基本的自理能力，使孩子逐渐成为没有目标、没有方向、遇到困难不知所措的人。任何人的成长都是在生活中不断积累，从失败到成功，获取相应的经验。家长让孩子"两耳不闻窗外事，一心只读圣贤书"，这样做等于让孩子失去了积累经验、自我成长的机会。高分低能是教育中一直存在的，对于家庭和学校教育都是一种警示。

（二）行为习惯的培养

随着家庭经济水平的提高，部分家长轻视了孩子的道德品质教育，使得他们表现出任性、霸道，集体观念淡薄，意志力薄弱，遇到困难容易退缩。这些行为习惯的问题极大影响了青少年儿童的健康成长。家庭教育在孩子的行为习惯养成过程中发挥着重要作用。家长的教育方法得当，可以使孩子遵守学校的管理规定，进而养成良好的行为习惯，不断提高学习成绩；若教育方法不当，使得孩子对父母形成依赖，恃宠而骄，容易抵触学校管理，即使老师对其倍加关注，也很难使他们形成良好的行为习惯，更别提有好的学习成绩。因此，良好的家庭教育是学生良好行为习惯养成的关键。

首先，家庭是塑造品质的第一所学校，孩子从出生开始，其行为习惯都受到家庭成员和家庭氛围的影响。在充满爱和责任感的家庭中成长，孩子的智力和品行会得到正确的引导，能够培养出积极乐观、健康向上的性格，其良好行为习惯也能够得到进一步发展。

其次，应当给予孩子一个民主宽容的家庭环境，与孩子保持平等关系，以亲和的语言同他们交谈，避免使用命令以及训导的语气。不少家长在和孩子沟通时，总以长辈的姿态，自恃自己人生经验丰富，走过的桥比孩子走过的路多，很少注意自己的语气和态度，当孩子的意见稍有违自己的想法，便认为孩子不懂事，太幼稚，于是填鸭式地灌输自己的想法，不厌其烦地纠正孩子的错误。这往往会拉大孩子与父母的距离，不利于良好行为习惯的养成。

给孩子一个平等、民主的家庭环境，对孩子的行为习惯给予正确的引导，对孩子的正确想法和行为给予充分肯定，可以使孩子的良好行为习惯得到进一步巩固，获得最佳的家庭教育效果。

（三）学习习惯的培养

学习习惯是指学生为达到良好的学习效果而形成的一种学习上的自动倾向性。良好的学习习惯有利于激发学生学习的积极性和主动性，有利于学习策略的形成，是提高学习效率的重要保证，也是一个人成才的重要因素。

多数家长只关注孩子的考试成绩，往往忽视了孩子学习习惯的培养，其实良好的学习习惯是学习质量和学习效率的重要保证，也是提高学习成绩的基础。在初中阶段，孩子良好学习习惯的培养离不开良好的家庭教育。

首先，培养孩子独立学习的能力。独立学习不仅仅是一种良好的学习习惯，更是一项重要的学习能力。帮助孩子养成独立思考和解决问题的习惯，需要家长放开对孩子的指挥权，不要陪着孩子做作业，给予足够的时间和耐心。其次，克服拖拉的毛病。学习不专注，注意力不集中，作业完成周期长，是很多孩子不好的学习习惯之一，它直接影响了孩子的学习成绩，同时加重了学业负担，降低其对学习的兴趣。家长在进行辅导时要给孩子创造良好的学习环境，排除外在干扰，加强孩子的时间观念，为其制订时间规划表，并监督孩子完成。最重要的是锻炼孩子的意志力，遇到困难时给予鼓励，不要轻易妥协。最后，家长要正确看待孩子的成绩。一方面家长要认识到考试分数和排名不是孩子学习能力的全部体现，影响考试成绩的因素有很多，充分理解孩子的处境。另一方面，家长需在孩子考试失利时安抚孩子的情绪，并且引导孩子对考试结果进行合理归因。

四、构建家校协同关系

（一）家庭—学校合作的概念与意义

家校合作是一个宽泛的概念，目前尚未形成确切的定义，英语中"家校合作"的表达方式有很多种：parental involvement（家长参与）、home-school coorperation（家校合作）和 educational intervention（教育介入）。但在具体实践中的内涵基本相同：①家校合作是一种双向活动，需要家庭和学校相互配合。家长要对学校的教育提供支持与配合，学校要对家庭教育提供指导，其中学校应起着主导作用。②家校合作的中心在于学生，学生是家庭和学校教育共同服务的对象，促进学生的全面发展是家校合作的最终目的。③家校合作是家长参与学校教育，学校指导家庭教育，互惠互助的双向合作活动。

家庭教育和学校教育在培养目标、教育内容、教育环境和教育方法等方面都不尽相同，它们各自发挥着不同的教育功能。家校合作有利于各种教育的互补，使学校和家庭相互协调相互配合，实现优势互补；家校合作有利于培养目标的高度一致，学校和家庭对学生的教育方向一致，将会形成一股教育合力，促进学生的发展与成长。

（二）家庭—学校合作的理论依据

有关家校合作的理论依据可从多个学科中获得，这些理论为我们分析家校合作提供了多个视角。

1. 家庭缺失论与教育机构歧视论。

里斯曼的家庭缺失理论认为，缺乏文化培养和文化水平较低的家庭或者父母，既不注重教育，对文化的掌握也不足，因此很少参与子女的教育。但何瑞珠提出的教育机构歧视论认为，家庭缺失理论中只关注问题家庭却忽视了教育机构方面的错失。她指出教育机构或对这些文化水平不高、来自草根家庭的父母和学生持有偏见与歧视，把条件不利的父母排拒在外，使他们不能参与子女的学校教育，最终可能对参与子女教育失去信心和兴趣。

2. 包容理论。

该理论超越责怪家长或者学校的倾向，强调双方需共同解决问题。一方面，要求家长和教师进行对话，教师应对拥有不同文化背景、不同资源的家长予以分析。另一方面，家长也要面对现实，若抱着退缩和不愿配合的态度，均无助于子女的教育，无法达到他们的期望效果。

3. 教育生态学理论。

该理论认为整个社会是一个大的生态系统，学校是其中的一个小生态系统，包括内部职工、学生，以及外部学生家长、社区、其他教育机构等。他们在交往过程中构成了学校生存与发展的社会生态环境。学校环境的生态平衡应该是学校教育系统与学校外部生态环境之间的相互适应与动态平衡。

上述理论均为我国家庭和学校合作的开展提供了理论依据，有助于合作的顺利开展以及教育合力的形成。

(三) 家庭—学校合作的建议

家校合作是教育的重要内容，能改进和完善我国家校合作的教育现状，构成教育的合力，全方位促进学生的全面发展，在此给出以下建议。

1. 在思想观念上，确立服务于学生健康成长的需要。

家校合作不应只是家庭和学校教育愿望的统一，也不应只是双方教育方法的完善，而应该是努力共同服务于孩子健康成长的需要，体现"以学生为本"的理念。

2. 建立学校与家庭平等的合作关系，家长参与学校决策。

在传统观念中，学生的教育是学校的责任和义务，家长只有监护和教养的义务，而不具备教育的能力和责任。因此，在家校合作中，家长和教师往往处于不平等的地位，教师一般作为合作教育的管理者和指导者，家长只是被动接受，这种模式下家校合作难以发挥作用。家长作为学生最直接的接触人，对子女特殊的权威性、鲜明的针对性是学校教育所不具备的，因此，在家校合作中，家长与学校进行有效交流才能够促进家庭和学校教育资源的整合，提高教育的整体效果。

3. 在管理体制上，发挥教育部门统筹、协调和组织作用。

虽然我国有着优良的家庭教育文化，但由于没有一个职能部门专司其职，使家庭教育与学校教育难以形成合力，出现相互脱节的现象。各级教育行政部门应在党和政府的领导下,担负起家校合作的统筹协调工作,制定相关政策,组织开展实践活动,促进家校合作教育逐步走向科学化和制度化。

家长要充分认识到家庭教育在孩子成长中的重要作用,抛弃"家庭配合学校"的传统想法,以积极的态度关注孩子的成长,建立相互协调、相互配合的"合作型"家校关系,推动素质教育全面、深入发展。

第二部分 操作篇

主题一　生命与生活

 问题1：孩子有自虐的倾向，为什么，怎么办？

案例

小余是一个性格内向但很爱帮助别人、长相普通的男孩子，学习成绩一直不太突出，但是在班里与同学关系较好。前段时间，小余割伤了自己的手，并把割手的视频发到了社交媒体上。在和小余的交谈中了解到他最近情绪比较低落，看到别人用小刀划伤自己，觉得好厉害，很刺激，所以也想尝试一下。小余对于自己的行为、情绪能够非常清晰地表达，以及在当下对自己的评价。而且，他自己本身对疼痛不敏感，觉得割的时候并不疼。

班主任了解到，小余的父母亲长期外出打工，小余在学习上缺乏上进心，不会自己主动学习，经常不愿意参加班级集体活动，也很少和其他人敞开自己的内心世界。

【原理分析】

自虐是指个体自主对自身的肢体、精神造成某种程度的伤害。通常对于精神上的伤害较难被个体所觉察，因此，如果没有明确说明，自残行为针对的是对肢体产生不同程度的伤害。孩子的自虐行为有许多不同的表现：有的会自己拔头发而感觉不到疼痛，有的不愿意吃饭，有的用直尺抽打自己，有的用刀子在身上划伤自己，等等。孩子的自虐行为通常都是伤害自己的身体，可是他们的最终目的都不是为了伤害身体，究其根本原因是为了排解心中所承受的委屈、愤懑。导致自虐的原因有很多种，主要包括家庭环境因素、心理因素及生理因素。

首先是家庭因素。大多数家长"望子成龙""望女成凤"，教育观念和方法还不够严谨科学，导致有些孩子在父母过高的期望中频繁受挫，经常在无法达到父母期待时感到无助，时间长了就容易失控和绝望，当这种压力累积到一定程度时会产生心理危机。这时，有些中学生就会通过惩罚自己的方式来面对这些问题，即将精神上的痛苦转化成伤害自己的身体，想借此减轻情感上所遭受的痛苦和压力，缓解愤懑的情绪，以避免自己做出更加难以想象的事情。

其次是心理因素。需要层次理论认为有五种不同层次的需要是激励人类行为的主要原因和动力源泉，也就是说，一个生理、心理健康的正常人，就会存在这五个层次的需要，且当上一个层次的需要没有被满足时，会迫切满足这个层次的需要。如果这些需要得不到满足，个人的生理机能就无法正常运转。在这个时候这些需要会转化成不同程度的压力，最终会让个体产生焦虑、烦躁等不良情绪。而自残正是人们转移这些压力的一种方式。这是一种错误的发泄方式，随着次数的增加，有些人会逐渐通过增加自身肉体的痛苦来减轻心理上的痛苦。十三四岁的青少年处于"精神断乳期"和"心理断乳期"，心理、生理发育还未成熟，同时，这个时期也是个体身心发展的"风暴期"。在这个时期的青少年认为自己长大了，有足够的能力做自己的主人，有自己独特的人生观，并且可以独自面对社会中所遇到的各种事物；然而，在处世中却又往往表现出行为的幼稚性，这无疑是对他们的一种挫败，最终结果会使他们出现焦虑急躁的心态，进而产生的问题就是行为不能自控，由此产生自残行为。而十六七岁的青少年，正是处在自我意识形成和自我同一性确立的时期。这时，他们的情绪更加敏感和复杂，表现为情绪多变、自尊心较强，并且还带有强烈的自我中心主义倾向，表现为过于关注自己的外在形象和行为，喜欢寻求刺激，从中获得快感，不安于现状，逆反心理频繁出现。如果在这个时期自我同一性没有成功确立，走极端的行为也会是他们的选择。

最后是生理因素。有自残倾向的个体做事往往比较冲动，容易焦虑，易暴易怒。相关研究表明，自残者大脑中的多巴胺分泌较少。通常，多巴胺分泌正常的人会倾向于为愤怒找一个发泄的出口，而多巴胺分泌较少的人则会通过自残的方式把心中的愤怒发泄在自己身上，进行内部自我消化，从而可以看出自残行为的出现与生理因素也密切相关。

【操作指导】

初中生正处于"心理断乳期"，这一阶段是青少年从幼稚走向成熟的转折时期，青少年由于自身的身心发展有着十分显著而又矛盾的特点，因此极易产生各种问题行为，从而影响到身心健康发展。而家长在这个特殊的时期更应该对孩子多加关注，一旦发现孩子有些异样，在平时的生活和学习中就要引起注意。比如学习成绩突然下降、脾气相比之前变得更加暴躁等异常行为出现时，家长都要引起重视。家长可以从以下几个方面帮助孩子。

1. 做一个倾听者。

当孩子发生了自残行为，首先父母需要冷静下来，坦然接受孩子的这种过激行为，因为通常这个时候，孩子处在一个高压的状态，他们通过自残的方式来缓解和释放自己被压抑的情绪。并且要以友好的态度来看待孩子的这种行为，做一个倾听者，倾听孩子的烦恼，了解其伤害自己的原因。不要对孩子的自残行为进行无谓的责骂，更不能惩罚孩子的这种行为。对于已经出现自残行为的孩子要表示关爱，和孩子一起寻找解决的办法。让孩子明白自我伤害与他们所承受的情绪压力之间存在着密切的关系。用孩子能够理解的语言方式来引导他们表达出需求，通过适当的交流沟通来促进彼此间的信任，进而达到消除孩子自残行为的目的。引导孩子积极正确地面对导致自己情绪压力的事件，正确地找到释放自己负面情绪的途径。

2. 给孩子情绪表达的自由。

通常，当发现孩子的自残行为时就立即制止他，并不是解决问题的最好办法，对孩子给予关爱帮助和增加彼此间的相互理解才是最为重要的。作为父母，不要强迫孩子，自残行为的消除只能靠自己。这是孩子释放压力的方式，也是他们发出的求救信号，千万不要指责，应当帮助他们排解压力，关注问题的解决。在这期间，可以引导孩子思考，以转移注意力：我想你可能并不会完全放弃自残行为，但是你是否可以做一些努力，选择恰当的时间和方式来控制这种行为？

3. 寻求专业人士的帮助。

当父母发现孩子有自残行为时，可以向心理学工作者、精神病医生等专业人士寻求帮助，通过认知行为疗法、家庭治疗、合理情感治疗等心理治疗，帮助孩子改变他们对待事物的消极认知，学会合理控制情绪，增强社交能力和提高自信心。

【教育提升】

1. 提高孩子的自信心。

在孩子成长过程中，父母的爱和陪伴是孩子自信心的重要来源。一般来说，很多自残的孩子都是缺少父母的关爱，导致不自信，从而对外界环境产生了一种恐惧的心理。平时多抽出时间来陪伴孩子，陪孩子参加户外活动、学习、玩游戏等，从生活的小细节出发。在父母温暖的陪伴和关爱下，孩子慢慢地也会变得乐观开朗。

2. 提高自身的心理素质。

父母在日常生活和学习中，也要注意培养自身的心理素质，注意培养自己心胸开阔、待人和睦、处事理智等良好的个性品质。例如，要学会控制自己不良的情绪，合理地宣泄，不要在孩子面前发泄负面情绪。在面对孩子的时候乐观一些，为孩子营造一个温暖、充满爱的家庭氛围。父母的生气、怨恨和痛苦等负面情绪会让孩子感到内疚和难过，这样只会让事情变得更加糟糕。

 问题2：如何与孩子探讨生命与死亡的相关话题？

案例

周末，小华和妈妈在家里看《寻梦环游记》，电影里的主人公米格因为一场意外进入了亡灵国度。在这个世界里，他重新见到了已去世的家人，他们团聚在一起，幸福地生活着。他还发现这个世界和人世间一样也是五彩缤纷的，亡灵们会像在人世间一样载歌载舞，并且在亡灵节的那天，亡灵们还能沿着在世的人铺满万寿菊的道路回到人间与在世的家人团聚。

然而，并非所有的亡灵都是幸福快乐的，当米格亲眼看到一个被世上所有人遗忘掉的亡灵在黑暗中痛苦呻吟，他才明白"死亡不是终点，它是另一个世界的开始。而当爱的记忆消失时，才是真正步入了永恒死亡"。看到这，小华的内心不禁产生了很多疑问，他问妈妈："人可以死而复生吗？我们是不是有一天也会死？我们怎样才能不死呢？人死了会去哪里？他们会不会变成鬼回来看我们呢？"面对小华忽然冒出的问题，妈妈陷入了沉思，她明白小华长大了，有了自己的观点和思考。可是面对生死的问题，妈妈也无从下手，不知道该如何与孩子谈论生死话题。

【原理分析】

孔子曾说"未知生，焉知死"，要求人们应该关注生命教育，不提倡深入探讨死亡的问题。中国传统的生死哲学更多是在回避对死亡的思考，把时间和精力花在思考人世间的事情上。受到中国传统文化的影响，对死亡问题的回避导致家长们更敏感，不知该如何与孩子探讨生命与死亡的话题。其实生与死，是生命的一体两面。

根据皮亚杰的认知发展阶段理论，11～15岁的青少年处于个体思维发展的第四阶段——形式运算阶段。青少年时期是人生发展的一个重要转折阶段,是从幼稚转向成熟的过渡,是独立性与依赖性错综交织、充满矛盾的时期。中学阶段,思想比较敏感,也容易产生冲动和偏激的想法,面对生命与死亡,青少年的内心会有较大的波动。处在这个阶段的孩子,思维接近成人水平,可以在头脑中进行逻辑推理。所以,形式运算阶段的青少年已经对问题有一定的思考。由于青少年正处于世界观、人生观和价值观形成时期,容易受到外界环境的影响,多元价值文化的传播容易让他们陷入迷茫,难以做出正确的选择。同时,复杂的社会环境和多种文化现象的冲击对青少年的学习和生活产生了影响,削弱了他们的生存意志。而且青春发育期的中学生情绪不稳定,经常从一种情绪转变为另一种情绪,对自己的生命草率处理,无视他人的生命。加之初中生处于发展的特殊阶段,他们喜欢问"人从哪里来?会到哪里去""人为什么会死""我为什么活着?我活得快乐吗"之类的问题。因此,面对这一阶段的孩子,父母要随时进行启发和引导,对他们独立思考中出现的问题要及时耐心地给予解答。

【操作指导】

青少年正处于身心发展的关键期,是独立性与依赖性错综交织、充满矛盾的时期。家庭是青少年生命成长中最紧密联系的地方,有研究者甚至提出家庭是生命教育的主体。因此,家长可以通过以下几种方式对孩子进行生死观教育。

1. 开展体验式的教育。

随着孩子年龄的增长,以及生活经历的增加,孩子对死亡也慢慢地有了一定的认识。对于中学生来说,生命教育是他们成长中的一门必修课。首先,家长可以带他们去看一些和生死相关的电影、纪录片,体验一些游戏,引导孩子进一步思考生命和死亡。比如,可以让孩子参与"临终体验"活动,这是一种让人体验死亡过程的活动,内容包括写遗书、拍遗照、穿寿衣等,让孩子不仅要学会善待他人的生命,也要珍惜自己的生命。其次,家长在业余时间可以带孩子去养老院、残疾人学校、安宁病房等进行参观和做志愿者活动,让孩子在活动过程中加强对死亡的认识,树立生死共存的意识,感受生命的价值。在活动中,家长可以和孩子不断沟通,倾听孩子对生命与死亡的观点和看法,深入了解孩子的心理。

2. 将死亡教育纳入家庭教育中。

我国受到传统的"重生忌死"文化影响,许多家庭会回避死亡话题。比如,在家庭中有亲人离世的情况,青少年是最容易被忽视的群体,有些家长认为让孩子接触死亡的东西会不吉利,孩子应该避讳死亡话题;有的家长怕孩子会产生心理阴影,尽量少给孩子传播这方面的知识。生死是每个人一生中都会经历的事情,是无法躲避的,过度的逃避只会让孩子对生死缺乏正确的认识。所以在家庭教的开展中，家长不能用敷衍的方式回答孩子的疑问，要根据自身的经验用合理的方式告诉孩子，生与死是不可避免的。家长要大方地和孩子一起探讨生命与死亡的话题，不要觉得谈论死亡话题很难以启齿，同时对孩子不正确的观念要给予引导。让孩子形成正确的死亡观念，理性对待生命与死亡现象。

【教育提升】

1. 培养孩子抗压能力的心理品质。

在家庭中，由于父母对孩子过度的宠爱导致许多孩子心理承受及抗挫折能力差、情绪波动大，许多孩子无法正确处理压力、焦虑等负面情绪。因此在面对困难时，孩子无法以强大的内心面对，对生命意义产生怀疑，容易轻视自己的生命，对他人的生命不够重视。而家庭作为培养青少年健康人格及心理健康的重要场所，要及时关注孩子的心理健康及情绪波动，和孩子及时沟通、交流，着重培育孩子的健康人格，让孩子在各种困难和挑战面前能以良好的心态去应对。父母要教导孩子，遇到困难或压力大时，向他人寻求帮助是积极的，人人都会需要他人的帮助，我们也能从互相帮助里受益。

2. 对孩子进行预防教育。

传播学效果研究的培养理论认为，我们接触的媒介信息会潜移默化地影响我们对世界的认知。随着网络世界的发展，网络中常会出现武打、格斗、自杀的游戏，涉黄、攻击性、暴力等血腥视频，会让孩子的头脑中形成错误的认知，从而做出错误的行为。家长是孩子成长中的第一任老师，在生死教育中，不能放任孩子，家长要时刻留意孩子浏览的网站中是否有暴力视频，多关心孩子；家长应该主动帮助孩子选择健康的网站，减少孩子私闯"红灯区"的可能。一定要引导孩子学会分辨事情的对与错，不能诱导孩子片面考虑问题，或者以不受欺负为由而以暴制暴。当然，还要教孩子一些自我保护的方法，让孩子有心理准备，遇事从容处理。

 **问题 3：当孩子在学习和生活中遭受挫折时，该如何帮助他？**

案例

1. 小雪今年刚升入初三，就读于市里的一所重点中学。初三以前，小雪的成绩都是名列前茅，老师和家长都对她抱有很高的期望。开学之后，第一次月考成绩公布，从前五名直线下降到中上游，看着数学成绩单上的分数，小雪心里很难过，感觉眼前发黑，天都要塌下来了。她越发努力想要考好，但总是事与愿违。小雪开始怀疑自己，上数学课容易走神，做数学题目时总怀疑自己做错了，遇到难题更是恐慌。以往做课堂作业的时候总是可以很自信地填上自己算出的答案，现在对于自己得出的答案总要多验算几次，再小心翼翼地写上去，有的时候还会问同学自己算得对不对。甚至从知道考试开始，她就坐立不安，无法专心，考试前总是焦虑烦躁，甚至心慌。这种情况也影响到了生活，小雪很容易因为一些不顺心的事情就大发脾气。

2. 小倩天生一张圆圆的脸，在小学里，不少人觉得小倩的圆脸很可爱，总有人一边捏一边说："小倩的脸圆得像大饼啊！"每当这个时候，小倩因为自己这张引人注目的"大饼脸"而感到高兴，同学们都围在自己的身边。转眼进了中学，和同学们渐渐打成一片，同学们一样喊她"大饼脸"。随着青春期的到来，小倩开始注意自己的外貌，特地打扮了之后才去学校。男生们因为小倩的头发开始取笑她："你的头发好短，像油条。""你的油条可真短啊！"同学们你一句我一句的嘲讽像利刃一样刺进小倩的心里。小倩开始无法直视自己，觉得镜子里的自己脸又大又圆，五官扁扁的，就像大饼上的馅料，渐渐地无法在同学们面前抬起头。

【原理分析】

挫折是指个体在从事有目的的活动过程中，例如青少年在日常学习、尝试一项新技能、想要得到一件物品等，因主观或客观的原因而受到阻碍或干扰，致使他们原有动机不能实现、需要不能得到满足时，体验到焦虑、悲伤、气愤等消极的情绪。青少年怀抱着许许多多的幻想，希望将其变为现实，他们会付出种种努力，做刻意的追求。当这种需求持续地不能满足时，就产生了挫折感。

青少年时期容易产生挫折的主要原因有以下两个方面。

1. 自身原因。

自身原因是指青少年个体生理上、心理上的知识、能力与自己理想之间的差距，使自己行为受阻，无法施展计划。其中的原因很复杂，主要体现在两对矛盾上。一个是青少年自身的主客观矛盾，主观是指青少年的自我需求，客观是指满足其需求的现实条件。当主客观发生矛盾而又无法调和时，就会产生挫折感。例如，学业成功的愿望与同学竞争的矛盾，强烈的独立自主的需要与纪律约束的矛盾，想要表达自己想法与机遇不平等之间的矛盾等。另一个是情感与意志结构之间的矛盾。因为青少年自身的年龄发展特性，存在年龄小、阅历浅、经验少等特点，虽然他们现在充满朝气、兴趣广泛、勇于探索、充满好奇，但其个性完善程度还不够，情绪不稳定，自尊心强。他们容易因为一时的成功就骄傲，也会因为一时的失败而灰心丧气，产生很强的挫折感。

2. 家庭原因。

已有研究表明，不同的家庭教养观念也会让孩子产生不同的挫折感。例如盲目溺爱，对孩子百依百顺、过度保护，会造成孩子直面挫折、经受磨炼的机会大大减少。家长对孩子期望过高，"望子成龙""望女成凤"是家长们的心愿，在孩子成绩、穿着、未来的职业上进行攀比，却不关心孩子的心理健康状况，孩子无法承受这些巨大的心理压力，容易产生挫折感。

【操作指导】

青少年随着身体生理机能的成熟及独立意识的逐渐形成，"具有错综复杂的心理特点"已进入了一个幻想与现实矛盾的自我调节时期。在对孩子进行挫折教育时，更是要传递不仅"赢得起"，更要"输得起"的观念。那么为了孩子能够在学习和生活中"输得起"，我们可以怎么做呢？

1. 给孩子体验失败的机会，引导孩子自主解决问题。

孩子的成长需要"爱"，但爱的本质、爱的艺术、爱的表达不仅仅是给予，不仅仅是满足，更不是百般的迁就，不是让孩子永远地感受"快乐"。父母可与孩子在家庭游戏中，通过各自擅长的方面，让孩子逐渐体会到大人们会输，小孩会输，每一个人都会有输的体验，这些都是正常的。就像某知名影视演员在一档综艺节目中教育总是想赢的儿子时说的一句话："人生不会总赢，你的人生不是每一次都会赢，有时候会输，有时候会赢，开心就好。"在失败的情境中，家长可以引导孩子如何正确面对失败，让孩子自己寻找、总结面对失败的方法。

2. 教育孩子正确对待挫折，提供锻炼的机会。

家长在教育孩子如何正确对待挫折时，不应该只是看到获得胜利之后的鲜花和掌声，更应该重视通往胜利的道路上布满的荆棘。"困难像弹簧，你弱它就强"，凡是把成功看得过分简单的人，往往会半途而废。只有经得起磨炼的人，增强心理承受能力，才能战胜更大的困难。

3. 客观评价孩子，培养孩子良好的心理素质。

由于每个孩子的个性、气质不同，所处的家庭环境、成长背景也不同，父母是孩子的第一任老师，也是孩子最信赖的朋友，父母的言行都在潜移默化地影响着孩子，因此家长要做到言传身教，更要做到"身教重于言教"。在日常生活中，客观看待孩子的表现，让孩子认识到自己的优缺点，还可以多和孩子讲述一些名人在挫折中成长并获得成功的事例，教育孩子可以有自己的榜样，向榜样学习。

【教育提升】

1. 从问题中掌握孩子的身心发展规律。

青少年处在不断变化发展的阶段，随着身体生理机能的成熟及独立意识的逐渐形成，具有错综复杂的心理特点，其心理水平呈现半成熟半幼稚性。他们既希望能够独立，实际上却很难在短时间内适应独立生活。这一时期的青少年欲望也逐渐增多，如讲究物质享受、对异性产生兴趣并渴望与异性交往，追求外貌的美丽，等等。但在现实生活中，这些欲望无法一一得到满足。安逸的生活环境使得他们的心理较为脆弱，在青少年时期又极为动荡，无法很好地应对挫折的发生，但现实生活中的挫折又无法避免。家长作为孩子最亲密的伙伴与第一任老师，应时刻关注孩子的身心变化，根据孩子的身心发展规律及时调整教育方法。

2. 从挫折教育中提升孩子的自我监控能力。

自我监控是指个体在完成某个预定目标的过程中，以自身为监控对象，对自己的行为进行监督、控制、评价和调整的过程。自我监控能力是一种积极的心理品质，对挫折教育具有积极意义。一旦孩子在应对挫折时习得了一定的自我监控能力，就能对挫折情景和自身能力进行充分的自我认知，内化并应用面对挫折的知识技能，反思在挫折情境中自己的行为。通过不断强化这种体验，从而提升孩子的抗挫折能力。

3. 从挫折教育中培养孩子的坚毅人格。

塑造孩子的坚毅人格,让孩子在学习上、生活中乐观自信、积极向上,是每一位家长义不容辞的责任和义务。通过挫折教育来培养孩子的坚毅人格,是一个非常有效的方法。让孩子在挫折情景中认识到人生难免有挫折,这并不是一件坏事。正确应对挫折,可以培养孩子的责任心、专注、勇敢、主动、坚忍与自信等坚毅的人格品质。有研究发现,坚毅人格可以正向预测学业成就,因此在一定程度上,培养孩子的坚毅人格可以提高他们的学习成绩,提升其自信心。

 问题4:孩子沉迷于网络游戏,怎么办?

【案例】

小林在一所市属中学读初中。为了更好地查阅学习资料,小林妈妈给他买了一台电脑。小林确实通过电脑查阅了很多资料,成绩也有所提升。但小林的父母对小林要求很严格,经常把小林与隔壁成绩优异的小明比较。慢慢地,小林觉得自己不如小明了,便开始通过其他方式来寻求满足感。

一个偶然的机会,小林接触了一款网络游戏,他在游戏中感受到了游戏给自己带来的快乐。由于小林的父母每天忙于工作,很晚才回家。于是,每天放学回家,小林都有时间玩游戏,等父母回家时才关掉游戏。慢慢地,小林对网络游戏着了迷,上课的时候都在想着游戏。在玩游戏前,小林的成绩中游,虽然不是很好,但也不差,和同学、老师的关系都挺好。然而,

小林沉迷于网络游戏之后,在学校上课经常打瞌睡,成绩急剧下滑,人也变得沉默寡言,和父母、老师、同学的关系慢慢也变得疏远了,常常独来独往。小林妈妈本来给小林买电脑是为了让他更好地查阅学习资料,没想到小林会沉迷于网络游戏,不知道怎么办才好。

【原理分析】

随着社会的进步,科技带来便利的同时,也带来了一些不良的影响。共青团中央维护青少年权益部、中国互联网络信息中心(CNNIC)联合发布的《2019年

全国未成年人互联网使用情况研究报告》显示，2019年我国有1.75亿未成年网民，未成年人互联网普及率达到93.1%。据中国青少年网络协会第三次网瘾调查研究报告显示，我国城市青少年网民中网瘾青少年约占14.1%，人数约为2404.2万；在城市非网瘾青少年中，约有12.7%的青少年有网瘾倾向，人数为1858.5万。青少年抵抗诱惑和辨别是非的能力仍较低，游戏成瘾影响青少年的生活、学习以及身心健康。然而，青少年是一个家庭乃至社会的希望，青少年沉迷于网络游戏这一问题需要社会的高度关注。因此，有效解决青少年沉迷于网络游戏的问题变得十分重要和急迫。要处理青少年的网络游戏成瘾问题，首先就要了解青少年网络游戏成瘾的原因。

已有的研究表明，青少年网络游戏成瘾受个人层面、家庭层面和社会层面的影响。在个人层面，青少年身体发育基本成熟，但身心发展还不平衡。一方面，他们对外部新鲜事物有着强烈的好奇心。另一方面，由于青少年还在建立自身的思维体系，自控力差，抵御诱惑的能力较差。青少年还处在青春期，他们很关注在他人眼中的自己，如果在现实生活中没有获得存在感和满足感，他们很有可能会去网络游戏中寻求满足感。在家庭层面，家庭是个体最初的生活环境，也是最为重要的微观系统之一。无论是亲子关系、教养方式，还是父母之间的婚姻冲突乃至家庭结构，均对青少年网络成瘾产生了重要影响。处于青春期的孩子正需要父母的关心和陪伴，生活在冷漠、专制的家庭里的青少年都容易出现问题。在社会层面，社会对青少年有很高的期待，学校或老师往往过于追求升学率，对青少年采取高压的方式让其学习。对有些学生而言，高压的方式是有效的；但是对于有些学生来说，可能会适得其反，不仅学习成绩没有得到提升，还会去寻求方法以缓解和释放压力，而多元化的网络便对青少年形成了强大的吸引力。

【操作指导】

父母是孩子最好的老师，一个好的家庭环境及家庭教育对青少年的成长至关重要。家长应该从源头上杜绝青少年网络成瘾，不给孩子买手机和电脑，倘若确实需要的话，在手机和电脑上设置好密码，减少孩子单独使用的频率。如果孩子有了沉迷网络游戏的问题，家长还可以从以下途径入手解决。

1. 形成健康和谐的家庭氛围。

一个健康和谐的家庭是孩子健康发展的基础。首先，家长的自控力要强，不要经常性地在孩子面前玩手机，这样会给孩子一个不好的表率。其次，家长要给孩子营造一个和睦、民主、快乐的家庭氛围。研究表明，生活丰富多彩的孩子很少有网络成瘾的现象。空余时间，家长可以多陪伴孩子，带孩子出去走走，不仅能够预防孩子沉迷手机，还能开阔眼界、增长见识。最后，在孩子犯错的时候，不要只是一味地责骂，而是要采取鼓励和引导的方式让孩子改正。

2. 不做专制型的"指挥家"。

青春期的孩子正处于叛逆期，家长管得越多，孩子抵触情绪越大。家长不仅仅是孩子的家长，也要试着成为孩子的朋友。青春期的孩子会遇到许多问题，也是容易学坏的时期。只有和孩子成为朋友，当孩子遇到问题时，他才会告诉你他所遇到的各种问题。在一个家庭中，家长也不能一切以自己为主导，认为孩子的事情都是无足轻重的事情。不做专制型的"指挥家"，要经常征求孩子的意见，尊重他们提出的好的建议。

3. 架起沟通的桥梁。

很多家长与孩子的争吵都源于两者之间缺乏沟通。当发现孩子沉迷于网络游戏时，不要一看到就开始大打出手，家长需要静下心来给孩子分析网络带给他们的利弊，让孩子明白上网就像使用帮助自身学习的查找工具一样，而不是仅仅只是用来娱乐。每一位家长都要重视与孩子的沟通，了解他们在学校发生的事情，不能只将关注点放在孩子的成绩上，更应该了解孩子在学校与老师和同学相处的情况。这样也可以减少与孩子之间的距离感，增强孩子对你的信任感。长此以往，孩子便会愿意向你倾诉他们内心真实的想法。

4. 培养孩子良好的兴趣爱好。

一旦孩子有了兴趣爱好，他们就会把时间花在自己的兴趣爱好上。当兴趣爱好占据了空闲时间时，孩子的注意力就不会转移到游戏上，他们沉迷游戏的概率就会降低。

【教育提升】

1. 从问题中提升孩子的自我认知能力。

孩子网络成瘾问题的产生，大部分是由于孩子缺乏基本的自我认知能力，他们对生活的意义、价值和目标没有正确的认识，生活的无意义感会使孩子感到空虚。因此，他们便将目光转向网络，试图以玩游戏来逃避现实中的烦恼。在生活中，当孩子遇到问题时，家长在帮助孩子解决问题的过程中要学会从问题中提升孩子的自我认知能力。例如，家长可以就网络成瘾问题与孩子进行交流和讨论，使他们了解自身网络成瘾的状况，看到自己的问题，在交谈中让孩子找到生活的意义、价值和目标。

2. 由孩子的问题增进家庭的凝聚力。

一个具有凝聚力的家庭可以满足孩子归属与爱的需要。由孩子的问题增进家庭的凝聚力，要让孩子感受到他的问题不仅仅是他自己的问题，还是整个家庭的问题，并且要让孩子感受到家庭是他坚强的后盾。家庭活动也可以增进家庭的凝聚力。例如，家庭体育活动。家庭体育是以一个家庭名义参与的，以促进家庭稳定、丰富家庭生活为主的体育活动。家庭体育是家庭教育的一个重要构成部分，是预防与干预青少年网络成瘾的重要途径之一，并且通过家庭体育也能增进亲子关系，促进健康心态的达成。

问题5：如何让孩子"知戒惧、存敬畏"？

【案例】

一个周末，张明的父母带着他去海边玩耍。他们漫步在海边，看到了很多小鱼在沙滩的浅水洼里搁浅。张明看见这么多鱼，非常开心，顺势拿起一条鱼玩了起来。然而，附近的一位小男孩不停地从浅水洼里捡起小鱼并扔回大海。张明很疑惑，便转头对

小男孩说："这里有这么多鱼，你是救不完的。"小男孩没有理会张明，依旧捡起小鱼扔向大海。

张明的父母见状便对张明说："每条小鱼都有生命，小男孩这样做是在挽救小鱼的生命。即使不能救下所有的小鱼，但能救一条是一条，这是对生命存有敬畏之心。"张明听后，也捡起小鱼扔向大海。

【原理分析】

一位教育家曾说："我们要培养孩子面对一丛野菊花而怦然心动的情怀。"这就是对生命的敬畏之情，就是在乎沙滩上每一条小鱼的生命。我们在教育中要引导孩子学会珍视万物，心怀敬畏，尊重他人。

心怀敬畏，从敬畏生命开始，因为生命是万物的起源。敬畏生命，平等地对待自己与他人的生命，平等地对待自己与他人的价值与尊严。特蕾莎修女敬畏万物之源、尊重他人的品格，收获了内心的安宁与和谐。她以博爱之心，尽己绵薄之力来爱这个世界，用敬畏的理念唤起世界的良知。

青春期是一个身体和心理都在快速发展的时期，其年龄群体的脆弱性和特定特征使青少年在面对某些危险行为时会无法控制自己。同时，面对充满诱惑的世

界，他们的辨别能力还未发展成熟，这就导致一些自制力不强的青少年为了达到目的，做出伤害自己或者他人的行为。因此，让孩子"知戒惧、存敬畏"就显得尤为重要。

【操作指导】

那么应该如何培养孩子的敬畏感呢？

首先，学会敬畏生命。在生命面前人人平等，每个人的生命都只有一次，珍惜生命，让自己的人生充满意义，在人生旅途中不断充实、提高自己。

其次，学会敬畏自然。大自然与我们休戚与共，我们要学会尊重自然、顺应自然。自觉爱护生态环境，做到人与自然共生共荣。在日常生活中，我们要做到不乱扔垃圾，不随地吐痰，爱护草木，爱护动物。

最后，学会敬畏秩序。我们应当要遵守纪律、理解秩序，努力把秩序之外的潜在要求转化为个人内在的自我约束，真正做到遵纪守法、令行禁止。心存敬畏，方能行有所止。培养敬畏感，要求我们对生命、规章和职责常怀敬畏之心。

【教育提升】

培养孩子的敬畏感，教他们学会敬畏自然、生命、秩序，就是在引导他们知敬畏、存戒惧、守底线。让孩子学会关爱他人，看到他人对自己所提供的帮助，优先考虑集体和他人的利益。培养孩子的敬畏感能够使得个体的关注点从自我转向外部事物，使得个体将自身置于更广阔的社会视野，从而增加对社会的投入，更容易从中收获主观幸福感。

问题 6：孩子秒变"老手"，怎么办？

案例

1. 小陈自小父母离异，和母亲一起生活。母亲忙于工作较少关心孩子。"野蛮生长"的小陈升入初中后，变得"自恋"起来，整天镜子不离手，还总爱在班上讲"黄段子"，一点不避讳。有时女生听到后害羞或斥责，他反倒扬扬自得，丝毫不觉得自己的言语有什么不当之处。同桌小雯个性比较大大咧咧，他便常对小雯勾肩搭背、动手动脚，小雯不愿意，他还嘲笑小雯："放心，我把你当兄弟，对你没意思。"有一次，小雯来例假时将卫生巾放于书包的侧袋，被小陈抢走，他还故意大声问："这是什么？"引得男生阵阵哄笑。小雯气急争抢，卫生巾便在男生中扔来传去，不知是谁恶作剧打开了包装贴条，"丢沙包大战"升级成"贴脸大战"。

2. 小李生活在一个幸福美满的家庭，从小是班里的优秀模范生，阳光帅气，懂事礼貌，学习、朗诵、主持样样精通，是老师眼中的得力助手，也是妈妈的骄傲。小李进入青春期后，妈妈却发现了一些怪事：衣柜里的贴身衣物有被翻动过的痕迹；家中电脑浏览器的历史记录里出现关于"性""自慰""遗精""同性恋"等关键词的搜索痕迹；有一次打开淘宝竟发现交易记录里有一条不属于自己的文胸的退货记录。妈妈心中引发了无数糟糕的联想，原本优秀懂事的孩子竟然开始"学坏了"。想旁敲侧击地问孩子，又怕伤了孩子的自尊心，想给孩子做青春期性教育又不好意思开口。这些疯狂的疑问让妈妈几天来辗转反侧，食不下咽，不知道该如何跟孩子沟通。

【原理分析】

青春期是少年身心变化最为迅速而明显的时期，在这个时期，从儿童的身体、外貌、行为模式、自我意识、交往到情绪特点、人生观等，都脱离了儿童的特征而逐渐成熟起来，更为接近成人。青春期的性心理发育与生理发育是密切相关的，伴随性生理的发展，青少年性心理也逐渐成熟。青春期性心理特征主要表现在以下几个方面。

1. 青春期性向往。

十四五岁的男女中学生性心理变化急剧，开始出现对异性的向往，情窦初开，春心萌动。这种对异性的好奇感和接近的渴望，使他们更加关注自己在异性心中的形象，更注重自己在异性面前的举手投足和表现等。青少年性意识的产生，来源于他们身体上的变化，尤其是性器官、性机能的变化，这些变化使他们开始关注性、关注生殖知识和两性关系，并对文学、医学和影视作品中有关两性关系的描写产生兴趣。在这个阶段，青少年开始意识到两性差异，关心自己的容貌和打扮，并产生与异性多接触、交往的欲望。

2. 青春期性焦虑。

随着性生理与性心理的发展，青少年对自身性发育以及性成熟的生理变化常感到神秘不解。青少年对自身的性别角色和形体特征逐渐在意，青春期往往会出现对自己形体的不安与不满意。男生希望自己高大魁梧，女生希望自己苗条漂亮。如果有的男孩觉得自己身材矮小、瘦弱，就会感到苦恼；而有的女孩觉得自己长相普通、身材胖，就会感到自卑。还有的青少年对自己生殖器官的发育状况（如男生对生殖器、女生对乳房的大小）十分敏感，并为此心事重重。还有的男女生甚至为自己身上的体毛、脸上的青春痘等烦恼不安。另外，有不少青少年对"性"持有不正确的认识，有的视它为下流、肮脏、难以启齿，以至于对自己的性冲动感到自责、困惑，并因此产生厌恶和恐惧心理，导致孤独、自卑等消极心态；有的男生高谈阔论、沾沾自喜，当众讲黄色笑话，调戏起哄，不以为耻、反而为荣，将低俗情趣错误地理解成解放个性、展示自我。

3. 青春期性冲动。

青春期的少男少女都可以在偶然的生殖器刺激的情况下产生性唤起，特别是男孩子。这些刺激往往会在摔跤、晨起、玩耍、骑车、洗澡等一些可能摩擦外生殖器的活动中产生。有了这种体验，他们就有可能进行主动的生殖器刺激以获得快感。性冲动、性幻想、性梦在这一时期的少男少女身上都有出现。青少年完全进入了一个从未有过的全新的精神境界。青春期的青少年情绪情感体验强烈、敏感、易于冲动，好奇心与模仿性强，这种心理状态使他们很容易受到别人影响，沾染不良习惯与嗜好。如果没有把握好一定的尺度，合理控制自己的欲望，可能会产生不良的行为与后果。

【操作指导】

青春期孩子面临身心变化的种种困扰，需要得到成年人尤其是父母的帮助，父母和孩子坦诚交流，可以有效缓解孩子在青春期产生的情绪波动与心理困惑，帮助孩子平稳度过青春期。那么家长在与孩子沟通性教育话题时该怎么做？建议从以下几个方面着手。

1. 家长也要系统学习性教育。

打铁还需自身硬。父母首先要做到对"性"脱敏，树立正确科学的性教育观念，认识到青少年希望了解性知识是正常的。只有家长先做到全面了解和学习青少年的身心发展过程与青春期身心发展特点，才能在孩子面前言之有物、言之有理。

2. 家长如何对孩子进行正确的性教育？

（1）有问必答，答其所问。家长要根据孩子的年龄与接受程度来决定讲述的深度，语言表达要符合孩子的认知水平。对待孩子提出的问题要讲深讲透，切勿囫囵带过。

（2）科学的态度与表达。对于涉及生殖器官的名称、功能以及性行为、性知识的描述需用科学名称表述，而不要使用代称、戏称等，避免引发好奇。另外，家长在表述时真诚、大方、自然的态度比内容本身更重要。

（3）把握生活中的"可教时机"。父母贸然和孩子大谈性教育显然会让孩子产生不适，但若是待到问题严重后才与孩子沟通，不免为时已晚。性教育应该融入对孩子的日常养育中，自然而然地讲述，可以在孩子第一次来月经或遗精、长喉结、长胡须、乳房发育等生理变化时，也可以在孩子和家人分享班级异性的趣事时，或是最近热门的相关新闻热点等。不仅可以利用这些机会向孩子灌输性知识，还可以把性教育与责任教育、生命教育、自信教育等有效结合起来，达到更优的教育效果。

【教育提升】

1. 提高认识。

英国哲学家罗素说："一切无知都是令人遗憾的，但对性这样的事无知，则是严重的危险。"长期以来，家长们"谈性色变"，认为它是一个教育禁区，避之唯恐不及。殊不知家长是孩子的第一任性启蒙老师，家长性教育的缺失，将会带来孩子性别意识的淡漠，导致孩子的"性无知"，说出不合时宜的话或产生错误的举动。其实"性"既可以引导人们走向崇高，也可以诱导人误入深渊。性教育不该被庸俗化、污名化，它是生命教育中不可缺失的内容，孩子能够直接从父母那里得到性问题的真诚解答，这对于孩子认识身体、悦纳自己、珍爱生命、拥抱世界都有着重要意义。要引导孩子通过科学的知识来了解自己、保护自己顺利度过青春期，而不是任由自己的无知、网络的低俗、他人的偏见甚至歪门邪道来左右自己尚未成熟的三观。

2. 有效沟通。

良好的亲子关系是有效沟通的基础，而有效沟通是开启青春期孩子心门的钥匙，每一个孩子都是有尊严、个性独立的生命体。我们要尊重、信任孩子，在性的问题上平等地与之交流，态度坦然大方，切勿遮掩回避，承认性生理、性心理都是人成长过程中的正常变化。同时，家长们也无需对孩子的青春期困扰表现出过多的焦虑。孩子的成长过程中，父母悉心的陪伴、耐心的等待就是最大的情感支持，接纳孩子的心理困扰并及时提供必要的帮助与指引。其实大多数青少年都能较好地认识、调节和控制自己的性冲动，表现出符合社会规范的言行，正确对待两性交往，培养积极健康的性心理，顺利地度过青春期这一身心变化发展关键期。

 ## 问题 7：孩子变得抑郁了，怎么办？

案例

小阳的父亲长期在外做生意，从小他与母亲一同生活。从前父亲常打电话给小阳分享生意场上的趣闻，叮嘱孩子认真学习。相比于只有小学文凭又有些啰唆的妈妈，事业有成的父亲让小阳很是崇拜，在学习上也颇为努力上进。

初三下学期疫情暴发，父亲无法前往外地便在家中办公。强势的父亲把生意场上管理下属的那一套用在了家庭里：在家说一别人不能说二，只许成功不许失败，不满妈妈柔弱的教育方式，鼓吹"狼性"教育。网课期间，父亲还把自己的办公设备搬进小阳的卧室，监督孩子上网课。一旦孩子不专心，父亲又着急上火忍不住说教打骂。小阳的脸上少了笑容，多了郁郁寡欢与怨恨，认为自己在父亲的眼里一无是处，不被信任。

小阳很想考重点高中，却苦于成绩徘徊不前，近来家中矛盾不断，因为疫情又无法出门散心，便通过手机和同学聊天玩游戏。可一拿起手机，父亲就说他玩物丧志，怒不可遏要摔手机，为此二人爆发了激烈的争吵。小阳激动地砸了家中物件，并用头不停撞墙，不停地嘶吼着"活着没意思""我就是垃圾"。父母吓坏了，再也不敢跟孩子提学习的事。

小阳虽不再天天玩手机，但也不上网课，整日待在卧室不出门，蓬头垢面，饮食昼夜颠倒，对很多事情失去了兴趣，复学了也没法去学校上课。看着小阳日渐颓废，爸爸心中后悔不已，服软道歉不管用，想带孩子去看心理医生，孩子也是无动于衷，联系小阳班上的好朋友前来陪伴，带他出去散散心，小阳也毫无兴致。眼看着本有大好前途的孩子即将"废"了，妈妈整日以泪洗面，想不明白为什么原本开朗的孩子会抑郁了。

【原理分析】

在自身的性格、家庭沟通方式以及中考压力等多种因素的影响下，小阳在日积月累的心理消耗中，一步步走向了抑郁的深渊。

1. 深陷自身心理冲突无法自拔。

抑郁的孩子的痛苦源于强烈的自我否定，认为自己什么都干不好，什么优点都没有，由此产生了孤独感，习惯独自面对，害怕麻烦别人。这种自我否定感有些源于自身较少获得成功体验，进而产生习得性无助；有些则源于自我要求过高，导致追求完美而不得；还有些则源于父母或重要他人给予的过高期望而造成的压力……一般来说，抑郁的孩子原本大多都是别人眼中的"乖孩子""老好人"，都会对别人很好，不善于拒绝别人的请求，而且很能替对方考虑问题。一旦出了问题，第一反应都是从自己身上找原因，甚至有些讨好型人格，认为是自己的错，一再降低底线，这样又造成了恶性循环。

所以在面对很多事情或人的时候，他们会比常人在心理上付出更多的心力。也许在别人看来，他好像什么都没做，又或者他做什么事都还没开始就打退堂鼓，但其实他内心里早已不知转了多少个念头，尝试排练了千万种可能性，努力考虑如何才能让别人对自己不失望。直到有一天实在太累了，再也无法维持自己辛苦建立的"人设"时，哪怕是别人的一句话、一个眼神都能成为压垮他的最后一根稻草。正常人眼中毫不起眼的事情发生在抑郁的人身上，他就会不由自主地钻牛角尖：我对你这么好，你为什么不能同样对我好一些？是不是我太差了，所以无论我做什么别人都不会喜欢我？我不值得别人对我好，没有人愿意真正关心我……

2. 来自周围重要他人的支持系统断裂。

如果孩子每天都不断地想这些问题，进入死循环，在别人的眼中就显得特别古怪，甚至烦人。可这并不是他自己能够控制的。许多自残、自伤的孩子，厌世的表象下掩藏的恰恰是强烈的求生欲望。他们用力向周围发送求救信号，只不过没人能听懂，大多时候换来的并不是身边人的理解，而更多的是被误解。大多家长认为患抑郁症的人矫情、无病呻吟、小题大做、意志不坚定。也听过许多家长在面对孩子初期出现抑郁症状或提出求医请求时，往往第一反应都认为孩子在夸大其词或是为不学习找借口。还有部分家长自身对心理疾病缺乏正确认识，把抑郁症等同于精神分裂，病耻感强，认为家丑不可外扬，不愿意接受孩子有心理疾病的事实。轻则无视、忽视孩子的求助信号，或进行一番"苦口婆心"的思想道德教育；重则斥责、打骂孩子，纠孩子的"错误"来转移话题。

身边亲友认知上的不足、思想上的轻视、态度方式上的错误，家长认为只是"情绪不好"，这样的处理不当或不及时起到了反向助推的效果。等到孩子精神压力大到窒息，泛化出各种身心疾病，没办法进行正常的学习和生活，与人沟通出现障碍，用头撞墙、割腕……往往都是在孩子学习成绩直线下滑、拒绝上学、沉迷手机、和家长爆发了激烈冲突或是孩子实施了自杀行为，等这些家长觉得孩子已不受自己"控制"的局面后，大多数家长才意识到孩子问题的严重性，于是把希望全部寄托在心理咨询师、医生身上，甚至还有病急乱投医不惜重金请"高人"上门做迷信的。而此时即便家长求治意愿强烈，孩子已然对父母完全失望，抗拒父母的一切要求，收效甚微。

【操作指导】

如果家中有一个抑郁的孩子，身为家长该怎么做？

1. 接纳、陪伴是最有效的疗愈。

很多家长分不清抑郁情绪与抑郁症的区别，往往会高估或低估孩子的严重程度，这时需要进行专业的医学检查。生病不可怕，讳疾忌医才可怕。然而不管是抑郁情绪还是抑郁症，语言上安慰的效果大多时候不如身体力行的陪伴。即便是抑郁症患者，如果还有力气，最希望的就是得到身边重要他人的理解和支持。什么都不用说，哪怕就是陪着、抱一抱、递一杯温水或纸巾，让他哭一哭，给他一个相对安全的环境，几个小时、几十分钟，对他而言都是非常珍贵的情感支持。

2. 守住"不说"的边界。

家中有抑郁的孩子，如果家长不知道怎么说、怎么做，索性就什么都别说、什么都别做。不要自以为是地去安慰他，用自以为对的那一套励志而积极的理由去劝解。这样做不仅没用，还会起反效果。比如孩子透露自杀的想法或是家长发现孩子有自伤的行为时，你跟他说"你为什么不开心，你有父母还有那么多爱你的人，你这样做很不负责任……"类似的话，只会让他更加内疚，进而认为自己的存在是一种负担。更不要用所谓的"激将法"的话去刺激他，如"你有本事就跳啊""我料你也不敢""我以后再也不管你了"等，这些话只会增加他去死的决心，而不会有任何的积极作用。曾有家长在拿到孩子重度抑郁的确诊单时，轻描淡写地开玩笑："抑郁了啊，那我以后是不是都不能骂你了？"试问，孩子听到这句话时会作何感想？

3. 把握"说"的艺术。

父母在陪伴孩子时做到了倾听、接纳、尊重，说的话才能打动孩子，令人信服。被抑郁情绪困扰的孩子大多敏感多疑，既不相信自己也不信任他人。家长要多给孩子正向的强化与鼓励，发现孩子的闪光点，指出问题时对事不对人，不翻旧账，不搞人身攻击，身体力行地告诉子女："孩子，你对我们很重要，不论优秀还是平凡，父母都一样爱你。"家长无条件的爱是帮助孩子内心生长出积极力量、走出抑郁深渊最大的底气。

【教育提升】

对待患有抑郁症的孩子，请不要把他视为异类。人在心理能量严重透支时，是感受不到正常人的心理和情绪的，反过来也是一样。那些父母与他人眼中的矫情与另类，恰恰是他们在艰难地与心魔斗争的过程。没有哪个家长会在孩子发烧40℃时去责备他为什么这么简单的单词背不下来，别人都能去上学就你没法去上学。心理疾病与身体疾病本质上没有什么区别，如果父母不能用一颗平常心接受孩子生病了这件事，孩子又该如何接受身边所有人都无法理解他的痛苦呢？

家长无需过度紧张，如临大敌，仿佛得了绝症般可怕，抑郁症通过科学的心理治疗是完全可以康复的。正常人感冒了都会难受，需要身边人的安慰和理解，要是得了更严重的疾病，也需要暂停工作安心休养。当他们好转或康复时，依然可以很好地适应社会。不搞歧视和区别对待，就是对他们最大的尊重。

问题8：孩子出现心理问题了，怎么办？

案例

小东从小学开始就在私立学校寄宿，爸爸妈妈在其他城市工作，每周会来接他回家一趟。在他五年级时弟弟出生了，家里人手不够，变成每个月来接他回一趟家，再后来就是几个月来接一趟。其间，小东的爸爸妈妈

曾委托一个熟人不时来学校看望小东，或者带出去跟他的小孩一起过周末。后来小东在原学校上初中，但是没有考进重点班级。半个学期后，班主任向小东的爸爸妈妈反馈小东上课没有办法听讲，经常要求同桌不要摇晃椅子。经过多次协调后一个人坐，又要求前桌不要摇晃他的桌子，但前桌并没有摇晃他的桌子。后来小东渐渐觉得前后左右的同学都故意在摇晃桌子，影响他听课，于是就将小东的桌子搬到班级后面靠墙的位置。班主任建议家长带小东去医院看一下，但小东不同意去医院，觉得现在搬到后面，已经没有人吵他了，可以坚持听课。

坚持不到一星期，小东又向班主任反映后排的男生故意转笔、敲桌子，影响了他上课。班主任介入协调，后排男生也减少了转笔行为。没过几天，小东又开始反映后排女生上课讨论问题，影响他学习。班主任不断协调小东反映的各种问题，渐渐地班级里的同学都不与小东说话，也不理他了。后来小东反映耳边总有嗡嗡嗡的声音，导致他上课听不下去，没有办法在教室里待着，申请休学在家。

这才引起了家长的恐慌。

【原理分析】

青少年是人一生中非常与众不同的时期，在这个时期中身体的发育变化、大脑发育、自我意识的提升、情绪波动的体验混杂在一起，是一个暴风骤雨的阶段。身体在各种激素的作用下有了不同的变化，青少年会因为这些变化产生各种困扰。当青少年将要成年时，大脑发育也进入冲刺阶段，导致他们的大脑容易受外界的影响，所以出现了案例中小东各种受影响的现象。青少年是人的一生中情绪波动最频繁的时期，这令人兴奋的发育期也面临着各种危险，如冲动、冒险、缺乏远见、没有判断力。研究发现，过分活跃的不成熟杏仁核是青少年情绪不稳定的重要原因，加上晚熟的前额叶，青少年的情绪体验就像过山车一样，有一点小事都会让他们难以忍受。随着他们自我意识的不断萌发，在这个阶段出现心理问题是非常普遍的。

青少年普遍出现的心理问题有焦虑、抑郁、强迫、体像烦恼、人际困难、学业困难等。青少年的心理问题会引起家长的关注通常是在影响学业时，这时问题已经潜藏许久。青少年往往闭锁自身的心理状态，如果家长平时没有及时关注与沟通，青少年通常会尝试用各种自己的方法处理这些看不见的问题。如焦虑时，可能就会乱发脾气、大声吼叫、破坏公物等，宣泄自己的情绪。这些处理的方式可能有效，但仅限于短暂性地压制住了焦虑，然而这种处理方式可能间接导致其他问题的出现。如案例中小东对声音的敏感，导致他频繁地要求换座位来规避这个问题，后来进一步影响了他的人际关系。青少年对同伴认可度的需求比父母的认可更高，人际受挫会导致他更加焦虑与烦躁。这时需要家长及时关注。

【操作指导】

在初中孩子出现心理问题的时候，首先要让家长对心理问题有一定的认识。心理问题不同于生理问题，不容易让人察觉。一般的心理问题和严重的心理问题都有现实因素的刺激，持续时间以月计。心理问题的发生很普遍，并不是一种需要谈之色变的东西。其次，当青少年日常表现有所异常的时候，要引起重视。当一个青少年不愿意去上学时，他已经无法面对出现的心理困境了，家长需要先稳定自己的情绪。因为学生不上学要待在家里，会让家长习以为常的作息模式无法再持续下去。一般家长会非常烦闷，想要尽快地解决掉问题，让孩子回归学校。在孩子的问题没有得到缓解和解决前，若让孩子回归学校，会让问题更加严重，导致最后更难以解决。再者，家长在孩子遭遇心理困境时可以有针对性地进行反思并向专业人士寻求帮助。比如，孩子在学业方面、人际方面有没有遇到困难？

可向老师和同学了解。孩子在自我认知上有没有遇到障碍？在孩子情绪缓和的时候可尝试与之交谈。最后，在没有对孩子进行多方面了解的情况下，不要一味地将孩子向外推。比如，没有与孩子协商，直接将孩子哄骗到精神科或者心理科进行诊断或者咨询；或者直接找到学校心理老师或熟悉的从事相关心理工作的朋友亲人，直接介入孩子的问题中去。这会导致孩子的内心进一步闭锁，降低对家长的信任度。相信青少年的自愈能力，他们总在变化中挣扎成长，在了解他们的情况后，做好最温暖的港湾，当他们需要的时候，随时可以依靠家长。

【教育提升】

从青少年的心理问题看成长路径。青少年时期的成长不可能都是直线发展的，每个青少年的心理成长过程都是不同的。曲折中探索，探索中前进。在人发展的第二自我认识的宝贵期就是从青少年时期开始的。他们需要逐步用自己的方式，开始挖掘自我认知的方方面面。朋辈因为可以作为他们成长发展的一面镜子，所以同学朋友的关心影响着青少年的心理健康发展。虽然他们不断与外比对再回到内心来完善和进行自我建构，家庭对于他们来说永远是避风港，他们并没有像所表现的那样有主见、有实力来脱离家庭的影响。当青少年在外探索的生活遇到困境的时候，他们往往会手足无措，这时候特别需要家长的支持。虽然他们看起来像个小大人，但是心理层面并没有那么成熟。自尊对于他们来说尤为重要，允许他们在成长中受挫。遇到问题，协助他们共同探索，才能更好地帮助他们面临心理困境时有勇气休憩，才有迈出成长步伐的力量。

从心理问题看待家庭系统。青少年遇到困境时，并没有做好完全脱离家庭的准备。有许多时候，心理问题替代青少年表达了对家庭难以言表的诉求。心理问题表面看似扰乱了家庭系统的正常运转，但实际上促进了家庭系统的进一步扩展。问题是解决另一问题的手段。所以当一个青少年出现心理问题时，并不是单纯地将这个问题消灭，症状消失就是好的，可以借此机会深入问题的背后，看看可以为他提供什么帮助。

 问题 9：孩子谈及自杀，怎么办？

【案例】

小明出身教育世家，因为三代单传，全家对他的期望特别高。母亲全职带他，各个方面都照顾得特别精细，从小对他要求严苛。他从小学开始各方面发展，琴棋书画样样精通，经常为班集体争得荣誉，老师都非常看好他。但由于平时没有什么时间与其他小朋友相处，他没有什么玩伴和知心朋友。升入全市最好的中学后，第一学期他的成绩稍微有所下滑，母亲就将她自己觉得不必要的兴趣爱好班停掉，换成全方位的一对一辅导。虽然辅导一段时间成绩有所上升，但是小明在学习方面开始慢慢地懈怠了，同时不断向班主任反映同桌抖腿影响他上课。几次换同桌以后，全班没有人愿意同小明坐在一起，最后他一个人坐。到初二的时候，考试成绩一落千丈，讲评课后直接回家蒙头大睡。第二天母亲敲门叫他起床上学，小明拒绝。母亲多叫了几次，小明不耐烦地吼道："再叫就去死！"母亲当天向班主任请假，并叫了父亲回家。吃午饭的时候，小明依旧躺在床上，父亲进去询问情况。小明问父亲，如果从家里阳台跳下去会不会死，不然这样活着很痛苦。然后抱着被子号啕大哭，父亲怎么劝都无济于事。母亲在客厅崩溃到心悸发作。

【原理分析】

青少年因为大脑发育不成熟，容易冲动，喜怒无常，喜欢用行动表达态度，喜欢顶嘴，还容易分心，应对压力的忍耐力比不上成年人。所以当青少年遇到压力时，容易做出伤害自己的行为，更有甚者用自杀这种极端的行为来宣泄内心无法言说的痛苦。

自杀指的是个体蓄意或者自愿采取各种手段结束自己的生命的行为，根据自杀的结果，一般分为自杀意念、自杀未遂、自杀成功三种形态。案例中体现的是小明在青春期遭遇的求学、升学、人际、自我认识等压力，人生发展任务繁重，心理体验动荡与心理发展滞后的错位导致他心理冲突尖锐，产生了自杀的意念。

父母期望值过高，导致各种活动让位于学习。在学习上遇到挫折后产生了失落感和心理落差，自我效能感降低，而自我效能感是青少年自我认同的重要因素。青少年这时期的心理发展变化使得他们渴望与同伴交往，如果父母限制过严，他们常常因为内心有苦恼无处诉说，心生痛苦。兴趣爱好在一定程度上能缓解青少年在生活各方面遭遇的压力，但在本案例中这一方面的发展也为学习让位了。多方面的痛苦累积，使得小明绝望到需要通过自杀来逃避目前所遇到的困境。

【操作指导】

当青少年谈及自杀，首先要从环境因素、生理因素、心理因素多方位整合评估青少年目前所处的状况。青少年所处的学校环境、学业状况、人际交往状况、家庭环境出现的问题都会引起青少年的心理冲突。本案例中小明升学的适应不良，没有得到全方位的重视，仅仅通过加强学习提高成绩，反而造成小明内在的焦虑升级。焦虑无法自我消化表现在对外环境的苛责要求上，不断更换座位，进而影响人际交往状态，反而又增加了一个心理冲突。三代单传，父母的高期望一直都是隐形的一个压力，当他如家人所愿的时候这个压力源没有那么明显，当成绩下滑时，压力就开始凸显。父母的焦虑又进一步累加到小明身上。多种焦虑源累加使得小明只能通过激烈的方式来表达自己的痛苦，希望引起家人的注意。

其次要进行必要的沟通。切记千万不要讲道理！讲道理并不是沟通，而是单方面地灌输家长的理念。当青少年提及自杀，这个时候还表示他愿意用这种方式告知家长他不舒服或痛苦的状态，并不只是用来威胁恐吓父母。明白青少年所处的状态，用心感受他的痛苦，而不是屏蔽他发出的信号。关于自杀，当他愿意说的时候，多倾听，询问他的感受。当他情绪波动起伏大的时候，陪伴、递纸巾、维护好周边环境，减少可能造成的躯体伤害。做好后期安抚的准备，简单的躯体接触，如抚摸、拥抱、拍拍肩膀等都有良好的效果。

最后，当青少年谈及自杀频度过高，且已经有严重危害自己的行为时，建议家长寻找专业的心理科医生进行诊断以及心理咨询师的帮助。讳疾忌医，觉得孩子只是闹脾气，故意刁难父母，过一阵子就好等想法，会耽误一些早期心理疾病的治疗。

【教育提升】

1. 家长进行自我关怀。青少年的自杀数据逐年上涨，经济大环境的快节奏发展、社会变迁等原因，使得整个环境的生存压力剧增。从内卷到鸡娃，无处不弥漫着家长的焦虑。在一个家庭中，家长的恐惧与害怕早就潜移默化在日常与子女的相处之中。家长可以通过网络学习、家校团体、心理咨询、体育运动等方式使得自己的心理状态稳定与平和。主动减少因自我成长停滞引发的恐惧，进而寄生在青少年的生命发展上的行为，当青少年谈及自杀的时候，才能够有勇气有胆识去承担这个过程中传递出来的焦虑。成年人不一定要坚韧不拔、无坚不摧，可以让孩子看到父母其实也有脆弱的一面。

2. 在日常生活中开展生命教育，引导孩子了解生命的宝贵。注重孩子的日常情绪状态，共同了解身心发展变化。以身作则维护身心健康，感受日常生活的点点滴滴，活在当下，体验当下的富足，让家成为孩子真正的港湾、快乐的驿站。重视与孩子的沟通交流方式的转变，在沟通交流中满足青少年被当作成人的期待、尊重、理解、宽容与信任。带领孩子多与自然接触，参与运动，开阔眼界，体验生命的广阔。维护孩子的兴趣爱好，让其在生命困顿的时候有所期待。

问题 10：如何和孩子谈钱？

案例

小同在课上玩手机被老师没收，老师要求小同通知家长当天到校领手机。可是过了好几天老师都没有看到家长的影子，于是忍不住打电话将情况告诉了小同妈妈。小同妈妈惊讶地告诉老师："我的孩子说手机丢了，我给他买了一部更高档的手机。"不仅如此，小同的球鞋有 40 多双，其中限量版球鞋 20 多双。他每个月的零花钱至少 5000 元。有了零花钱后，小同开始学会了抽烟喝酒。有时一个月打赏游戏主播花掉了一万多元。甚至还偷偷攒钱买改装过的电动摩托车，放学后在路上飙车，非常危险。小同妈妈非常苦恼，想过限制小同的零花钱，可是小同会以各种借口向妈妈要钱。如果不给，小同开始以头痛、胃痛等各种身体上的不舒服为借口不去上课，逼迫妈妈给钱。后来发现这种招数不管用，开始闹情绪，情况非常吓人，妈妈考虑到孩子的生命安全，就又给他钱。但是小同妈妈非常苦恼：该不该给孩子零花钱？给多少合适？

【原理分析】

能不能给孩子零花钱？给多少才是合适的？如何让孩子学会管理零花钱、压岁钱？这是很多家长的困惑。

目前在我国财商教育的现状是不容乐观的。很多父母重视孩子智商、情商的培养，却忽略了财商的培养，认为只要孩子好好学习，长大后就有很好的经济收入，自然就会理财了。家长认为赚钱是大人的事情，孩子不必参与，没有告诉孩子家庭真实的经济收入情况。

财商是一个人认识和驾驭金钱的能力，是理财的智慧。它包括两个方面的能力：正确认识金钱及金钱规律的能力和正确应用金钱及金钱规律的能力。财商教育的目的是转变人们的理财观念。对青少年进行财商教育的目的不仅仅是培养他们的理财能力，更重要的是帮助他们善待和管理好财富，做更好的自己，从而实现自己的人生价值。因此，财商教育从本质来说是

价值观的教育。一个人的财商高低会影响到事业和家庭。发达国家把财商教育称之为"从 5 岁开始实现的幸福人生计划"。无论家庭贫困还是富有，鼓励孩子运用正当手段赚钱，合理满足自己的愿望。

【操作指导】

财商教育最主要的阵地是家庭。财商也是青少年核心素养的组成部分。我们不仅要教会孩子如何管好手中的钱、如何花钱，还要教会孩子用金钱给自己和家庭带来幸福生活。

第一，要树立正确的金钱观。告诉孩子金钱是来之不易的，有的人通过劳动赚钱，有的人通过智慧赚钱。不管赚的钱多还是少，都有各自的花法和小幸福。但不管是通过哪种方式赚钱，都要让孩子记住一点：君子爱财，取之有道。要通过合法、合理的方式获取金钱。很多人被钱蒙了眼，坑蒙拐骗无所不用，这样的人失去了做人的品格，危害社会，危害国家。

第二，要让孩子珍惜劳动成果。因为钱是辛苦劳动所得，我们要珍惜自己的收入，合理使用。

第三，不要成为金钱的奴隶。《钱本草》里有一句话：人不妨己谓之智。意思是不被金钱奴役称为智。在银行卡的数字上加一个零，再加一个零，从此就开始为了这个零的增减而患得患失，这样的人就变成了金钱的奴隶。钱只是达成某种目的的工具，人是它的使用者，应该物尽其用，成为金钱的主人，而不是单纯地为了赚钱而赚钱。

第四，让孩子明白金钱不是万能的。我们知道：不以为珍谓之德。意思是：不把钱当作珍宝而过度珍惜称为德，不能视钱如命。钱财乃是身外之物，很多人把钱财看得比自己的健康、亲情更重要，但是钱这种东西生不带来，死不带去，如果健康、家人、朋友都不在身边，那光留着钱又有什么意义？金钱能买到房屋，但买不到家；金钱能买到药物，但买不到健康；金钱能买到美食，但买不到食欲。我们可以让孩子明白钱虽然很重要，但并不是万能的，比金钱更重要的事情有很多，即使不富有，人生依然快乐。所以我们不能完全依赖金钱。

第五，要给孩子零用钱。零花钱的多少根据孩子的年龄以及使用情况而定。

第六，指导孩子使用零用钱。在给孩子零花钱的同时，要给孩子一个账本，记录零花钱的使用情况。一周结束后进行复盘，看看哪些钱花得合理，哪些钱花得不够合理。在这里，要让孩子明白哪些是"需要的"，哪些是"想要的"。

【教育提升】

很多家长不愿跟孩子谈钱的原因主要是思想上有顾虑，担心孩子会认为金钱至上。其实钱本身并无过错，很多时候是我们对金钱的理解出现偏差，从而导致问题的产生。因此，家长的言传身教非常重要。

面对金钱，家长要有正确的态度。

第一，我们不炫富。生活中我们合理使用金钱，花钱有节制，把钱花在刀刃上，给孩子很好的示范作用。

第二，我们不仇富。比我们有钱的家庭比比皆是。面对他们，我们要有正确的态度，不诽谤他人，不仇视他们。

第三，我们不崇富。对于金钱我们要有正确的认识，不要认为有钱就有一切；对于金钱我们要坦然面对，引导孩子明白一个人的价值不仅仅体现在赚钱多少，还体现在对国家、社会做出的贡献上。

第四，以身作则，给孩子正确的示范。我们可以带着孩子将自己部分劳动所得捐赠给有需要的人，带着孩子去做公益活动，拿出自己的零花钱给父母买礼物，孝敬父母等。同时，面对金钱，我们要有乐观豁达的态度。示范金钱的使用，精打细算，用自己劳动所得进行投资，合理合法地赚取钱财，面对金钱不卑不亢，懂得分享。

问题11：如何帮助孩子建立对时间的自我感知？

案例

六点半的闹钟铃声响了许久，佳佳在妈妈千呼万唤后才起床，对着镜子洗脸、梳头，足足花了半个小时，然后才磨磨蹭蹭地开始吃早饭。妈妈在一旁一直催促，告诉她上课来不及了，她一点反应都没有。好不容易坐上了电动车，爸爸在路上上演了生死时速，踩着早读铃声到了校门口，冲到班级门口，迟到了两分钟。这种事情没少发生，妈妈经常接到班主任的电话，要求佳佳准时进班级上课，可是佳佳三天两头迟到，为此，妈妈非常头疼。不仅上学如此，放学到家，也是书包一丢，躺在沙发上刷手机，到了吃饭时间看电视，这一吃，吃了四十分钟。吃完饭后，以要消食为借口，到处溜达，不断催促后，到卫生间洗澡，这一洗，足足洗了四十五分钟。坐到书桌前开始做作业，这时已经八点半了，做作业的间隙，还要跟同学视频聊天，不知不觉，半个多小时又过去了，每天晚上不到十二点都没办法上床睡觉。其实，佳佳的课业负担并不重，可是每天浪费的时间太多了，佳佳妈妈非常苦恼，不知该如何帮助孩子建立对时间的自我感知。

【原理分析】

孩子对时间没有自我感知，原因有如下几个。

1. 父母包办太多，孩子没有时间意识。父母怕耽误孩子的学习，或者自己工作繁忙，没有耐心培养孩子，于是什么事都替孩子安排好了，孩子自然就不用操心，觉得无论什么事，父母都会提醒帮忙，没有必要建立对时间的感知。

2. 父母自身缺乏时间观念。有时父母自身生活没有规律，随意性很大，因此也没有意识去培养孩子的时间观念，久而久之，孩子做事也就随意性很大了。

3. 孩子被监督太多。有的父母对孩子管教很严，认为多监督，孩子就会养成时间的观念，可是孩子错把父母的监督当成时间管理的开关，没有把做好时间管理当成必修课。由于父母经常监督，孩子觉得厌烦。当有一天没有父母监督了，孩子就放飞自我，脑子里只有自由和开心。

4. 孩子天生慢半拍。有的孩子无论做什么都比别人慢半拍，而且什么都没安排好，天生的慢性子，做什么都不顺利，因为时间被自己人为地拉长了。这种时间的拉长，只是孩子个人的主观感觉，却忽略了真正意义上的时间不会因为个人的主观感觉而延长。

5. 父母的教育观念偏差。父母认为教育是老师的事情，到了学校，老师自然会对培养孩子的时间观念。

【操作指导】

帮助孩子建立对时间的自我感知，父母可以从以下几个方面入手。

1. 制订科学的作息时间。对于孩子起床、做作业、就寝等时间做出具体的规定，并通过训练让孩子养成遵守作息时间的习惯。只有孩子养成了良好的作息习惯，才能形成对时间的感知。

2. 注意培养孩子的时间观念。首先，我们可以对孩子进行一分钟专项训练，让孩子在训练中感受一分钟可以完成多少任务。例如：一分钟可以抄写多少个汉字，一分钟可以跳多少下绳，一分钟可以做多少个仰卧起坐等。其次，完成一个任务之前，先规定完成的时间，然后开始执行任务，实施过程不给任何时间提示，完成后让孩子估计花了多少时间，看看自己估计的时间与真实时间的差距有多大，慢慢地，孩子的时间观念就建立起来了。

3. 让孩子意识到自己是时间的主人。父母对孩子过多的监督，让孩子觉得这时间不是自己的，而是被父母安排的，因此孩子会慢慢失去自觉性。父母要让孩子自己与时间发生联系，经常提醒孩子时间是自己的，让孩子意识到耽误了时间，对自己来说是一种损失。

4. 对于天生慢半拍的孩子，父母可以给他一个体验慢性子的机会。父母可以选择一些与孩子切身利益相关的事情，故意放慢节奏，并且比孩子的节奏还慢。比如做饭，孩子本来肚子已经饿得咕咕叫了，父母还慢悠悠地准备着各种食材，这样本已饥饿难忍的孩子自然就受不了了。当孩子体验到慢节奏给自己带来的影响时，他自然就会想到要改变自己的节奏了。

5. 从生活入手，只要提到与时间有关的事情，父母都要把时间明确地表达出来。例如叫孩子起床："六点半了，到起床的时间了。"到了要上学的时间，说："七点十分了，要出门上学了，否则就会迟到了。"每次将时间准确地表述出来，让孩子意识到时间与自己要完成的事情是有联系的，这样就会慢慢地建立起对时间的感知。

【教育提升】

要想让孩子建立对时间的自我感知，首先，父母要以身作则。父母自己每天的生活要有规律，这种规律带来了秩序感。有了生活的秩序，父母就可以和孩子一起制订家庭的规则。在父母的示范作用下，孩子也会逐渐适应并遵守规则。要注意的是，家庭规则的建立有个循序渐进的过程，让孩子有个逐步适应的阶段。对于习惯不好的孩子而言，父母需要耐心培养孩子的规则意识，不能操之过急。同时，父母可以向孩子解释为什么这么安排，这样安排有什么好处。孩子如果有疑问，父母应好好向孩子解释。

其次，家庭的生活节奏应该是明快适中的。家庭生活节奏会对孩子自己的生活节奏产生很大的影响，所以父母应该审视一下家里的生活节奏是不是杂乱无章。如果发现家里的生活节奏是懒懒散散的，父母就要及时调整。明快的生活节奏会让全家人都有精气神，这样孩子的慢节奏也会在家庭的影响下有所改进。当然这种明快的生活节奏也要适中，变化幅度不能一下子太大，否则孩子难以适应。

再次，慢性子的孩子可能都会有一对急性子的父母。由于父母的急性子导致不断催促孩子，孩子越催促越慢。慢性子的孩子往往按照自己的节奏来生活，未必是没有时间观念，只是孩子的时间观念自成一派，因此我们不要一直催促。

# 问题12：孩子遭受校园霸凌，怎么办？

案例

雯雯上了初中以后发胖了，被同学嘲笑、取外号，还有一个女同学经常欺负她。一天中午，有人把雯雯的午饭藏了起来。雯雯看到一旁的那个女同学挤眉弄眼地大笑，并说："饿了？想吃？求我，我就给你。"雯雯想质问她是不是把自己的午饭藏起来了，但看看周围幸灾乐祸的同学，雯雯觉得肯定没有人会帮自己，于是不敢吭声，就这么忍着，一直饿到放学回家。还有一次课间，那个女同学趁雯雯不在的时候，往她的饮料瓶里倒入抹布水和粉笔灰。回到座位上，不知情的雯雯把饮料喝了下去，放学时有同学偷偷告诉她。她哭着回家，她不明白为什么自己会遭遇这样的欺辱。雯雯问妈妈："为什么她会这样针对我？"妈妈的回复是：别理她，你学习好了，人家就会高看你一眼，不会欺负你了。因为妈妈的理论是：回击对方最好的方法就是你比他好。雯雯气不过，第二天到学校把事情经过告诉了老师，老师说："哦，那是个坏孩子，你不要惹她。"结果那天放学，她就被堵在学校的厕所里。那个女孩领着五六个人围着她，以她跟老师告状为由，扇她的耳光，往她脸上吐口水，逼她下跪磕头。雯雯那天不知道是怎么回到家里的，晚上妈妈听见雯雯在梦中不断哭喊，第二天睡醒的雯雯再也不愿意去上学了。

【原理分析】

校园欺凌是指发生在校园内，学生上学或放学途中、学校的教育活动中，有老师、同学或校外人员蓄意滥用语言、肢体、网络、器械等针对学生的身体或心理实施的达到某种程度的侵害行为。霸凌者通过长时间、故意的身体接触、言语攻击或心理操纵，对受霸凌者产生伤害或不适。

常见的校园霸凌类型有言语霸凌、身体霸凌、关系霸凌、网络霸凌、基于性/性别的霸凌等。霸凌行为的主要表现有：肢体上推撞、拳打脚踢、棍棒等攻击；言语方面嘲讽、辱骂、恶意中伤、威胁等；在人际关系中有意孤立、排挤，造成对立；在网络媒介上散布谣言、曝光隐私、恶搞、中伤等。霸凌行为有其典型特点，如行为具有反复性，在学生成长过程中，可能会有一些偶尔的捉弄、开玩笑，但霸凌行为一经发生就会反复出现。旁观者如果默不作声或者助势叫好，受霸凌者畏惧邪恶退缩不反抗，都会助长霸凌行为。霸凌行为还具有隐蔽性，如实施的场地往往是校园的周边或人少僻静处；受霸凌者畏惧霸凌者的威吓、权势或者维护面子等原因，对家长和老师隐瞒，也使得霸凌行为更不容易被发现。

校园霸凌是人际冲突的一个极端，对学生来说是双重伤害，同时也会出现人际交往的问题。受霸凌的孩子面对种种攻击往往手足无措，陷入愤怒、痛苦、不安的情绪中，长此以往如得不到解决，会逐渐形成长期慢性的压力源，抑郁、焦虑、自卑甚至自伤等问题随之滋长，这种消极负面的影响甚至会延续很长一段时间。美国精神病学杂志曾发布过一项研究，童年时遭受的霸凌，其影响可能会从青春期和青年时期一直延续到中年，相比普通人会有更大的抑郁焦虑和自杀风险；而霸凌者未来犯罪的可能性大大增强，也会出现社交不良的状况。

校园霸凌形成的原因是多方面的。在家庭暴力冲突严重或专制型父母的家庭里，孩子习得用躯体的暴力行为解决冲突、用逼迫达成自己的意愿的行为，同时父母不关心孩子，缺少父母监督的孩子更容易产生霸凌行为。从个体因素上看，同理心比较低的孩子容易成为施暴者；而性格内向懦弱、不合群，被欺负之后不敢反抗，不敢告诉家人的孩子，很容易反复遭受霸凌。从学校方面而言，学校的校风校纪，以及老师对待霸凌行为的反应和态度，都直接影响霸凌行为的生存空间。在社会上，影视、游戏中所渲染的暴力会潜移默化地影响着青春期孩子的信念、价值观，刺激着他们的感官和神经。从司法角度来看，相关法律对霸凌行为的界定不清晰，惩戒不严，助长了霸凌行为的气焰。很多校园霸凌行为性质极为恶劣，但由于伤害的后果没有达到伤残鉴定相关级别而无法追责，事实上校园霸凌带来的更多是精神上的创伤。

> **【操作指导】**

1. 和孩子建立良好的关系。平时就要养成和孩子谈心、分享生活日常的习惯，当孩子遭遇霸凌时，才能及时发现、及时处理。如孩子有以下情况，就可能是遭遇到了霸凌：孩子身上常出现伤痕、瘀青或头疼恶心，问其原因或闭口不谈或说是自己摔的；文具和财物有丢失或损毁的现象；对上学感到焦虑，排斥；莫名其妙地发脾气、哭闹、做噩梦；不同寻常的恍惚，注意力不集中，学习成绩退步等。

2. 认真倾听，有效回应。首先，家长要正确认识霸凌，不要简单地认为这只是孩子们之间的打打闹闹。指责孩子，"一个巴掌拍不响，他为什么不霸凌别人就霸凌你？是你自己不好吧"；忽视孩子的倾诉，"不要理他"；体罚孩子，以为孩子不学好跟人家闹矛盾。指责、忽视、体罚会使孩子直接失去家长的有力支持。其次，鼓励孩子说出心中的感受。勇敢地说出来，不把事情说出来必然助长霸凌者的行为，告诉孩子："说出来并不危险，隐忍不说才是最危险的。"再次，引导孩子采取正确的回应方式，而不是简单地告诉孩子"打回去"，以暴制暴是对孩子不良的教育，同时也失去了找到更合适的解决问题方式的机会。可以询问孩子希望家长怎么做，进而旗帜鲜明地采取保护孩子的行动。

3. 和学校老师保持密切的沟通与合作。出现问题，及时联系老师，说明情况，和老师协商反霸凌的具体措施，跟踪、监督霸凌行为的改善。

4. 寻求专业人士的帮助。如果霸凌事件对孩子的学习生活以及人际关系造成了重大影

响，甚至出现自卑、焦虑、抑郁等不良情绪，应及时带孩子接受专业的心理疏导，不排除接受精神科的评估。造成严重后果涉及法律法规的，可以报警寻求帮助。

【教育提升】

家长在反霸凌中扮演着重要角色，良好的亲子沟通是反霸凌的关键因素。

1. 建立良好的亲子关系。家长要多关心孩子，与孩子定期沟通，经常聊天，熟悉孩子的日常学习生活情况，使孩子坚信，不管发生什么，父母都会和他在一起。

2. 培养孩子的自信和勇气。霸凌者通常会选择自认为比自己弱小的人下手，所以自信和勇气对孩子更有帮助。让孩子学会一技之长，养成坚持运动、健身等健康的生活习惯，这些都有利于提高孩子的自信、增加孩子的勇气。

3. 鼓励孩子社交。有朋友的孩子不容易落单，可减少被霸凌的机会。引导孩子交益友不交损友，帮助孩子改进社交技巧。互联网时代网络霸凌的成本越来越低，要引导孩子正确使用社交媒体，识别网络空间中的健康交际方式，学会在网络空间上怎么表达、如何避免暴露过多的个人信息等。

4. 家长积极示范。家长要建立一个温馨平等、安全舒适的亲子环境，以身作则，用积极合理的方式解决冲突问题。家长平时应对孩子进行反霸凌教育，可以模拟一些学校学习与生活场景，对孩子进行一些反霸凌的训练，让孩子了解什么是霸凌，如何预防霸凌，遭遇霸凌时可以怎么做。

5. 多方沟通整合力量。平时可以通过参加家长会来加强家长们之间的沟通，定期聚会，互相沟通孩子们在学校的表现和状态，从而对学校中的变化和情况了解得更多。家长们还可以组织起来，带着孩子们一起学习《反校园欺凌手册》，让家长和孩子一起了解校园霸凌，自觉地拒绝霸凌。

 问题 13：如何让孩子学会科学运动，放松心态？

> 案例

林明，男，14 岁，父亲身高 178 厘米，母亲身高 160 厘米，其本人身高 155 厘米，体重 57.5 千克，肥胖，饮食不正常，常点外卖；上课注意力易分散，无法进行较长时间的学习，成绩中下，爱玩游戏；不爱运动，体育成绩差。家长为此十分着急：一是孩子体质差，过于肥胖。二是孩子学习精力不足，易疲劳，成绩一直提不上去，再过一年就要中考了，如何是好？三是中考改革后，体育成绩占了中考总分中的 40 分，孩子不运动不锻炼，怎么办？

【原理分析】

这个案例让我们看到运动量不足对孩子的身心所造成的伤害，为此，科学引导并安排孩子适量运动是十分必要的。

1. 适量的运动有助于身心健康。

2007 年 5 月，中共中央、国务院发出《关于加强青少年体育增强青少年体质的意见》，其中明文规定"确保学生每天锻炼一小时"，积极鼓励各学校开展阳光体育运动。常言道：生命在于运动。严格来说，生命在于科学运动。长期、规律、合理的运动不仅能增强人的身体机能，促进血液循环，加强心肺功能，提高全身的免疫力，而且还有助于调节情绪、放松心态，减少焦虑、压力带来的影响，让我们的大脑更加强大和灵活。

2. 运动可以帮助我们调节不良情绪。

通过运动，可以增加大脑中的血清素（让我们感觉轻松）、多巴胺（改善心境）、催产素（使人愉悦）、内啡肽（缓解紧张感，提高愉悦感，让人快乐）的水平，更好地处理焦虑、抑郁等负面情绪。经常运动的青少年，将有助于减少焦虑和抑郁，体验到更多的幸福和快乐。

3. 运动能提升注意力。

业内研究表明，运动能有效增加人体内一些化学物质如多巴胺、血清素、内啡肽等的分泌，使人快乐、轻松、精力充沛。当我们体内这些激素增加的时候，在快乐和愉悦的精神状态之下，在精力充沛的时候，专注力往往比较强，这个时候进行学习，效率高，并能将所学的知识形成永久记忆。

4. 运动能提升记忆力。

大脑的海马体区域负责人的记忆功能。为此，记忆与我们大脑的神经细胞有关。日常生活中，我们部分神经细胞也会"生病"甚至"死亡"，从而影响我们的记忆力，但运动可以帮助我们抵消神经细胞的死亡，让我们的记忆更加强大，运动可以让这个区域的性能更好、速度更快、功能更强、容量更大。

综上所述，运动除了能强身健体外，还能愉悦心情，让我们拥有饱满的精神状态，运动能提升注意力和记忆力，提高学习的效率。不言而喻，运动能提高免疫力，改善学习状态，提升学业成绩。

【操作指导】

根据孩子不同年龄、不同体质、环境温差的大小，贯彻循序渐进的原则，选择适度、适量、适合孩子的运动。这里，按照从静态到动态、从弱到强的运动强度给大家介绍几种方便练习心肺耐力的运动。当然，大家也可以根据自己对运动方法的认识选择更适合孩子的运动。

1. 当我们感到紧张、焦虑的时候，可以使用深呼吸方式来进行自我调节。大家可以找一个舒服的姿势坐好或躺好，闭上眼睛。深呼吸的关键点在于用鼻子缓缓地吸气，并且沉到腹部以下，感到腹部鼓胀起来。现在请大家摸摸自己的腹部，看有没有鼓胀起来，让我们坚持几秒再缓缓地呼出气体。大家可以重复5~15分钟。

2. 蝴蝶拍。这是一个拥抱自己的动作，将双手交叉放在胸前，中指指尖放在两侧的锁骨下方，指向锁骨的方向。然后配合深呼吸一起来做：吸气，左手轻拍两下，右手轻拍两下；呼气，左手轻拍两下，右手轻拍两下。大家可以重复6~8次，让身体慢慢地平静下来。

3. 可以进行一些稍有强度的运动，如高抬腿、开合跳、跳绳、仰卧起坐、踩单车、游泳、跑步、打球等。

【教育提升】

生命在于运动，家长在引导孩子运动时一定要注意以下几个方面。

1. 身教永远重于言教，家长需要身体力行地与孩子一起运动起来。
2. 根据孩子的喜爱和可行性，选择适合的运动。
3. 在保证动作质量和安全的前提下，在规定时间里，尽可能多地做运动，有氧运动有助于提升孩子的学习成绩。
4. 仅仅依靠几次的练习，并不能让孩子的身心健康获得质的变化，家长需要引导孩子养成良好的运动习惯。一般每周训练3至5次，每次训练20至60分钟。

 **问题 14：如何帮助孩子做好时间管理？**

【案例】

上初中了，小飞开始感到时间不够用：上课时间比小学长，学习的科目比小学多，老师布置的作业也多，遇上负责任的老师还每天小测，没过关的下课后要留下来补考，这无形中又增加了上课的时间。由于初中放学时间比小学晚，回家路上非常拥堵，就在学校附近跟同学聊天、吃东西，等高峰期过了，再优哉游哉地回家。回到家后，累得瘫在沙发上，只想刷手机休息。等吃完晚饭开始做作业，已经晚上 8 点了。作业还没做一会儿，手机上的 QQ 响了，又忙着回复消息。好不容易作业做完了，洗澡休息，可是在卫生间里却待上了 40 分钟，熄灯睡觉时已经半夜 12 点多了。到了周五晚上就放飞自我，玩到凌晨一两点才去休息。周六睡到中午 12 点，直接起床吃午饭。午饭过后，同学有约，玩到下午 3 点，到补习机构去上课。下课后，与同学相约去吃烧烤，到了晚上八九点才到家。一到家就跟父母说自己很累了，需要休息，玩了两个钟头的手机游戏。周六一天就这样过去了。周日上午继续睡觉，下午上补习班，到了晚上才开始完成老师布置的周末作业。积压了两天的作业一个晚上完成，量实在有点大，做到凌晨才结束。周一早上，小飞昏昏沉沉地走进教室，上课时无精打采，听课效果差，小测不过关，放学被留下来。老师请小飞的父母到学校，小飞晚上回家又挨了父母一顿批评，就闹情绪，等情绪平复了，已经 10 点了，才开始做作业，于是又要做到半夜了。小飞总觉得时间不够用。

【原理分析】

时间管理，管的不是时间，而是自己。学习时间管理的目的是合理地安排时间，提高效率。因为，初中生除了学习，也需要娱乐、休闲，这就需要很好的时间管理能力，这样才能在繁重的课业负担下挤出时间来玩。不会管理时间的学生，既学不好，玩不好，也休息不好，每天的生活也不开心。因此，要教会孩子成为时间的主人，管理好时间是十分必要的。会管理时间，就会管理自己，时间管理好了，孩子的生活就会随之充实起来。

初中生时间管理存在下列一些误区。

1. 不重视学习计划。

有的初中生认为自己的记性很好，从来不制订学习计划，因此，在学习过程中凭着自己的感觉做事情，条理性和计划性很差，时间安排不合理，学习成绩自然不理想。也有的初中生虽然制订了学习计划，但执行起来比较随意，效果自然大打折扣。学习计划是时间管理的必要工具。每个初中生都应该学会制订学习计划，并且认真地执行。更重要的是要对自己制订的学习计划进行复盘，不断修正自己的学习计划。

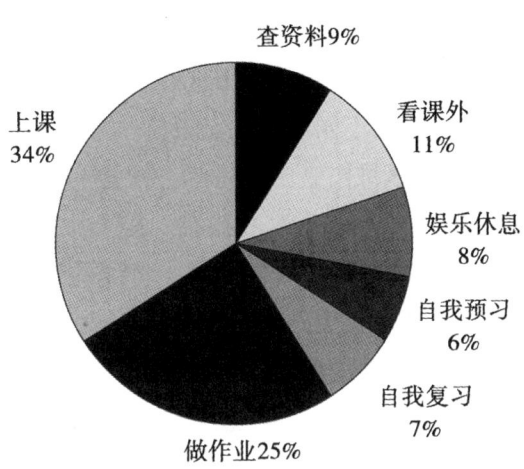

2. 不懂得如何积极休息。

回家累了，就开始无休止地刷手机或者跟同学聊天，等意识到需要做作业时，时间已经浪费了很多。作业做到凌晨，早上起不来，上学路上上演"生死时速"，非常危险。白天听课无精打采，学习效率不高。于是就要花更多的时间在学业上，休息时间明显不足，产生恶性循环。

3. 不重视学习效率。

每个人的生物钟都不一样，因此最佳的学习状态也不尽相同。所以，初中生要按照自身生物钟的规律来安排学习，在精神状态最好的时间安排最重要的学习任务，这样学习效率就会比较高。

【操作指导】

1. 做好日常的时间管理。

时间管理要具体到几点起床、几点出门上课、几点到家开始学习。时间有限，先完成哪门学科，根据自身特点和学科的强弱合理分配。此外，有些科目需要背诵，安排在什么时间背诵效果最好。比如，早上和晚上临睡前记忆效果最好，就要安排这个时段背诵。同时，为了听课更有效率，要安排一定时间预习新课和复习旧课。

2. 教会孩子学会舍弃。

真正懂得如何利用时间的高手，是懂得舍弃的人。初中生学业压力大，需要高效利用时间。面对众多需要提升的科目，全面铺开时间是不够用的，合理安排每个学科的学习非常重要。优先安排学习的应是提分空间大，而且通过自己的努力能够提升的学科。在学有余力的情况下才能全面铺开。

至于一些难度极高的理科题目，很多学生都想挑战一下。挑战的前提是基础性的题目做得很好，其他学科也学得不错的情况下，可以去尝试。因为挑战难度高的题目耗时很长，利用这些时间做基础性的题目或其他学科也许收获会更大。

3. 根据不同学科特点安排学习时间。

有的学科作业比较简单，抄抄写写，可以放在刚刚开始学习的时候，让自己通过抄写慢慢进入学习状态。需要大量理解思考的作业安排在时间相对比较长、精神状态比较好的时候完成。背诵的作业可以放在临睡前或早起的时候完成。

4. 列出希望做的事和必须要做的事情。

列出事项清单，通过讨论让孩子分清到底要做什么。了解必须要做的事情后，根据事情的重要性和紧急程度排序，让孩子了解事情的轻重缓急。

【教育提升】

1. 管时间的是孩子，不是家长。

孩子的时间要让孩子自己去安排，让他们自己做时间的主人。同时要不断提醒自己，不要干涉孩子的时间安排。要相信孩子有时间管理的能力，家长要尊重他们的独立性。家长要做的是和孩子一起复盘：看看经历了一段时间，哪些安排是合理的，哪些安排需要做修正。即使修正的措施不够完美，也允许孩子试错，经过一段时间的锻炼，孩子的安排就会相对合理有序了。

2. 多鼓励孩子，少唠叨。

对于制订好的时间管理计划执行不好的孩子，家长容易抱怨和唠叨，甚至训斥孩子。孩子需要被看见，即使计划执行得七零八落，也需要给予鼓励，肯定他们执行得到位的方面，这样孩子就有了信心。当然，鼓励孩子要采用他们喜欢的方式。如果孩子计划执行不下去，一定有原因，这时需要家长坐下来与孩子一起商讨出现的问题，一起帮助他们解决难题，让他们有意愿把计划执行下去。当然，当孩子的计划进行不下去时，父母就要和孩子一起看看计划本身存在哪些问题，计划里的哪些内容让他们觉得做不下去，在不影响最终目标的前提下，可以做适当的调整。如果计划出现失误，要和孩子一起讨论失误在何处，示范正确的做法。错误是一个很好的成长机会，这时要避免指责和批评，因为每个孩子都需要来自父母的正能量。

 **问题 15：如何培养孩子做事有条理的好习惯？**

案例

乐乐放学回家，把书包一丢，校服一脱，瘫在沙发上拿起手机玩游戏。妈妈下班回家看到这样的情景，非常无奈，叹了口气，将校服放进洗衣机，把书包拿到书房。吃过晚饭，乐乐开始做作业了：先是四处找书包，找到书包后，打开书包，拿出作业本，却想不起来作业是什么，于是上班级 QQ 群询问当天的作业，一边询问，一边玩在线游戏。好不容易把作业记下来，已经过了一个多小时。乐乐一看时间不早，开始做作业了，发现语文作业本落在教室里了。好不容易作业完成了，准备洗澡睡觉，可是到了浴室，却发现浴巾没拿，叫妈妈帮他拿。出了浴室，想吹干头发，发现找不到吹风机，忘了昨晚吹完头发后把吹风机放哪儿了，找了半天才找到。

第二天起床，乐乐发现天气转冷，找不到毛衣了。妈妈赶紧帮他找，到了教室，乐乐发现语文课本没带，落在书桌上了，打电话责怪妈妈昨晚没帮他收拾书包，叫妈妈赶紧送来。

【原理分析】

孩子做事没条理，首先是家长们包办太多，有的家长认为孩子小，无法独立完成一件事，所以就习惯性地帮助孩子完成。长大后，认为孩子只要学习好就可以了，家长多做些没关系。久而久之，孩子习惯了家长的包办，如果事情没完成好，还把责任推给家长，指责家长。长此以往，孩子的责任心就减弱了，因为没有责任心，所以经常丢三落四。

孩子习惯了有人帮助，自然就没有了负担，认为丢三落四也没有什么后果需要承担，自然就记不住下次该如何做。一个人只有在一件事上吃了苦头才会记忆深刻，才会有改进。

做事没条理还有一个原因，就是家长在教育孩子的过程中没有意识到培养孩子做事要有条理的重要性。孩子对于物品的整理收纳没有概念，不知道缺少什么，也就无法将东西收纳好，极易造成物品丢失。

孩子做事无条理，造成的影响有以下几个方面。

1. 对家长的依赖。孩子做事无条理，家长不放心，因此会帮助孩子收拾，长此以往，孩子对家长的依赖性越来越强。孩子如果一直依赖家长，做事无条理的习惯怎么能改正呢？

2. 推卸责任。家长总是帮助孩子收拾物品，孩子认为收拾物品是家长的事情，当出现状况时，孩子就认为是家长的责任，就开始责怪家长不帮自己收拾。

3. 生活自理能力差。表现在日常生活中做事拖拖拉拉，需要不时提醒，时间观念不强。自己的房间如果没有家长帮忙收拾，就会乱糟糟的。

【操作指导】

1. 使用清单。准备一个本子，和孩子一起列清单，内容包括头天晚上整理出第二天要带到学校的东西、每天上课要做的作业记录、每天晚上准备好第二天要穿的衣服等。清单列好后，按照清单要求完成任务，每完成一项就用笔画掉。当清单上的任务都完成了，孩子就有成就感了。

2. 设置固定做作业的时间。和孩子商量放学回家后什么时候开始做作业，初中阶段学业负担繁重，要保证有充足的时间完成作业。

3. 计划好完成作业的先后顺序。作业有难易，因此鼓励孩子在开始做作业之前，先合理安排好完成各门学科作业的先后顺序。一般情况下，先完成难度较小的作业，再完成难度大的作业。

4. 善用小工具使物品变得井然有序。可以给孩子配备一些文件夹、文件袋、便利贴、文具柜等让学习用具等有序归位，便于孩子寻找。

5. 定期检查整顿。屋内东西杂乱无章，孩子的条理性就会变差了。因此定期检查、清理是十分必要的。通过定期检查，清理掉不用的物品，对于需要使用的物品的放置位置心中有数，需要该类物品时，很快就能找到。

6. 让做事没条理的孩子接受自然"惩罚"。当孩子因做事缺乏条理而导致上学忘了带该带的东西，打电话向家长求助时，家长不要帮他送去，让孩子接受老师的惩罚。有时我们叮嘱很多次，不如让他自己受到一点小小的惩罚，这样才能记忆深刻。

【教育提升】

1. 家长以身作则。有的家长自身做事也是没有条理性，做事常常颠三倒四，却让孩子做事有条理，孩子自然就不认可。因此，作为家长，必须为孩子做出榜样。

2. 家中物品摆放有规律。家长将家里的东西按照一定的规律进行摆放，并且固定好每个物品的位置，不轻易改变，使用完后放回原处，能给孩子起到很好的示范作用。

3. 让孩子动手实践。家长要逐步放手，让孩子自己尝试完成某些任务。经过训练，孩子能慢慢地独立完成一些事情，久而久之，能力就锻炼出来了。

4. 家长指导要有耐心。孩子一开始可能完成得不理想，这时，家长千万不要批评，可以让孩子自我总结做得好的地方以及可以做得更好的地方。经过反复训练，孩子慢慢就能养成做事有条理的习惯。

5. 让孩子养成做事不拖拉的习惯。很多时候，孩子做事无条理，是因为没有立刻去做，等火烧眉毛的时候才开始动手。这时候心里着急，做事不冷静，容易丢三落四。因此需要培养孩子的时间观念，做事不拖拉。

6. 为孩子提供支持。刚开始训练孩子做事条理的时候，可以把清单和日程贴在家里醒目的位置，提醒孩子当下需要完成的任务。

主题二　亲子关系与沟通

 **问题1：如何和孩子建立良好关系？**

【案例】

A先生是一名初中男生的爸爸，孩子读小学的时候，他在外地工作，孩子主要由外公、外婆和妈妈抚养，他只有几个法定节假日在孩子身边，和孩子的交流比较少，亲子关系较为疏远。小学阶段孩子的整体状况尚可，进入初中后，孩子频繁出现问题：学习没有主动性，畏惧学校和考试，喜欢手机游戏且不愿意上学，后就医确诊为中度焦虑和抑郁。

A先生意识到问题的严重性，调整了工作，回到家庭陪伴孩子，希望能够帮助孩子解决问题。但是，孩子不愿和父亲沟通，特别是谈到学习等问题时，由于涉及对孩子的要求，父子还会因此发生冲突。A先生为此感到非常无力和沮丧，因为孩子不愿意听从父母的建议。与此同时，孩子也无法履行承诺，答应父母的事情最后总不了了之。

【原理分析】

青少年阶段是个体由不成熟的童年期向成熟的成人期过渡的重要阶段，其身心发展呈现出新的特点，同时由于面临更大的学业压力而需要得到外界的支持，特别是父母的支持。以上的案例中，首先，A先生在孩子小学阶段陪伴时间少，亲子关系疏远，孩子在初中阶段遇到困难时，其感到很无力，难以帮助孩子解决问题。可见，良好的亲子关系是父母得以影响、帮助、支持孩子的基础。而建立良好的亲子关系并不是一蹴而就的，A先生在孩子小学阶段是缺位的，在初中阶段要与孩子重建良好的亲子关系需要更多的努力和学习，要讲究方法，先修复和孩子的关系，再帮助孩子解决问题。其次，已有的心理学研究发现，在孩子成长的过程中，父子关系是孩子成长的重要关系，是其他关系无法取代的。父亲参与、陪伴孩子的成长，对于孩子的身心健康、智力发展、学业成就都有积极的作用。与此同时，疏远的父子关系会影响孩子自主性、独立性等心理品质的形成，对孩子的社会适应性带来消极的影响。因而，父亲要协调好工作和家庭，尽可能地参与孩子的成长。再次，当Ａ先生和孩子沟通学习等方面的规范和要求时，常常会和孩子发生冲突，可见讨论这些问题会给亲子沟通带来压力，使沟通的双方陷入负面情绪旋涡中，无法理性地分析问题、讨论问题，进而解决问题。因此，Ａ先生需要理解孩子目前的身心发展特点，了解其遇到的困难，学习更有效地与孩子沟通的方法，这样方能帮助孩子解决问题。

【操作指导】

1. 建立良好的亲子关系需要时间和耐心。家长在孩子小的时候就要与其建立起良好的关系，多给孩子一些陪伴，和孩子共同阅读，和孩子运动玩耍，带孩子参加社会活动，与孩子一起亲近大自然。如果有些家长因工作原因，无法陪在孩子身边，就要通过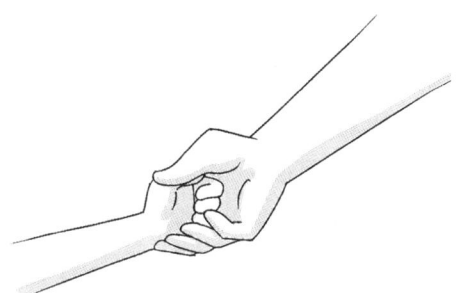各种渠道和方式加强与孩子的沟通。对于青春期的孩子，家长要学会少说多听，在生活的照顾和陪伴中，通过肢体的接触、写信等非语言的沟通形式增进和孩子的情感联结。良好亲子关系的建立不单单要注重"量"，更要注重"质"。对于无法长期陪伴孩子成长的父母而言，在陪伴孩子的有限时间里，要放下手机和工作，安排一些时间全心地陪伴孩子。

2. 家长不要惧怕亲子冲突的发生，也不要因为冲突就放弃对孩子的管教，放任孩子的行为。家长要把冲突当成一个好的契机，从中反思和提升自己的教养方式。进入青春期以后，孩子在情绪、认知和行为上的快速变化，给亲子沟通带来很大的不确定性，亲子冲突明显增多。冲突的频发与孩子的身心发展特点是紧密相关的，家长要善于总结规律，了解孩子的特点，找到更恰当的沟通场合和方式，以提升沟通的有效性。

3. 家长要掌握有效沟通的技巧。家长要尊重孩子身心发展的独特性，把孩子当成独立的个体，学习倾听和表达的方法。家长在倾听孩子的时候，要了解孩子在沟通中传递的非言语信息，了解孩子的情绪困扰，共情孩子的情绪，帮助孩子通过沟通进一步了解自己；在表达自己想法的时候，要了解自己与孩子的互动模式，减少无效的沟通方式，要学习管理好自己的情绪，提升自己的表达水平，使用"我"的信息表达自己，鼓励与孩子合作。

【教育提升】

1. 良好的亲子关系是一切教育的前提和基础。父子（女）关系和母子（女）关系都是孩子成长中不可或缺的力量，良好的母子（女）关系能给孩子带来温暖、包容和关爱，良好的父子（女）关系能给孩子带来规则、要求和力量，父母都应该参与、共同助力孩子的成长。心理学已有的研究表明，亲子关系及亲子沟通的质量与孩子的学业成绩呈正相关的关系，没有强有力的关系，学习就不会有显著的进步。提升亲子关系的质量，才能有效助力孩子的学业成就。

2. 良好的亲子沟通是建立亲子关系的重要桥梁。心理学研究表明，良好的亲子沟通对青少年身心健康发展至关重要，然而青春期的亲子沟通质量却往往不尽如人意。调查发现，在青少年早期，初中生的亲子沟通问题尤为突出，具体表现为沟通时间少，沟通中的收获感知、满意度、愉悦度、意见采纳度都较低。因而，提升亲子沟通质量的这一课题，是每个家长都需要面对和学习的。

3. 陪伴孩子成长的过程，也是自我成长的历程。初中阶段是孩子自我意识快速发展的重要时期，在这个阶段他们开始探索关于"我是谁""我可以做什么"等问题，家长要把初中生视为一个独立的个体，要放下权威，用平等交流的姿态与初中生相处。家长需要树立和孩子共同成长的意识，勇于面对和完善自己的不足，平衡协调好自己的工作和家庭，以身作则，给孩子的生命带去积极正向的能量。

 问题2：面对亲子冲突，该如何应对？

案例

王女士是一个初二男生的妈妈，自述孩子很难管教，经常因为一些小事情发生亲子冲突。王女士描述了一个冲突场景：孩子很爱喝饮料，常常偷买。有一天晚上，王女士让他下去买两瓶矿泉水，还特意叮嘱不要买饮料。回来后，孩子见妈妈没有戴眼镜，就说："我只买了一瓶。"王女士模模糊糊中看见他弯下腰，往沙发下面塞进什么东西。原来，他还买了一瓶雪碧。王女士一下子非常生气，孩子根本不把她的话当回事，觉得自己被戏弄了，刚刚答应自己的事情却出尔反尔。"你，又买饮料？你为什么要和我作对？你知道我最痛恨饮料，你还买，太过分了，你不是在欺负我吗？"孩子回答："考完试就不能喝一点吗？""你哪天不喝？还敢拿考试来当借口！"王女士开始发泄自己愤怒的情绪。看到孩子都不搭理她，她觉得有点内疚，又开始苦口婆心："孩子，你长得很好也很聪明，这种饮料是最伤身的，你喝多了会生病，以后前途会受影响的。""孩子，求求你了，不要再喝碳酸饮料了。"可是，王女士讲的这些话根本影响不了孩子，他还是坚持要喝饮料，当她看着他把那瓶饮料带回房间时，她感到非常难过和无助。

【原理分析】

以上案例中，王女士描述自己常常因为喝饮料的事情与孩子发生冲突，可见，喝饮料是其亲子沟通中的压力事件。当王女士经历这样的压力事件时，其会体验到许多负面消极的情绪，会自动地使用一些无效的应对方式，而无法实现预期的沟通目标。应对方式是国际著名的家庭治疗大师萨提亚女士提出的，指的是人们在生命早期习得的压力状态下保护自己的模式，会给沟通带来障碍。萨提亚认为，人们在应对差异或冲突时有四种常见的不良的应对方式，包括指责、讨好、超理智和打岔。在以上的沟通案例中，王女士无意识中使用的应对方式包括：指责，王女士一看到孩子买了饮料，马上就指责孩子，认为孩子和自己作对，是孩子在欺负自己；超理智，王女士看到孩子不搭理自己，开始苦口婆心说道理；讨好，孩子还是不回应的时候，王女士就央求孩子不要再喝碳酸饮料了。显然，这样的应对方式是无法解决问题、达成沟通目标的。因而，王女士需要通过频繁发生的冲突事件，反思自己的应对方式，做出及时的调整，方能实现较好的沟通。

【操作指导】

1. 家长要善于从经验中反思自己的应对方式。指责的人像是高高在上的检察官、独裁者，他们的沟通姿态是一手叉腰、一手向外指责，仿佛在说都是你的错；讨好的人常常使用讨好、奉迎的方式取悦对方，他们的姿态是单膝跪地，伸出一只手做出乞讨状；超理智的人像电脑一样准确、理智，却没有情感表达，他们的姿态就像一台电脑，脊柱是一条又长又重的钢棍；打岔的人所做的和所说的与他人所说所做的毫不相关，他们似乎都很忙碌，身体每次向不同的方向移动。

2. 家长需要了解不同的应对方式的优点和不足。指责的人知道什么是对的，自己想要什么，但却常常忽视他人，没有及时了解别人的想法和感受，会让人感觉到被控制和不被理解；讨好的人能够更好地照顾别人、关怀别人，却常常没有关注自己，会经常感觉到委屈和压抑；超理智的人具有较强的逻辑能力和对细节的关注力，但缺少情感的表达，难以和别人进行情感的联结；打岔的人幽默、无厘头，有较好的创造力，但却难以聚焦，无法真正地面对问题和解决问题。

3. 家长需要觉察和接纳自己常用的应对方式，了解其曾经给自己带来的资源和帮助，并在此基础上添加新的元素以达成更理想的沟通。如：指责的人需要多一些对他人的了解；讨好的人要学习多照顾自己；超理智的人要学习感受、接纳、表达自己及他人的情感；打岔的人要更聚焦于沟通的目的。

【教育提升】

1. 萨提亚女士认为，亲子沟通包括自我、他人和情境三个要素，沟通的过程是这三个要素的互动过程，沟通的结果是这三个要素互动的结果。自我是提供信息的人，也就是互动中的"我"；他人是指沟通中的接受者；情境指沟通发生时的背景，包括沟通的目的、双方的角色和关系、沟通的氛围、沟通时的环境和社会背景。

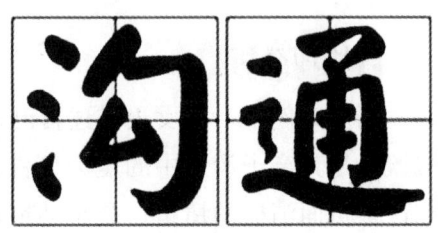

2. 一致的沟通是指个体在沟通中对自我有觉察，能兼顾自己、他人和情景。这时，个体可以自由地表达自己的观察、感受、想法、期待和渴望，以增进对方对自己的理解；能够尊重、倾听对方在沟通中呈现的感受、观点和期待，给予积极关注；同时，能够觉察说话当时的情境，根据不同的环境，有意识地选择不同的话题。萨提亚模式认为提升沟通一致性的关键在于从本质上改变来访者在人际关系中面对压力的应对方式。

 **问题3：该如何说，孩子才肯听？**

案例

林女士发现孩子进入初中后，情绪变得很不稳定，常常因为小事而生气，很难沟通。林女士描述了和女儿沟通的一个场景：有一个周末，林女士答应女儿周六晚上去吃自助餐，周六中午睡完午觉，就喊女儿赶快去写作业。叫了好几次，女儿都没动。王女士就很生气地说："赶快去写，如果5点前没有写完，晚上就不带你去吃自助餐了。过了5点，我就在家煮晚饭了。"女儿终于去写了，气呼呼的，心不甘情不愿，遇到不会做的题目就很生气地问她这题怎么做。王女士过去坐在女儿身边与其一起分析，女儿还很生气，甚至开始用手来打她，表达自己的愤怒。打了一下不解气，又再打一下。女儿这样的做法让王女士很生气：现在的孩子怎么这么不懂事，拖拖拉拉的习惯这么不好，就只是说一下她，就发那么大的脾气，还动手打人，真的很没有教养。王女士都不知道该如何和女儿说话了。

【原理分析】

在以上案例中,林女士在与女儿沟通的过程中,因女儿的拖拉行为而感到生气,使用"如果没有完成作业,就不带你吃自助餐"这种威胁的语言与女儿进行沟通,进而导致女儿也感到愤怒,出现动手打妈妈这样的行为,林女士将此行为解读为孩子没有教养和礼貌。从中可见,孩子拖拉等行为是容易引发亲子冲突的压力事件,当压力事件出现时,沟通的双方容易陷入生气、愤怒等情绪体验中,不自觉地使用恐吓、威胁等语言进行沟通,最终无法达成良好的沟通效果。在现实生活中,很多家长会困惑不知道该怎么与初中阶段的孩子沟通,家长觉得使用的语言与小学阶段并没有什么变化,甚至更加小心谨慎,可初中生的负面情绪却很容易被引爆。这中间,问题出现在哪里呢?其根本的原因在于,初中生处在特定的发展阶段。初中的孩子呈现身心发展不平衡的特点,其身体发展在短时间内进入成熟阶段,而其心理发展还处于不成熟阶段。身心发展的不平衡和大脑发育的不成熟给初中生带来较为动荡、激烈而不稳定的情绪感受。因而,初中生呈现的情绪状态是与其特定阶段的身心发展特点紧密相关的。家长要了解初中生的发展特点,不要把孩子的情绪定义为孩子品行和教养的问题,要减少无效的沟通语言,学习使用更有效的沟通语言与之沟通。在与孩子沟通的过程中,家长也需要管理好自身的情绪状态,学习用不伤害孩子的方式表达自己的负面情绪。

【操作指导】

1. 家长要尽量减少使用一些无效的沟通语言。如:"你再不……我就……"等威胁的语言;"你看人家……"等比较的语言;"我那么辛苦,都是因为你""爸爸妈妈关系不太好,都是因为你"等控诉的语言;"反正我也指望不了你了,尽给我们家丢脸"等讽刺挖苦的语言;"你竟然撒谎,长大后没人会相信你的"等预言式的语言。

2. 家长要避免长篇大论。心理学上有一个术语叫"超限"效应,它是指刺激过多、过强或作用时间过久,从而引发的心理极不耐烦或逆反的心理现象。家长要尽量减少长篇大论、唠唠叨叨,用更简单、清晰的语言和孩子沟通。

3. 家长要使用具体、细化的语言和孩子沟通。比如,在以上案例中,林女士可以这么和孩子说:"现在已经3点了,我们5点要出发去吃自助餐,只剩下两个小时,你要把握好时间完成作业。"这样的语言可以更清晰地和孩子描述剩下的时间和要求。

4. 家长要使用"我"信息表达自己的感受。在以上的沟通案例中,林女士因为多次提醒孩子但孩子并没有做出相应行为而感到愤怒,进而脱口而出一些威胁的语言，显然这样沟通是解决不了问题的。林女士可以使用"我"信息来表达自己的情绪，她可以这么说："我觉得很生气，我提醒你很多次去学习，但是都没有行动起来。我觉得你把我说的话当成耳边风，让我很难受。"

5. 家长要善用一些非语言信息与孩子沟通。在现实生活中，有些家长反映孩子不愿意和自己沟通，一回家就把自己关在房间里。若家长遇到这样的情况，则需要给多孩子一些空间和时间，同时，可以通过肢体接触、给孩子送杯水、准备点水果等方式来表达自己真诚和关心的态度。家长也可以通过给孩子写信、网络留言等方式与孩子进行沟通。

【教育提升】

1. 家长要客观、积极看待孩子成长中的问题。孩子进入青春期后，身心发展呈现新的特点，家长需要客观了解孩子，不要把孩子的情绪困扰视为对自己教养的挑战，而将其当成孩子寻求帮助的信号，才能真正支持、帮助孩子面对和解决问题。家长要积极看待孩子的成长，不要给孩子的问题行为贴上道德的标签，而要尝试理解孩子行为背后的需要，调整自己的沟通方式。

2. 亲子沟通的过程也是面对自己、表达自己的过程。亲子沟通是家长与孩子之间交换资料、信息、观点、意见、情感和态度，以达到共同了解、信任与互相合作的过程，亲子沟通的效果是双方互动交流的结果。要达成良好的沟通效果，家长首先需要真诚地面对自己，用不伤害孩子的方式表达自己。

3. 家长要时刻明确亲子沟通的目的。亲子沟通的目的并不是用一套技巧去操控孩子的行为，好让孩子言听计从，而是要找到一种语言，培养孩子的自尊，让他们的心灵不受伤害；要建立一种情感的氛围，让孩子感受到我们对他的理解和关心，鼓励孩子与我们合作；要树立一个榜样，在相互尊重的平台上与人沟通，表达自己的情绪而不伤害别人。

 **问题4：该如何听，孩子才肯说？**

案例

张女士是一个初二女生的妈妈，她反映孩子进入初中后，开始比较不愿意和自己沟通了，小学的时候，孩子的话很多，经常会和自己说班级里发生的事情，而现在回到家后，更喜欢把自己关在房间里，偶尔心情好或者有需要帮助的时候，才会和自己说一点。张女士觉得落差很大，有时候看着女儿好像心情很不好，但就是不愿意与自己说。张女士描述了一个这样的沟通场景：有一天中午接到女儿从学校打来的电话，电话的那头传来女儿的哭泣声，张女士一下子感觉到非常紧张，不知道女儿发生了什么事情。女儿和她诉说了早上和好朋友发生矛盾的经过，张女士马上回复道："这么一点小事情，你至于这么伤心吗？无非就是一个朋友，大不了就不要和她做朋友了。"电话那头，女儿很生气地说："妈妈，我觉得你一点都不理解我。"随即把电话挂断了。张女士很困惑也很担心，她不知道到底自己说错什么话了，也很担心孩子的情绪是否能平复下来。

【原理分析】

以上案例中，张女士发现孩子进入初中后和自己的沟通越来越少，这个变化主要源于以下两个方面的原因：其一，初中生心理发展的闭锁性特点。进入青春期后，孩子的内心世界变得丰富多彩，一方面渴望被人理解和关注，表现为对友情的渴望和追求；另一方面其独立感增强，又不愿意把自己的内心轻易表露出来，开始慢慢疏远家长，有自己的心事，把自己的抽屉和日记上锁。其二，张女士的沟通方式是需要提升的。当女儿觉得很伤心的时候，愿意打电话给张女士，证明女儿是期待妈妈能够理解和帮助自己的。然而，张女士自己也处于紧张和慌乱的情绪状态中，无法安静地倾听女儿的倾诉并给予积极的反馈，而使用评判的、指责的语言回应女儿，最终导致沟通的失败。由此可见，面对女儿越来越不愿意和自己沟通的现状，张女士需要客观认识孩子的身心发展特点，面对和处理自己失落的情绪；在沟通的过程中，张女士需要觉察自己的情绪和自动化的语言反应，学习和自己的慌张共处，稳定情绪，安静地倾听孩子，并给予积极的回应。这样，张女士才能倾听到孩子外显行为背后的深层信息，孩子才能够在沟通中感受到妈妈对自己的理解，愿意在生活中慢慢对妈妈敞开心扉。

【操作指导】

1. 家长要善于倾听孩子的内心。当孩子愿意和家长倾诉心事的时候，家长要停下手中的事情，安心、专注地倾听。家长要善用各种非语言的信息表达对孩子的关注，比如在倾听时，看着孩子的眼睛、拉着孩子的手、拍拍孩子的背等。

2. 家长不要随意地打断孩子的倾诉，减少使用评判的语言。当孩子的倾诉唤起了家长的负面情绪时，家长首先要先处理、稳定好自己的情绪，不要随意打断孩子的倾诉。要减少对孩子评判的语言，如"你有什么好生气的""你这样想是不对的"等。

3. 家长要倾听孩子行为背后的信息。当孩子向家长倾诉的时候，家长除了了解发生了什么事情之外，还要学习倾听孩子更深层的信息，包括孩子是如何看待这件事情的、孩子有什么样的情绪、孩子对自己有什么期待、对他人有什么期待、孩子的需要是什么等。

4. 家长可以通过一些语言进行一些反馈。如：用"嗯""啊""我在听"等语言鼓励孩子继续表达；用"你认为……""你是这么想的……"等语言来核实确认孩子的想法；用"你感觉到……""妈妈（爸爸）知道你有些……"来同理孩子的情绪；用"你期待你的同学……""你期待爸爸（妈妈）……"来帮助孩子了解自己的期待。

【教育提升】

1. 孩子的外显行为只是内在世界很小的部分。著名的家庭治疗大师萨提亚女士用冰山来比喻一个人的自我，她认为人们常常通过说的话、做的事等行为表现来了解别人，而这只是一个人很小的部分，就如冰山露出水面的一角，而大部分的内在世界就如冰山潜藏在水底的部分，巨大而常常不被看到。它们由浅入深，包括应对方式、感受、对感受的感受、观点、期待、渴望、自我等层次。以上案例中，张女士女儿的外显行为是和同学发生的矛盾，内在的过程包括：感受到伤心难过等情绪；对事情的看法；期待自己是被同学接纳的、受欢迎的；渴望友谊。因而，家长在倾听孩子的过程中，应该学习去好奇、了解孩子内在的发生，接纳孩子的情绪，了解孩子对这件事情的看法，帮助孩子调整不合理的情绪，清晰孩子的需要，这样，家长才可以更深入地了解孩子，而不只是在行为层面给予限制和评判。

2. 倾听的过程是陪伴、帮助孩子了解自己的过程。在倾听的过程中，许多家长总想着要去解决问题，家长会使用这样的语言："你不用那么担心""你要乐观点""你要勇敢点"……这些语言常常是无效的。初中生正处于自我意识发展的重要时期，开始会质疑父母的权威，有很多独立而不成熟的想法，当孩子觉察到家长想要控制和改变自己的时候，常常会封闭自己，更不愿意和家长沟通。因而，家长在倾听的过程中，要多些耐心，多些陪伴，站在更中立的角度帮助孩子了解自己，和孩子建立更良好的关系，才能给孩子带去更持久有效的影响。

 问题5：如何活学活用非暴力沟通？

案例

在《少年说》这档综艺节目中，一个女孩在台上哭着控诉自己的妈妈："你怎么总是拿我跟其他同学比较，为什么我的努力，你从来都看不到？"结果，她妈妈冷冷地回应道："其实我一直在不断打击你，以你的性格，不打击会飘。"当女孩回应说自己的性格不适合打击这种教育方式的时候，妈妈却依然坚持自己的说法："当你很强的时候，我觉得要拍一下；当你很弱的时候，我觉得要推你一把。"女儿发现，无论自己怎么说，都无法劝服妈妈，于是哭着走下了台。

多少孩子，就是这样，被父母从小语言暴力到大。网络里流传着几张"经典"的图片：一个眼角下垂的孩子，神情紧张，身上刻的是父母对他说的话："天天毛手毛脚，你上辈子是闯祸精啊？""考成这样，还有脸回家？"……不少父母肆无忌惮地对孩子进行打击、嘲讽甚至谩骂，却不承想，在多年的谩骂和埋怨中，这些孩子受尽了心理上的折磨。这样的语言暴力虽然不攻身，但攻心，对孩子造成了一辈子的影响。

【原理分析】

著名心理学家马歇尔·卢森堡说："也许我们并不认为，自己的谈话方式是暴力的，但语言，确实常常引发自己和他人的痛苦。"

你想知道语言暴力是怎么伤害影响到孩子身体的吗？

1. 语言暴力造成情绪伤痛。

密歇根大学伊森·克罗斯博士的一项实验结果显示：当一个人受到语言暴力攻击时，他的情绪疼痛在大脑区域的反应和身体疼痛极为相似，神经系统能体验到几乎相同级别的疼痛。也就是说，当父母语言暴力对待孩子的时候，孩子情绪上遭受到的创伤，和身体受到伤害的疼痛程度不相上下！

2. 语言暴力能改变大脑结构和思维模式。

哈佛大学医学院马丁泰彻博士发现：语言暴力最容易影响的大脑区域是胼胝体（主要负责两个大脑半球间传递动机、感觉和认知信息的区域）、海马回（负责管理情绪的大脑区域）和前额叶（负责思考和决策的大脑区域）。孩子的大脑尚在发育中，若他们总生活在苛责、匮乏的环境中，他们的大脑为了适应环境会发育成"求存模式"的结构，形成懦弱自卑型人格。所以我们能看到，诸多童年贫穷、家庭不幸的人，即便成年后生活环境出现了极大的改善，也还是很难改变自己的思维模式。

3. 语言暴力影响孩子智力发育。

科学家曾做过一项研究，经长期跟踪扫描两个3岁孩子的大脑图形，观察他们的大脑发育差异，结果发现两个孩子的大脑发育有很大差异。其中一个孩子的妈妈温柔善良，懂得和孩子好好说话；而另一个孩子妈妈冷漠暴躁，完全忽视孩子需求，经常用语言暴力攻击孩子。最后发现，被父母长期语言暴力对待的孩子，大脑容量更少，即发育更迟缓，因为孩子长期受责罚时，负责情绪、空间感知等功能的右半脑会处于紧张、压抑的状态，这必然会影响负责语言、数字运算等功能的左半脑发育，最终影响孩子的智力发育。

【操作指导】

语言暴力对孩子危害巨大。当我们用非暴力的语言与孩子沟通时，可以起到更好的效果。著名心理学家马歇尔·卢森堡在《非暴力沟通》一书中提到非暴力沟通可以通过以下几步完成。

1. 说明事实，这是非暴力沟通的第一步。

父母要对孩子的行为进行事实描述。做好事实描述的第一步就是不要对孩子的行为进行评价和贴标签。比如当父母发现孩子没有及时回家时，不要对孩子说："你怎么天天在外面玩，不按时回家？"只要父母对孩子的行为有评判，就会引起孩子心中的逆反情绪。一旦开始评判，"攻击"就开始了，你们将进入战斗状态，远离沟通。不带评论的描述是："我看到你放学后很长时间都没有回家，也没有告诉我一声。"这才是事实，孩子才会更容易与父母进行下一步的交流。

2. 表达感受。

不少父母喜欢隐藏自己的真实感受（担心、生气、难过、委屈）。比如，父母发现孩子很迟没回家，内心明明是很担忧和焦虑的，但孩子一回来父母就忘了自己的感受，而是失去理智地向孩子吼道："下次再这么迟回来，看我不打断你的腿！"这样并没有向孩子传递出自己的真实感受，同时对孩子的感受也是极大的伤害，也许孩子只是有其他事情，这个时候父母表达真实的感受是"你这么迟回来，我都快担心死了，生怕你遇到什么事情"。如果可以，还可以听听孩子的想法，体会孩子的感受。比如，孩子在班级里打架了，当他回到家里，此时要同理他的感受："你看起来很愤怒，也很委屈。"让孩子先冷静一下，倒杯水给他喝，然后让他说说内心的感受。

3. 说明期待、希望和具体要求。

清楚地告诉孩子，希望他们做什么。比如孩子出门磨蹭，妈妈通常对孩子说："你能不能快点呀，总是磨磨蹭蹭，每次都得催你，让人等你。"这不是具体的要求，而是一种变相批评，孩子一般听到这些会有很强的逆反心理，继续慢慢来。在这种情况下，妈妈应该对孩子说："我们快要迟到了，五分钟后出门吧。"这才是对孩子提出具体的要求。对于迟回家的孩子，我们可提出具体的要求："我希望你以后要想办法告诉我你不能及时回来的消息，这样我就不会那么担心了。"

【教育提升】

孩子进入初中后，如果父母仍以否定、打击、评判的方式与孩子交流，孩子会逐渐关上心门，并且这些谈话会给孩子很强的消极心理暗示，并转化为孩子"内在的声音"，形成强大的"反自我"意识。一个孩子经常被我们看成什么，经常被我们说成什么，经常被我们怎样看待，在不久的将来，就会变成我们说的那样。家长的语言里藏着孩子的未来，用好非暴力沟通这门沟通艺术更容易走进孩子的内心。此外，家长要注意以下几点。

当孩子做错事时，允许孩子解释，不要想当然地给孩子贴标签，无论孩子做得对错与否，都要允许孩子自己解释。家长则要保持中立，用心倾听孩子的心声。长此以往，孩子才越来越愿意和你交流。

作为家长要学会换位思考，理解孩子这么做的动机和目的。没有哪个孩子是天生的捣蛋鬼，没有哪个孩子是生来就喜欢被批评的。站在孩子的角度能更好地理解他们。我们也可让孩子学会换位思考："假设你是那个人，你会有什么样的感受，这么做究竟好不好？"

无论何时，父母要注意把控自己的情绪，切记不要在有情绪的时候去批评孩子、教育孩子，不在自己和孩子有情绪时做任何决定。要注意批评孩子不等于骂孩子，父母更不能向孩子宣泄情绪。

亲爱的家长们，让我们有意识地使用非暴力沟通以及思维模式，通过学习非暴力沟通方式转变我们的谈话和聆听的方式，学习多去观察和体验孩子的感受，明了孩子的愿望，真正表达自己以及了解孩子内心的需求。这样既能诚实清晰地表达自己，又能更好地理解孩子。当我们面对正处于青春期的孩子时，请转变思维，感受孩子的真实需求，正确地引导孩子减少情绪阴影，这样才能形成良好的沟通方式，为孩子创造积极的人生导向，得到彼此的尊重、关注与爱。

 问题6：如何巧用人际法则化解沟通难题？

> 案例

家长视角1：我都不知道要用哪国语言才跟你说得通，跟你说天冷了别穿那么少，以后年龄大了痛经、风湿什么毛病都来了，你怎么老和我犟呢？

子女视角1：我的亲娘！您天天管我穿没穿秋裤干吗呀！你这是只许州官放火，不许百姓点灯！流感肆虐时我叫你少串门、出门戴口罩你听吗？还说我小题大做，平时挺养生，这时候怎么就不要命了呢？

家长视角2：爸妈吃过没文化的苦，不希望你走我们当年走过的弯路，现在家里有条件供你上大学，不希望你跟我们一样留下遗憾。我们的苦心你怎么就不理解呢？

子女视角2：你们那是对我好吗？那是自己是笨鸟飞不起来，就让孩子拼命飞！

家长视角3：孩子你要注意营养，少吃汉堡那些垃圾食品，多吃青菜水果。对了，每天要坚持吃鸡蛋喝牛奶……

子女视角3：天天说我吃垃圾食品不卫生，你天天吃剩菜还致癌呢！好嘛，要营养是吧，那我每天吃10个鸡蛋，喝10包牛奶！

【原理分析】

1. 对"心理断乳"缺乏理解。

和小学生相比，初中生随着身心发育成熟、生活经验增加、情感体验日渐丰富，已不再把父母视为生活中唯一的依靠。步入青春期的他们开始有了独立意识，渴望表达，重视自身的话语权，希望被成人化对待，对待父母已不再像小时候那般充满崇拜和敬畏。自我意识的发展带来了"心理断乳"的需求，要求观念独立、行为自治。所以有人称青春期为人生的第二反抗期，初中生在这一时期产生反抗心理是正常的，因为随着身心的发育成熟，他们独立的要求越来越强烈。另外，由于处于青春期的孩子还有着幼稚和依赖的一面，父母往往对他们的独立能力缺乏足够的信任，因此，他们和父母之间不可避免地产生一些矛盾和冲突。矛盾冲突的形式多种多样：有的表现为什么都想试一试，并且不要父母的干涉；有的表现为不听从父母的话，故意违反；有的表现为看不惯父母的行为，对父母的举止有厌恶感；有的表现为和父母吵架，发脾气。但家长不要忘了，孩子总要从依赖走向独立，才能在社会中行走，父母若是过度干涉、保护反而不利于孩子的发展。这个发展过程中存在的反抗、违背意志等现象，恰恰是必要且应该发生的。

2. 沟通方式缺乏技巧。

逆反是许多家长反映孩子在青春期最常见的表现。许多父母在对待处于青春期的孩子时，没有用发展的眼光看待，依然把他们当小孩，于是在与孩子沟通处理问题时，不可避免地产生矛盾和冲突。有的家长习惯于简单粗暴地命令孩子，越俎代庖地干涉孩子的决定；有的家长自以为是地用自己的经验与想法去认定孩子的喜好；有的家长一旦沟通中发生矛盾冲突，也常常是"头痛医头脚痛医脚"，看不到沟通中问题的本质。如果采用了错误的沟通方式，势必会影响亲子之间的关系，让双方的理智被消极情绪裹挟。想要在亲子关系中做一个善于沟通、受孩子欢迎的家长，就需要了解一些人际交往中常见的沟通法则并加以合理地运用，如人际交往中经典的"黄金法则""白银法则""黑铁法则"等在亲子沟通中应用十分广泛。这些法则之所以经典，一定有着非常显著的优势，处理得当，即便是相对低等的"黑铁法则"也足以让父母与孩子在沟通中取得良好的效果。但事物都具有两面性，每一种方法都有其利弊，处理不好，或者父母没有真正贯彻它的精髓，即便是相对高级的"黄金法则"，效果也会适得其反。

【操作指导】

1. 黑铁法则：别人是怎么对我，我也怎么对他们。

亲子、夫妻间互相指责抱怨、冷战都与它有关——回家大门一关，谢绝入内；你骂我，我就摔东西离家出走；来而不往非礼也，越吵越大声……当我们把人性中的消极黑暗面无限放大时，就容易先入为主地把人往坏处想，因此很难对对方表现出耐性、宽容和信任。这恰恰是自身观点对周围环境的投射，如觉得领导都是腐败的，老师都是欺压学生的，既然社会如此黑暗不公，那我做键盘侠就是理直气壮的……黑铁法则本意是提倡"公平、平等"，亲子沟通却常被错误地理解成了简单的"以眼还眼，以牙还牙"，以至于把好牌打烂。而黑铁法则的正确打开方式应该是"投之以桃，报之以李"，主张有能力出击的、强势的这一方不主动去侵害他人。只要把先入为主的黑暗面换一个角度，那么黑铁法则在我们的生活中便十分给力。只要是真诚并且主动地释放善意的沟通，对方就算一开始怀疑，之后也一定会感受到并给予积极反馈的。

2. 白银法则：我不愿意别人这么对我，我也不这么对他们。

黑铁法则的特点是多基于自己的角度，较少站在别人的角度考虑问题。白银法则少了些以自我为中心，多了些换位思考，也就是我们平时提倡的"己所不欲，勿施于人"。如多年"黑铁"媳妇熬成婆,年轻时受了委屈,老来多半对婆婆不管不问。但"白银"媳妇会怎么做呢?自己年轻时体会过这种苦,当自己成为婆婆时就能够将心比心,不去欺压媳妇。如果天下的婆媳相处都能遵从白银法则,这个世界就会少了很多婆媳矛盾。

白银法则听起来比黑铁法则温暖了很多,当然每一种方法都是双刃剑,如果运用不当,容易造成补偿过度。比如父母因为儿时家境贫穷,后来有钱了便拼命补偿给孩子,给孩子买各种各样的东西,生活上从不短着他,这样容易过于溺爱,导致孩子产生攀比、好吃懒做等不良习惯;又或者因为自己在小时候没办法接受好的教育,就给孩子报各种补习班、兴趣班,让孩子弥补自己当年的"遗憾"。这样其实也容易给孩子过多的压力。特别是家长事无巨细地帮孩子扫除所有阻碍,美其名曰不想让孩子走太多弯路,可是这样也剥夺了孩子本该在成长过程中应有的挫折教育,孩子的意志反而像温室的花朵一样脆弱。在这里建议各位家长:如果你见识过善良,希望你学会善良的模样。如果你见过丑恶的嘴脸,那么也希望你记住它的模样,并告诉自己:我一定不要变成这样。

3. 黄金法则:我希望别人这样对我,那我就这样对待别人。

黄金法则也可以理解为"己之所欲,乐施于人"。它提倡宽恕和仁慈,用自发的感受来理解他人,用"爱人如己"的心态来对待周围的人,在大众中的认同度与应用度最高,但也并不意味着照搬照抄就一定能成功。黄金法则能够成功有一个很重要的前提:我希望的恰好是你希望的。可现实往往是你猜测对方的满意未必是对方真正的满意。社会中的人格类型多种多样,有掌控型、社交型、分析型、支持型等,掌控型人格的父母未必能猜到分析型人格的子女在想什么,但他们和支持型人格的子女的组合,在沟通上也许又会比都是掌控型人格的母子顺畅许多。我们无法按照自己的希望去定义一个和自己完全不同类型的人。人格特质不同,沟通方法也要因人而异。

【教育提升】

父母在与孩子沟通的过程中,在如何平等交流的问题上,可以把握以下几点。

1. 了解是前提。

父母只有了解孩子,沟通才不会处于被动。知道孩子想什么,怎样处世,有什么兴趣爱好,是什么脾气秉性,对父母有什么期望,我们与他们沟通就有了预见性和主动权。

2. 尊重、理解是关键。

尊重与平等是人与人交往的基本要求,父母和孩子之间也一样。孩子不是自己的附属品甚至"产物",应该把孩子视为一个独立的个体,拥有独立的人格与意识。再者，孩子是这个世界上与自己情感联系最为紧密的亲人，如果父母的做法让孩子觉得自己的想法不被最亲近的人尊重、聆听，孩子会对这个世界都失去信任，将来很难从人与人的交往中获得安全感。

3. 理解孩子的有效方法是换位思考。

当我们不理解孩子的做法、明了对方的愿望时，我们要学会换位思考，了解他们为什么这么说、这么做，他们的道理是什么。这会使我们变得更加冷静和理智。一个冷静和理智的成年人在孩子面前的形象无疑是高大且令人信服的。

4. 沟通的结果要求同存异。

两代人由于成长的时代背景不同，待人接物的看法势必存在差异，难免有不同的观点行为方式。正因为有分歧，所以才要沟通。这种沟通，不一定非要统一不可，而要求同存异。找到同，我们就有了共同的语言和行动；保存异，就是保存对孩子的尊重和理解。

当然，千百个家庭就有千百种相处模式，没有哪一种交流方式或人际法则是放之四海而皆准的，家长们可以多方尝试，扬长避短，提高亲子沟通的质量，构建出最适合自己家庭的和谐模式。

问题 7：孩子没有遵守协议时，该如何与他沟通？

案例

自从小强迷上手机游戏后，母子二人为此不知爆发了多少次冲突与争吵。家长会时，妈妈向学校心理老师求助，心理老师建议她通过与孩子签订手机使用协议来减少孩子使用手机的时间，化解亲子间因手机问题造成的矛盾，同时培养孩子诚实守信的契约精神。妈妈如获至宝，回家后与小强商讨并制订了协议，然而事实并不如想象的那样顺利。小强并不能坚持执行，常常半途而废，偷偷使用手机。有一次妈妈凌晨起夜，发现卧室有亮光，原来是小强躲在被窝里玩手机。妈妈怒火中烧：说好的规则，转头就不认，孩子这么放不下手机，怪不得学习成绩提不上去。眼看手机使用协议变得形同虚设，之前的努力又白费了。

【原理分析】

当手机协议失效时，家长往往把焦点集中在"孩子为什么说话不算话"上，而忽略了去寻找孩子违约背后的真正原因。孩子同意签订协议，说明他有改变的愿望和动机，这一点值得鼓励。多数情况下，在亲子协议制订的初期，孩子身上大多都能看到较为明显的改善。协议实施过程中，虽然效果未必能达到父母心中的理想程度，但也不能就此抹杀孩子为之做出的努力。不能持续或半途而废，更多的可能是在执行的过程中遇到了困难。

1. 压力需要调节。当学业压力增大到无法排解时，玩手机无疑是最受欢迎的解压方式之一。

2. 自制力受到挑战。孩子往往会高估自己的自制力，而小看了"瘾"的威力，制订协议时对自己充满信心，结果真正执行起来时却发现没有想象中那么容易。

3. 现实遭遇挫折。有些孩子在班级中的人际交往受到排挤、忽视，便会从游戏、网络的社交关系中寻找虚拟世界的情感支持与安慰。

4. 觉得不被尊重。家长与孩子之间订立的协议往往都是"不平等条约"，以更为强势的家长方的意志为准，规定的义务远大于权利，这时孩子在协议中感受不到被尊重的感觉，执行过程中自然动力不足甚至产生逆反心理。

5. 网络游戏吸引力强。网络游戏让人忍不住一局结束了还想再来一局，一局没结束更不能随意退出"坑队友"。

孩子需要父母的理解，父母只有了解孩子违约的真正原因，知晓孩子的内在需求，才能帮助孩子真正打开自律的大门。

【操作指导】

1. 处理情绪，避免家庭大战。

不受规则的孩子、气急败坏的父母，眼见之前建立的和谐关系顷刻瓦解，情急之下，父母常常爱翻旧账、口不择言。一旦孩子被贴上负面标签，感到父母完全否定自己，不信任自己，往往就会破罐破摔、针锋相对。在这样的情况下，类似的话千万不能说："别跟我谈条件，手机没收没得谈。""相信你有什么用？你就是个不守信用的人！""脸皮怎么这么厚？""说到做不到，没出息，我白养你了。""我们已经妥协了这么多，你还这样得寸进尺，我真是后悔。"……一旦双方的愤怒被点燃，理智被裹挟，局面很可能无法控制。这时建议家长先缓一缓，平复一下自己的怒气，在心里告诉自己："这么晚了，先不和你计较。"再冷静地告诉孩子："现在已经很晚了，你在干什么？该睡觉了。"既陈述事实，又提出希望。借着上前帮忙盖被子时顺其自然地拿走手机，孩子此时多半自知理亏，便不敢造次。

2. 降低标准，形成合理期望。

大人有时候定下来的事情，也未必会一直遵守，更不要说孩子了。面对诱惑，每个人都有可能失去自控力。在执行协议的过程中，孩子有反复也是正常的。要从孩子的现实情况出发，设置合理的要求与其能力相符的目标。有时候孩子做不到未必都是孩子的问题，而是家长对孩子的要求太高了。所以家长要适当降低标准，形成合理的期望。

3. 坦诚沟通，注意方式、技巧。

当父母发现孩子没有执行手机使用协议时，不妨与孩子坦诚地沟通，告诉孩子你的焦虑和担忧。大多孩子玩手机并非主观故意的"不想遵守"，更多是"知道这样不好但控制不住"。手机对人而言，确实是有很大的吸引力，告诉孩子这不是他一个人的问题，帮助孩子摆脱内疚感，有助于增强其改变的动机。

4. 阳性强化，形成良好习惯。

对青春期的孩子来说，合理地利用奖惩，强化行为训练，有利于他们形成良好的行为习惯。不妨与孩子就目前协议中的争议部分进行协商，采用正向鼓励强化，而非负面惩罚批评，优化条款，提高操作性，如此有利于提高孩子的自主性。

5. 总结经验，寻找替代方式。

帮助孩子总结执行协议过程中的成功经验，有助于让孩子看到自己的力量。签订手机使用协议后就要求孩子全身心地投入学习，这几乎是不可能完成的任务。比起只告诉孩子"不可以玩手机"，也许多一些"可以做什么"的选择对他们而言更为重要。我们的目标是让孩子先放下手机，所以鼓励并帮助孩子用其他更为健康的兴趣爱好来满足需求是个不错的办法。

【教育提升】

1. "我信息"沟通法。

"我信息"沟通法是非暴力沟通中非常实用且有效的沟通方法。可分为三步：看到事实，说出感受，提出希望。

举例：看到事实——宝贝，其实妈妈昨天晚上看到你在玩手机了。

说出感受——妈妈有点担心，担心你晚上没休息好影响第二天的状态，也担心你又像以前那样放不下手机了。

提出希望——妈妈希望你能够掌控自己的生活，而不是被手机掌控。

2. 积极赋义。

在消极事件或消极情绪中寻找积极赋义。孩子偷偷地玩而不是光明正大地耍赖，说明协议在他心中还是有一定的权威性和约束力。协议执行初期的新鲜感势必不能长久，过程中出现反复行为正是孩子内心的自律在与懒惰艰难博弈的过程，这时候他对自己是没有信心的，也担心父母会更失望。家长要让孩子知道，自己是有进步的，而这些进步家长都有看到。当孩子感到自己不是一个人在战斗时，会让其对于遵守协议更有信心。

3. 以身作则。

手机等电子产品的使用规则与协议不能只对孩子生效，应适用于全家人。若家长也能一起放下手机、平板，和孩子一同看书、运动，则既多了与孩子高质量的陪伴相处时间，也更能理解孩子的感受，成为孩子的战友和榜样。

总之，认真做到以下五点，不仅在手机使用协议的使用上，亲子之间的任何沟通，都能达到理想的效果：明确原因，优化目标；平等协商，融洽关系；细化内容，设计奖惩；行为训练，正向反馈；家长示范，共同约定。

问题8：当孩子犯错时，该如何与他沟通？

案例

小峰是一名初一学生，由于家庭氛围不和睦，他也变得脾气很大、歪点子多。他情绪自控力较差，还纠集几个比较要好的同学在班级里惹是生非，成为班里的"小霸王"，有时同学不小心在教室门口碰了他，就被他打得鼻青脸肿。班里很多同学都被他以各种理由"修理"过。小峰还经常捉弄、欺负同学，比如把抓来的小老鼠放进女同学的书包，看着同学尖叫、惊慌，他和其他几个男生就集体起哄，导致课没法上，造成非常不好的影响。小峰的考试成绩总是垫底，来上课就是"刷脸"的。放学回家后也是神龙见首不见尾，直到吃饭时间才出现。家长说几句就会引起他的抵触情绪，甚至摔门而去。家长拿他没有办法，久而久之，就听之任之。不过小峰对学习好的同学却极为尊重，虽然这种尊重存有替做作业和考试作弊便利的心思，但还是真诚的。另外，他对班集体的荣誉感比较重视，每逢班级之间有体育比赛时都会很卖力，积极地带同学们一起训练，同学既害怕又喜欢他。他身上集合了叛逆期的典型表现，是一个充满矛盾的个体。

【原理分析】

小峰处在叛逆期阶段，从未成年到成年的过渡阶段，独立意识和自我意识日益增强。不良的成长环境促使他更渴望成熟，获取更多的课堂以外的知识，然而认知水平局限了他对未知世界的理解和辨识。这种矛盾造成了他的迷茫和受挫感，所以借由不恰当的行为来表现自己、证明自己。这也是他担心外界忽视了自己的独立存在，用各种手段来确立"自我"与外界的平等地位的表现。他会运用自己的有利条件——强壮的身体，惹出一些麻烦或者做一些好事，来填补自己内心的空虚和平息恐惧，或者是想证明自己是有用之才，但结果适得其反。在他未成熟的认知体系中没有足够的经历来明辨是非，没有形成正确的世界观和人生观，还没有学会担当。小峰的思想和行为，也是叛逆期青少年的共性。现今社会青少年所处的环境比较复杂，加上小峰不良的成长环境，导致其行为和认知出现了偏差。如果家长和老师没有对这类孩子进行有效、正确的引导，会使他们出现急躁、迷茫、无助和自暴自弃的现象，甚至可能走向危害社会的犯罪道路。因此，我们找到小峰行为的"根源"，即与其认知能力不相匹配的压力、没有良好的成长环境和有效的沟通，那问题就有解决的希望了。

【操作指导】

家庭是孩子的成长环境，是相对稳定的。对孩子的成长我们更应该采用引导的方式，而非简单粗暴地禁止。曾经有个孩子问他父亲："爸爸，你总让我不能做这个，不能做那个，那你觉得我能做什么？"这一问难住了他父亲。"能做什么"，这需要父亲评估孩子的能力、尊重孩子的志向、了解孩子的兴趣、鼓励孩子的努力、宽恕孩子的错误等。作为家长，你是否了解该如何引导孩子树立正确的人生观？该如何使孩子从迷茫和错误中走出来，振作起来呢？该如何运用自己的知识和阅历为孩子在成长过程中保驾护航呢？

以小峰为例子，我们认为家长需要做到以下几点。

1. 以身作则，营造良好的家庭氛围，给孩子安全感。我们经常说，还孩子以童年，其实我们还要还青少年以安全感，让他们回到课堂，回到学习当中，没有其他的心理负担，不用以自己稚嫩的身躯和心理去承担学习以外的压力，不以自己未成熟的知识体系去认知成人的世界。身处一个不健康的家庭环境中（例如，父母的婚姻关系危如累卵、家庭成员赌博酗酒等），孩子没有安全感就需要过早拥有自己的生存能力，那就会承受不必要的压力。

2. 尊重孩子，肯定孩子的优点，使孩子不必要采用极端的行为来证明自己的价值。人有一种补偿心理，在一个地方受挫就会在另一个地方弥补回来，这往往会造成错上加错，恶性循环。帮助孩子认识自己的优点，提升信心，减少非理性行为。

3. 使用正确有效的沟通方式。当家长以打击孩子积极性、自尊心惩罚的方式或者以交易的方式教育孩子时，是无法教育出心理健康的孩子的。正确有效的沟通必须是双向的：一方面家长从孩子那儿了解孩子的各种信息，另一方面孩子从家长那里获得动力和建议。其实孩子们的"起跑线"是一个伪命题，每个孩子都拥有不同的跑道，所以不能将自己的孩子与其他孩子做绝对的比较，家长需要在自己孩子的跑道里和他对话。家长依据孩子的身心发展水平，用孩子能理解的语言推演出可能的结果。如果孩子认识到结果不是他所希望的，那他会自觉修正自己的想法和行为。家长还需要在孩子自尊和优点的基础上，为孩子提供正确的参考意见。当孩子在实现愿望的道路上受挫时，家长能提供避风港和知识的加油站。

4. 宽恕孩子过去的错，对孩子保持希望。历史可以翻篇，但面对孩子时家长总会"旧账新账一起算"。因此在孩子看来，再努力也改变不了家长对自己的看法，所以就不再抱有希望，最后放弃。我们希望孩子自强、自立、自律、阳光，就更应该宽恕他们，当他们认识到自己的错误后，家长应鼓励、引导他们大步向前，帮助孩子在没有背负过去思想包袱的情况下更轻松地奔向未来。

【教育提升】

1. 帮助孩子完善认知系统，规范行为，提升自律能力。孩子犯错，本质上因为没有意识到错误之处。我们要相信他们的出发点都是美好的，只是表现方式错了。例如，小峰在学校的各种行为主要目的是出风头，以为这样就可以获得同学的尊重、老师的关注，让家长骄傲，而结果恰恰相反，获得的是同学的惧怕、老师的嫌弃、家长的失望。当孩子意识到这些行为对他人和自己都会造成伤害，而另一些行为会让他实现目标成为焦点时，然后再付诸行动，这就是一个认知和自律提升的过程。

2. 给孩子改正错误的机会和增强孩子改正的信心。孩子经过几年的放纵，留下了许多需要弥补的地方，可能需要比别人更加努力，才能一点点缩小和别人的差距，此时家长需要耐心，不断给孩子加油。只要家长不放弃，孩子就有希望。

3. 正人先正己，建立和谐、积极的家庭道德体系。家长是孩子的榜样，家风也长期熏陶和影响着孩子世界观、人生观、价值观的建立。因此，家长如果是精致利己者或道德践踏者，又如何教育孩子成为一个正直的人呢？发挥榜样的作用，用行动告诉孩子什么是正确的目标和行为。

4. 家长和学校形成教育体系。学校是研究和实践教育的机构，面对复杂、多变的成长环境，都有应对之策。因此，学校可以为家长教育孩子提供很多建设性意见，也会向家长反馈孩子的在校情况，对家长采用什么样的沟通方式有极大的帮助。

问题 9：孩子任性胡闹发脾气，该如何与他沟通？

案例

小华出生在县城工薪阶层家庭，今年刚读初一。父母为了生计而奔波，没有多少时间陪孩子，采用最直接的方式——金钱奖励来引导孩子，只要孩子稍微表现得乖巧些，便用金钱奖励，而孩子哭闹也用金钱安慰。

小华小时候为达到目的，就满地打滚哭闹，抱着大人的腿不放，这样目的很快达到，屡试不爽。长大后，小华的脾气变得暴躁，不顾场合、时间，稍有不顺心就大发雷

霆，摔打东西和吼骂父母，甚至还和父母打过架。为此小华的爸爸也体罚过他无数次，却难以改掉孩子任性的脾气。小华遇到一点不开心的事情就爆发。他从来不认为自己有错，反而觉得都是别人亏欠自己，对于父母的付出认为是理所应当的。认为学习就是为了父母，还因为读书跟父母要钱，美其名曰"按劳取酬，概不赊欠"。在学校期间相对比在家好一些，但有时候也会暴躁、易怒、情绪不稳。犯了错也不承认，甚至当着家长的面跟老师争吵。就这样，慢慢地他被同学孤立，老师也逐渐疏远他，对此父母也有苦难言。在被所有人否定的情况下，小华的负面情绪越来越多，甚至到了蛮不讲理的程度。

【原理分析】

现在社会上出现了很多诸如校园暴力、未成年人犯罪的现象，无不和孩子的成长环境息息相关，和家庭教育密不可分，不良的成长环境和家庭教育，滋生了孩子的坏情绪，让孩子养成了坏脾气。这种情况已经发展成为需要高度关注和解决的社会问题了，《中华人民共和国刑法（2020年修正）》已经调低应当负刑事

责任的年龄，因此，针对性的教育已经刻不容缓。

孩子成长过程中，需要是多方面的，不仅需要物质保障，也需要精神食粮，古人说的"教养"，教在前，养在后。一个长期在缺乏关爱、缺乏人格塑造、缺乏道德熏陶的环境中长大的孩子，精神层面是缺失的，可能是一个自私自利、人格不健全的孩子。长期的物质奖励，其实就是一种将亲情当成交易、哭闹当手段的畸形现象，若放任不管，没有及时找准应对方法，会影响孩子的生活、学习和身心健康，长大后很可能性格走向极端负面，没有与人交流的能力，也很难融入这个社会，更别提为社会做出贡献了。总之，在青少年这个世界观、人生观、价值观形成的关键阶段，没有找出问题根源所在，没有及时纠正其思想和行为，健全其人格，后果将不堪设想。

孩子多数暴躁行为的产生都是由于负面情绪的干扰，是一种本能反应。产生坏情绪并不可怕，可怕的是当孩子坏情绪产生时，家长还没有意识到自己应该帮助孩子调节情绪。

【操作指导】

1. 建立孩子正确的是非观，敢于对孩子说"不"。任性的孩子评判对错的主要标准是是否对自己有利，实现的方式也很直接，就是发脾气，而且屡试不爽，因此对于别人造成的伤害全然不放在心上。作为主要教养者，对于孩子的这种行为，应该明辨是非，对不良行为应该明确拒绝，并告诉他任何东西都需要付出努力才能得到，没有人可以不劳而获，没有人可以损人利己。在孩子世界观、人生观、价值观形成的关键阶段，植入正确的是非观，才能帮助孩子健康成长，并减少其负面情绪的产生。

2. 发现并培养孩子的兴趣，让孩子从物质的索取转移到精神的追求。孩子对物质的超额索取是源于精神生活的空虚。父母不管怎么忙，都应该花时间在精神上对孩子多加关注，从兴趣入手，引导孩子发现和物质上的满足不同的快乐。物质只能带来一时的快乐，只有精神的给予，才能影响孩子的一生。

3. 讲求巧妙而有效的沟通方式。对于爱任性胡闹的孩子，唯一获得利益的途径失效时，沟通是比较困难的，巧妙地采用正确有效的沟通方式尤为重要。给孩子多样正确途径达成他的愿望时，可以从行为上杜绝孩子通过发脾气来达成目的的做法，可以引导孩子采用正确的行为方式，从而改变和丰富其思想。

4. 需要分年龄对待孩子的任性胡闹，采用不同的教育方法。对年纪比较小的孩子，家长可以采用奖励的方法，这样孩子比较容易接受。例如，告诉孩子假如他不任性发脾气，就可以得到他想要的东西。对待年纪比较大且有了基本的判断能力的孩子，家长可以采用批评教育或者鼓励的方式。此时家长应采取坚决的态度，使孩子认识到问题的严重性，只有这样才是真正有利于孩子身心健康的。

5. 增强与孩子之间的亲情联结。有时候，孩子索要物质的目的是引起家长重视。家长忍受不了孩子的任性胡闹，采用不恰当的方式，往往会站在孩子的对立面，引发孩子更大的情绪，为任性而任性，为胡闹而胡闹。因此，增强与孩子的亲情联结，能够换位思考孩子的真正需求，使孩子不再感到孤单，在孩子的精神世界里注入强大的力量。

【教育提升】

1. 增强家庭教育意识，实施全面教育。孩子的任性胡闹发脾气并非偶然，而是长期处于某方面教育的缺失，或者受到家庭某方面负面情绪的影响。古代有"孟母三迁"的故事，就是很好的家庭教育例子。孩子的这种情况，作为家长应该自省，是否给了孩子一个好的成长环境？是否给了孩子一个好的榜样？这里说的全面教育，也包括家庭正面情绪培养的内容，所谓言传身教，才能直达孩子精神的深处。孩子是从一张白纸开始涂画他的人生的，遇到好的环境，他的画面就是美的；处于充满负面情绪的环境里，他的画面是丑的；随意丢放，他的画面是脏的。

2. 教育内容多样化，德智体美劳全面发展。一个身心健康、阳光自信的孩子，应该是全面成长的。慢慢拓宽孩子的视野，可以稀释他的负面情绪，更多的是正面情绪的不断充实。德智体美劳全面发展的同时，他可以接触更多的人，有更多的具体目标追求，可以展现更多他的亮点，获得更多的肯定，他的负面情绪可以得到更多的安抚，对学习生活有更多的体会，孩子的自我认知能力得到提升，找到克服负面情绪的方法和动力，慢慢融入社会，成为一个人格健康、三观正确的人。

3. 与学校建立一个良好的互动关系。对许多任性胡闹爱发脾气的孩子来说，面对不同的对象和环境，表现的情况也不一样，因此在学校小华的表现会好一点。与学校建立一个良好的互动关系，摒弃滋长负面情绪的温床，可以构建孩子和同学、老师之间的和谐友爱关系，达到健康成长的目的。

 **问题10：孩子拒绝与家长沟通，怎么办？**

> **案例**

小亮本来是个活泼好动的小孩，成绩中等，在小学的班级里人缘很好，升上初中后开始有点不适应。他的父母刚好在这一阶段生意转型异常忙碌，于是由奶奶专门照顾小亮的生活起居。一来由于奶奶说方言，且之前未与小亮一家同住，所以与小亮并没有什么共同语言。二来小亮学业任务重感到有点吃力。小亮向父母反映情况后，父母花钱帮小亮报了一个私人全托辅导班，专门帮他辅导功课。因此小亮每天基本上都是放学吃完饭后就去辅导班，周末也不例外。有一次，小亮因考试试卷没有发给他的小事，突然暴怒，并与科代表发生肢体冲突。家长被叫到学校时才发现，小亮成绩一直在下滑。后来母亲与辅导班的老师交流后发现，小亮经常借口逃离辅导班。父母对小亮进行了严厉批评，并对小亮进行思想教育。小亮的父母告诉小亮，好好学习把成绩搞好，才能做个有出息的人，以后也不必像父母这般辛苦。从那天起，小亮变得非常懂事，乖乖上学放学，上辅导班，也不再与同学之间发生纷争。父母以为所有事情都在朝好的方向发展。令人意外的是，小亮的成绩一直下滑到倒数。在班主任家访后家长才发现小亮的异常。不管家长怎么问，小亮始终保持沉默。班主任也反映，小亮在班级里也是独来独往：一个人坐，不与同学交流，不参加集体活动。情急之下，家长只能带小亮求助心理咨询师。咨询全程，小亮也只是静默，垂着头，什么话也不说。父亲表示，有一次气急动手打了他，那次之后小亮对家长更是退避三舍了。

> **【原理分析】**

青少年时期，孩子随着身体的不断变化，心理活动也处于矛盾状态。成人感与幼稚感共存，使得他们在面对各种心理困境时既依赖又反抗、闭锁又开放、勇敢兼具胆怯、骄傲又自卑。心理学家埃里克森的发展观认为青少年的发展任务是建立同一感和防止同一感混乱，这个阶段个体通过各种经历探索并确定自我意识，初探社会角色规范，不断尝试舍弃，探寻符合自己的东西。在思考判断问题上会受个人需求和情感的强烈影响，时常会混淆自我与他人的边界。即在心里感觉不论做什么事情就像在舞台上的表演者，时刻受到别人的评议。这样导致他们对别人的评价非常在意，经常要花许多时间和精力来确定他人对自己的看法。还时常与内在假想观众做推断假设。所以当他们感受到不愉快时，会觉得周边人也讨厌他，导致不愉快感多重叠加。

亲子沟通是父母与子女之间交换信息、观点、思想、情感和态度的过程，以达到相互理解的目的。亲子沟通是亲子互动的重要方式，是实现家庭教育的重要方式，青少年的心理发展与亲子沟通紧密联系。有研究表明，在亲子沟通中得到父母支持的青少年能更好地探索自我同一性，而沟通不良的青少年则更容易出现各种情绪问题。在本案例中可以发现家长对小亮的关心是缺失的，同时小亮又要承担让父母失望的愧疚。亲子沟通中的肢体冲突，让小亮自尊心备受打击，出于自我保护以及无法消解的情绪困扰，小亮主动拒绝沟通。

【操作指导】

沟通的含义是指双方通过交谈的方式交换彼此的意见。亲子沟通中经常出现的困局是家长总是觉得自己在努力积极地沟通，而子女则觉得自己不被尊重、没有话语权。当出现问题时，家长想方设法要知悉子女的一切，而子女以各种方式逃避沟通。这个时候家长需要从以下两个方面进行改善。

1. 多看少说。

当子女拒绝沟通时，不要强行频繁地进行情感的勒索与道理的灌输，这样会让子女避而远之。多看，观察孩子的情绪状态，当情绪低落时饮食上的关心、简单的陪伴，都好过言语上的刺激。给拒绝沟通的青少年回归自我空间的机会，同时也不要忘记提供依恋的途径。吃掉送去的点心，愿意参与家庭的一些活动，都是关系缓和的信号。少说，家长在与青少年相处的时候总会不自觉地进入说教模式。所有过往认定的家庭规则、应该履行的规范，在关系僵化的时候都要先放在一边。少说，指的是不说道理，但是日常的生活作息等的问询依然是需要的。悄悄的关心，会慢慢打开青少年的心门。让他看到即使自己状态不好时，家长也是有能力包容的。

2. 允许沟通中沉默的存在。

当沟通中出现了沉默，要注意沟通是否变成了单面的灌输。如何判断呢？家长自己越说越生气时，就要意识到这样的沟通只会让青少年的心离家长更遥远。在沟通中只是因为孩子目前没有办法进行回应，不用太过于着急。及时关注、回顾家长自身的情绪状态，要保持情绪平稳、内心平和，可以采取其他的身体接触的方式，如拍拍肩背、握握手，表达家长依旧关心他。点到即止，不要过于僵化。

【教育提升】

亲子沟通不是单指一方的责任，沟通不畅也不是仅由任何一方的错误造成的。

沟通的本意是让双方互相了解对方的心意，亲子沟通中常常会出现越是关爱，越是互相伤害。当出现沟通不畅的时候，父母会有极大的挫败感，心里的委屈会在言语中用愤怒的方式来传递。这个与沟通中总是提要求而不明晰情感有很大的关系。在此还可以借用非暴力沟通中的四要素来改善日常的亲子沟通。

1. 观察。正确区分观察和评论。多数时候人是会下意识带上自我的情绪去评论别人，这会让对方不舒服而产生逆反心理。所以面对拒绝沟通的孩子，家长可以描述观察到的事实。如：我看到在与你说话时，你都低着头。

2. 感受。正确区分感受和想法，要能够真实地表达自己的内心情感。平时较少进行情感表达的家长需要多加练习。如：看你低着头，我感觉到了委屈。

3. 需要。要表述清楚，是自己的什么需要导致了前面的感受。诸多时候虽然家长能够表达自己的感受，但是紧接着会想要指责因对方没做好而导致了自己的不高兴等感受。感受从自身出发，所以要从自身需要的角度去思考导致感受的真正原因。如：我觉得委屈是因为我认为在交流时能看到你的眼睛，会有被尊重的感觉。

4. 请求。正确区分请求和命令。请求与命令可以这样区分：如果请求未能得到满足，是否会批评和指责对方，或者说让对方觉得是被指责了抑或感到内疚，如果这样，那就不是请求而是命令了。如：我希望你说话的时候可以抬头看下我的眼睛。既然是请求，那对方就不一定要答应，所以当请求发出没被回应也是正常的。

 ## 问题 11：如何解开孩子受伤的心结？

案例

徐女士的儿子 15 岁，从初一开始就沉迷网络游戏，同时出现厌学情绪。当时孩子父亲管得比较紧，孩子还是可以控制上网时间并愿意去学校上课的。但是最近，孩子出现了不愿去学校的情况，整天喜欢和同学、朋友一起玩网游、唱歌。徐女士和先生每次想和儿子坐下来聊一下，儿子都出现抵抗的

情绪不愿进行沟通。每次徐女士对儿子说要好好学习或者不要再沉迷网络游戏时，儿子都让徐女士放弃他，也拒绝和徐女士一起去做心理咨询或和学校心理老师进行沟通。徐女士不知孩子为何现在会这样，希望孩子能认真学习，但她和先生都没有好的方法。

【原理分析】

孩子不愿意与人沟通，存有受伤的心结往往来源于童年的经历，虽然童年的经历可能会随着时间的流逝渐渐淡化，但它们却会隐藏到人的潜意识里，并慢慢渗透到性格形成之中。随着青春期的到来，部分自我控制力不强的人遇到一些问题，就有可能激活那些原本就存在的心理问题。通常孩子不愿沟通解开心结的原因有以下几个方面。

1. 父母与孩子过去沟通中的误区或偏差导致孩子形成心结。

有些父母不了解孩子，也不想了解孩子，总用自己的价值观去评判孩子的行为，给孩子设定了过高的目标，在孩子犯错时发火甚至打骂，不关注孩子的成长，只是为了更好地控制孩子。这样的亲子互动模式，久而久之，孩子越来越不相信自己的父母，同时

随着孩子逐步进入青春期，他们不仅会变得"叛逆"，还会把自己的内心封闭起来。孩子的心结往往是几年前受到受害时就形成了。

2. 青春期的年龄特点导致孩子不愿意解开心结。

孩子进入青春期以后，自我意识发展是全面的，从行为表现到思想人格上都有独立的要求。青春期的孩子生理发育迅速，智力发展迅猛活跃，情绪发展强烈多变，自我发展凸现高涨，情爱发展纯洁幼稚，个性发展可塑性强。但正是由于以上这些特点，导致了青春期的孩子半成熟、半幼稚、半服从、半逆反、半独立、半依赖、半闭锁、半开放的心理和行为上的矛盾和冲突。他们希望与家长沟通，但是同时又觉得自己已经长大，很多事情应该自己面对和承担责任，也不愿意解开心结。

【操作指导】

针对孩子不愿解开心结这种情况，父母应如何再次解开孩子的心结，让他们重新接纳父母？

1. 改变亲子互动模式，改变孩子对父母的认识。

作为家长，要学会反思，如果还是用以前的教育方法，尤其是强制的、简单粗暴的家长作风式的教育，只能让孩子的心离父母越来越远。父母用平和、耐心的状态去处理问题，避免急躁和激动，站在孩子的角度上思考，调整好自己的心态，提升自己的家庭教育理念，改变亲子互动模式，并且坚持去做，修复过去留下的伤痕，让孩子改变对我们的认识，认为"我们是值得信任的，是好爸爸或者好妈妈"，重新接纳我们，并且做一个不断学习、主动反思、读懂孩子的家长。唯有理解和爱，才能解开孩子的心结。

2. 掌握沟通的技巧。

孩子进入青春期后，敏感又拒绝交流，与父母争吵甚至是激烈地对抗，不如一起学学与孩子沟通时的"说话之道"。由中央编译出版社出版的《如何说孩子才会听 怎么听孩子才肯说》这本书围绕"如何说""怎么听"，作者从帮助孩子面对他们的感受、鼓励孩子与我们合作、代替惩罚的方法、鼓励孩子自立、恰当地赞赏孩子、让孩子从角色中释放这六个方面进行了探讨和实践。这种爱的语言使孩子很容易接受你的要求和忠告，结束父母与孩子的冲突对抗，带来父母和孩子的合作。尤为可贵的是，作者清晰简洁地创造了一套操作方法，给出了实现这六个方面的30种技巧，辅以大量的常见场景和问题加以说明，并配有相应的练习题，让父母可以把这些技巧烂熟于心、灵活运用，随时应对各种情况，做到游刃有余。讲话有方式，沟通有技巧，说话有温度，这才是打开孩子心门的正确方式。

3. 营造和谐的家庭关系。

家庭关系中，不单单是亲子关系，还有夫妻关系。夫妻关系作为家庭关系中的最大同盟，是一个家庭稳健的基石。夫妻关系和谐就是家庭中的阳光、雨露、空气、土壤，才能让孩子在家里健康、快乐地成长。所以，父母应处理好夫妻关系，爱彼此，为孩子营造和谐的家庭氛围，创设良好的家庭环境，使孩子在良好的家庭关系中成长，在愉快中学习，在欢笑中生活。

【教育提升】

1. 探讨亲子互动沟通模式。亲子之间沟通模式可分为五种：讨好（只关注到情境、他人）、指责（只关注到情境、自己）、超理智（只关注到情境）、打岔（都没关注到）、表里一致（关注到自己、他人、情境）。你常用的是哪一种？教育孩子的过程，恰恰是家长和孩子共同成长的一个过程。家长想要教育好孩子，首先要管理好自己的情绪，其次要调整好自己的心态，提升自己的家庭教育理念，做一个能不断学习、主动反思、读懂孩子的家长。

2. 解开自己的心结，往往是引导孩子健康成长的捷径。其实，孩子的心就是光明纯粹的,然而,如果父母的心被不明与贪欲所遮蔽和束缚,在不知不觉中,就会把这份遮蔽和束缚传递给孩子。孩子身上所表现的诸多问题,很大程度上,其实都是父母问题的镜像。作为父母,从明心、静心开始,解开自己的心结,孩子的心中就多了一份光明、一份自在,你也可以成为孩子的"光明使者"。

问题 12:孩子遇到问题宁愿求助网友,不愿意找父母,为什么,怎么办?

案例

初一的男生小凡在一节"谁需要心理辅导"活动课后找到心理老师,表明自己可能有严重的心理问题。心理老师了解到他除了和自己交流过这个问题外,还与一位同样是初中生的网友谈过这个话题。小凡在看完与网友共同在网上做的心理测试结果后,更加确认自己得了严重的心理疾病,内心非常恐慌。正当小凡不知道该如何面对自己的困惑的时候,他了解到学校有心理辅导老师的讯息。在咨询过程中,心理老师建议小凡把当前的情况告诉父母,但被他当场拒绝了。拒绝的理由是其父母压根不在意自己的话,即使在意了也只会让情况变得更糟糕,因为这会引起父母情绪的"爆炸",还可能有让人无法想象的可怕后果。

【原理分析】

案例中呈现的是刚进入青春期的男孩遇到的困惑,要解决他的困惑,需要先了解青春期孩子心理的主要特征以及局限性。

1. 渴望独立。

青春期的孩子追求独立和平等,渴望有些事能自己做主,渴望有自己活动的自由空间和时间。希望父母不要什么事都替自己做主,孩子需要独立,需要体现自己的存在价值和功能。小凡自己上网查资料、做心理测评,就是这个特征的体现。这个特征的优点是孩子自我意识开始成长,有了自己的独立思考和见解;弊端是可能发展为独断专行、固执己见。

2. 渴望被认可。

青春期的孩子希望大人们对他的行为、能力以及思想予以尊重、认可和信任。家长要允许孩子做自己想做的事,相信孩子有能力解决问题。这个特征的优点是孩子荣誉感增强，能意识到责任的重要；弊端是可能因为自卑而不愿和他人接触，采取对抗的态度或在学习以外违法乱纪以树立自己在同学中的威信。

3. 渴望友谊。

青春期的孩子特别渴望友谊尤其是同伴间的关爱，因为孩子与孩子之间的关系和孩子与长辈之间的关系是不一样的，孩子与孩子之间是平等的、不受约束的，有选择的自由，彼此之间可以真情流露。这种平视的、尊重的感觉，是父母不能给予和替代的。当小凡遇到困惑时，通过找网友解决问题就是这个特征的体现。这个特征的优点是推动孩子的社会化进程，孩子最终是要离开父母走向社会的，与同龄人的交往是社会化的第一步；弊端是他可能发展到因为与家长、教师、同学关系紧张，而不与看不起他的人说话，有意不学习，以求报复。

【操作指导】

1. 从孩子的角度分析：小凡在遇到困难时，尝试自己解决，但没有效果，正如《解码青春期》里面提到的"青春期的孩子，比他们看起来更需要父母的支持"。表面上看，青春期的孩子是要与父母分离，走向社会的，但是独立与依赖共存的青春期孩子，无论是生理还是心理，都是不可能做到完全分离的，还需要在父母、师长的帮助下才能有效解决问题，对于小凡的现状，学校的心理老师应给予指导和支持，帮助他建立对父母的信任。

2. 从父母的角度分析：很多时候父母给的不是孩子需要的，孩子需要的父母不一定懂，小凡说父母不会在意他说的话，说明他的父母不了解青春期孩子的心理特征，不能给予孩子必要的支持。他的父母应参加家庭教育的培训，学习做智慧型的父母。

【教育提升】

1. 小凡遇到困惑时，如果向父母求助，会引起父母情绪"爆炸"，说明小凡的父母不善于情绪管理。而要学会情绪管理，首先要能觉察情绪，父母一方面要觉察自己的情绪状态，避免自己的情绪失控，用简单粗暴的方式对待孩子。多关注孩子的情绪状态，有时候孩子向父母求助，并不需要父母为他提供具体的方法，而是需要父母的肯定和鼓励。如果父母能及时觉察到孩子的情绪，并做出适当的反应，孩子就有力量去自己解决问题。

2. 父母要学会有效沟通。在和孩子交流中如果有困难，要有所觉察并反思自己，改变沟通方式，先听孩子说，表达意见时先讲事实后讲感受，再引导孩子自己去寻找解决方案，最后不是提要求而是送上祝福。

案例中，如果父母能做到有效的情绪管理和有效沟通，就有可能形成良好的亲子关系，成为孩子的知心朋友，成为孩子的人生导师，当孩子遇到问题时，就会自然而然地向父母而不是网友求助了。

 **问题 13：孩子留守在家，异地父母该如何与孩子联系和沟通？**

案例

轩轩的父母长年在外打拼，开了一家小杂货铺，轩轩一直和爷爷奶奶生活。白天店里生意忙，轩轩父母没有时间和孩子联系，等忙完了，轩轩早就睡下了，因此，父母和轩轩的沟通少之又少。一个周末，妈妈想轩轩了，给家里打来电话，问轩轩想不想自己，正在看电视的轩轩想都没想就冲着电话说："不想。"一旁的奶奶听了，不由自主地责备轩轩："怎么说话的，你妈平时那么忙，好不容易打来一次电话，你还这么气她？"轩轩听了不耐烦地说："好好好，我想，行了吧！"电话那头的妈妈尴尬地说："和妈妈说说你最近还好吗？"轩轩敷衍地说："还可以，就那样吧！""最近天冷了，要记得多穿衣服，不要着凉了。平时要多吃一点，你正在长身体，没有营养可不行啊！"妈妈继续关切地嘱咐着。轩轩目不转睛地看着电视，嘴里回应说："知道了知道了，都说了几百遍了！"妈妈无奈地发出感慨："你要好好读书啊，以后找个好工作就不会像我们这么辛苦了！"轩轩此时已经有些烦躁了，禁不住大声地说："真烦人，每次都说这些，就没有其他可说的吗？"妈妈顿时愣了一下，的确是这样，每次和孩子打电话，除了问这些，自己实在想不出来和孩子说什么，她感觉孩子离自己越来越远，变得越来越陌生了。

【原理分析】

研究表明，与父母长期分开生活后，家庭成员之间交流沟通的匮乏和情感支持的不足对留守儿童的内心世界产生了消极影响，孩子与外出父母间"亲情陌生化"的现象开始显现。目前留守儿童亲子沟通存在两个问题：一是沟通频率很低，二是沟通质量不高。

1. 亲子沟通频率低、时长不足。有些留守儿童在幼年就和父母分开，导致孩子没有和父母尤其是妈妈建立亲密、稳定、安全的亲子关系，如果后期又没有交流互动的情感补充，就很容易导致亲子双方产生情感上的陌生和割裂，孩子与父母亲近不起来，甚至出现不愿叫父母、不愿接父母电话的情况，更谈不上好好沟通了。即使父母是在孩子上小学时才外出务工，由于忙于生计，或是自己和孩子的休息时间发生冲突，无法找到合适的时间相互联系导致亲子间沟通贫乏。有时联系上了但说不上几句话就无话可说，只好挂上电话，由此造成恶性循环，父母觉得和孩子不知说什么而更加减少了联系的频率。

2. 亲子沟通质量不高。在外打工的父母和孩子相处的时间太少，并不了解孩子，导致跟孩子聊的话题十分单一，无外乎是问问孩子的成绩以及吃饭穿衣，叮嘱要听爷爷奶奶或外公外婆的话，诉苦生活不易、要求孩子争气、将来回报父母等。从这些交流内容中，我们几乎听不到情感的内容，而情感的表达、互动和交流才是亲子沟通最基本也是终极的目标，这是一个人除了生存和安全感之外最重要的心理需求。可惜，留守儿童家庭中的沟通普遍都缺乏这部分内容，长期下去，注定只会让孩子和他们越走越远。

【操作指导】

父母在外出打工时一定要跟孩子说清楚实际情况，让孩子知道爸爸妈妈外出打工，远离他们，并不是因为不爱他们，而是生活所迫。为了给他们创造更好的生活条件，爸爸妈妈在外面也是很想念他们的，以获得孩子的理解。

父母平时不管多忙，都要创造条件和孩子多联系、多沟通，并且努力提高沟通的质量。家长们可以从以下几个方面着手。

1. 父母在条件允许的情况下，每天在固定时间和孩子打一次电话或视频通话，如果没有条件也尽量在每周固定的时间和孩子联系，这样做有助于建立良好的预期和稳定的情感连接。孩子知道何时父母会和自己联系，便能从心理和话语上准备好和父母沟通的内容，同时还能感受到父母对自己深深的牵挂和浓浓的爱。

2. 父母在和孩子沟通时要注意表达的内容。

（1）父母可以和孩子多聊聊有趣的事。父母以开放性的方式引导孩子谈谈他的朋友和学校生活，比如问问孩子："今天（这周）学校和班级发生了什么趣事？""你和朋友们做了哪些好玩的事情？"孩子在讲述的过程中既分享了快乐又拉近了彼此的心理距离。当然，父母也可以与孩子分享一下自己在外打工时有趣的见闻，让孩子借机感知外面的世界，这样的亲子沟通就会变得轻松欢快，双方关系变得更加融洽，同时又能增进彼此间的了解。

（2）父母可以和孩子聊聊烦心事。父母可以询问孩子在学习、生活和交友上遇到哪些苦恼和困难，并引导孩子把苦恼倾诉出来，倾诉本身就是一种解压过程。家长也可以适当自我暴露，自己在学生时代遇到过此类烦恼，描述一下自己当时的心情，后来自己又是怎样战胜苦恼的。

(3) 父母要多对孩子说鼓励的话。当孩子遇到挫折，比如成绩下滑时，家长要多说鼓励的话，不要数落孩子，可以用孩子以前成绩好的亮点来帮助他树立信心，相信他只要找出失分原因、调整学习方法就一定能迎头赶上。孩子一定能从父母的话语中汲取强大的精神力量，推动自己做得更好！

3. 父母在和孩子沟通时要多倾听并学会表达爱。

(1) 父母要学会做一个合格的倾听者。父母切忌在和孩子沟通时喋喋不休地诉说自己生活的不易，让孩子要争气，将来回报自己之类的话。这样做只会让孩子习惯性左耳进右耳出，毫无用处。父母要做的就是引导孩子多说，自己默默倾听，并适时表达自己的感受和情绪就好了。这样能让孩子感受到父母对他的尊重和欣赏，将会大大提升他表达的欲望。

(2) 父母要主动向孩子表达爱与思念。父母不要把对孩子的爱埋在心里，应该把自己在外打工对家人的思念、对孩子的牵挂说出来。因为留守孩子太缺乏父母的爱了，他们的成长过程中父母长期缺位，有些孩子误以为父母不爱自己，只想挣钱，所以父母有必要把爱说出来，让孩子感受到父母是爱自己的，并不是抛弃自己。如果父母觉得表达"我爱你""你很棒""我为你骄傲"等情感有困难，那么可以从给孩子画一颗爱心或发送爱心表情包开始，慢慢过渡到用文字的方式，再尝试直接用言语表达爱。父母还可以时常给孩子创造惊喜，例如孩子过生日时、重要的节日里，家长给孩子邮寄礼物并送上祝福，让孩子感受到虽然父母不在身边，但父爱母爱从未远离，如影随形。

【教育提升】

1. 父母长期不在孩子身边，应该多跟孩子的老师打电话沟通交流，了解孩子在学校的表现情况，以便清楚地知道他在学校生活中遇到的难题或者挫折，从而给予他鼓励和指导，帮助他们顺利地渡过难关，找回自信。

2. 父母可以通过写信的方式和孩子沟通。写信是一种传统又温情的沟通方式，内容可以字斟句酌，表达情感时也不会感到尴尬。而且文字还能给人以想象空间，可以保存下来反复阅读。亲情需要爱的滋养，不能只靠电话，如果家长能花点时间常常给孩子写信，一定会达到意想不到的沟通效果。

问题14：孩子遭受委屈向父母倾诉时，该如何有效安慰？

案例

欣欣是一名初一女生，最近她很不开心，甚至无法安心学习。原来，班主任给她安排了一个新同桌，这个同桌虽然成绩不错，但总爱捉弄她，比如时常把纸揉成一团，塞进她的抽屉；上课总找她讲话，使得她无法专心听课；时常说一些"脑子进水、笨得像猪"之类难听的话侮辱她。欣欣委屈万分，因为同桌成绩不错，她担心班主任偏袒他，这样反而会引来对方变本加厉的报复，所以欣欣一直没敢告诉班主任。欣欣还担心父母会指责自己懦弱无能，所以也不愿告诉父母。

有一天，同桌把欣欣的书撕破了还幸灾乐祸，她回家后终于忍不住向妈妈大声哭诉起来，妈妈听了不仅没安慰她还生气地大声呵斥："你怎么这么没用，别人欺负你，你就不会还击吗？你也把他的书撕了啊，你也可以骂他啊！真是太过分了，明天我就到学校找你班主任去……"欣欣望着暴怒的妈妈，心中充满了恐惧，她觉得自己糟糕透了，什么都做不好，并暗暗下定决心：以后不论发生什么事都不再告诉妈妈了！

【原理分析】

一般情况下，有几类孩子容易被欺负：第一类是娇生惯养的孩子。这类孩子从小被宠着，遇到事情都是由父母帮忙解决，一旦离开了父母的保护，就容易被欺负。第二类是性格比较内向、不爱说话的孩子。这类孩子比较安静、孤单，在集体中缺乏存在感，因此朋友较少，没有其他同学的帮忙，容易被大家孤立。第三类是爱打小报告的孩子。这类孩子一有什么事情就找老师告状，让其他同学感到很反感。

案例中的欣欣就属于第二类孩子，她性格较为懦弱，受了委屈不敢对父母和老师说，从而助长了同桌的欺凌行为。当她带着不安和恐惧的情绪鼓起勇气向妈妈倾诉时，得到的不是安慰和理解，却是指责和批评，这样让她不再信任妈妈，以后遇到问题对妈妈闭口不谈,她可能因此变得更加自卑和退缩,久而久之,很容易产生心理问题。

有些父母在孩子被同学捉弄而受委屈时,会教孩子以牙还牙,"他撕你的书,你也撕他的书;他骂你,你也可以骂他;他要是敢打你,你便揍他!"对于弱小的孩子来说,没有勇气回击让他感到自己毫无用处,更加讨厌自己。如果他照父母说的那样回击了对方,带来的可能不是对方欺凌行为的终止,而是双方无休止的争端,很容易激化矛盾,变得更加不可调和。

【操作指导】

当孩子在学校遭受委屈或欺凌时,家长应该如何恰当地引导呢?

1. 接纳孩子难过、气愤等消极情绪。

当孩子在学校被捉弄或欺负后情绪是复杂且消极的,屈辱、无助、气愤等情绪将孩子紧紧地包围着。此时,孩子最需要的是父母的理解和接纳,如果父母对孩子多一点耐心和爱的回应,孩子的心情得到安抚,他的心中就会产生更大的力量应对当前的困境。

家长试着站在孩子的角度表达出孩子当下的情绪,如"我知道你很难过,换了别人也会这样""如果想哭就哭出来吧,那样会好受些"。如果孩子忍不住号啕大哭,家长可以抱着孩子,让他尽情哭泣。等孩子的情绪平复下来了,再引导他把事情的始末描述清楚。

2. 引导孩子分析原因并寻找解决的办法。

家长可以帮助孩子梳理事情的始末以及双方身上存在的问题。如果是孩子本身做法也欠妥当,那么鼓励孩子向对方道歉,并指出对方对自己造成的伤害。如果纯粹是对方以强欺弱,那么家长就要明确表示不是孩子的错,会绝对支持他,并承诺一定会保护他。这样做能赋予孩子极大的信心、勇气和安全感,他以后再遇到委屈和困难时才会自觉寻找父母的帮助。

3. 鼓励孩子尝试自己解决冲突。

孩子的智慧是无穷的,当他回家哭诉委屈时,父母不要急于出手帮忙解决,可以引导孩子思考解决的策略并鼓励其通过与对方沟通的方式解决冲突。当孩子鼓足勇气向对方表达出其对自己做出的种种"恶行"以及给自己心理造成的伤害时,他的情绪得以宣泄,也让对方深刻认识到自己的错误。有了这样的尝试后,孩子今后遇到类似问题时就能更加理性、果敢地表达自己内心的想法,避免冲突进一步加剧。

4. 必要时家长应该出面帮助孩子解决问题。

当孩子尝试与对方沟通无果时,家长应"该出手时就出手",用实际行动支持孩子。这里的"出手"不是教训对方,而是通过找对方家长协商或者找老师商量对策的方式解决问题。例如案例中欣欣的家长可以让孩子先与同桌沟通,如果沟通无果,就可以通过找对方家长协商的方式帮助孩子解决冲突。有的孩子在学校调皮捣蛋,家长并不知情。如果对方是一位通情达理、负责任的家长,那么他一定会想方设法和孩子沟通,也能取得较好的效果。家长还可以找机会联系班主任,阐述事情的始末,希望能得到他的帮助或者提出自己的要求,如调换一下座位等。相信家长的尊重和坦诚会打动老师,老师也会竭尽所能提供帮助的。

【教育提升】

每位父母都有自己的童年,可能在与同学相处时也经历过委屈与无助,但面对孩子的问题时却很容易忘却自己当年的感受,不能很好地理解孩子的心情和烦恼。建议父母可以通过观看一些影片来唤起童年的回忆,从中得到一些启发和思考。

问题 15:孩子出现青春期恋爱时,该如何与他沟通?

【案例】

小叶成绩不错,人长得也帅,进入初中后收到不少女生明里暗里的表白,有些女生还托人给他送来"情书"。小叶对此总是不屑一顾,因为他心中已有了喜欢的对象——小学同学小杨。虽然进了同一所初中,却分在不同班级,两人平时更多是通过短信和 QQ 联系,分享彼此的生活与心情。有一次妈妈无意间在小叶校服外套的口袋里发现了其他女生给小叶写的"情书",妈妈是个暴脾气,待小叶放学回家立刻质问他,并警告他要把心思放在学习上。小叶无辜地跟妈妈解释,这信是女生主动写给他的,他只是收下没有丢掉,并无其他。但自此以后,妈妈变得特别敏感,不仅频繁向老师打听小叶在学校是否谈恋爱了,还偷偷翻看小叶的短信与 QQ 聊天记录,看到小叶与小杨长长的聊天记录就更加笃定儿子"早恋"了。小叶知道了妈妈的举动后,每天都很焦虑,一心想着要如何提防妈妈,于是学习成绩开始下滑。妈妈不认为自己在这件事上有问题,反而对小叶说:"你看吧,让你不把心思放在学习上,现在倒好,真的退步了!"小叶认为自己问心无愧,也非常反感妈妈的处理方式,母子俩之间的隔阂越来越深……

【原理分析】

青春期的孩子受生理和心理两方面因素的影响，异性交往会逐渐从儿童时期的疏远状态发展为亲近状态，对异性产生好奇、好感、爱慕等心理，有的孩子因为相互产生好感，可能还会开始谈恋爱。发展心理学认为：在青春时期，孩子表现出对异性的好感是很正常的事情，是人的本能。因此家长要明白，对异性有好感是孩子心理发展的正常体现，这不是一件不应该出现的事情，而是一件需要花心思去处理的事情。如果家长态度强硬地采取"围追堵截"等方式，以杜绝两个孩子交往，完全无视他们青春期的性好奇与性欲望，可能只会让他们愈发叛逆，越是不让他们做什么，他们可能就偏偏去做来试试。

著名的发展心理学家埃里克森认为：青春期的恋爱对于青少年的自我理解和身份认同有着重要贡献。在青春期的恋爱过程中，和喜欢的人之间发生的矛盾、理解、伤害、幸福，都能促进一个人对"自己是谁"的探索。如果成人在正确的性教育的基础上让孩子自由探索亲密关系，他就会知道自己是谁、喜欢什么、如何和人相处。相反，被禁止恋爱、缺乏探索的孩子，会陷入"自我身份混淆"。因为不知道自己是谁、不知道如何自我接纳和认同，他们之后不仅很难建立和维护一段感情，更会在工作和家庭生活中遭遇一系列挫折。加上没有正确的性教育，他可能会把性当成耻辱或刺激，容易在感情里走极端。能从青少年时代就获得良好情感能力的人，在长大之后，也一定会更懂得如何去爱和被爱。家长与其一味反对，不如教孩子正确对待"早恋"，引导他们在青春期的异性交往中成长为一个有责任心、同理心、情商高、心理健康而成熟的人。

有些家长还会担心与青春期的孩子沟通"爱"与"性"会导致孩子"早熟"或是促进"早恋"的发生。其实，各个国家的各种调查数据均表明：与孩子谈论爱情并不会像我们以为的那样鼓励孩子更早地去谈恋爱，性教育也不会促进性行为。当你察觉孩子出现了青春期的恋爱现象，或者开始对爱情产生期待时，其实正是家长们进行教育的好时机，我们可以在此过程中通过沟通让孩子认识自己的身体、情感和能力，学习与自己、他人和社会相处的技能，进行两性平等教育，培养付出爱、感受幸福的能力，并成为一个能对自己和他人负责任的人。

【操作指导】

孩子进入青春期以后，父母对孩子的教育除了生活和学习，还多了一个内容，那就是如何与孩子交流青春期的情感问题。作为现代父母，即使清楚孩子在青春期产生情感萌动是正常而又自然的现象，但也无法完全放手让孩子自己去处理青春期的情感萌动甚至恋爱问题。那么，父母该如何科学有效地与孩子"谈"恋爱呢？

其实不管你的孩子是否正在尝试恋爱这件事，我们都希望家长们可以勇于与孩子自然地聊聊爱情、科学地谈谈性。这当然需要家长首先拥有相关的科学知识、不怕尴尬和拒绝的勇气以及对孩子充分的信任。那么我们可以和孩子谈些什么呢？第一，可以说：孩子，我发现你长大了，你开始爱别人了，而且别人也爱你了，说明你还是挺可爱的。也就是，首先让孩子明白这是一种很美好的情感。第二，你可以借由自己曾经的恋爱经历和在爱情里的体会告诉孩子你为什么最终决定和

他的爸爸（妈妈）走到了一起，告诉孩子你认为爱情带给你的甜蜜和痛苦、责任与担当。由此与孩子探讨，此时陷入青春期的恋爱可能出现的利弊，让孩子自己去衡量和判断。第三，告诉孩子爱情有时候会让人很激动，但也有一些危险。特别要指出的是，性行为和爱有关，但在没有能力为自己和对方负责的时候不要有性行为。最后，告诉孩子，如果有一天你也有关于爱情的疑问或体悟，特别希望你能来告诉爸妈；如果有一天你在恋爱中受到了伤害，不要害怕被责罚而远离家庭，爸妈会与你一同面对。

当然，这是一个对大多数家长来说都不大容易开口的话题，尤其对于一开始就忽略了与孩子建立友好沟通氛围的家庭更是难上加难。当家长感受到孩子的回避与抗拒，重建和修复亲子关系是家长首先要做的，然后要不断尝试把与孩子交流情感和性的话题日常化。所以，家长平时就要跟孩子多交流，建立信任感，这样当孩子遇到什么事情的时候他们才会愿意跟家长讲，愿意向家长请教。当孩子愿意谈，或是主动把这方面的困惑告诉家长时，家长一定不要激动，也不要立马否定，要放平心态，进一步了解详情，在此基础上与孩子一同探讨，并给予引导。可以了解孩子对青春期恋爱、性行为的态度和看法，表达父母的看法与担忧；可以与孩子一起讨论能力、风险、后果及孩子可有的选择；如果家长仍有担忧，适当的时候可以向孩子提出自己的要求、底线等。

【教育提升】

1. 正确看待青春期的恋爱现象，不要草木皆兵。

青春期孩子的"恋爱"更多的是欣赏、好感，甚至是好奇、跟随潮流，跟成年人的恋爱有本质上的差别，同时青春期的恋爱是一个了解自己、了解异性的机会，也是孩子人格成长中的重要环节。在了解客观事实后，家长面对孩子青春期的恋爱现象，"疏"比"堵"更好。

2. 分析孩子"早恋"的原因，反省自己，"对症下药"。

卷入"早恋"的孩子大多有一个特点——家庭不温馨。生长在正常、健康的家庭中的孩子，他们基本的情感需求能得到及时适当的回应，而很多家庭关系存在问题的孩子，为了弥补家庭中的情感缺失，会到家庭以外的关系中寻找安全感、亲密和温暖。很多非理性、有破坏性的"早恋"只是糟糕的家庭关系的替罪羊。所以如果孩子出现青春期的恋爱现象，家长要反思是不是家庭中出现了一些问题，让孩子感受不到爱，才会从"早恋"中找弥补。一定要对孩子的思想进行深入了解，找到问题根源，然后从家庭中开始改变，从家长自身开始改变。

3. 家长要提前做好青春期性教育工作。

青春期的性教育不仅是知识教育，也是道德教育、人格教育。父母要有针对性地对青春期孩子进行相关教育，在日常生活中创造机会跟孩子交流。美国性教育家戈尔顿认为：受过家庭性教育的青春期少男少女，大都能推迟首次与异性接触的时间。同时，戈尔顿还强调：不要指望仅仅用某种教科书来解决孩子青春期的所有问题，最好的家庭性教育的方法是与孩子拉家常。父母可以借某个有关性方面的问题打开话匣子，让孩子了解性活动及相关知识，了解性行为的社会道德规范和自我控制的重要性。了解这些并不等于允许他们过早地这样做，而是要让孩子知道过早这样做会有害无益。

主题三 学习与成长

 **问题1：如何帮助孩子正确应对挫折？**

案例

晓峰在数学课上经常睡觉、开小差……数学老师多次与晓峰交流课堂学习情况，但是他的学习状态一直没有改善。

实际上，在与老师沟通的过程中，老师细致耐心的态度让晓峰很感动。他回家后也尝试过改变自己学习数学的态度，但是一拿起数学书，他就想睡觉，要不就会走神，翻翻这边，摸摸那边……时间一点一点过去，书还是停在那一页，作业本还是空白的……于是，数学成绩一直还是没有进步。

晓峰为此也很苦恼。从初一开始，晓峰就对数学学科感到恐惧，他害怕上数学课，害怕做数学作业……平时跟同学聊天，他甚至都回避谈关于数学的话题。曾经他也希望自己能学好数学，也请教过学习数学的方法，做过一段时间的数学练习，但都不见效，因此，他认为自己天生就不是学习数学的料……虽然晓峰心里也明白数学学科在学习中的重要性，但现在他就是无法克服对数学的恐惧，学习状态不佳，因此学习效率很低。这种状况在学习中成为恶性循环，同时也影响了其他学科的学习。

爸爸妈妈也了解了晓峰的状况，并跟他分享了自己小时候学习数学的经验，但似乎还是没能帮助他克服数学学习上存在的困难。特别是做了一段时间的数学练习还是压根没有提高数学成绩，这彻底打击了晓峰对数学的信心，他觉得很挫败。

【原理分析】

每一个问题的背后都是有原因的。青少年在学习的过程中对某一学科的偏科，通常跟这个学科学习过程中的挫折体验有关。

挫折，心理学上指个体有目的的行为受到阻碍而产生的必然的情绪反应。挫折在人的成长中难以避免，同时它具有双刃剑的特点，它可以阻碍一个人的成长也可以促进一个人的成长。事实上，个体对挫折的认知会影响面对挫折的反应。挫折情境通常是我们无法改变的，但是我们可以通过调整挫折认知，改变对挫折的反应，从而使挫折成为青少年成长路上的推动力量。

所有的学科学习都会经历困难和挫折，如果青少年在学科学习的过程中经历了失败，却不能正确分析失败的原因，或者说在持续努力一段时间后仍然找不到学习方法，那么就容易在该学科上形成"习得性无助"，从而不投入努力，甚至直接放弃学科的学习。

因此，青少年漫不经心的学习状态可能是求助的一种表现方式，家长应该关注行为背后的心理原因，并有针对性地给予适时的帮助，而不是一味地指责和要求。家长应该引导孩子学会解决问题，避免孩子陷入挫折的阴影，从而影响了他们前进的脚步。在成长的过程中，青少年除了学习困难，他们要经历的其他挫折可能还有很多，如果他们不能在学科学习的挫折经历中获得自我的成长，习得应对挫折的有效方法，那么，这样的经历也会影响他们在经历其他挫折时的状态和反应。

【操作指导】

父母看到孩子的学习状态不佳时，肯定会感到焦虑。孩子对自己低效的学习状态也是无助的。一个健康的家庭不是没有问题的出现，而是出现问题时，父母懂得如何帮助孩子学会解决问题并获得成长。针对孩子学科学习上的挫折感，父母可以通过下面几种方法帮助孩子。

1. 良好的沟通，通常更有助于问题的解决。越民主的家庭，越能帮助孩子形成健康的人格。因此，父母看到孩子的学习状态不佳时，首先应该跟孩子心平气和地坐下来谈一谈，一起寻找问题的原因，允许孩子表达，并接受某种情况下的"不够好"，因为这是孩子成长中必经的过程。只有父母接受孩子的不完美，不施加压力，孩子才能有稳定的情绪状态去面对问题，学会正确地应对挫折。

2. 给孩子提供切实可行的帮助。（1）在孩子面对挫折时，父母应该给孩子提供心理支持，对他们的困境表示理解，也能看到他们的努力。在这基础上帮助孩子一起分析遭遇学习挫折的原因，鼓励孩子寻找问题的原因和解决的方法，而不是沉溺在负面情绪中。（2）父母可以与孩子分享自己的学习经验，鼓励孩子向老师请教……以身作则，让孩子勇于寻找解决问题的方法。

3. 帮助孩子建立学习的信心。首先让孩子明白学习不是一蹴而就的，是一个循序渐进的过程，除了投入努力、运用科学的方法，还需要有一定的时间。特别是数学学科的学习，不仅需要有一定量、有针对性的练习，而且需要制订科学的计划持续地努力。家长应该引导孩子学会为自己的进步制订合理的计划，学会与自己进行纵向比较。

【教育提升】

1. 从问题中提升孩子对挫折的正确认识。挫折之所以让人意志消沉，是因为人们在挫折和失败时，没有正视问题产生的原因。海德认为原因无外乎两种：一是内因，比如情绪、态度、人格、能力等；二是外因，比如外界压力、天气、情境等。一般人在解释别人的行为时，倾向于内部归因；在解释自己的行为时，倾向于外部归因。当孩子在挫折面前如果倾向于外部归因，就容易陷入"习得性无助"，从而放弃解决问题。因此，家长应该引导孩子学会反思自己的学习过程，合理地进行内部归因，从而有意识地调整自己对待问题的态度，尝试多种方法应对问题。当孩子不惧怕面对问题时，挫折就会成为孩子成长中的推动力。

2. 在应对挫折时，父母应该成为孩子的导师。父母应对挫折的态度对孩子会起到潜移默化的作用。在挫折面前，父母应引导孩子改变认知，通常树立良好的认知模式可以改变我们对待事物的态度。有时事物本身并不可怕，而是我们只看到了它不好的一面。如果能调整认知，就能从挫折中习得经验，培养承受挫折的能力，同时学会应对挫折的正确方法。每当孩子面对挫折时，父母应该关注问题的解决措施，关注孩子所需的帮助，父母的支持就是孩子应对挫折最有力的支撑。

问题2：如何帮助孩子科学设定目标？

案例

小明半期考的学习成绩下降了很多，他为此很困扰。于是，他在老师的建议下制订了学习计划和目标，决心迎头赶上。而爸爸妈妈观察发现，小明的学习热情总是反反复复……有时热情高涨，声称要考上重点高中，抱着书看到深夜；有时昏昏沉沉，抱着书本有口无心，东张西望；有时自己口口声声说不好好学习没出路，于是又奋起学习，一晚上时间做了半册习题……如此反复下来，单元测试成绩还是不理想，又觉得自己付出没收获，于是又开始懈怠玩闹。

小明似乎在努力与懈怠中反反复复，感觉有努力，但是成绩却鲜有提升，内心焦虑与日俱增。每次单元测试成绩没有达到自己的目标时，小明产生了许多负面情绪，睡眠也受到很大的影响……最近他总是在想：为什么自己很想进步，也很努力，但总不能实现目标呢？

【原理分析】

目标，指想要达到的境地或标准。目标在一个人成长的过程中会影响他的速度和方向。但是目标的达成并不是只凭努力和投入时间就能实现的。目标的设定是否具有科学性对目标的达成至关重要。如果目标设定得过高，很容易产生挫折心理；如果目标设定得过低，则不利于调动一个人的潜能和动力。

那么，如何确立一个科学的目标呢？这是青少年在成长过程中十分困惑的一个问题。我们可以帮助青少年应用SMART原则（S＝Specific、M＝Measurable、A＝Attainable、R＝Relevant、T＝Time-bound）确定合适的目标，学习目标管理方法。

在SMART原则中，S代表具体的（Specific），指目标不能笼统，要具体，比如学习计划的制订不能笼统为"下次考好"，这样的目标因为没有具体的衡量标准，就会影响努力的方向；M代表可衡量的（Measurable），指目标要数量化或者行为化，可以用数据去验证，比如每次考试进步5分，这样的标准就是数量化，很清晰可以验证的；A代表可实现的（Attainable），指目标在付出努力的情况下可以实现，避免设立过高或过低的目标，无法实现的目标只会打击前进的动力，目标制订并不是标准越高越好；R代表相关的（Relevant），指目标与努力相关联，努力可以促进目标的逐步实现；T代表有时限的（Time-bound），注重完成目标的特定期限的设置，这样可以提高效率。

【操作指导】

父母在孩子成长的过程中，应该要做到有质量的陪伴，陪伴孩子应对成长中出现的问题和困难。

青少年由于前额叶的发育还未达到成熟水平，在目标的设定和做事的计划性方面会存在一定的局限性，而且情绪的管理和控制也没有达到成熟的水平，在学习生活中常常缺乏清晰、科学的目标，这样的状态会影响他们的校园生活甚至整个青春期的成长。父母应该意识到这个问题的重要性，并有意识地帮助孩子一起学会设定科学的目标。

1. 帮助孩子分析目标设定的依据。在学习上，父母应该与孩子坐下来一起分析当前的学习状况，而不是一味提要求。父母对孩子的要求也应该循序渐进，并能根据孩子的情况适时做调整。

2. 做孩子最强有力的支持者。孩子在目标实现的过程中总会存在困难，要给孩子适当的时间和空间，允许他们有自己的节奏，并帮助他们适时地调整目标。

3. 鼓励孩子追求更好的自己。在目标实现的过程中，家长不应该拿"别人家的孩子"做比较，打击孩子的信心，应该鼓励孩子做纵向自我比较，不断追求更好的自己。

【教育提升】

1. 目标管理对孩子的成长而言至关重要。在我们的一生中，不管工作还是学习和生活，目标的管理都会影响工作效率和生活质量。家长在帮助孩子成长的过程中，应该有长远的眼光，着眼于未来，授之以渔，而不是授之以鱼。当孩子确定一个目标时，应该跟孩子探讨目标设定的科学性，可以让他在笔记本上写下设定目标的五个理由，引导他在思考中明确对目标的认识，从而挖掘实现目标的动力。

2. 父母帮助孩子确定恰切的目标。制订的目标一定要经过孩子认可，家长如果一味把自己的目标强加在孩子身上，那么这个目标孩子内心是不认可的，因此实际上也不可能有效地执行。父母帮助孩子制订目标一定要量力而行，要帮助孩子进行客观分析，不能让目标成为摆设，成为一个不可能完成的任务。而是应该引导孩子认识到制订目标不宜一蹴而就，应该由易到难，分步骤地实现不同阶段的不同目标。

3. 做成长型的父母。在帮助孩子成长的过程中，家长们也应该不断学习，提升自己，勇敢突破自己的思维定式，尊重孩子成长的身心特点，不盲目追求，不与"别人家的孩子"做比较，更多地关注孩子的身心健康发展。孩子的身心健康是成长和发展的重要保证，家长应该尊重孩子的个性及身心发展的客观规律，学会设定科学合理的目标。

问题3：如何帮助孩子正确认识自我？

案例

小芳最近很烦恼，因为和好朋友闹别扭了。原因是她听到好朋友在背后说了自己很多"坏话"，她感到很失望……

事情的起因是这样的：班级在准备元旦会演节目参加学校的彩排，小芳是文娱委员，她认为当前青少年很喜欢的说唱才能在学校节目彩排中脱颖而出；而好朋友小花则认为中国舞很优美，既能陶冶情操又能达到健身的目的。在讨论的时候，小芳没有采纳小花的建议，就制订了自己想要的节目方案……之后，小花就明确表态说不参加会演活动，作为自己的好朋友却不支持自己的工作，小芳内心非常愤怒……

"友谊的小船"打翻后，小芳的感觉也很复杂，她听同学说小花在背后说她"以自我为中心、霸道、不尊重朋友……"，她一想到好朋友对自己的评价就很伤心，但有时又会觉得好朋友讲得似乎有点道理，她也在寻思着自己是不是应该做点改变……但是不管怎样，别人的负面评价听起来确实很不舒服，该怎么办呢？

【原理分析】

自我认识是青少年心理成长中的重要主题，它主要建立在自我客观分析的基础上，包括自我感觉、自我概念、自我观察、自我分析和自我评价。其中，自我分析是在自我观察的基础上对自身状况的反思。自我评价是对自己能力、品德、行为等方面的社会价值评估，它最能代表一个人自我认识的水平。青少年时期是自我认识的关键期。心理学家埃里克森认为，健康的自我认识是在每个人心理发展的每个阶段遇到的心理危机都能得到积极的解决，从而顺利发展而形成的。

心理社会危机理论

1. 婴儿前期	0~2岁	信任—怀疑	5. 青少年期	12~18岁	角色同一性混乱
2. 婴儿后期	2~4岁	自主—羞耻	6. 成年早期	18~25岁	亲密—孤独
3. 幼儿期	4~7岁	主动—内疚	7. 成年中期	25~50岁	繁衍—停滞
4. 童年期	7~12岁	勤奋—自卑	8. 成年后期	50岁后	完善—失望、厌恶

第五个阶段青少年期的心理危机是自我同一性和角色混乱的冲突。也就是说在这个阶段青少年的自我认识和外界对他的期许与认同可能会成为心理危机。假设父母希望自己的孩子成为舞蹈家，而孩子却只对计算机感兴趣，那么父母的期望和孩子自我的认同之间的冲突，可能会成为孩子心理上的困惑和困扰。如果这个问题没有被意识到并解决，孩子可能就会形成不确定性或无归属感、缺乏关爱的意识。如果这个问题被顺利解决，那么会有助于这个阶段的心理发展的顺利完成。因此，对于这个阶段，心理学家埃里克森描述它是"一种熟悉自身的感觉，一种'知道个人未来目标'的感觉，一种从他信赖的人们中获得所期待的认可的内在自信"。在埃里克森看来，这个阶段的心理危机可以解释美国青少年所表现出的许多骚乱和攻击现象。而心理学家所指出的"同一性"的顺利发展，简单地说就是"知道他或她是什么人"。

由此可见，在青少年阶段，心理发展的客观任务就是发展"同一性"——学会科学客观地自我认识。

【操作指导】

自我认知事实上是每个人一生的重要课题，人生就是在不断的自我认知和超越中进步的。但是，自古以来，自我认知就是一个难题。关于这个问题的引导，家长可以从以下几个方面来帮助孩子。

首先，家长应关注孩子阶段性的情绪状态。孩子每个阶段的情绪表现都有背后的原因，家长只有用心关注孩子的状态才能及时地发现问题，并及时地介入问题的干预。事实上，解决问题最好的策略就是把问题消灭在萌芽阶段。因此，家长教育孩子的过程中应该了解孩子身心发展的客观规律，明确青少年时期的心理发展任务和可能存在的心理困惑、心理危机，当孩子需要帮助的时候，就可以避免"病急乱投医"，从容应对。

其次，有意识地培育良好的家庭沟通氛围。家长可以敞开心扉，多跟孩子谈谈自己青少年时期的成长故事，寻找与孩子交流的契合点，引导孩子表达自己。在心理上，我们常说最难解决的问题通常是"无法表达的"，只要孩子愿意表达，就可能释放了一半的心理负担，因此，教会孩子"表达自我"很重要。

最后，及时给孩子提供心理支持。在了解孩子的困惑和所经历的事件后，不管孩子的处事方式对与否，不做批评和指责，更关注问题的解决，给予孩子适当的支持。案例中小芳的苦恼，其实就是个人评价与他人评价的冲突，家长可以引导孩子做客观的自我分析，并借助他人的评价更全面地分析、认识自己，让孩子知道他人的评价也是自我认知的一部分。

【教育提升】

1. 帮助孩子客观认识自我。美国心理学家 Joseph Luft 和 Harrington Ingham 提出关于自我认知的窗口理论。他们认为人对自己的认识是一个不断探索的过程。每个人的自我都有四部分：(1) 公开的自我，也就是透

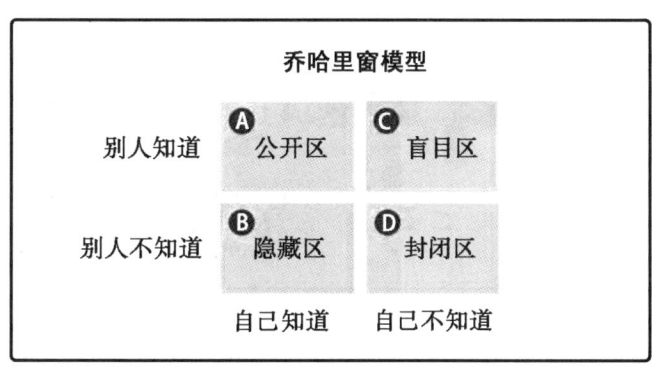

明真实的自我，这部分自己很了解，别人也很了解；(2) 盲目的自我，别人看得很清楚，自己却不了解；(3) 秘密的自我，是自己了解但别人不了解的部分；(4) 未知的自我，是别人和自己都不了解的潜在部分，需要通过我们自己不断地努力去开发自己的潜能。

2. 与他人互动，学会自我观察。理论上，人是不可能完全认识自我的。但有些自己所未认识的自我会被他人指出（该区域我们称为盲目区），也就是我们不了解自己的部分，当我们与别人在互动中，更多地听取别人的建议，就会加深对自我的了解，那么"盲目区"会缩小，而"公共区"会扩大，我们的安全感会提高，这样就能促进人际良性互动，减少人际交往的冲突。他人其实也是反映自我的镜子，与他人交往，是个人获得自我认知的重要来源。一般来说，当局者迷，旁观者清，周围的人对我们的态度和评价能帮助我们认识自己、了解自己。我们要尊重他人的态度与评价，冷静地分析。对他人的态度与评价我们既不能盲从，也不能忽视。古人云："吾日三省吾身。"通过自我观察认识自己，要经常反省自己在日常生活中的点滴表现，找出自己的优点和缺点。自我观察是我们自我教育、自我提高的重要途径。人和人之间的许多矛盾都产生于对自我认知的不清晰。

3. 帮助孩子遇见更好的自己。"不识庐山真面目，只缘身在此山中。"认识自己有时候的确比较难，与别人交往时，通过别人对你的态度、情感反应而觉知自己。不同关系的人对自己的反应和评价不同，人们总倾向于听有正面评价自己的部分，会拒绝回避负面评价自己的部分。自己心中的我，通常比较理想，这是人之常情，也从侧面说明，我们都想成为一百分的自己，这是一种美好的自我期望。然而成长的意义就在于不断发现更好的自己，那么更好的自己从哪里来呢？是在不断地修正自己的不足中成长起来的。因此，我们可以从实际的我、别人眼中的我……多个维度全面认识自己，不断突破自我。要完善自我就必须客观认识自我、包容他人评价的态度、接受外界的提醒，因为他人会促进我们了解自己，也能帮

助我们进一步地完善自我。总之，客观、全面地认识自我是成长的一个重要主题，它需要学习、自律，同时也需要时间沉淀。

 问题4：如何帮助孩子正确看待异性间的好感？

案例

初一男生小易，性格内敛，不爱表达，不知道该怎样和别人来往于是就干脆不来往了。进入新班级后，班上许多同学非常活跃，互动较多。而小易只和一两个男生关系较好，与女同学交往很少，和女同学说话就感到紧张，不知道说什么好。小易内心希望能够自如地与女同学打交道，却不知道怎样做才好，怕她们笑话。

最近，班上转来了一位新同学——小茹，并成了小易的新同桌。小易发现，小茹跟他一样都爱好文学，有许多共同语言，两人便自然地聊了起来。就这样，小茹成了小易唯一的异性好友。两个人经常在一起讨论有关文学的话题，也不时在一起玩。同学们见他们关系这么好，就开始起哄，说他们在谈恋爱。小易和小茹听了，顿时红了脸庞。小茹为了不再被议论，就开始刻意和小易保持距离。这下，小易犯愁了：他确实很喜欢和小茹交朋友，每天也很期待和她一起聊天，他自己也不知道这算不算是恋爱。自己好不容易交上的异性朋友就这么没了，不知道该怎么办？

【原理分析】

中学生进入青春期时，生理快速发育成熟，自我意识增强，十分在意别人的眼光及对自己的评价，期待引起他人特别是异性的注意，开始注重外在形象和自己的言行。

青少年在与异性交往时，一方面表现出不安、羞涩和表面上的反感，另一方面内心里又关心、向往甚至爱慕异性，渴望与异性接触，喜欢悄悄议论异性。这是青春期少男少女的普遍现象。由于异性交往有利于感情的交流、智力的互补、个性的塑造和心理的健康，因此对每一个人来说，拥有异性的友谊是正常和必需的。但是异性交往有需要注意的地方，没有把握好就会向早恋的方向发展。案例中的两个初中生，就困扰于自己的交往是否合理、是否早恋。

有些初中生和老师家长看到两名异性同学走得近，就误以为是在早恋，同学之间议论传谣，老师家长制止打压……其实，我们对于优秀的品质、突出的表现和别人拥有自己期待的闪光点等，都会有欣赏和喜欢之意，这种欣赏和喜欢会发生在同性和异性之间，所以异性之间互有好感是正常的。异性朋友之间只要是大方自然地交往，注意方式场合，都不能算是早恋的范畴。

【操作指导】

现在的初中生普遍早熟，较容易"早恋"。对此，很多家长很矛盾：如果不管，怕出问题；倘若管多了，又怕引起孩子的反感。其实，当发现孩子和异性之间的交往比较频繁时，不要过于激动和直接干涉，应该先去留意和观察孩子的日常表现，再寻找合适的时机和孩子耐心地交流，了解孩子的真实想法，澄清交往性质。

如果两人只是好朋友关系，相互有些好感和比较多的共同话题，则可以为孩子找到志同道合的朋友感到高兴，告诉他同学之间的好感和欣赏很正常，但它和成人口中的爱情不一样，要注意把握分寸，尽量在集体氛围中交往。同时引导孩子要多和不同的同学交往，这样有益于从不同的同学身上发现更多的欣赏点，有助于自己的成长。

如果孩子明确表示自己正在早恋，也要帮助孩子理性地区分好感和爱情，爱情是包含亲密、承诺和责任的感情，而好感和喜欢一样，是一种美好的心情。这个年龄段的他们很容易因为好感而喜欢上异性，但这不是爱情。这种好感是青春期很正常的一种心理现象，这种喜欢不持久，也不只会在一个人身上出现，这种喜欢也会在同性朋友身上出现，不要误以为它是爱情。而且这个时候涉足早恋，是会分散两人的学习注意力、影响到两人的学习和健康成长的，等待独立、有能力承担责任时，再去谈感情也不迟。动之以情，晓之以理，孩子是会明白的。

【教育提升】

初中阶段要建立正常、自然的异性朋友关系是比较敏感的话题。家长要认识到初中生男女交往有利于丰富他们的情感体验，增强人际沟通能力，促进人格的全面发展。家长要鼓励孩子多参加集体活动，多结交不同类型的朋友，同时引导孩子大方自然地与异性朋友交往，教会他们把握好异性交往之间的尺度，并遵循以下几个原则。

1. 自然得体的交往。言语、表情、行为举止及情感流露要自然、顺畅。既不夸张，也不闪烁其词；既不盲目冲动，也不矫揉造作。要恰当地表现自己，不过分拘谨，也不过分随便。

2. 适度交往。不要故意疏远，也不能过分亲密，要保持适当的心理和空间距离，做到诚恳待人和热情大方。

3. 保持独立。要有独立性，不能过分依赖朋友。每个人都应有自己独立的心理世界，要学会独立思考与感受。异性交往最好保持群体模式和公开模式，尽量避免或减少秘密的、单独的相处。

4. 相互尊重。交往中要尊重对方，所言所行要留有余地，不要毫无顾忌。男生充分尊重和照顾女生，女生也要学会自尊、自爱、自重，要注意别人的隐私权，不伤害对方的自尊心。

同时，我们要告诉孩子，人生的每一个阶段都有每一个阶段的发展任务，只有把前一个阶段的发展任务完成，才能顺利地进入下一个发展任务。青春期，是人的大脑细胞最为活跃的时期，精力旺盛，记忆力强，正是学知识的黄金时期；而到了青年期，人的人生观和价值观都已确立，心理已经成熟，这时才是谈爱情、建立家庭的时期。

问题5：如何帮助孩子找到适合的学习风格？

案例

小伟是一名初一学生，他经常在课堂上坐不住，作业本总是缺了一角，还被揉搓得快卷边儿。与学习相比，小伟更爱带着男生一起踢球。班主任和科任老师总感叹：小伟要是把对踢球的热情用一半在学习上就好了。此外，小伟虽然不爱学主科，成绩也很一般，但他对科学课很感兴趣。小伟觉得那些天天摆弄瓶瓶罐罐做实验的科学家太酷了，只要做实验，小伟准是那堂课最全神贯注的学生。

小伟的同班同学——小萱，成绩非常好，爱看书也爱画画，很让人省心。班里还有一个才华出众的孩子叫容辉，他很喜欢小提琴，枯燥的基本功练习对他而言就是玩。容辉的成绩中等偏上，考试时总感觉他没有发挥出真正水平，不过他上课听讲倒是挺认真的，就是课堂笔记总是记不好。他说如果自己记笔记就会错过听讲了，而且也懒得记。

【原理分析】

看完这三个让人印象深刻的学生，不知家长们是否也想到了自己家里的孩子？父母大多都希望有一个像小萱那样的"学霸"孩子，要不像容辉一样也是可心的，而小伟在很多父母看来就是"混世小魔王"一样的存在。有时父母判断孩子学习水平的因素很简单，就是看分数，主观地认为如果分数不高，这个孩子肯定是学习有问题的。

其实，每个孩子都有自己的学习风格和特点。学习风格是学习者个体在长期的学习过程中，受多种因素影响逐步形成的相对稳定的学习偏爱方式。它的形成与个体的人格特质、教育背景、生长环境有直接和间接的相关性。

学习风格分为视觉型、听觉型和动觉型三种。视觉型的人学习时，比较容易接受视觉信息，会把要学习的东西在脑海中组成图像和片段，他们的学习效率比较高，40%的学生能记得75%读到或看到的东西。听觉型的人比较容易接受听觉信息，知识经过老师讲解后，他们就容易理解、记忆，学习效率也比较高，30%的学生记得在课堂上听到的75%内容。动觉型的学生不善于从书本中接受知识，他们的学习往往要借助实际操作进行，这样的学习效率自然就差一些，需要运用身体的移动和活动来练习与理解，15%的学生通过身体的动作，使自己学得更好。

父母只有发现、找到适合孩子学习风格的学习方式，才能取长补短、因材施教，让孩子爱学习、会学习。

【操作指导】

在学习中，孩子不会只有一种学习风格，通过辨别家长会发现其更倾向于哪种学习风格，而这正是属于孩子的"材"。学校教育无法在短期内彻底改变教学方式，家长需要根据孩子的"材"来帮其补上学习中的短板，并进一步发挥其自身的优势。那如何知道自己孩子的学习风格类型呢？

首先，我们可以在平时多观察孩子的学习状态，留意在哪种情境中他会表现得更有兴趣以及学习效率会最高。

其次，我们还可以给孩子做一个简单的学习风格小测试。

学习风格小测试具体内容如下。

根据你的实际情况，在相应项目后的括号里画"√"，每个"√"记1分。

①背课文时，写下来比读出声音更能让我记得住。……………………（　　）

②我可以只通过听歌不看歌词而学会一首新歌。……………………（　　）

③看剧情缓和的电影令我感到放松。…………………………………（　　）

④我擅长分辨各种颜色间的不同。……………………………………（　　）

⑤我听到一个不太熟悉的朋友的姓名，会先想起他的声音。…………（　）
⑥我常常通过泡热水澡的方式来消除紧张。………………………（　）
⑦我习惯借着文字或图画来解决问题。……………………………（　）
⑧我习惯用谈话方式来说明事情。…………………………………（　）
⑨我习惯通过实际动手操作来学习新事物。………………………（　）
⑩上课时，我需要老师把重点写在黑板上才有印象。……………（　）
⑪我读书会受到说话声、噪声或电视声干扰。……………………（　）
⑫长时间和他人相处，让我感到精神紧张。………………………（　）
⑬我习惯将书桌上的用品摆放整齐。………………………………（　）
⑭有空时我会选择欣赏音乐。………………………………………（　）
⑮我习惯穿着宽松、舒适的衣服。…………………………………（　）

其中，序号为①④⑦⑩⑬的代表视觉型学习风格，序号为②⑤⑧⑪⑭的代表听觉型学习风格，序号为③⑥⑨⑫⑮的代表动觉型学习风格。只要看看哪一个学习风格的得分更高，就知道孩子是属于哪一种学习风格了。

视觉型的孩子在文化课的学习上有一定优势，但这并不意味着万事大吉。他们可能更安静、敏锐、好学，但家长需要注意其是否过于倚重这种学习方式，而疏于动手及与人面对面地沟通。家长可以多带孩子去运动、做角色扮演，也可以发挥他的强项，通过可以互动合作的网络课程多方面发展他的长处。

听觉型的孩子善说也善听，在某些听觉要求较高的领域有很好的悟性。家长可以利用这个特点，将平时卷子中涉及的考点、观点等形成讨论的话题，定期与他交谈讨论，在对答式的聊天中加深他对知识点的理解。另外，需要让听觉型孩子学会自己查资料，用视觉型的学习方式来进行"自问自答"，也可以适度增加其阅读量并要求做好读书笔记。

动觉型的孩子在动起来后大脑反而更加敏锐，所以家长可以用一些学习式的游戏来调动他的学习热情。让动觉型的孩子集中精力"动中学"，比如边运动边背课文，通过做家务让他巩固数学知识等方法来弥补他在静态学习中的缺失。在学习的过程中，家长可以使用学科交替的方法锻炼孩子的注意力，还可以通过给孩子放映感兴趣的电影、纪录片等训练他通过视觉和听觉获取信息的能力。

【教育提升】

人类大脑的运作，主要是通过五官从外界接收不同的信息和资料，而其中绝大部分是通过视觉、听觉、触觉（动作）获得的。在孩子的成长过程中，除先天作用，在后天的形成中很容易把其中一种发展成较优胜的和较喜欢运用的接受信息渠道的模式，而其余两类则作为辅助。孩子在学习中运用自己优越的一种类型学习，本身是没有对错的。视觉型的孩子，喜欢色彩、图像、形状、物体和会移动的东西；听觉型的孩子喜欢用听来接收不同声音和文字，他们的语言表达能力较强；动觉型的孩子善于用动作来学习，他们喜欢参与实习和实验，喜欢动手尝试不同新的资讯和事物。

很多孩子出现的所谓学习困难，其主要原因是老师或父母不了解他们的学习模式。例如，一个视觉型的孩子如果只用语言来讲解课文内容，就会令他"听不入耳"。这就好像收音机接收不清一样，问题不在于收音机本身，不是电台出了问题，而是未能调准频道而已。在传统的教学模式中，听觉型的孩子是最有利和得益的，因为大部分的教学都是用听觉模式进行的，即老师讲、学生听。近年来视觉型的孩子也得到了不少益处，因为很多老师选用多媒体教学，大量投影视频的使用帮助了这部分孩子的学习。但最吃亏的是动觉型的孩子，他们经常被说成是好动、不专心、爱搞小动作、难以安静和集中注意力，其实他们只不过是善于用动作或运动来学习而已。综合型的孩子面对今天的教学也难以适应，他们在课堂上的坐姿常被老师训斥，上课戴耳机是违反课堂纪律的，课堂上听讲的时常间断更是让他们的学习漏洞百出。对于这部分孩子的学习特点，目前我们了解得十分有限。

要让各种类型的孩子都能学得好，就必须运用符合他们学习类型的方法进行教学，才能事半功倍。

问题6：如何帮助孩子选择良友？

案例

张毅在新班级有了新同桌王浩，很快两个人就成了好朋友。王浩是班长，学习成绩也很好。张毅还有一个好朋友李明，李明学习成绩不好，喜欢户外运动，爱踢足球，经常来找张毅踢球。父母觉得跟学习成绩好的同学做朋友，会带动张毅的学习，就鼓励张毅多和王浩一起，不允许他老是跟李明去踢足球，说李明学习不好，会带坏他。

平日里王浩不怎么学习，爱和同学打闹、开玩笑，他在班上故意表现得很爱玩，上课不专心，下课也在讲话，做作业也不认真，成绩却还很好，大家都觉得

他特别聪明，比那些很努力的人要厉害。但大家不知道，实际上王浩每天晚上都学习到很晚，暗地里在努力。王浩还喜欢拿别人和自己比较，有时候他会跟张毅开玩笑说："你看我多厉害，不用那么累就可以取得好成绩。你太差了。"张毅心里不舒服，于是就更努力地学习，想赢过王浩。父母看了心里很高兴，觉得王浩真是个益友。可是王浩实在太厉害了，张毅经常被比下去。久而久之，张毅认为是自己能力不行，老是学不好，渐渐地对自己的学习失去了信心，觉得自己很差劲。有一天他回家和父母说："我不想读书了，我想退学，我想休学。"李明知道了，什么也没说，陪张毅踢了好久的球，最后他塞给张毅一张纸条，纸条上写着："做自己，才开心！"顿时，张毅热泪盈眶。

【原理分析】

从古至今，朋友是人生中一个很重要的组成部分。朋友对于初中生来说是健康成长的重要影响因素。案例中的家长，以学习成绩好坏来评价一个朋友是很片面的，也会误导孩子。其实真正的朋友，不但是志同道合，还会给人以温暖和力量，促使他们前进，鼓励他们向上。

"交友不慎"的模式除了例子中的王浩，还大致有以下三类。

第一，义气为上的盲目交友。自己以及周围很多同学交朋友的标准是："只要说得来、合得来就视为好朋友，根本不管那个人的品行如何。"男生在交往时很看重"义气"，比如有的男生，经常违反纪律，但为人很仗义，大家就容易视他为"知己"。一旦这个朋友有需要，不管是好事还是坏事，只要朋友一招呼，马上就跟着去做，即使有的时候也知道自己那样做不对，却被所谓的义气冲昏了头脑，失去了理智，冲动地打了群架，进了派出所还不知自己打了谁。这是盲目交友，这样的交友模式容易被坏人利用，害人害己。

第二，拉帮结派的虚荣交友。自己成绩不太好，担心其他同学看不起自己、欺负自己，于是就想尽办法结交一些校内外所谓"有势力的大哥大姐"，认为这样就可以扬眉吐气了。其实这是自卑的表现，是狐假虎威的行为，初中生社会阅历尚浅，过早地接触社会，很有可能将自己置身于危难之中。

第三，贪图享乐的"排场"交友。某初中生一直羡慕那些比较"潇洒"的同学：他们兜里有用不完的零花钱，几个要好的同学可以整天在一起吃吃喝喝，经常聚会，互送一些高档的礼物。其中一个同学受到家长或老师盘问的时候，其他几个同学还给打圆场。他自己希望能够和这些同学交朋友，可是自己没有钱怎么办，于是就把魔爪伸向身边的同学，隔三岔五地敲诈同学，不给就威胁打骂对方，受伤的同学向公安机关报案，最终他因抢劫罪和故意伤害罪进了少教所。这种讲排场的交友模式是虚荣心在作祟，是无知的表现。他不仅伤害了同学的身心健康，也毁了自己的青春年华。

【操作指导】

现在的中学生竞争比较激烈,都以学习为重,这一时期交朋友的目的无疑就是寻找前进道路上的伙伴,所以,谨慎择友和交友就非常重要。那么,应该如何指导孩子择友和交友呢?

1. 多为孩子创造社交机会。

可以鼓励孩子主动邀请好朋友来到家里做客,让孩子体验当小主人的感受,学会思考需要做哪些准备工作、有哪些细节要注意、怎样招待来做客的小伙伴等。

2. 教会孩子相关礼仪以及交往的技巧。

平时多引导孩子学会使用礼貌用语,养成喜欢夸奖他人、善于分享喜悦的习惯。可以多给孩子听一些小故事,引导孩子分析并正确表达自己的想法,如玩游戏时,输赢并不重要,友谊才是最宝贵的财富。家长从小培养孩子学会感恩、助人为乐等品格,都是他们收获友谊的资本。如果孩子骄横,不尊重他人,这很可能是家长的错。

3. 要交兴趣相投的朋友。

如果朋友兴趣不相投的话,是很难聊到一块去的。引导孩子多去认识一些跟自己兴趣相投的伙伴,有了相同的兴趣就有了相同的话题,有了相同的话题就开始了朋友的情谊。

4. 不交习性不好的朋友。

中国有句古话是这么说的:"近朱者赤,近墨者黑。"如果交友不慎,认识了一些习性不怎么好的朋友,很有可能会让你也沾染上这样的陋习,从而对自己日后的身心发展非常不利。告诉孩子,交朋友不一定要选择学习成绩好的,但是一定要选择品行端正的,当朋友要求他做对自己无益的事情时,请尽量别做。

5. 要以真诚来对待朋友。

朋友贵在真诚,如果你对待朋友不真诚,谁愿意对你付出真心呢?所以,告诉孩子想要收获真正的友谊,就要先学会付出,真心对待你的每一位朋友,珍惜跟他们一起相处的机会、共建的情谊。

6. 发生不愉快要主动联系。

如果和朋友之间发生了不愉快,千万不要因为负气而两人长期没有联系,这样很有可能就会让两人的友谊就此中断。此时不妨鼓励孩子试试放下自己的面子,主动找到对方,再跟对方继续交往,如果孩子觉得对方还是一个值得交往的伙伴的话。其实只要把握好机遇,相信对方也愿意跟你化解误会或者不愉快,再一起玩耍的。

【教育提升】

初中生的学习情况和交友情况是家长们都非常重视的事情。初中生在学校学习的时间很长，若是孩子没有好朋友及时交流、抒发自身的烦恼，必然会让孩子存在更多的心理压力。家长应该怎样帮助孩子交朋友呢？请家长遵循以下三个原则。

1. 教导初中生多跟有上进心的学生交往。

平时父母要关注初中生，不能让他们与没有上进心的人交友。要多多教导孩子多跟有上进心的、相同兴趣的学生交往玩耍，如此方能有相同话题和彼此理解，还能有助于孩子学习到他人之所长，从而帮助自身养成良好的习惯。

2. 教导初中生交际的朋友要"精"。

父母不能让孩子盲目扩大交友圈，因为并不是每一个朋友都有孩子需要学习的特质。若是盲目扩大交友圈，甚至还会影响孩子，让其有不适应和不充实的感觉。只要让初中生注重把握好度，意识到交友圈子重点在精，如此方能有助于孩子平衡学习与交友，也有助于建立良好的人际关系。

3. 教导初中生不能强行参加他人的交际圈。

父母不能教导初中生强行参加他人的交际圈。要知道每个人都有自己的朋友圈，都有自己的交友原则，不要去羡慕他人的交际圈，去强行融入。不适合自己的圈子，不要去强求，强扭的瓜不甜。

问题 7：孩子学习成绩退步了，是因为他近期不努力了吗？

案例

小 W，是一名初一男生，刚上初中时成绩优异，班级前三名。但下学期的第一次月考，成绩却退出了班级的前十名，开始上课爱讲话或者经常走神，作业也经常缺交。班主任和科任老师都对他的变化感到很惊讶，将他叫来谈心，他只是呆呆地站着。直到有一次上数学课，小 W 和同学讲话太大声，屡劝不止，又未经允许，随意走到教室后面，数学老师担心他影响其他同学，便将他带到办公室交给班主任。班主任随即打电话给小 W 的父亲，父亲没空，他的爷爷赶到了学校。

当爷爷听完班主任的话后，就对着孩子大声地斥骂："你怎么这么不懂事，这么混蛋，这么会给大人添乱！你如果再不努力学习，以后只能做垃圾！"孩子原来都不管别人说什么，只是低头不语，这时候抬起了头，脸涨得通红，双手握拳并不断挥舞，大声吼叫："你们出了什么事都骂我，什么责任都是我的，什么都怪我！他们两个要离婚，也是我错了，也是我不对！你整天骂我骂得那么难听，我不是混蛋，不是垃圾！你们天天这么折腾，我的心很乱，怎么有心情读书，我也想努力，但我烦死了！我烦死了你们，烦死了这个家！我还怎么努力！"

从孩子的这一番话中我们知道孩子学习成绩退步是因为他现在没有努力。那么，是什么影响一个过去很努力的孩子现在变得不努力了呢？

【原理分析】

从小W的话里，我们听到了几个方面的信息：第一，父母最近在闹离婚，顾不上孩子；第二，孩子此时出现一点情绪或者行为都不被允许，反而被认为是添乱；第三，爷爷代替了父母的角色，对孩子的教育方式就是责骂；第四，父母在要离婚的事情上没有很好地和孩子沟通，爷爷的责骂让孩子和他的关系也很疏远，孩子有了很多的情绪却无法宣泄，心里烦躁，已经无心学习。从这几个方面可以看到，小W内在努力的通道已经被堵住了，他想努力可是力不从心了。

首先，父母闹离婚，对孩子来说，就是这个给他安全感的家将不复存在了。一个人如果安全感缺失，他的内心就会惴惴不安，就会对自己的生存和未来有

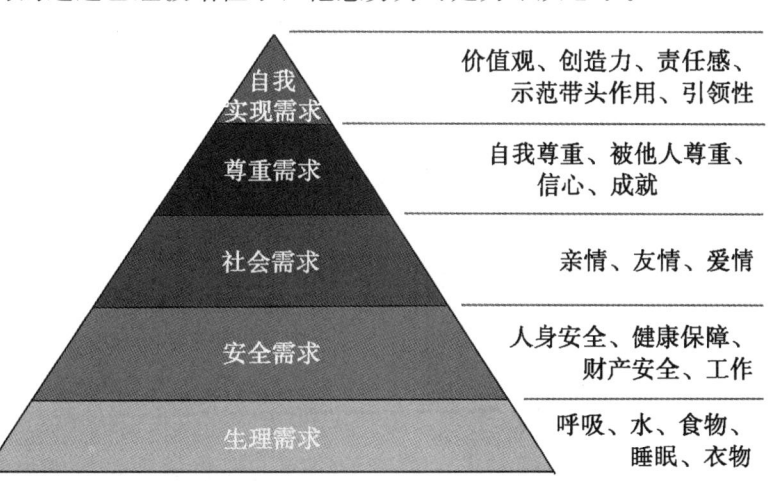

很多的担心。美国心理学家马斯洛在《人类激励理论》中提出，人类的需求像阶梯一样从低到高按层次分为五种，分别是：生理需求、安全需求、社会需求、尊重需求和自我实现需求。五种需求可以分为两级，其中生理需求、安全需求、社会需求都属于基础需求，而尊重需求和自我实现的需求是高级需求。低一级的需求满足后，高一级的需求才出现。未被满足的需求会在很大程度上影响一个人的行为，最迫切的需求满足后，后面的需求才显示出其激励作用。孩子现在缺失的是安全需求，成绩好能体现自我的价值，是属于自我实现需求层面的，所以他的

安全需求现在很迫切，怎么可能一下子就跳跃上升到最高层次自我实现的需求上呢！

其次，这个家庭里几种关系都没有处理好，也是导致孩子成绩退步的关键原因。因为，成绩等于关系，关系影响成绩！亲子关系是孩子来到这个世上最早建立起来的人际关系，孩子对这个世界的认识、对这个世界的依赖和信任都建立在这个关系之上。在这个家里，父母闹离婚，他们之间的关系破坏了。同时，还将他们关系破坏的恶果叠加在孩子的情绪和行为之上："这么不懂事！""还添乱！"这是在指责孩子的行为是不应该的，不被允许的。父母的指责，会让孩子背负着很大的心理负担，孩子又怎么敢靠近父母，把自己心里的烦恼、困惑和父母说呢？这就又进一步破坏了父母和孩子之间的关系。关系不好，孩子的注意力就都被卡在了这里，因为生命的核心、成绩的核心就是改善关系！孩子纯净的内心就是一个畅通的管道，关系不畅通，情绪纠结，就仿佛给这个管道堵上了各种杂物，管道就无法顺利地接通信息，无法顺利地到达彼岸的目的地！亲子关系好了，父母说什么孩子都愿意听，孩子即使不为自己也想为父母而努力，把成绩搞上去；关系不好，父母怎么做孩子都不愿意，甚至就要和父母对着干："你们都不在乎我，我为什么要按你们说的做！"父母此时如果越在乎成绩，孩子的潜意识里就越可能把成绩考砸了。

再次，爷爷随口而出的指责、辱骂，更是破坏了孩子和父母以外关系的联结，破坏了孩子与自己的联结，破坏了孩子的自信。一个不自信的孩子，无论做什么事，他都不敢期望好的结果，不敢全力以赴！

最后，孩子的情绪没有被家长关注到，没有一个疏通的渠道；孩子背负上许多成年人要承担的责任，但孩子只是个孩子，却要负重前行，注意力放在父母的问题上，怎么能够专注，怎么有力量努力呢？

【操作指导】

1. 真正地读懂孩子，了解孩子的需求。父母能够真正看见和懂得孩子的需求，尤其是情感上的需求，对孩子的一生都会带来积极的影响。这就要求父母平时在面对孩子的各种问题时，懂得分析他们行为背后的需求，这样才不会陷入对孩子的指责、否定当中，导致孩子对自己缺乏自信，被认同、被肯定的需求就没有得到满足。同时，父母要多从孩子真正的需求出发来寻找应对策略，调整教育方式，让孩子对学习逐渐树立起信心，改掉不良的行为。

2. 父母在养育孩子的过程中，要和孩子建立良好的关系。不要有轻易伤害孩子自尊心的言语和行为，多说鼓励的话，少责备少埋怨，不能口不择言，不依不饶；不要把孩子当作自己的出气筒，对孩子发泄自己内心的不良情绪。即使孩子犯错，也要看到孩子是正在成长的个体，认知水平有限，自控能力也不足，所以父母就要多一些包容和耐心。

3. 要和孩子建立良好的关系，就要内心有爱，多关注孩子的感受，在家里营造民主平等的沟通氛围，就要让孩子有话可以说、有话敢说，就要允许孩子、包容孩子、接纳孩子，允许孩子有自己的想法、情绪，允许孩子做自己，不能把父母要承担的责任推到孩子的身上。

【教育提升】

1. 父母要努力学习，更新教育的理念和方法。父母在自己成长的过程中，也只是从自己的父母那里学习他们是怎么当父母的，但属于自己父母的时代已经过去，有些观念、方法已经不合时宜。父母要能成为孩子的引领，要让孩子努力学习取得好成绩，自己也要努力学习各种亲子关系的理论，学习如何让自己成长，让孩子看到学习是可以让人变得越来越好，可以提升自己的智慧，有面对问题的勇气和方法。例如案例中小W的父母如果有学习，就可以知道当自己的夫妻关系出现破裂时要保护好孩子，要告诉他："爸爸妈妈要分开了，这是我们的关系出现了问题，不是你的错，爸爸依然是你的爸爸，妈妈依然是你的妈妈，爸爸妈妈对你的爱不会因为我们的分开而减少。"这样才可以将父母离异、家庭破裂对孩子造成的伤害降到最低。

2. 父母要学习，成为更好的自己。许多父母在刚开始时会参加各种亲子关系的课程，听讲座，在网络上听课，但感觉在生活中不会用，或者用不出来。关键的是父母学习如果只是为了学习如何搞定孩子、对付孩子，那么学习的方向和意义就本末倒置了。学习的关键是自我成长，是自我疗愈，自己成为一个幸福的人，自己的内心才有能量，才有力量面对孩子、接纳孩子，对孩子的"问题"才会有不一样的视角，对孩子才有帮助！例如案例中小W的父母如果自己有力量，就会看到孩子此时因为父母的离异成绩下降了，他的心里渴望解决这个问题，却不知道怎么面对父母的冲突。此时就是父母教育孩子的一个机会。父母如果能坦然地面对两人的关系，就会坦然地和孩子来谈论这个话题，而不是把父母的"锅"甩到孩子身上；就会引导孩子认识到每个人的幸福快乐都不该由别人负责，都应该由自己决定，人生的许多事并不会因为你感到不开心它就不发生，而是应该学习如何在事情发生的时候，我还是那个最好的自己，要做最好的自己就是要不断学习！这样，即使父母离婚的事件对孩子的成绩有影响，也会让孩子更快地回归，甚至让孩子更加地独立，快速成长起来。

 问题8：如何培养孩子成长型思维模式？

案例

小华原本是一名成绩优秀的学生，小学时，他总能轻轻松松地完成作业，考试成绩也常常名列班级前茅，经常受到老师和家长的表扬。上初中后他看到周围的同学有的学习成绩比他好，有的特长突出，让他倍感压力，渐渐地，他觉得周围的同学都比自己优秀，在集体中没有存在感。原本很爱主动回答老师问题的他现在上课也很少举手，做作业的时候一遇到难题就查看答案，不愿意花时间思考，成绩明显下滑。生活中遇到事情后经常采取回避的态度去应对。老师看到他的变化后找他谈心，他跟老师说："周围同学都比我优秀，自己又没有什么特长，而且我是个不善于交际的人，害怕跟人相处久了对方知道我的缺点多了后不愿意继续和我来往。上课时也很想主动举手回答问题，但又怕答错后同学们会笑话我，认为我很笨。遇到难题就看答案是因为我认为即使花了时间也未必能想出来，所以不想去浪费时间思考。"现在的小华吃不了苦，受不了累，经常一遇到困难就打退堂鼓。家长看在眼里，急在心里，担心这样继续下去，不但学业成绩会越来越差，考不上理想高中，而且这样为人处世的方式将来很难在社会上立足。

【原理分析】

美国斯坦福大学著名的行为心理学家卡罗尔·德韦克经过多年的研究，把思维模式划分为固定型思维模式和成长型思维模式。固定型思维模式的人认为，人的特质和能力都是天生的，后天无法改变。他们往往害怕失败，更为重视外界的评价，尤其担心自己被嘲笑和否定，通常会拒绝接受挑战。因此，他们的发展空间也会受到很大限制，只会去做自己擅长的事情。虽然他们也知道努力会带来成功，但往往会去选择忽略这种可能性，因为害怕努力了但依然失败的结果。成长型思维模式的人则认为，任何能力和技能，都可以通过后天努力而得到发展。他们更乐于接受挑战，并且积极提升自己的能力和技能。因此，具备成长型思维的人会更加坚忍，他们认为遇到的挑战可以帮助自己学习和成长，挑战越大也就意味着成长的空间越大，即使挑战失败了也不会轻易否定自己，而是从过程中寻找存在的问题，从而不断改进。

小华上初中后由于学业成绩不理想，跟周围的同学相比处于劣势，变得越来越自卑，导致自我认知出现消极、否定现象，产生了逃避生活和学习中困难的行为。这种现象在中学生群体中比较普遍，如不及时调整，久而久之就会形成固定型思维模式，影响孩子的学习、生活、人际交往等。

【操作指导】

人在遇到困难或逆境时最容易启动固定型思维模式，但同时也是培养成长型思维的机会。那么，家长应该如何做才能抓住这个契机培养孩子的成长型思维呢？

1. 不给孩子贴标签，多一些积极正面的语言。

有时孩子做得不够好，家长喜欢用"你怎么这么笨""这点小事都做不好""你就是太懒"等这种标签化的语言评价孩子，这对于孩子的自我认知发展十分不利。父母应该多用积极正面的语言培养孩子的正面积极思维，比如说："我觉得你没问题的，可能还需要多投入一些努力，只要花足够的时间和精力，一切皆有可能！"

2. 赞扬孩子时注意技巧。

卡罗尔·德韦克很严肃地提到，赞美孩子的天赋而非他的努力、策略和选择，是在慢性地扼杀他的成长型思维。很多父母夸孩子时习惯于夸孩子聪明而非努力，夸孩子时过多强调结果，而不是他努力的过程中反映出的意志力等优秀品质，或者就毫无根据、空泛地夸。要想培养孩子的成长型思维，需要有技巧地表扬孩子。

针对某一件事或某一个点具体地表扬，让孩子明白自己哪个方面做得好，听太多空泛的表扬，会让孩子迷失自我，将来总是难以接受批评和自己的失败。不去表扬天赋或才智，对孩子积极投入的过程进行表扬，表扬他们的努力与策略，他们的专注、坚持与进步。对过程的表扬，可以激发孩子的韧劲，日后承受挫折和重新振作的能力会更强。

3. 启发孩子换个思维角度看待问题。

有时当孩子受到固定思维限制的时候，不妨换个角度看待问题，可能会豁然开朗。比如当孩子对你说"我就是学不好数学"时，你可以对孩子说："我知道你目前尚未学好数学，可是你想学好，只是目前还没有找到合适的方法而已。"这个时候思维就从"我没有学好数学的能力"变成了"我只要找到适合自己的方法是可以学好数学的"，于是接下来他可能会主动去寻找学好数学的方法。

4. 少拿自己的孩子和别人比较。

有的家长喜欢拿自家孩子与别人比较，这样做大多数时候其实起不到激励孩子的作用，反而容易让孩子过多关注自己在别人眼中的形象。家长应该多引导孩子注重自身的成长，和过去相比进步了，我们还能做些什么让自己变得更好，这些才是应该教给孩子的正面积极的思维方式。注重过程的思维模式，会赋予孩子更多自信。

【教育提升】

　　正常人都会同时存在"固定型"和"成长型"思维模式，只是这两种思维模式在大脑中所占有的比例不一样而已。而且随着人的成长，这两种思维模式是在不断动态变化、此消彼长的。通常情况下，这两种思维模式的差别在困难或逆境中最容易体现出来。固定型思维模式的人通常会采用"情感取向"来面对问题，通过逃避困难以保护自己的情感不受到伤害。例如：一个不善于言辞、胆子比较小的孩子，突然被叫去演讲或被老师叫起来回答问题，他的第一反应多半是拒绝这件事情。我们看到幼儿园、小学课堂上老师问一个问题，很多小朋友争先恐后地举手，而中学课堂上很少有同学主动举手回答老师问题。为什么随着年纪增长、知识储备增加，反而变得越来越胆小了呢？这跟孩子在成长过程中固定型思维模式比例在逐渐增加有很大的关系。如果一个人经常遇到问题就回避，久而久之就会形成习得性无助，不敢正视困难，不敢向困难发起挑战，以至于失去很多自我成长的机会。相反，成长型思维模式的人通常会采用"问题取向"来面对问题，通过解决问题来消除眼前的痛苦。如果经常这么做，就会提高解决问题的能力，提升自信，形成积极的思维和行为习惯。所以，当孩子遇到困难的时候一定要和孩子站在一起，孩子为主，家长为辅，跟他一起想办法解决目前遇到的问题。通过不断探索解决了问题，既找到了成就感，又培养了思维能力，久而久之就会更加善于解决难题，而且更加有信心直面生活和学习中遇到的各种问题。

　　帮助孩子培养成长型思维模式，让孩子变成一个更积极、更有勇气、更加开明的人。

问题 9：如何引导孩子做个幸福的中学生？

案例

　　小柯是某中学的一名初二学生，在一次心理咨询中问老师一个问题："中学生生活幸福吗？"这突如其来的问题一下子让老师不知道该如何回答是好。小柯说："上初一的时候感觉还好，一天除了上课、完成老师布置的作业外，还有自己的一部分时间去打打球，做点儿自己喜欢做的事情。可是上了初二后作业量就激增，每天从晚上七点开始不停笔，也要做到九点半，遇到难题就要做到晚上十点以后。整天两点一线，生活被学习完全占据，很多自己想做的事情都没时间做，觉得自己就像一部学习机器。"老师和家长也经常强调:"现在初二了,是非常重要的分水岭,大家一定要努力,要不就考不上理想的高中了,那将来还怎么考理想的大学呢?今后又……"大人们的这些话语让他倍感压力,加之最近几次考试成绩都不太理想,这让他对自己的未来有了不少担忧,这样的生活让他感觉很累。这与他之前的生活相差太大了,不知道这样的生活方式到底有什么意义。现在他对学习已经失去了兴趣,心有怨气,又谈何幸福呢?

【原理分析】

有小柯同学类似感受的中学生的确不在少数,那么是什么原因令他们感到"不幸福"呢?压力源头直指升学。在调查中,老师抓得太紧、作业太多、考试频繁、课外辅导班多等,成为中学生"不幸福"的源头所在。原本属于学生自由安排的时间大量被学习占用,很多中学生表示对学习缺乏兴趣,自己是"不得不学",学习是在家长和老师的压力之下的行为。

全国优秀教师、原华师一附中特级教师周文涛认为,教育功利化在一定程度上导致中学生幸福感缺乏。他说,现在在推行素质教育,但很多地区和学校仍然守着应试教育不放,他们看重升学率,评价学生的标准仍只有分数。在学校里,只有那些学习能力强、学习成绩好的孩子才能得到肯定,才会被认为是优秀的。以分数为衡量标准,优秀的学生永远是金字塔尖上的那一小截,更多的学生达不到"优秀",他们没有成就感,自然就感觉不到幸福了。此外,部分学校学生学习时间过长,活动少,还经常会占用本该学生活动的时间上课。在进入毕业年级后,学生们除了上应试学科课外,很少有活动和娱乐,这对于十几岁的孩子而言,无疑是难以承受的。另外,现在的中学生多为独生子女,他们缺乏倾诉的对象,常有孤独感,他们习惯将学习问题或是心里话深埋在心底,他们感受不到交流的乐趣。多数学生自然就感到不幸福。

【操作指导】

对中学生而言,学习是主要的任务,它在很大程度上决定了中学生的幸福感水平。那么应该怎样引导孩子以正确的心态看待中学阶段的学习,从而提升幸福感呢?

1. 站在孩子的角度谈论学习。

很多孩子不谈学习还好,只要跟他谈到与学习有关的话题就压力山大,甚至是拒绝交流。其实孩子心里非常清楚学习对于他的重要性,也想好好学习,获得优异的成绩,但往往事与愿违,不但没有获得乐趣和成就感,而且更多的是体验到挫败感和无助感,所以不愿意谈及与学习有关的事情。这个时候作为父母一定要换个角度思考问题，站在孩子的立场，以平等的关系真诚地和孩子交流。父母可以给孩子讲讲以前自己在这个年纪的时候遇到的一些事情和困惑，以及现在回头来看这些事情给自己带来哪些正面和负面的影响。当孩子能够感觉到家长跟他真诚沟通的时候，往往容易把烦恼和困惑说出来，使压力和情感得到释放，同时也增进了亲子间的感情。

2. 帮助孩子树立正确的学习观。

人的本性都是"趋乐避苦"的，凡是有可能带来压力和痛苦的事情本能都想避开，不喜欢学习是多数孩子的天性。但学习又是社会化必不可少的过程，所以必须要学习。有的孩子可能会认为现在学的很多东西在今后根本用不上，觉得读书意义不大，纯粹就是为了考试，甚至有的家长也这么认为。其实这个看法是极不客观的，一个学生要把书读好，需要良好的思维能力、想象力、逻辑推理能力、记忆力、理解能力、心理素质等，这些能力在工作过程中同样需要，而学习就是锻炼这些能力的过程，是锻炼基本能力的必经阶段。很多优秀企业家、科学家在读书的时候都是学霸级别的人物。所以，如果孩子把读书当成是锻炼能力的过程的话，对学习的热爱程度就会完全不一样。

3. 帮助孩子树立正确的竞争观。

目前来说，中考、高考是选拔人才比较公平的方式，虽然也有些弊端，但目前"游戏规则"就是这么制定的，我们必须要遵守这个规则，才能获得自己想要的东西，否则就失去公平竞争的机会。竞争的确会给人带来压力和不适感，但竞争也不全是坏事，在充满竞争的环境中更能让人奋进，也更能发挥人的潜能。鼓励孩子努力适应竞争环境，引导他们把竞争当成促使自己变得更加优秀的动力，让他们明白现在的竞争是给自己在将来更加广阔的人生道路上的竞争打下坚实的基础。

【教育提升】

"幸福是一种感觉"，这是一种心理体验。它既是对生活的客观条件和所处状态的一种事实判断，又是对于生活的主观意义和满足程度的一种价值判断。它表现为在生活满意程度基础上产生的一种积极心理体验。

1. 建立良好人际关系提升幸福指数。

亲子关系、同伴关系和师生关系，它们对中学生具有重要的社会支持作用，影响着中学生的幸福指数。所以，要引导孩子尽量处理好跟老师和同学的关系。除了在人际交往的技巧上给予指导外，更多地培养孩子真诚与人交流的心态。那么，应以怎样的心态对待别人？人际交往黄金法则——像你希望别人对待你那样对待别人。

中学生通常会有"假想观众"效应，即他人像自己那样关注自己。特别是同伴一直在关注他们、评价他们，并且对于他们的想法和行为都很感兴趣。这样的信念导致了对自我意识的强调，对他人想法的过度关注和对于现实和想象情境中他人反应的预期。假想观众使得他们必须时刻保持警觉以避免做出任何可能导致尴尬、嘲笑或拒绝的行为。家长要让孩子认识到这些认知误区，可以问孩子"你是否也随时在关注他人"，用换位思考的方式让孩子明白别人是没有那么多时间和精力一直关注自己的。

2. 鼓励孩子参加休闲运动。

有关研究表明，每日闲余时间在 3 个小时左右的学生幸福指数最高。所以，平时要让孩子劳逸结合，调整身心，适当放松，这是非常有必要的。而运动是非常好的身心放松方式，家长要鼓励孩子积极参加体育运动，有条件的家长还可以利用周末的时间带着孩子一起运动。

问题 10：如何激发孩子的学习内驱力？

案例

小学时，信然成绩名列前茅；上了初一，他的期中考成绩只在中等水平。妈妈看在眼里急在心里，于是和爸爸商议，如果期末考试信然可以考到班级前十名，就奖励一辆他一直想买的车模。这一招果然灵验，信然学习努力了很多，学习劲头也很足，成绩进步很大，但期末成绩仍未达到目标。这对信然产生了很大的打击，他认为自己无论如何努力，也没法很好地提高学习效率。到了初二，尽管信然知道应该努力，却始终不能很好地完成自己的学习计划。他上课经常走神，做作业磨磨蹭蹭，成绩更是一再退步。信然每天都处在未完成学习任务的挫败感之中，情绪很低落。

面对信然的这种状况，妈妈给他报了培训班，但是收效甚微，甚至引发他的反感。妈妈有些手足无措，不知道该如何帮助信然建立信心，激发其学习内驱力。

【原理分析】

随着社会发展越来越快，人们对孩子的教育也越来越重视。家长通常都很看重孩子的成绩，认为只要成绩好就万事大吉，较少关注孩子成绩背后的情绪，以及学习过程中的动力来源。

研究表明，学习内驱力是各种力量按一定关系组成的一个系统，对学习起着始动、定向、引导、维持、调节、强化的作用。按其对学习的作用方式可分为内部动力和外部动力两类。内因是决定事物性质的根本原因，因此学习内驱力是学习者最强有力也是最重要的动力支持。无论为学生提供多少有利的外部环境，如果不能让学生自己从内心深处自发地渴望学习，那么一切外在的工作都是没有效果的。学生只有充分发挥自身的主观能动性，明确学习目标、提升学习自觉性、增强自我效能感，才能从根本上解决学习问题。

初中生学习目标的不确定，主要表现在两个方面：一是学习目标不够明确。这样的学生缺少必要性的唤醒水平和认知反应，上课不认真听讲，课后懒于做作业，不主动寻找适合自己的学习策略、方法。若问起现在的学习目标是什么，他们常常会一时答不上来，或者说没有想过，或者说是"家长让我学我就学""老师让我干什么我就干什么""别人都学习，我也学习"，从没有一个明确具体的目标。二是学习目标的不稳定性。他们对自己现实的和潜在的能力缺乏认知，制订的目标或高或低，又常常因为自身个性特点、意志品质、外界环境等各方面的原因不停地更改着自己的学习目标。

学习内驱力不足的初中生表现在对学习成功的可能性持悲观态度。说明他们对自己的学习效果不自信，自认为学习成功的可能性不大，对学习缺乏信心，对学习成功没有很高的期待，学习过程中必然不能保持充足的学习内驱力。在这方面比较严重的是学生形成学习上的习得性无力感。习得性无力感，是指当有机体接连不断地受到挫折，便会产生无能为力、听天由命的心态。

【操作指导】

身为家长或多或少都有望子成龙、盼女成凤的心态，然而对子女过高的期待会成为孩子学习上的压力。孩子会认为自己是在为父母读书，而且无论如何努力都难以达成父母的期望。若想激发学生的学习内驱力，首先父母应分析自身对孩子的期望是否合理。合理的期望才能建立合理的目标。父母可以从以下几个方面帮助孩子激发其学习内驱力。

1. 首先帮助孩子认清现状，分析学习特点，发现孩子长项与优势学科，制订切实能实现的目标。各位家长可以根据 SMART 原则为孩子制订学习目标。

2. 积极评价，外化学习行为，提升学生自我效能感。在学习目标实施的过程中，可能不尽如人意，家长要注意观察孩子的进步行为，并给予积极评价，例如孩子按时坐在学习桌前、注意力更专注了、情绪更好了等过程性评价。在孩子学习过程中，家长帮助其将学习行为外化，比如收集孩子用过的笔芯、记录孩子坚持的时间、每天完成的任务清单等，以此可视化的方式增强孩子在学习过程中的自我效能感，从而激发其学习内驱力。

【教育提升】

自我决定理论认为人类有三种基本心理需要：自主需要、胜任需要和归属需要。自主需要即自我决定的需要，个体在从事各种活动中，能根据自己的意愿进行选择。自主性是个体在充分认识个人需要和环境信息的基础上，对行为做出的自由选择。这种自我决定的潜能可引导人们从事感兴趣的、有益于能力发展的行为，并构成了人类行为的内在动机，形成内在驱动力。

父母在教育孩子的过程中，应提供给孩子充足的自主选择权。在孩子面对选择时，家长可以了解他的想法，帮他分析利弊，提供更多的空间让他自己决策。这样能让孩子知道，他所付出的努力都是因为自己内心的驱使，不是为了获得外在的奖励和夸奖。给孩子自主感，不是放弃对孩子做任何干预，而是当孩子做出不那么好的决定时不要焦虑，在他的背后无条件地支持他。在孩子对某件事产生了挫败感、手足无措，或是失去了兴趣时，也是他建立内在动机的时候。此时父母要关注到孩子的自主需求、胜任需求和归属需求，从而帮助孩子建立起自己的内在动力，最后实现自驱型成长。

问题 11：如何帮助孩子处理好学习和班干部工作或其他兴趣活动的关系？

案例

小学时，戴清誉在学习之余报了很多兴趣班：钢琴、朗诵、篮球等。小学的学业较轻松，所以并没有影响到戴清誉的成绩。上了初中后的第一个月，爸爸妈妈不让他报兴趣班了，给他报了几个文化课的辅导班。戴清誉觉得很失落，但第二个月后又开始起活跃起来，原来是学校的社团开始招募新成员，班级也在重新竞选班干部。戴清誉瞒着爸爸妈妈去竞选了好几个职务。很幸运，戴清誉被学校文艺部、篮球队、记者团录取了。

起初，被这么多个社团选中，戴清誉很开心，觉得自己很"能干"、很"优秀"。戴清誉精力充沛，参加各个社团会议和活动策划，布置会场，参与篮球队训练，偶尔还参加英语角活动。有时候，几个社团的会连在一起，他刚参加完文艺部的会，转身赶去参加篮球队的会……周末，再去参加文化课的辅导班。

两个月后，戴清誉开始觉得特别累。他觉察到：因为忙着这些活动，自己花在学习上的时间太少了，期末考试总分在中等水平以下。

其实，戴清誉的父母知道孩子去参加社团活动，考虑到他学习成绩在年段前50名，又特别喜欢社团活动，所以就任由他去，并没有反对。但是，期末考试结束后，发现戴清誉的成绩退步了很多，就开始不淡定了，父母要求他在寒假静下心来，好好反思一下。并且父母希望他下学期辞去所有的社团职务，专心学习。戴清誉很不开心，因为他很喜欢这些社团活动，特别是篮球，一想到没法参加这些活动，他就觉得生活没有了乐趣，失去了意义。

【原理分析】

小学的学业相对轻松，课堂上，老师会对一个知识点进行重复讲解，所以课后可能不做太多的复习，也可以轻松搞定学业考试。升入初中以后，学科的门类增多，知识量也比小学多了很多。初中教材的抽象性和概括性大大增加，对学生的能力要求也不断提高。所以，初中的学业学习需要投入的时间也会更多，如果还是用小学的方法学习，是远远不够的。

大多数的中学生因为课业负担重，被迫放弃了发展自己的个人兴趣。当然，这个"被迫"有可能来自于父母，也可能是来自于自己的自觉。但如果全部放弃兴趣活动，只顾学习，生活自然就显得单调，久而久之会觉得疲惫、困乏。

人的体能是有限的，需要张弛有度。像戴清誉这样每天忙得连轴转，长期处在紧绷状态，没有适当的释放与缓解，压力会越积越多，不利于身心健康发展。

时间，对于每个人都是公平的。但人的精力、能力是有限的，如果没有科学利用时间，就可能卷入忙碌的旋涡，令人焦头烂额。所以，就有了"时间管理"这个概念。时间管理就是把时间作为一项资源来开发和利用，懂得管理我们的行为，懂得提高效率来"开发时间"，让生命的每一天都更有价值，从而发展我们的生涯，拓展我们生命的宽度。

【操作指导】

那么，我们该如何帮助孩子通过时间管理处理好学习与兴趣之间的关系呢？

1. 做好小学升初中的衔接准备。

帮助孩子了解初中阶段的学习特点，共同预测未来在学习、生活各个方面有可能遇到的一些挑战和挫折，要让孩子对这些挫折有一个心理准备。在六年级毕业的暑假期间，帮助孩子慢慢转变学习方式，培养孩子的自理能力和学习能力。同时，父母还要指导孩子认清自己的兴趣，根据自己的兴趣做一些删减，保留自己最感兴趣的项目。在进入初中后，这个兴趣可以成为孩子调节身心的桥梁。

2. 明确人生目标。

在中小学教育阶段，学生学习知识的目的，除了掌握知识本身，还要在学习的过程中提高自身的各种能力。这些能力包括阅读能力、写作能力、运算能力、实验能力、人际交往能力、解决问题能力等。要帮助孩子确定自己的目标。

学生的主要目标应该是学业。从时间上分，可以分解为长期目标、中期目标和近期目标。长期目标可以5～10年为期，中期目标以3～5年为期，而近期目标以半年到一年为期。

比如，初一的时候就学业的目标来看，要制订5～10年的长期目标，就是上大学；3年的中期目标，就是初中毕业时，想上普高，还是上职高，还是毕业找工作，上普高的话，想上哪所学校。还要制订半年到一年的近期目标，就是初一应完成哪些任务，达到怎样的学习成绩。

而案例中的戴清誉，近期学业目标应该是，初中一年级要学好哪些文化课，要达到怎样的学习效果。

3. 要合理分配时间。

每天要完成各门功课，参加学校的活动，要参加各种文化课的补习，要和同学交往搞好关系，还有突如其来的其他任务……每天只有24小时，要休息，要吃饭，要睡觉，面对没有完成的功课，你恨不得把时间掰成两半用。

怎么办呢？有了前面明确的目标——这个时期，我想要的是什么？哪些是最重要的？紧急程度如何？成功的人，会把最多的时间花在做最重要却不紧急的事情上。学习很重要，我平时就要多花时间学习，不拖延，及时完成学习任务，而不是"临时抱佛脚"，紧急加班加点熬夜"救火"。

【教育提升】

文化学习很重要，在初中阶段面临的是能否顺利地考上重点高中，而考上重点高中的比率比上大学的比率更低。所以，有些地方的初中学习气氛紧张程度甚至高于高中。学校抓得紧，家长还要再给孩子"加餐"，参加各种文化课的补习班，沉重的学业担子压得孩子们喘不过气，让孩子们的青春失去了鲜艳的本色，变得黯淡无光。

青少年时期，发展自己的兴趣很重要。看小说、唱歌、打球等，这些爱好并没有想象中那么耽误学习，在紧张的学习之余，这些兴趣可以调节学习带来的疲劳和单调，给枯燥的学习生活注入清新的空气，让读书效率事半功倍，达到更上一层楼的效果。还有那些看似没有用的兴趣爱好，往往有可能在未来成为让孩子获得成功的"武器"。

比如戴清誉，如果他不把太多的时间花在社团活动中，参加太多活动，让自己陷入"分身乏术"的疲劳状态中，而是删减一部分职务，提高每个单位时间的效率，学习时认真学习，工作时认真工作，把打篮球作为课余锻炼身体的运动，劳逸结合，就可以做到学习和兴趣两不误了。

问题 12：如何引导孩子处理好同伴交往与竞争的关系？

案例

小莹学习很好，在班上乃至年段的成绩总保持在第一名，她是很多同学羡慕和追赶的"学习榜样"。她的好朋友学习都不错，有的甚至和她不相上下。但是小莹有自己的烦恼，有时她觉得失落，很想找到学习上的对手，可以不断进步。有时她会害怕，面对那么多来请教自己的同学，她担心有一天自己会被超过。小莹的好朋友经常问她学习方法、解题思路，向她借笔记，她不借怕失去友谊，借了怕被超过。她更愿意帮助那些学习不好的同学。但小莹又经常安慰自己："帮助别人的同时也是一种复习。"尽管如此，她仍有隐隐的不安。

小安，学习不错，班级前十名左右。她的好朋友小凌和她是邻居，两人每天都一起上学放学。小凌经常保持班级前三，为此小安很是骄傲。不过每次自己有不懂的错题问小凌时，小凌总说自己也不知道，可她明明做对了。有一次小安质问小凌为什么这么对待自己，小凌只是淡淡一笑，从那以后，放学不等小安就先回家了。小安不想失去好朋友，于是就很少问小凌学习上的问题，两人又和好如初。

以上两个案例，是孩子在学习压力情境下面对的人际关系难题，常常发生在一些学习成绩相近的孩子身上。作为家长，要如何引导孩子处理好同伴交往和竞争的关系呢？

【原理分析】

这两个案例在学生中并不少见。学生间的同伴交往弥足珍贵，竞争又司空见惯。特别当学习成绩相近时，友谊与竞争就似乎很难平衡。

为什么会出现这样极端的状况呢？一方面，只要有考试、比赛、测验，同伴竞争便难以避免，同学之间会相互比较来确认自己与同学的状态，以此来获得对学习的控制感。每个人都会在比较中去寻找自己的位置，这就好像没有评价标准，很难评价一样。即使已经有成绩、排名摆在眼前，个体仍需去确认他人的成绩、排名来再次确认自己的位置，从而获得认同感，或者获得继续前进的动力。跟比自己好的人比，可以激发斗志；跟比自己差的人比，可以获得满足感；跟与自己差不多的人比，最能影响一个人的平衡心态，从而影响个体的行为。除非，个体总是处于底端，无数次的比较确认了自己在底端的位置并相信了自己只能有这样的位置，因而放弃努力，无助地在原地认命。所以，处在不败之地的小莹会失落于没有学习上的对手，而同学们也才会那么在意自己的成绩、排名，以及同桌、前后桌的同学或好朋友的成绩、排名了。

极端状况的出现，正是因为有的学生过分在意竞争的结果，并以成绩为唯一目标，而不把中学的学习生活当成一个整体，忽视了其中同伴交往的重要性，从而变成没什么朋友的"独行侠"。

另一方面，从心理发展的角度来说，青少年需要同伴的接纳与支持，同伴交往是他们发展自主性、确立自己的身份认同的载体，也是建立自我同一性的重要途径，还是他们在班级中寻求归属感的主要方式。良好的同伴交往有助于学生形成稳定的社会支持网络，而友谊就是一种良好的同伴交往所形成的良性结果。

即使在竞争激烈的学习氛围里，作为家长仍要鼓励孩子勇于参与良性竞争，并学习拥有一段或多段可以滋养他们的同伴关系。同时，要引导孩子不要卷入尔虞我诈、互不理睬式恶性竞争的旋涡之中。

【操作指导】

优质的同伴交往状况会给孩子带来稳定的校园成长支持。作为家长，不要成为同伴不良竞争的导火索和助燃剂，而要当好引路人，引导孩子走向良性的同伴交往之路。家长要注意以下几点。

1. 家长要避免将自己的孩子与其他同学做比较，尽量少提"别人家的孩子"

如何优秀。当孩子提到其他孩子的优秀时，要认同自己孩子已有的努力，并鼓励他看到自己的优势与优点，互相取长补短，不仅仅看到别人的优秀，也要看到别人的努力。

2. 引导孩子做到心态平和，承认竞争的合理性和益处，它可以让孩子看清自己所处的位置，可以让自己有认同感，可以让自己有往上努力的积极性。引导孩子发现竞争的即时性，竞争的结果是暂时的，不是不可改变的，所以即使比同学好也没有什么好得意的，比同学差也没有什么好气馁的。

3. 引导孩子看到竞争的局限性，竞争只是反映一时的结果，真正的对手其实是自己。鼓励孩子跟过去的自己做纵向比较，可以一直走在超越自己的方向，因为过去的自己的状况是静态的，而同学的状况是动态的。

4. 引导孩子重视同伴关系，不因竞争而放弃与同学的友谊。友谊会因为相互间的帮助而更上一层楼，也会因为良性竞争而形成你追我赶的同伴学习氛围。

家长最终要引导孩子把竞争当成一种自我评价的客观标准，但不能被其左右。鼓励孩子选择与自己做比较，不断超越自己，那么他就可以在学习的道路上走得更从容，也更自信。

【教育提升】

同伴交往与竞争，是孩子都会遇到的成长难题。孩子可以在其中学习如何更好地良性竞争，如何让竞争与友谊兼而有之。

当孩子出现这样的难题时，有时是一时的成长烦恼，比如患得患失，比如与同学之间出现沟通不畅；有时是需要关注的成长问题，比如害怕分享、害怕失败的想法，或者害怕影响友谊而不想参与竞争，都会影响学习心态。这时候正是家长审视家庭教养习惯的契机。比如自己是否容易关注孩子班级里的优秀同学，是否喜欢用优秀的同学来激励孩子的成长？是否容易以学习成绩来论孩子的成败？是否引导孩子不要和同学分享，以免别人超过自己？当家长开放心态，愿意以长远的眼光来看待孩子的学习时，就要鼓励孩子参与良性竞争，合理展示自己的学习成果，在班级中寻找并突破自己的位置，同时与同学保持良好的关系，彼此取长补短，一起成长。即使孩子遇到不良的竞争，也可以鼓励他借此锻炼自己的心态和能力，不陷入一时的得失计算，拥抱同伴关系，以积极的眼光看待班级的竞争。

同时，家长也要以身作则，把眼光放长远一些，看重孩子的同伴交往质量，甚至可以在家庭里也开展良性竞争，比如比赛读一本书，或者比赛背英语单词，比赛跑步……不仅让自己处在终身学习的氛围中，也让孩子体验良性竞争的快乐，更能借此营造积极向上的家庭氛围。

问题13：孩子考前心态不好，怎么办？

案例

小瑛，独生子女，乐观、漂亮、外向，乐于与人交往；亲子关系好，父母关系和睦；母亲对其管教严格，希望她能考上一所理想的高中；从小懂事，成绩较好。今年初三，再过60多天就要中考了。妈妈反映小瑛近一个月睡眠质量十分不好，每天总是迟睡晚起，早上起来睡眼蒙眬。老师反映小瑛近期数学考试成绩明显下滑，上课注意力不集中，作业质量变差；她自己也觉得十分烦躁，易怒，学习总是提不起劲，很疲惫。家长十分着急，不知道该如何帮助孩子。

【原理分析】

通过案例我们可以清晰地看到小瑛出现考前焦虑了。所谓的考前焦虑，是一种内心既想考好又担心考不好而产生内在心理冲突的情绪体验。这种焦虑如果没有调整好，足以影响孩子的学习效率。从焦虑的本身看，小瑛是一个有上进心有追求的姑娘，从小懂事，成绩较好。之所以会焦虑，主要是过度放大了中考带来的影响，担心以一己之力难以应对困难。其心理机制如右图所示。

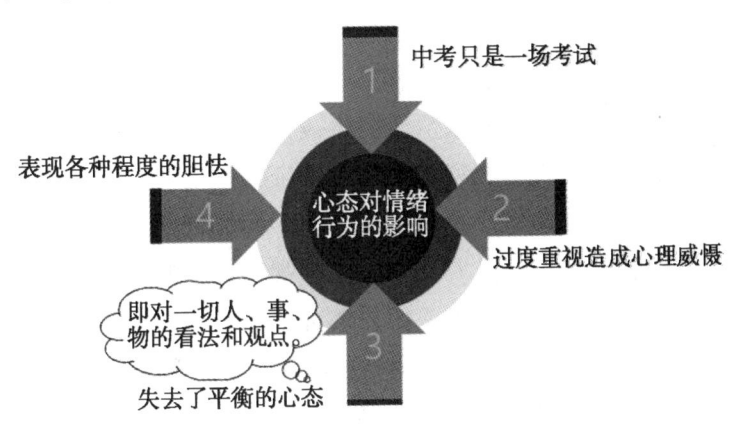

1. 考试成功＝心态＋实力。

中国科学院心理研究所专家曾经对考试的成功因素进行研究发现：在20个影响高考成功的因素中，最重要的因素是考试过程的心态，其次是考试前的心态，第三位是学习方法，第四位是学习基础。而备受关注的记忆力仅排在第十七位。这足以说明心态对考试的影响非常大。其实很多事情到了最后关头，拼的都是心理素质，考试更是这样。你要是能在最后的一段时间里把自己的精神调整到最佳状态，就能在考试中创造奇迹。

2. 耶克斯-多德森定律。

著名的心理学家耶克斯和多德森通过研究发现,动机强度与学习效率之间呈倒 U 形曲线。中等强度的动机最有利于任务的完成。动机不足或过分强烈,都会使学习效率下降。研究还发现,各种活动都存在一个最佳的动机水平,动机的最佳水平随任务性质的不同而不同,在难度较大的任务中,较低的动机水平有利于任务的完成。临近中考,适度地降低焦虑水平将有利于学习效率的提升。

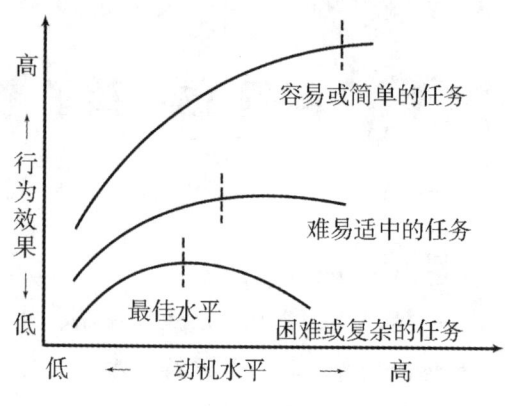

耶克斯-多德森定律示意图

【操作指导】

在面临孩子参加重要考试的时候,家长要懂得为孩子营造良好的家庭学习氛围。

1. 保证孩子的正常作息,做好孩子的"营养保健师"。

(1) 合理饮食:均衡、适宜、卫生。

备考阶段考生们复习任务繁重,大脑处在高度紧张状态,身体能量消耗多,食欲往往不佳,再加上生活规律被打乱,身体抗病能力降低,很容易生病。因此,安排好这个阶段的饮食营养,对保证考生的身体健康和使孩子的大脑处于良好状态极为重要。首先,在安排饮食上,我们注重均衡、适宜、卫生,保证高质量的蛋白质和维生素的摄入。其次,少喝饮料多喝开水,充足的水分可确保血液循环顺畅,这样大脑工作所需的氧气才能得到及时供应。另外,少食、多餐也有助于减轻考生紧张与疲劳。因为有些食品(如过硬或过于油腻的)会增加肠胃的负担,反过来会加剧考生的精神紧张。

(2) 正常睡眠:帮助孩子调整生物钟。

我们知道,充足的睡眠是保证考生精力充沛、减轻其心理压力、提高学习效率的必要条件。为此,我们需要为孩子营造一个安静的休息环境,帮助孩子建立有规律的起居。

(3) 适度锻炼:增强体质和大脑神经的兴奋度。

考前锻炼和学习一样重要,鼓励孩子每天争取至少半小时的慢跑或散步,在锻炼时间少问学习的事,多讲些笑话。也可以利用课间等许多零碎时间引导孩子进行锻炼,但要提醒孩子不要因为学习任务重而放弃身体锻炼,要注意锻炼计划、方式、节奏和安全。

2. 帮助孩子调整好心态，做好孩子的"心理辅导师"。

考前孩子心理负荷重，心态不好，情绪易失控。

（1）接纳孩子的考前感受，包容负性情绪（紧张、焦虑、急躁、担忧、不安、恐惧、自卑、浮躁）。

（2）尊重孩子的现状，尊重孩子的成绩，尊重孩子的努力。

（3）学会倾听，与孩子多沟通，了解孩子的想法，帮助孩子充分释放压抑的情绪。

3. 创造和谐的备考氛围，做好孩子的"环境净化师"。

（1）保持自身良好的情绪，不要把负性情绪转嫁给孩子。孩子在这个阶段心理较为脆弱，对外界的任何变化都很敏感，他们能从父母的一举一动中观察到父母对自己的信任度，所以即使家长心里再急，也得内紧外松，稳住阵脚，使家庭生活保持一种轻松、自由的氛围，并努力用这种情绪来感染孩子。家长情绪稳定，孩子心情平静，有安全感，才能提高学习效率。

（2）避免唠叨，不该说的不要说，诸如"复习咋样了""多跟成绩好的孩子交往""不要玩手机""考试不要紧张"等。我们很多时候总以为这是为孩子好，在提醒帮助孩子，可结果倒是影响了孩子的情绪，使他们心烦意乱。

（3）创设良好的家庭心理氛围。如果说孩子是一颗种子，那么家庭就是土壤，家庭心理氛围便是空气和水分。因此，家庭心理氛围对孩子成长至关重要。首先，密切家庭成员的关系，维护家庭的完整性。家庭成员之间的人际关系决定了家庭心理氛围和家庭的稳定程度。其次，重视亲子之间的交流与互动。现代社会生活节奏加快，许多父母由于工作繁忙疏于和子女交流，而两代人之间价值观、个性等方面的差异，也容易形成心理隔阂，只有双方经常沟通交流，才能缩短心理距离，增加共同语言。最后，调整对孩子的心理期望值。父母对孩子的期望，能使孩子感受到父母的关心和爱，是激发孩子积极向上的动力。但脱离孩子实际水平的过高期望，会造成家庭教育对孩子的一种高压状态，一旦孩子达不到父母的要求，父母便失望、埋怨甚至打骂，影响家庭和谐的心理氛围。因此父母应实事求是地调整对孩子的期望，为孩子的幸福成长着想。

【教育提升】

1. 理性对待孩子的成长。受到遗传、环境、教育等因素的影响，每个孩子的学习能力也都是不一样的。多元智能理论认为，每个人都是具有多种能力组合的个体，如语言智能、数学逻辑智能、空间智能、身体运动智能、音乐智能、人际智能、自我认知智能、自然认知智能等，这些能力在每个人身上以不同方式、不同程度进行组合，使得每个人的智力各具特点。在不同环境和教育条件下，个体的智力发展方向和程度存在明显的差异性，当然，在正常条件下，只要有适当的外界刺激和个体本身的努力，每个个体都能发展和加强自己的任何一种智力。为此，家长在帮助孩子成长的同时也要学会接纳，并创造有利于孩子成长的条件来帮助孩子健康成长。

2. 学习人际沟通技巧。沟通是我们生活中必不可少的一部分，同时与他人沟通也是需要技巧的，很多家庭的问题说白了就是沟通不畅的问题，因此，家长需要多渠道学习沟通技巧。《非暴力沟通》一书中介绍了沟通技巧等内容，适合家长阅读。

问题 14：孩子不能接受现实自我与理想自我的差距，应如何引导？

案例

小学时期，小安是一名德智体美劳全面发展、成绩名列前茅的学生。老师都很喜欢小安，父母也经常向亲戚朋友夸赞他，小安是他人眼中的优等生。同学们经常向小安请教学习问题，小安认为这是同学们对他的肯定，非常热情地为同学们解答。

进入初一后，学习科目变多了，学习难度变大了，小安感觉有些力不从心，学习成绩下降……几次考试后，小安都没有取得预期的成绩，而且他认为周围人对他的态度也不一样了：老师对自己的要求变高了，关心变少了；父母不再支持他参加各种兴趣班和比赛，而是希望他在学习上投入更多的时间；初中同学也不再经常向他请教问题，而是去向成绩更优秀的同学请教了。

小安为了实现理想中的初中生活，放弃了自己的兴趣爱好，争分夺秒地学习，但是成绩并没有明显进步。因此，小安对自己很失望，有时候会对自己说："优秀的我已经回不来了！我就是这么糟糕……"

【原理分析】

按照皮亚杰关于个体智力发展年龄阶段的划分，初中生处于形式运算阶段（12～15岁），以抽象逻辑思维为主要形式，辩证思维刚开始萌芽。初中生尚不能确切地评价和认识自己的智力潜能和性格特征，很难对自己做出全面恰当的评价，而是凭一时的感觉对自己下结论。几次考试失利，或现实与理想差距较大时，他们很可能就会认为自己不够优秀，甚至怀疑自己的学习能力。

初中生的思维具有明显的片面性和表面性，在分析问题时经常被事物的个别特征或外部特征所困惑，难以深入事物的本质，爱钻牛角尖。因此，初中生容易将周围人的态度变化、建议归结为是由于自己的成绩不够优秀导致的。

在个性特点上，初中生缺乏稳定的情绪体验，缺乏承受压力、克服困难的意志力。当一个阶段的努力没有得到预期的回报，就容易产生无助感与挫败感，对自己持怀疑、否定的态度。此外，初中生非常在意别人对自己的评价，特别是同学的评价。某些初中生在小学各方面的表现都比较优秀，一向是同龄人中的优秀者，但进入初中后，由于某些原因，在同伴中的地位相对下降了，这会使他们难以接受，强烈希望能在同伴中维持过去的优越地位。例如：案例中的小安发现同学不再像以前那样经常向他请教问题，会去请教成绩更优秀的同学，小安就感到难以接受。小安希望通过提升学习成绩维持自己过去曾拥有的优越地位，当无法实现时，就会产生更深刻的挫败感。

当理想自我与现实自我有差距时，初中生选择以消极的态度应对，很大程度上与面对逆境时的挫折承受能力有关。面对挫折的承受能力叫挫折商（adversity quotient），保罗·史托兹教授认为挫折商主要包含以下四个因素。

一是控制感（control）。部分初中生付出努力却没有预期的成绩，就对自己的学习能力产生怀疑，担心自己无法达到理想的状态，这就是对学习考试的控制感较低。

二是归属（ownership）。当遭遇挫折时，将原因归结为内因或外因。挫折商较低的初中生考试成绩不理想时，会倾向于内归因，怀疑自己的能力。高挫折商的初中生会倾向于全面认识自己遭遇挫折的起因，及时采取针对性行动。

三是影响范围（reach）。高挫折商的初中生只会针对引起挫折感的事情本身，觉得自己有能力处理。低挫折商的初中生受挫时，会对自己和未来进行否定。例如：几次考试失利，就会认为现实的自己和理想的自己存在较大差距，现实的自己很糟糕，未来很渺茫。

四是忍耐（endurance）。指对逆境将持续多久的预估。低挫折商的初中生往往认为逆境会长时间持续，自己的成绩会一直保持现状，看不到成绩上升的希望。

【操作指导】

1. 父母应给予理解和接纳。由于初中生的思维特点和个性特点，在现实自我与理想自我有差距时产生强烈的挫败感和无助感，甚至对自己进行全面的否定、感到未来渺茫，这是一种正常现象。父母应该给予孩子理解和接纳，从思想上接受该年龄阶段的孩子会出现这种情况。父母应关注孩子正在经历的事情，感同身受地表达对孩子的理解，不对孩子的表现进行否定。

2. 父母应给予认可和鼓励。初中生虽然叛逆，不愿意听从父母的一些建议，但是依旧希望从父母那里得到精神上的认可和鼓励。当孩子因理想自我与现实自己的差距而感到挫败时，父母的认可和鼓励相当于在告诉孩子"你的努力我都看在眼里！考试失利不代表你学不好，也不会因此影响到父母对你的爱"，而孩子也会逐步把这种感觉内化到心中，从而更有安全感，更会义无反顾地去拼搏。

3. 理解挫折教育，科学提高挫折商。挫折教育并不是不断提高要求，让孩子不断感受失败；也不是与别人家的孩子做比较，不断提醒孩子彼此的差距。科学的挫折教育是：

（1）在态度上，告诉孩子失败是人生的一部分，落后是常态。

（2）为提升控制感，帮助孩子全面认识当前困境的主客观原因，建立掌控型目标（追求个人掌握程度），而不是表现型目标（追求外在表现，如成绩、名次等）。

（3）引导孩子只关注引起挫折感的事情本身，不将范围扩大化（对自己和未来进行否定）。

（4）与孩子一起调整期待值。在设置目标时，要考虑孩子的能力和目标之间的关系，设置一个孩子通过努力能达成的目标。当孩子达到目标时，心里就会产生一种成就感。持续的成就感就意味着持续的愉悦和满足，它会让孩子持续地做好一件件小事，完成一个个目标，从而使现实自我越来越趋近理想自我。

【教育提升】

基于初中生的思维特征和个性特征，他们不能接受现实自我与理想自我的差距是正常现象。父母需要理解和接纳孩子，在此基础上给予适当的引导，帮助孩子建立积极的心态和科学合理的目标。父母需要给孩子灌输关于理想自我的理念：理想自我具有阶段性和发展性，可以依据实际情况进行调整。要达到某个阶段的理想自我，我们需要思考三个问题：我目前是什么样的？在某个时间跨度内，我希望自己变成什么样的？有哪些方式可以帮助我达到理想自我的状态？如果孩子的理想自我与现实自我差距较大，很可能会遭遇挫败。如果孩子的理想自我与现实自我差距较小，很可能愉悦和满足感都会降低，反而会对所做的事情失去兴趣。

建议父母帮助孩子一起设立可达成的阶段性目标，这样可以让孩子不至于因为理想太难实现而放弃，也不会因为理想过于简单而失去热情。

研究表明，高挫折商可以帮助人们保持健康、活力和愉快的心情，产生一流的成绩、生产力、创造力。在竞争激烈、充满不确定性的时代，一个人需同时具备智商、情商和挫折商才能取得成就。在智商、情商相差不大的情况下，挫折商对一个人的成就起着决定性的作用。因此，父母应重视挫折教育，理解挫折教育的本质与方法，在日常生活中陪伴孩子提升挫折商。

问题15：如何培养孩子的自我反思能力？

案例

自古以来，反思的意识深入人心。在日常的为人处世中，常常要求"扪心自问""反求诸己"。在学习中，《论语》提到"学而不思则罔"，《礼记·学记》中有"学然后知不足，教然后知困。知不足，然后能自反也；知困，然后能自强也"。

小维是一名初一学生，他的父母热衷于学习教育知识与方法，对孩子的教育颇有一番自己的见解，强调在教育中发挥孩子的主动性和自觉性。但是最近他们遇到一个难题：当小维犯错误的时候，小维知道自己的做法是不对的，但是不知道该如何阐述自己的想法。父母在引导小维回顾、思考的时候，小维会认同父母的观点，但是没有自己的观点。

此外，英语老师向小维的父母反映：小维的英语纠错本没有写当时做错题目的原因，英语的学习自我总结表与网上的内容有较多雷同之处。英语老师向小维的父母提出希望：纠错本和学习自我总结表是一个很好的反思助手，可以利用它们纠正自己的错误思维方式，而且还可以提醒自己不要再犯同样的错误。希望家长能够帮助小维认真完成这两项任务。

小维在与父母的沟通中，觉得有些委屈：小学的时候，通常自己做完作业就意味着学习结束了，他没有思考、回顾的习惯，也不清楚该如何将自己的学习思考过程记录下来，英语老师的要求让他有些不知所措。父母将小维的日常表现与英语学习想法反馈给英语老师，英语老师告诉小维的父母：孩子的自我反思能力较弱，要培养孩子的自我反思能力，这对提高孩子的学习成绩有较大的帮助。

【原理分析】

著名心理学家皮亚杰在认知发展阶段论中提出，12~15岁的孩子处于形式运算阶段，这个阶段的孩子能够对自己的思维活动进行监控和内省。目前初中生基本处于该阶段，因此家长在生活中应利用孩子的身心发展规律，引导孩子进行反思，并积极为他们创造有利的环境和条件。

美国哈佛大学教育心理学家霍华德·加德纳是"多元智能理论"之父，他认为每个人都拥有八种主要智能，其中一种是内省智能，即自我反思能力。内省智能指个体认识、洞察和反省自身，并且有意识地运用所学知识调整自己的学习和生活的能力。自我反思能力主要包括四个方面的内容：第一，制订计划。根据实际情况制订的目标来制订计划，安排方案或策略来完成活动。第二，实际控制。在行动的过程中，对情况进行及时的评价与反馈，发现不足和问题时及时调整方案或策略。第三，检查结果。比照目标计划，评估自己的完成情况。第四，进行补救。通过检查结果发现问题，及时采取相应措施进行补救。

小维已经具备一定的感悟意识，但是过往的经验让小维仅仅关注事情或学习结果，没有注重自己的思考、学习、行动过程，尚未形成独立的思考以及研究问题的能力。因此，父母需要培养小维在学习过程中对已掌握的知识、技能进行回顾总结，对学习过程中的态度、方法、习惯等进行质疑、评估和修正。

【操作指导】

初中生正处于提升自我反思能力的最佳时期，家长可以从以下三方面引导孩子进行反思。

1. 学习是初中生的主要活动，可以在学习中培养孩子的自我反思能力。

（1）进行课前预习。了解哪些部分是自己已经学习过的，哪些部分是可以通过自学掌握的，哪些部分需要在课堂上通过教师的讲解来掌握。通过将预习时自学掌握的知识与课堂上获得知识的有效性进行对比，反思不同学习方法的区别。

（2）撰写学习日志。学习日志主要围绕学习目标、学习过程、学习结果进行记录，可以是日志、周志、书信等形式。以学习过程为例：我学到了什么内容？我的参与态度如何？我从老师和同学的身上学到了什么？我选择的课外资料对我近期学习有什么帮助？

（3）撰写学习反思表。根据实际情况，通过填写"学习目标反思表""课堂监控反思表""作业效果反思表""复习计划反思表""考后反思表""自我评估表"等，让孩子更深入地回顾与总结自己的学习，从而有效地进行反思性学习。

2. 父母对犯错持开放的态度。父母应该以身作则，正视和接受自己的错误和局限，并且进行反思与改正，为孩子树立不畏错误、敢于反思、积极提升的榜样。父母可以邀请孩子一起指正错误，探讨改正错误的方法。此外，当孩子犯错误时，不要急于指出错误、告诉孩子怎么改正错误，父母应给孩子留出反思的空间，让孩子独立探索。反思的过程很重要，因为在反思的过程中，孩子的各种能力都得到了锻炼。

3. 让孩子独自承担犯错的后果。很多时候，孩子做错后，父母会选择替孩子承担犯错的后果，或者为避免不良的结果而提前为孩子出谋划策。其实，这种方式会让孩子丧失责任心，不利于培养孩子的自我反省能力。因此，父母应更注重孩子做事情的过程与反思，也不要一味地替孩子承担不良后果。

【教育提升】

自我反思能力对每一个孩子的成长都具有重要作用，不仅有利于提升学科学习成绩，而且有利于提高孩子的综合素质。

术业有专攻，家长在学科学习方面或许没有足够的能力帮助孩子进行反思性学习，但是在日常生活中，能够给孩子树立榜样，拓宽眼界，创造有利于形成反思能力的家庭氛围。

家长在与孩子沟通时应讲究方法。在沟通中遵循"倾听、共情、中立"的原则，认真地倾听孩子对事物的看法，站在孩子的角度去看待问题，同时不随意给予批评。当孩子感受到自己是被家长理解、接纳的时候，就会愿意承认错误，尝试着去反思自己的思考和行动过程，将自己的修正方案与家长探讨。由于初中生具有成人感，倾向于认为自己的想法应是可行的，较难接受父母的想法。当家长觉得孩子的修正方案是不可行的，也不宜立即否定孩子的方案，否则可能引起孩子的叛逆心理，甚至不愿意再次尝试反思与修正。建议家长可以和孩子探讨可能出现的几种结果，当各种结果出现时可采取的问题解决方法，并鼓励孩子尝试实践修正方案。

主题四　品德与个性

 问题1：如何发现孩子的天赋并促进其成长为优势？

案例

章祈小时候，在许多外人眼中，是个好动、坐不住的调皮孩子。他喜欢玩球，踢着球滚动，还追着球跑；喜欢在沙发上爬上爬下；会跟着广场的音乐手舞足蹈。七八个月时，他一次就能搭6块以上积木，还会拍着小手咯咯笑，然后小手一挥，推倒积木，重新再搭。3周岁时，章祈开始喜欢拆解物件，家里的玩具、小电器都被他拆得七零八落。章祈的爸爸意识到孩子喜欢"动手"游戏。之后，在章祈拆了玩具后，爸爸总是耐心地教孩子怎么一步步地组装回去。看到被"复原"的玩具，章祈非常兴奋。这种"复原"的成就感为章祈的童年增添了绚丽的色彩。上了小学、初中，章祈的爸爸经常带他去户外活动，打球、游泳、登山等，只要是有利于帮助章祈提高"肢体—运动智能"，又不会对他的人身安全构成威胁的运动，都允许参加。章祈的动作灵活，手眼特别协调，而且，他性格开朗、积极乐观。

【原理分析】

天赋，望文生义，就是上天赋予的。通俗地解释，天赋就是天分，它是自然赋予、生来就具备的。天赋的形成由大脑的神经元决定，一个健康成年人的大脑中有800多亿个神经元，两个神经元之间的连接叫作神经突触，每个神经元会和别的神经元形成大约1000个突触。婴孩大脑中的突触数量会

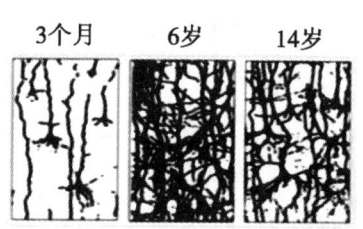

大脑突触的密度

随着发育不断增多，6岁时突触数量到达顶峰。随着年龄的增长，在16岁以前，有些突触之间的相互沟通慢慢断开，有的可能还会找到新的神经元再次连接，形成新的突触。到16岁之后，趋于平衡稳定。一个人的天赋不仅取决于先天，也取决于16岁以前和外界的交互作用。这决定了哪些突触连接留下，哪些突触连接消失。而每一个人的大脑留下的神经突触不同，就形成了不同的天赋。这就是为什么同样一件事情，有的人不费吹灰之力就能够达到90分，而有的人费了九牛二虎之力才勉强达到80分的原因。

我们常常说："上帝是公平的，他在关闭一扇门的同时，也打开了另一扇窗。"因为在16岁以后，留下的连接就不会发生太大的改变了，所以，一个人的天赋一旦形成，就很难改变。如果家长和教师能够及早发现孩子的天赋，就能根据不同的"材"施教，把孩子的长处挖掘出来，让孩子成长为自己最好的样子。

【操作指导】

每个人都有自己的天赋，而且几乎不会消失，作为家长，该如何发现孩子的天赋呢？其实，只要家长用心观察，就会有发现。

1. 自觉兴趣。父母问孩子长大后想做什么，孩子的答案会不停地变化。幼儿小班时，孩子说："想当司机。"小学一年级时，孩子说："我不想当司机，我要当医生。"到小学高年级，孩子可能又想当主播。16岁之前，由于突触还未完全稳定，孩子对事物都处于感官兴趣，所以有些兴趣孩子们坚持不长久。而有些兴趣，不用家长提醒、督促，孩子都会主动自觉地去做，如果家长阻止不让他做他会觉得难受，那就是他的自觉兴趣，而这些兴趣的根源，有可能就是他的天赋。

2. 反复出现。自觉兴趣必须是孩子自然而然反复出现的。例如案例中的章祈，从小喜欢玩球、奔跑、搭积木，对拆解物件感兴趣。遇到这样的孩子，很多家长常常会想到一个词"多动"。如果你感到疑惑，可以带孩子做一个专业的测评。如果不是身体微量元素的缺乏而产生的多动症，就可以考虑他可能是"肢体—运动智能"方面发展特别好。

3. 创造了价值。是不是自然而然反复出现的行为，就是孩子的天赋呢？比如：孩子特别喜欢看手机、玩游戏，这种行为是他自然而然反复出现的。但如果他的表现仅仅只是被手机、被游戏"玩"的状态，这顶多只能算是感官的刺激，而不能算是天赋，因为这些模式和行为还没有创造出正向的价值。

天赋，是人们自然而然反复出现、可被高效利用的感受、思维和行为。这种感受、思维和行为常常可以创造出正向的结果和收益。例如：一个初中的孩子玩游戏，不被游戏本身控制，而是通过游戏拓宽思维，研究游戏原理，并能将这些原理运用到日常的学习与生活当中，这就有了正向的结果。如果将来他还能自己去开发出新游戏，获得收益，那他在"玩游戏"中就是创造了正向的价值。

每个人都有天赋，但现实生活中，并不是每个人在人生当中都能把他的天赋发展成自己的优势。如何把你孩子的天赋发展成为他的优势呢？

首先，你要有"每个孩子都有自己天赋"的理念。相信自己的孩子有他独特的地方，并且在孩子成长过程当中有意识地去观察。

其次，在保持孩子全面发展的基础上，有意针对他的天赋，投入更多的引导和训练。例如章祈的父亲发现孩子有肢体运动方面的天赋，耐心地引导、陪伴他，把动手游戏贯穿整个童年。丁俊晖的父亲发现6岁的儿子在斯诺克方面有天赋，于是有意识地培养他、训练他，使他成为了世界冠军。

最后，始终坚持你的信念，相信每一种花都有它开花的季节。只要耐心等待、细心呵护，每一个孩子都可以成长为自己最好、最美的样子。

【教育提升】

家长要重视孩子的早期教育。0～3岁婴幼儿期，是个体神经系统结构发展的重要时期，良好的早期教育可以激发孩子大脑的潜能，发展孩子的观察力、适应力、专注力、记忆力、思考力等基本能力。家长通过创设儿童自如爬行、充分活动的独立空间与条件，随时、充分地利用日常生活中的真实物品和现象，挖掘其内含的教育价值，让儿童在爬行、观察、听闻、触摸等训练过程中获得各种感官活动的经验，促进儿童的感官发展。4～6岁，是儿童身心快速发展时期，这一阶段，家长要带领儿童关心周围事物及现象，多开展户外活动，开阔儿童的眼界，丰富儿童的感性知识；有针对性地鼓励儿童积极活动、主动参与、积累经验，丰富儿童感性知识，激发儿童早期智能发展潜能。

家长要强化孩子优势领域的训练。在早期多元化智能培养的基础上，没有针对性地投入学习和训练，大部分人的天赋一辈子呈"沉睡"状态。爱因斯坦之所以被称为天才，并不是因为他多么与众不同，而是他将天赋（好奇心）成功地挖掘并有效地运用出来，创造了价值，为人类做出了贡献。章祈的爸爸，没有在章祈拆玩具的时候呵斥他，而是陪着他玩，保护了他的想象力和好奇心，引导他发挥"肢体—运动智能"的天赋。

 **问题 2：如何培养孩子的责任感？**

【案例】

田坤是一名初二男生，学习成绩在班上居中上水平。可是，有一阵子他突然不想去上学了，待在家里，白天睡觉，晚上玩手机，谁也管不了他。

田坤的妈妈很烦恼，担心孩子不去上学，会毁了前程，于是就找班主任了解情况。才知道，原来在学校里，很多科任老师和同学都不喜欢田坤，说他懒，很不负责任。例如，每次轮到他值日，总是找各种理由逃避；没有及时完成老师布置的作业；学校运动会，老师安排他做后勤工作，他却在一旁玩手机。久而久之，同学们都不喜欢田坤。这阵子他不想去上学，也是因为自己做错了事，却推给别人，不敢承担责任，班主任批评了他，希望他能反省自己的行为，结果他选择了逃学。

田坤的妈妈意识到孩子在家里也是这样的情况：田坤从不承担家务劳动，从来没有收拾过自己的房间。田坤对家里的事情都漠不关心。田坤很害怕竞争，不敢挑战没有把握的事情……田坤的这次逃学提醒了她要加强对孩子的管教，要培养他成为一个有责任感的人。

【原理分析】

什么是责任感？所谓责任感，简单地说，就是自己对要承担的责任自觉自愿去做，不用任何人安排，是一种自觉的态度。

责任感是一个人安身立命的基础。一个有着强烈责任感的人会对自己、家人、周边的事物勇敢地承担起应尽的责任，他们不但会尽最大努力把应该办的事情办好，甚至还会帮助他人把事情办好。而一个没有责任感的人，则会尽可能地逃避自己的责任和义务，得过且过，甚至会阻碍周边的人和事物的发展；一个没有责任感的人，会逐渐在朋友面前失去诚信，留下没有担当的印象，很容易被群体孤立，造成在工作生活中人际交往的困难。

案例中的田坤，没有家庭责任感，在家里可以有父母包容，但在学校里，以及未来走上社会，责任感的缺失会让他寸步难行。

【操作指导】

初二的孩子，为什么还没有责任感呢？一个人的责任感是从小培养的。小时候，父母对孩子的教养方式会影响到孩子的世界观、人生观、价值观。父母对孩子的过分溺爱，凡事都迁就孩子，孩子的事情都包办替干，导致孩子控制自己行为的能力差，心里想做什么就去做什么，很任性，很自私，只顾满足自己一时的愿望，而忽略了必须遵守的规则。父母对孩子没有原则的奖励和表扬，容易让孩子忽略自己的不足，一旦犯了错误，经不起批评，遇到挫折会不知所措，从而选择逃避。

作为家长，应该从哪些方面培养孩子的责任感呢？

1. 父母要当好教育第一责任人的角色。

责任感的培养，是在潜移默化中形成的。父母本身对待学习、工作的认真态度、坚持性和责任感，将成为孩子良好的学习榜样。父母也可以有意识地与孩子谈自己的工作，把自己完成一项任务、克服一个困难后的愉快和成就感传达给孩子，使孩子能具体地感觉到责任意识在生活中的重要性，从而主动、积极地养成责任心。

2. 鼓励孩子独立完成任务。

从小时候开始，父母就要逐步放手，让孩子独立完成自己力所能及的事情，比如吃饭、收拾书包等，并及时给予指导和鼓励，强化他的良好行为。

3. 要让孩子自己承担行为的结果。

面对孩子的错误，父母要心平气和地和孩子交谈，帮助他认识到错误，并且提出一个可行的、孩子能接受的改正方法。要让孩子敢于承认自己的错误，学会为自己的行为结果负责。

4. 要让孩子多参加劳动和集体活动。

要让孩子在家里多参与家务劳动，培养其家庭责任感。如果每次孩子要帮大人做点事情时，大人便说：你去学习，家里的活不用你干。这样，慢慢地孩子对这个家就不关心了，变得自私冷漠，把自己当成这个家的局外人，就如同案例中的田坤一样。要鼓励孩子多参加社区、学校举办的集体活动，强化对他人和周围环境的责任感。

5. 允许孩子犯错误。

世界上从来就没有什么事情都做得准确无误的人。永远不犯错，成人也做不到，更何况是孩子呢？每个人都是在不断的犯错中积累经验、不断成长的。允许出错，但要让孩子学会为自己的错误买单，承担自己出错造成的责任。

【教育提升】

一个人责任感的形成和增强，除了受周围环境的影响之外，主要是靠教育，包括自我教育。人只有有了责任感，才能具有驱动自己一生都勇往直前的动力，才能感到许许多多有意义的事需要自己去做，才能感受到自我存在的价值和意义，才能真正地得到人们的信赖和尊重。责任感的升华是培养孩子对国家、对社会的责任感，就像一位教育者说的："国家兴亡，匹夫有责"应改成"国家兴亡，我的责任"！

所以家长平时要教育孩子多关注社会公益，要爱国，要遵循公共秩序，热情为人民服务。爱惜公共设备，关注集体荣誉，让孩子懂得集体的利益高过所有，由此做一个守准则、讲公德、对社会负责的人。

问题3：青春期孩子抽烟、喝酒，应如何引导？

【案例】

小伟，男，初二学生。小学时，小伟成绩优异，听话懂事。上初中后，小伟越来越不受管束，与一些朋友上网吧、抽烟、喝酒、打桌球。

近期因为有明显的吸烟行为，小伟被学校勒令停学，让家长带回家教育，待改正之后再回学校上学。脾气暴躁的父亲对小伟一顿暴打，妈妈默默地掉眼泪。

父亲忙于工作，对儿子的教育缺乏应有的关注。母亲是家庭主妇，只是一味地强调学习的重要性。这让小伟打心眼里对学习没了兴趣。自从老师发现小伟在学校抽烟，并通知家长后，小伟的抽烟行为更是从"地下"转为"地上"。父母的打骂已经不能起到任何作用，老师也无可奈何，最后只能勒令停学。

当孩子在青春期出现抽烟、喝酒的行为时，很多家长完全无法接受孩子的这些行为，家长通常会采用打骂的方式来管教孩子，导致孩子更叛逆。

【原理分析】

初中生吸烟、喝酒率逐年上升，已成为一个不容忽视的问题。青少年的烟酒瘾主要受到生活环境的影响。一般来说，主要有以下几方面的影响。

1. 从众模仿：随着身心逐渐发育成熟，青少年以成年人自居。当青少年看到身边长辈吸烟、喝酒时，会认为"只有吸烟、喝酒才是大人的样子"，于是开始模仿。

2. 好奇心：青少年好奇心强，看到别人吞云吐雾，便也想亲自体验其中的滋味。

3. 社交需要：由于朋友有吸烟、饮酒行为，为了拉近朋友间的距离，将吸烟、喝酒作为社交的方法。

4. 逆反心理：面对长辈的劝告，青少年更想尝试吸烟、饮酒。

5. 消愁解忧：在生活或学习中受到挫折，不能在家庭中感受到温暖，通过吸烟、喝酒消愁解忧，逃避现实。

【操作指导】

家长发现孩子抽烟、喝酒该怎么办呢？可以尝试以下四种方法。

1. 构建良好的沟通方式，营造和谐的家庭氛围。强制性地要求有烟酒瘾的青少年戒除烟酒是不可行的，那样会激发孩子更强的叛逆心，从而更频繁地抽烟、喝酒。父母应了解青少年的身心发展特点，有些青少年通过吸烟、喝酒让自己像个成年人。如果孩子已经吸烟或饮酒成瘾，家长不要过分指责他们，要同孩子一起找出原因，解决问题。

2. 让孩子认识行为的结果。父母给孩子普及烟酒危害性的知识是十分有必要的，晓之以理、动之以情，结合实际事例与孩子讨论吸烟、喝酒的危害性，了解自己的行为，认识到行为可能导致的恶果。

3. 滋养孩子的内心，摆脱对烟酒的精神依赖。常言道：心瘾难戒。孩子吸烟、喝酒往往源于内心的空虚感，为寻求一时的刺激与满足而不能自拔。了解孩子哪些心理需求未得到满足之后，就可以与孩子一起商量在现实生活中可以用来替代性满足其心理需求的方式。例如：对于社交需求的孩子，可以鼓励孩子多与同龄人参与线下的社交活动，如一起活动等；对于情绪发泄需求的孩子，可以帮助孩子寻找其他宣泄情绪的方法，例如运动；对于逃避现实需求的孩子，可以多陪伴孩子，与孩子交流，不要一味地让孩子学习、写作业，制订与孩子一起进行家庭活动的计划，减少孩子的独处时间……但需要注意的是，在制订这些计划的时候，父母不要站在自己的立场上让孩子去做父母认为好的事情，而要站在孩子的角度去思考哪些才是孩子认为更好的方式。

4. 父母发挥榜样作用。如果父母也有一些不良习惯如抽烟、酗酒，可开展家庭会议，制订家庭公约，每人改变一个不良习惯，转变家庭动力，提高家庭能量。想让孩子别做的事情，自己首先要杜绝，这样的父母说出来的话，孩子才会遵守、才会信服。孩子看到父母在改变，会在潜移默化中受到影响，也会跟着改变。

【教育提升】

1. 带孩子做喜欢的体育活动。

有的家长认为体育活动就是玩,会干涉孩子的体育活动,这是很不明智的做法。如果让孩子在体育场上找到了属于他们的荣誉感,那么他们就会对吸烟和喝酒等恶习敬而远之了。这样既锻炼了孩子的身体,又能防止孩子沾染上不良习惯,何乐而不为呢?若孩子染上吸烟和喝酒的不良习惯,很容易结识社会上的坏人而走上违法犯罪的道路。家长要对孩子进行说服教育,让孩子认识到吸烟和喝酒的害处,克服这些坏习惯。

2. 及时发现并奖励变化。

行为改变是一个长期的过程,要想改变孩子长久以来的不良习惯,必须经历长期的坚持。及时发现孩子的改变,即使是细微的、略有改善的变化。例如孩子以前是每天抽一包烟,而现在是两天抽一包。乍一看孩子抽烟的行为可能并没有达到父母的预期,但实际上孩子的行为已经在逐渐改变。如果父母看不到这些改变,依旧批评、责骂孩子,会很大程度打消孩子改变的积极性——反正我改不改都一样会受到批评、责骂,那我干吗还要费劲改了之后再遭受一顿批评、责骂呢?因此,父母要成为孩子行为改变的一个观察者。不要把孩子的改变看成是其理所当然、应该做的事情,要及时用孩子认为可以起到奖励作用的东西来奖励他。对于采用何种奖励,父母应当与孩子一起协商。如果孩子想要的奖励一时无法实现,可以与他商量换一种奖励的方式。

# 问题 4:如何发现孩子的心理类型?

案例

初中生小亮因拒绝上学被父母带到咨询室。小亮说自己从小喜欢独处,不喜欢与人交往,遇到新环境容易紧张不安。但是父母认为男孩不可以这样,因为男孩要承担更多的社会角色与责任,并且在以人脉为资源的未来,需要更多的自信和娴熟的人际交往能力。于是,为了锻炼他的自信与胆量,提高人际交往能力,父母经常带他参加各种需要抛头露面的活动,送他去参加主持人训练,逼他到很多人的场合演讲和表演。到了初中,为进一步锻炼小亮的社交能力,父母要求老师多给他表现的机会,因此老师经常让他去讲台上讲演、发言甚至组织活动,尽可能抓住一切机会展现自我。

小亮觉得苦不堪言，无法承受，每天一想到又要上讲台了，就特别焦虑、恐惧。小亮向父母抗争过，可是父母不以为意。因此，小亮的精神紧张到极点，不到一个学期就死活不肯去上学了。父母原本想更多地激发他的自信，却不知道这样做会让他感觉到巨大的压力。

小亮是一个明显内倾型的男孩，这种心理类型的特点偏好内向，让他舒服自信的方式其实就是让他自己静静地观察、思考，体会成就感。

【原理分析】

孩子不是大人的延续，而是他自己，他有着自己天生的心理类型。每个人的心理类型不同，但每种类型都能成才。

心理类型简单说，就是决定人的行为差异的内在原因，涵盖一个人的性格、能力，对待事情的态度是积极乐观还是消极低沉，以及喜欢什么、不喜欢什么等。一般把心理类型分为四个方面：第一个方面是心理能量指向的方向（内倾和外倾），第二个方面是收集信息的方式（感觉和直觉），第三个方面是处理信息的方式（情感和思维），第四个方面是适应外部世界的行动方式（判断和知觉）。

（1）关于内倾和外倾：指的是作为一个人在环境中的指向，如果你在环境中更倾向于关注外在的事物，更倾向于从外在的事物中获取能量，那么你就是偏向外倾。如果你在环境中更倾向于关注内在的事物，更倾向于从内在中获取能量，就是比较偏向于内倾的孩子。

（2）关于感觉和直觉：是收集信息的方式，就是对我们现实环境中的信息采取一种怎样的方式来收集。有的孩子做事情会特别注重细节，注重生活的现实性、真实性，甚至是触摸性，这样的孩子可能就是偏感觉型的。另一些孩子富有想象力，着眼于未来和变化，常常看到事物的可能性，这类孩子可能就偏直觉型的。

（3）关于情感和思维：是处理信息的方式。当我们接收了来自于环境的一些信息之后，无论是感觉还是直觉，我们都需要对它做出一个决策，即我们接下来该怎么办的决定，这个做决定的方式分为情感和思维这两个不同功能。

（4）关于判断和知觉：指的是在外部世界如何去适应的行动方式，当我们收集信息之后要去做出决定、做出判断、做出决策的时候，用情感和思维的功能就是判断型的。如果用感觉或者用直觉去接收信息做出决策的，就是知觉型的。

【操作指导】

1. 观察孩子日常言语与行为特点，把握其心理类型。

家长能通过观察孩子对外界环境的适应性程度以及从一些细节性的行为态度

来判断孩子不同的心理类型。

（1）内倾的孩子，相对比较安静，喜欢独处，不喜欢嘈杂的环境，喜欢慢节奏，更关注自己的内在感受，在适应新环境上会有些困难。外倾的孩子一般来说对新环境的接受度更好，善于表达，喜欢快节奏，常常边想边说，更关注环境中的各种事物。

（2）感觉型的孩子，精细动作和身体协调性发展得很好，运动能力较好，对一些关注现实题材的电视栏目充满兴趣，学习爱较真，在意自己的穿着；喜欢做手工，很专注对细节的观察和了解，比如总想把玩具拆了，看看里面的构造；非常有秩序，喜欢做一些程序性、指令性非常清晰的事情。直觉型的孩子，想象力丰富，思维敏锐，身体协调性比较差，运动能力不强，不喜欢体育活动，不在意自己的穿着，不喜欢重复机械的任务，喜欢天马行空的想象，喜欢探索新事物，喜欢整体的感觉，比如一个玩具被整合完成后，他们会不忍心或者说不愿意把它拆掉，相反会把它用一个完整的方式保存起来。

（3）思维型的孩子是用大脑做决定的，在表达上会说这个事情会怎么样，不太会把我或者人作为主语，强调事物或者问题的客观性，讲究严谨、逻辑，强调事实和公平。情感型的孩子恰恰相反，是用心做决定的，依据的是情感，在表达上会说我觉得怎么样，或者别人感觉怎么样，强调人的主观性和个人信念或大家共同遵从的信念，比较注重关系与和谐。

（4）判断型的孩子喜欢整洁有序的状态，会把自己的东西收拾得整整齐齐的，喜欢计划，容易养成习惯。边界感很强，如果他的东西不经同意被别人拿走了或弄坏了，他会非常生气；或者计划中的事情，有时因为种种原因改期了，他会非常焦虑和难受。知觉型的孩子变通性比较强，喜欢变化和新意，对新事物充满好奇心，不喜欢按部就班，边界感不强，通常他的书包总是乱糟糟的，或者说他的作业完成的速度会很慢，很容易分神，很难按照计划目标去逐一完成任务。

2. 因材施教，科学养育。

了解了孩子的心理类型，就会知道大多数孩子的问题并不是问题，而是孩子心理类型倾向的表现，因而要采取适合他们的养育方式，因材施教。家长是孩子成长过程中非常重要的陪伴者，如果不能从孩子的角度充分认识孩子的特点，而只是一味地从自身出发强硬地把个性的模板套在孩子身上，让孩子偏离了他天生真实的自己，这会让孩子在成长过程中无所适从，也无法将自己的精力集中在自己的优势特点上，这样的教育最终只能事倍功半。因此，教育孩子重在因材施教。

比如对于知觉型的孩子，就要锻炼他的秩序感与执行计划的能力，作为孩子的家长要以一种温和而坚定的方式把一些必要的规则持之以恒地去进行贯彻，它有助于这些知觉型的孩子逐渐形成一些必要的行为规范。比如：和一个判断型的孩子在一起，家长既要了解他动不动就会觉得他的秩序被打破了而引发的情绪，也要适时引导孩子去接受这种生活的不确定性，避免陷入刻板。

【教育提升】

1. 所有的心理类型方面都不是非此即彼的。比如一个人不可能百分之百外倾，也不可能百分之百内倾。在日常生活中的表现哪一方面占比更多，我们就说他属于哪一方面的。同样，每个人都有自己擅长的部分，或者是一种喜好或者是一种偏向，但是在讲他擅长的偏好和功能取向的时候，并不是说他只有这个，而是说他更擅长这个。

2. 我们要在了解孩子的主导功能的基础上发展他的主导功能，也去加强他辅助功能的培养。如果这个孩子爱思考，我们就要引导他充分地去观察，充分地去体会现实生活当中的种种事情。如果一个孩子充满了情感功能，也要让他到现实生活中去体验。如果说一个孩子的主导功能是直觉和感觉功能，那我们就要帮助他去提升做决定、做判断的能力，让他去思考并进行情感上的判断，是他喜欢的还是不喜欢的，是怎样一种因果关系等，加强他的这个辅助功能的培养。

3. 和孩子一样，家长自身也有自己的心理类型，因此家长要觉察自己的心理类型，一方面既可以通过言行去影响孩子，另一方面也要避免将自己的类型特点强加给孩子，用自己的个性去套住孩子。

问题 5：面对网络谣言，家长如何帮助孩子理性看待？

案例

新媒体时代，互联网成为谣言滋生与传播的温床，特别是以社交类平台和即时通信工具为代表的社交媒体的蓬勃发展，使得人人都可以随时随地发布、传播和获取信息。

小燕，女，初二学生。日常生活中一直通过微信朋友圈、微博以及抖音等短视频平台关注各种信息。例如：常喝葡萄酒能保护心脏；用空气炸锅做菜有致癌风险；颈椎病不要紧，按摩做操就会好；打HPV疫苗会导致不孕……小燕经常将这些消息分享给家人朋友，但结果都被证实是谣言，并有官方出面辟谣。小燕很迷茫，希望能从网络上获取一些有效的信息帮助自己更好地生活和预防疾病，但网络上的信息鱼龙混杂。面对如此纷乱的网络信息，如何才能去伪存真，了解真相呢？

【原理分析】

随着互联网的迅猛发展和网络信息传播功能的日益强大，谣言已从线下传播发展到线上传播，产生了通过网络介质（微博、微信、各类短视频等）进行传播与扩散的网络谣言。与谣言产生的传统方式相比，在当代社会，网络社交工具等的普及在促进人际交往与信息资源共享的同时，也成了谣言滋生的温床。谣言借助网络，传播速度以几何倍数增长，与传统谣言相比，网络谣言具有传播速度快、迷惑性大、煽动性强、伤害大等特点。

面对这样的情况，作为家长必须认真对待网络谣言可能给初中生带来的影响，并采取相应的对策，引导他们认识网络谣言的危害，学会冷静、客观、理智地分析问题。

初中生是我国网民群体的重要组成部分，网络对他们的影响已经渗入生活习惯、思维方式、价值观念等各个方面。

1. 混淆价值判断。

初中生对网络谣言的辨别能力有待提高，很容易受网络谣言的影响，特别是有些网络谣言抹黑历史名人，这对初中生的价值观会产生巨大的冲击。例如：有段时间网络上称雷锋有那么多钱捐款，是"富二代"，雷锋做好事是虚假的……这则谣言断章取义，妄加揣测，对雷锋的形象进行抹黑。不少学生通过网络渠道都曾看过、听过这则谣言，甚至有些学生还是通过父母得知了这则谣言，因此更是深信不疑，并由此对雷锋的形象产生了怀疑。当学校组织学雷锋活动时，有些学生就会私下议论："雷锋做好人好事的事迹都是虚构的，有什么好学习的呢？"这种诋毁雷锋形象的谣言与社会一直倡导的无私奉献、舍己为人的雷锋精神相冲突，对社会公众的伦理道德观产生了不良的影响，导致社会公众伦理道德迷茫。尤其是对于正处在价值观形成关键时期的初中生而言，这些网络谣言容易使其对如何区分善恶、如何辨别好坏，以及应该追求什么、舍弃什么等的价值判断产生困扰。

2. 紊乱理性思维。

初中生正处于青春期，好奇心强、容易冲动是他们这个年龄段的特点，而这样的特点容易驱使他们成为网络谣言的传播者。当面对网络谣言，特别是那些言辞夸张的"爆炸性新闻"时，他们在好奇心的驱使下，往往会丧失判断力和责任感，在缺乏理性思考的情况下就会在微博、微信、QQ等网络平台上转发，以吸引眼球、增加人气。一部分学生容易在谣言的煽动下失去理性思考的能力，盲目相信谣言并在网络空间进行转发。可见，在网络时代，如何引导学生用理性的头脑分析网络上纷繁复杂的信息，值得我们思考。

【操作指导】

初中生普遍思维活跃，乐于通过网络获取并分享信息，表达意见的愿望强烈。但是很多时候，他们缺乏严谨、科学的态度，对事物缺少正确的认识与分辨的能力。因此，家长有针对性的教育策略对于帮助他们形成正确的价值观、提升网络素养都是非常有益的。

1. 加强网络道德观念的培养。

面对网络谣言给孩子的价值观带来的负面影响，我们在引导孩子绿色使用网络的同时，应加强网络安全教育，可以通过对网络谣言典型案例的剖析，与孩子面对面进行交流，共同探讨网络谣言形成的缘由以及带来的危害，增强孩子的网络道德观念，帮助孩子筑起防止网络谣言传播的"防火墙"，提高孩子防谣、辟谣的意识。

2. 共同学习相关的法律法规。

明确法律责任、加强法治教育是引导初中生防谣辟谣的有效途径。家长可以利用亲子共读的时间与孩子一起学习《全国人民代表大会常务委员会关于维护互联网安全的决定》《中华人民共和国治安管理处罚法》《中华人民共和国刑法修正案（十一）》等相关法律法规，通过学习其中涉及网络谣言的法律法规，引导孩子认识到网络造谣传谣是触犯法律的行为，从而增强孩子的法治意识，自觉抵制网络谣言。

3. 给予辨别谣言的方法指导。

在网络谣言不断发生、传播的今天，初中生接受网络谣言的好奇心和能力是很强的，但是鉴别力和判断力明显欠缺。因此，家长有必要对孩子进行辨别谣言的方法指导。

（1）理性思辨。谣言并不可怕，可怕的是面对谣言内容被迅速调动起来的诸如愤怒、同情、悲伤等情绪反应，这些情绪一旦被过度地调动起来，很可能会使人失去理性判断，从而掉进造谣者的陷阱。因此告知孩子面对网络上的信息，没有必要马上作出判断，首先应该摆正心态，保持冷静的头脑，勿让自己激动的情绪影响了理性的思辨。

（2）全面了解。网络上的信息"乱花渐欲迷人眼"，很多消息言之凿凿，让人难辨真假。但如果一则信息中没有令人信服的事实证据，而是大篇幅描绘细节、内容夸张离奇、有违常识且极力煽动读者的情绪，那就很可疑了。同时，我们也可以利用网络搜索功能，全方位了解事件的信息，以免先入为主受到误导。指导孩子可以利用关键词搜索，将不同说法进行比对，以判断每条信息的可信度。

（3）官媒印证。我们应该多关注官方媒体发布的消息来印证事件的真伪。判断一则信息是否属实，要看是否有明确的信息来源。有些信息是人们道听途说来的，有些属于个人臆想，需要经过进一步核实。如果官方媒体还未发布相关信息，那么事件的真实度就有待进一步考证，不应急于相信和转发。

（4）加强科学素养。孩子"抗谣性"较低，表明其科学素养、对科学的兴趣和认识都有待提高。因此，我们要鼓励孩子多阅读，扩大知识面，积极参加课外实践以及科学实践活动，从而加强自身的科学素养，丰富自己的知识广度和深度。

【教育提升】

网络谣言是信息时代的产物，也是社会诚信缺失表现在网络的形式之一。青少年是网络的常客，好奇心强但辨别力弱，接触到一些信息时，不懂得辨别其真伪。有的人会被欺骗，人生观和价值观受到严重影响；有的人则被蛊惑和煽动，去实施他们心中的"正义"，成为不法分子手中的"刀"。

青少年时期是个体身体和心智走向成熟的关键时期，如果长期盲目地生活在网络谣言的环境中，势必对身心健康造成严重影响。家庭是青少年教育的基点，家庭的环境和教育直接关系到孩子的人格品质与能力发展。因此家长应以身作则，发挥榜样作用，增强自身的辨谣能力，并且自觉识别和抵制谣言，为青少年的心理健康成长保驾护航。

作为新时代的青少年，不仅要学会辨别网络谣言，更要从自身做起，积极向身边人倡议：严格遵守有关互联网的法律法规，积极践行文明上网，自觉远离网络谣言，坚决斩断网络谣言传播链；增强社会责任感，站稳立场，切实做到不传谣、不信谣，让网络谣言失去滋生的土壤；加强自我学习，学会自我约束，不为网络谣言推波助澜；主动参与到抵制网络谣言的行动中去，积极揭露和举报网络谣言，做网络健康环境的维护者。

问题 6：如何在学习中培养孩子学会吃苦耐劳？

案例

小时候，父母就告诉小帆要好好学习，以后才能找到好工作、过上好生活。虽然小帆知道父母是为自己好，但是一直觉得学习比较辛苦，希望有更多的时间休闲娱乐。初二期末考即将到来，学习节奏变快，学习压力变大，小帆回到家，就想玩玩电子游戏放松一下心情。但是父母希望小帆将时间投入到复习中，尽量少玩电子游戏。小帆告诉父母："初中的学习太辛苦了，感觉自己的忍耐力快到极限了，到家后需要放松休息。"父母听了后，生气地说："你怎么这么不能吃苦耐劳？如果初中的学习就觉得很辛苦，那高中怎么办？"

小帆觉得非常压抑：一方面，老师和家长总是希望小帆把所有时间都投入学习中。因为玩电子游戏与父母产生矛盾，这使他既不想待在学校，也不想回家。另一方面，小帆觉得学习很辛苦，比当职业电竞选手还辛苦。小帆在犹豫是否要放弃学习，成为一名职业电竞选手。

小帆的父母也陷入了沉思：从小到大，就没有让小帆干过家务，只希望他好好读书。书山有路勤为径，学海无涯苦作舟，但孩子仅仅是学习的苦就受不了，那以后怎么办？

【原理分析】

"00后"的父母，大部分都是"70后"，比较一下两代人的成长环境，就会发现："00后"当前所处的环境与"70后"小时候所处的环境有很大的不同，特别是物质条件发生了翻天覆地的变化。"70后"小时候的物质条件与现在的物质条件相比要差很多，成年人为了生计而奔波，未成年人在完成学业的同时，需要兼顾部分家庭生活的责任，因此养成了吃苦耐劳的品质。但"00后"从小拥有优越的物质条件、长辈无微不至的照顾，这让"00后"普遍缺少吃苦头、为自己负责任的经历。

基于两代人的生活经历比较，从心理学的角度理解，"00后"未能养成吃苦耐劳的品质，主要是由于延迟满足能力较弱以及缺乏责任感导致的。

延迟满足是指一种甘愿为更有价值的长远结果而放弃即时满足的抉择取向，以及在等待中展示的自我控制能力。父辈在物质条件较为匮乏时，很难做到及时满足，所以磨炼出克服当前的困难情境，力求获得长远利益的能力，即延迟满足能力。觉得学习很苦，不愿意学习的初中生一般认为：学习需要付出时间成本和精力成本，并只能在未来才能获得收益。即使成绩和学习能力是可以预见的，但是不能立马得到。因此，这部分初中生不愿意忍受当下的苦，选择忽视辛苦背后隐藏的巨大价值。相比之下，他们有时候更愿意将时间和精力投入电子游戏中，因为在游戏中可以立即获得愉悦感和成就感。

责任感是一种重要的品质，对孩子未来的发展具有重要作用。父辈很早就担负起自己和家庭的职责，养成了责任担当的品质。而大部分"00后"从小只需要做好自己的事情，甚至连自己的事情也由他人代劳，因此缺少养成责任感的环境。在心理访谈中，部分初中生觉得：我只希望按照自己喜欢的方式过生活，学习是父母、老师强加给我的任务。父母可以让我无忧无虑地生活，我为什么要学习呢？从这部分孩子的心声我们可以感受到：孩子缺乏责任感，既没有想过为自己负责任，也没有想过为父母负责，因此难以形成通过勤奋学习承担责任的观念。

【操作指导】

1. 延迟满足能力的培养。延迟满足是一种人人都可以学习的能力，家长在日常生活中可以通过以下三种方式提高孩子的延迟满足能力。

（1）参加竞争性活动。竞争性活动和学习本质上是一样的，都需要通过长时间的磨炼才能提升相应的能力和技能，并且不一定能实现预期的结果。为了让孩子能够坚持参加，建议选择孩子比较擅长的竞争性活动，因为这更能让孩子长时间坚持，感受成功带来的喜悦。

（2）参与社会实践。初中生倾向于按照自己的兴趣爱好来决定是否参与某项活动，因此尽量选择孩子感兴趣的社会实践，才能提升孩子的参与意愿和参与度。

（3）事项安排遵循"先苦后甜"的原则。在学习生活中，缺乏吃苦耐劳品质的初中生通常喜欢先做自己感兴趣、简单的事情，再做自己不感兴趣、困难的事情。例如：放假时，孩子先玩电子游戏，再考虑完成作业。当玩完游戏，面对作业时，玩游戏的愉悦感和成就感转眼消失，感受不到值得期待的奖励和愉悦感，甚至扑面而来的辛苦让孩子失去了学习动力。因此，这样的事项安排顺序容易让孩子想逃避辛苦，采取拖延和敷衍的方式对待学习。培养延迟满足能力的重要策略之一就是遵循"先苦后甜"的原则安排事项。例如：在做计划的时候，把不喜欢的、困难的任务排在前面，把感兴趣的、简单的任务排在后面。

2. 责任感的培养。从学习生活的点滴入手，让孩子开始对自己的行为负责，承担部分家庭事务，培养责任感。当孩子表现出责任与担当时，父母应适时给予鼓励和肯定，从而让他们获得坚持的动力。

【教育提升】

当家长与初中生阐述学习的意义时，通常会说"考上好大学，才能找到好工作""有了好工作，才能过上好生活"。其实，初中生对"好工作"和"好生活"并没有明确的概念或清晰的了解，甚至部分初中生对"好工作"和"好生活"的评价标准与父母的评价标准是不一样的。如前面所提及的,"00后"身处信息时代,从小拥有相对优越的物质生活条件,拥有较充足的安全感,视野宽广,他们更在意的是:拥有探索未来多种可能性的自由与能力,按照自己的想法生活,提升生活品质。因此,家长需要拥有生涯规划意识,陪伴、支持孩子探索多种可能性,将探索与学习相结合,让孩子真切地感受到学习的意义。当孩子理解学习对自己的意义时,才会愿意主动接受、忍受学习中的苦,因为孩子知道吃苦耐劳的背后隐藏着巨大的价值。

提升延迟满足能力,不仅对培养孩子吃苦耐劳的品质具有重要作用,而且有利于孩子的未来发展。研究发现,延迟满足能力强的人,更能抵制住即刻满足的诱惑,成瘾行为更少,具有较高的学习工作效率,能更好地应对生活中的挫折和压力,发展出较强的社会竞争力。

问题7:如何引导孩子"三思而后行"?

案例

家有青春期孩子的父母通常都会觉得:孩子比较冲动,遇到事情还没想好怎么解决,就已经开始行动了。虽然父母经常告诉孩子:遇到事情要先冷静下来,三思而后行,但是孩子似乎没把话听进去。

小冬是一名初二的男生,性格开朗活泼,身体较为瘦弱。小冬从教室走廊走过,小森撞了小冬的肩膀。小冬觉得小森是故意的,生气地问小森:"你为什么撞我?"小森开玩笑地说:"就想试一试,你会不会被我撞一下就倒在地上了?"小冬听了后非常愤怒,认为小森是在嘲讽和挑衅自己,挥手就给了小森一拳。于是,两人扭打在一起,直到班主任将两人分开……

小冬平静下来后,对班主任说:"对不起,老师!我知道即使小森这样说是不对的,我也不能动手打小森。但是我当时就觉得小森在嘲讽我,心里燃起一把火,还没来得及思考如何解决问题,就直接先给了小森一拳……"

【原理分析】

青春期是充满急风暴雨的时期,家长经常会觉得初中生很容易因为冲动去做一些冒险和缺乏理智的事情,比如:他们的情绪总是来去匆匆,容易产生人际冲突,面对挫折时出现极端的行为等。

其实，青少年的冲动行为与大脑发育息息相关。剑桥大学心理学与认知神经科学教授 Sarah Jayne Blakemore 是青少年大脑研究的翘楚，她指出，青少年前额叶与边缘系统发育的不平衡造成了常见的冒险行为、情绪失控。大脑边缘系统由海马和杏仁核构成，用于管理记

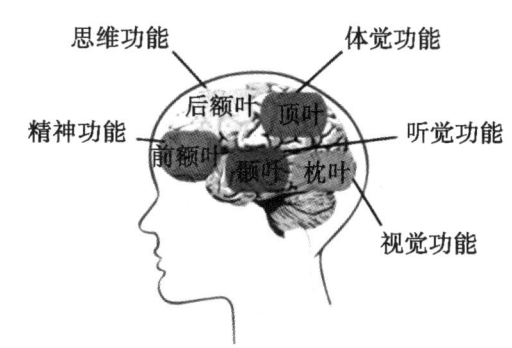

忆、情绪。这部分一般在 15 岁以前就发育成熟。前额叶主要负责人的高级认知功能，包括做出决定、计划、抑制冲动、调节社会行为等。前额叶具有"纠错功能"，即当人出现冲动行为，前额叶就会及时发出纠错指令，调节或阻止错误行为的发生。青少年虽然也能够感知情绪情感，但却没有成年人那种控制情绪和行为的能力。由于养育和社会因素的影响，当下孩子们的青春期还在不断提前，所以这种不匹配的时间跨度也在延长。

理解并意识到青少年的冲动性是由于前额叶与边缘系统发育的不平衡导致的，对家长教育孩子是很有帮助的。青少年的冲动行为并不是家长通常认为的性格缺陷、道德问题或认知情感障碍，而是大脑发育的自然结果，是青少年正在学习如何与一个复杂世界相处的天然行为。上述知识可以帮助家长决定干预时机，采取合适的干预方式。

【操作指导】

1. 做学习型父母。随着孩子年龄的增长，大脑在不停地发育，心理和行为也在不停地发生变化。父母应该保持学习心态，了解孩子每个阶段的身心发展特点，真正站在孩子的角度理解他的行为。

2. 调整期待，冷静对待。家长通常认为：青少年已经长大了，应理智地权衡利弊，做出合理决策。但通过脑科学的研究，我们知道这个期待是不科学、不合理的，家长应调整自己的期待，接纳事实：青少年的"理智"确实难以战胜"情感"，无法像成人一样做到"三思而后行"。当孩子发生冲动行为时，家长应保持冷静，耐心地等待孩子安静下来，再处理问题。因为当人处于嘶喊、怒吼状态时，大脑皮层就会处于戒备状态，任何沟通都无法起效果。

3. 注意时间与场合，合理表达建议。第一，青少年非常在乎他人的评价和看法，建议等孩子平静下来后，私下给予孩子批评和建议。第二，青少年的是非辨别能力已经接近成人，如果家长的批评和建议有道理，孩子听一遍就明白。如果家长喋喋不休，孩子可能会产生逆反情绪，反而使教育效果大打折扣。第三，家

长在批评与建议时，不能使用"语言暴力"。也许只是父母的气话，但是一句无心的气话就可能伤害到青少年。因为青少年内侧前额叶皮质非常活跃，导致青少年的自我意识极度强烈，高度关注任何与自己相关的言行。当青少年觉得受到伤害时，会导致经营十几年的亲子关系"崩塌"，激起孩子对父母的敌意和冲动行为。

4. 青春期的孩子受同伴的影响要远远超过父母，应与同样重视教育的父母多联系，创造机会让孩子们一起活动。同时，关注孩子的朋友圈，帮助孩子结交优秀的朋友。

【教育提升】

了解青少年的脑发育和冲动行为的关系，是家长合理调整认知与期待的基石。家长需要理解青少年难以"三思而后行"是正常现象，与孩子共同学习成长，调整自己的心态，接纳孩子的冲动行为，适时、适当地引导沟通，帮助孩子创建一个安全、积极的环境。

部分家长的教育理念和教育方法，可能源自祖父辈。但是我们可以感受到：受大环境的影响，"00后"与祖父辈的思想观念、行为方式、情绪情感有很多的不一样。因此，源自祖父辈的教育理念和教育方式可能并不适用于"00后"，甚至可能起到反作用。将脑科学与教育相结合是当前世界教育研究领域的一个重要趋势和潮流，家长应与时俱进，做学习型父母，学习当代的教育知识和相关的脑科学科普知识。在教育孩子时，遵循孩子的大脑和身心发展规律，摒弃传统的、固化的、无效的教育沟通方式，采用科学的、有效的、恰当的教育沟通方式。

 **问题8：如何让孩子拥有感恩的心？**

案例

《诗经》有云："父兮生我，母兮鞠我。抚我畜我，长我育我，顾我复我，出入腹我。欲报之德，昊天罔极。"孝敬父母、感恩父母是中华民族的传统美德。

夏萍是独生女，爷爷奶奶无微不至地照顾她，父母也非常关心她。夏萍心情不好，爷爷奶奶就变着法做各种好吃的哄她开心，父母希望帮她一起解决困难。上初中后，夏萍迷上了手账，每天花一两个小时制作手账。父母认为初中的学习时间比较紧，夏萍不应该每天花那么多时间制作手账，因此不愿意给她购买手账本和素材。夏萍与父母沟通后，感觉父母这次真的不会满足自己的愿望了，就向爷爷奶奶求助。可是，没想到爷爷奶奶也与父母站在同一战线。夏萍感到很难过，没想到一向爱自己的家人竟然不满足自己的小小愿望，哭着说："你们说爱我，却连个手账都不肯给我买，我们是'塑料亲人'！"此后夏萍一个多星期都不愿意与家人说话……

夏萍的家人感到非常伤心：夏萍已经长大了，但是对家人只会索取，不懂得付出与关心，甚至因为一点小事否定了家人对她的爱……

【原理分析】

感恩是指对他人的恩惠或帮助的积极体验，并以认知、情感或行为等形式对他人进行回应。感恩包括愉快、对施惠者的善意、回报愿望和回报责任这四个方面。

父母最有可能为孩子无条件提供多层次的需求：提供食物、水等，满足孩子的生理需求；提供遮风避雨的家，满足孩子的安全需求；给予孩子关心与爱，满足孩子爱与归属的需求；随着年龄的增长，父母给予孩子尊重与自主权，满足孩子尊重的需求；在孩子追求梦想的路上，父母的鼓励与支持是孩子自我实现的奠基石。这些需求的满足为孩子健康、顺利成长提供了保障，因此孩子最有可能发展出对父母的感恩行为。

父母无条件的爱会给孩子一种心理特权，会让孩子知道自己对父母来说是独特的，父母对自己会比对其他同龄人更好。心理特权是一种稳定的、跨情境的主观信念，让孩子无论在何时何地都相信父母是爱他们的。适当的心理特权对孩子成长、建立良好的亲子关系以及培养感恩品质具有重要作用。例如：父母情感温暖，能够敏感、及时地对孩子的需要和情感进行反馈，孩子就会对父母产生关怀与感激。研究发现，父母情感温暖可能通过影响青少年的脑部灰质体积来增加感恩行为。但是，过度的心理特权容易让孩子变得自私，认为父母对自己的爱是理所应当的，缺乏回报愿望和回报责任。例如：溺爱会让孩子"以自我为中心"，难以产生以情换情的能力，甚至还会增加不道德行为。

【操作指导】

父母是孩子最好的老师，对培养青少年感恩品质具有不可替代的作用。

1. 父母以身作则，言传身教。教育是润物细无声的过程，想要让孩子成为一个拥有感恩品质的人，父母要让孩子感受家庭的感恩氛围。父母要对自己的长辈关心照顾，用言行表达感恩之情。孩子通过观察父母的言行，学会如何表达感恩，从而把感恩品质传递给下一代。

2. 调整教育方式，培育适当的心理特权。如前所述，积极的教养方式有助于孩子表达感恩，而父母拒绝、否定以及过度保护都有可能遏制感恩行为。青春期的亲子关系对父母来说，更是一大考验。父母需要给予孩子关注，站在孩子的角度理解孩子，满足孩子的尊重与情感需求。但是，父母应建立底线，不能无条件为孩子代劳，无条件满足孩子的需求。

3. 适当向孩子示弱，请求孩子的帮助。父母可以适当向孩子示弱，向孩子表达自己的难处，让孩子感受到父母也有需要照顾和帮助的时候。让孩子学习理解、关心、帮助父母，从力所能及的小事培养孩子的感恩行为。父母对孩子的善意、善行作出恰当、适宜的感恩回应，可以帮助孩子在内心建立起感恩反应方式，即用善意回应善意、用爱响应爱。

4. 培养孩子的自省能力。曾子曰："吾日三省吾身。"初中生的反思能力已经开始发展，在一定程度上能够意识到自己的思维活动过程，并控制这一过程。因此，要充分发挥青少年的主体作用，加深自我对感恩内涵的理解及掌握，提升孩子自我监督的能力，肯定并坚持适当的言行，否定并改正不恰当的言行。

【教育提升】

父母之爱是伟大的，伟大之处在于生养孩子，但不求回报。但是，有时候父母的表达又容易让孩子产生误会。例如：在家庭生活中，部分父母在言语间过度强调自己对孩子的付出，过度强调孩子要学会感恩。从心理学的角度来看，强求付出与感恩是通过夸大成年人行为的付出和牺牲以增强未成年人的亏欠感，体现出施恩图报的心理定式。在部分"00后"的认知里，施恩图报更多是以爱之名进行道德挟持，让其处于"道德绑架"的困境，被迫去满足父母的需求与愿望，施恩不是真正地为了他们好，真正为他们着想，而是为了让父母获得某种报答。感恩教育的基本原理是：用爱去激发爱，用父母的善意、善行去激发孩子的感恩回应。因此，父母更合适的做法是：不过度强调自己的付出与感恩，切实地关心孩子，让孩子感受到爱，自然而然孩子就会产生回报愿望，形成回报责任。

感恩品质可以促进孩子的身心健康和社会适应能力发展，提升人际关系质量和幸福感，减少问题行为的发生。因此，培养青少年的感恩之心有助于其全面发展，家长应给予高度重视。

 **问题 9：孩子爱打架，怎么办？**

案例

小翔妈妈最近很烦恼，儿子小翔是初二学生，生性活泼好动，成绩优异，但脾气暴躁、易怒，总爱用拳头解决问题。小学的时候就因为易怒爱动手，总被老师投诉，事后小翔妈妈虽然都会教育小翔要与小伙伴友好相处，但却认为："孩子还小，等他长大了、懂事了，就好了。"然而，事与愿违，随着年龄的增长，升入初中的小翔依然如故，甚至还更严重了，他不但爱用拳头解决问题，还不服管教。老师多次投诉，小翔妈妈也苦口婆心，摆事实讲道理，力劝却无果。前几日，小翔又因为与同学争抢篮球大打出手，结果把对方的眼角打出了血，小翔被全校通报批评，记大过。班主任转告小翔妈妈，请她做好小翔的教育工作，虽然小翔成绩优秀，但他这种爱打架的行为偏差如果继续下去会非常危险，有可能会被学校勒令退学，甚至带来更为严重的后果。

【原理分析】

打架实际上是一种攻击性行为，所谓攻击性行为是指基于敌意或憎恨及不满等情绪，对他人或其他目标所采取的破坏性行为，包括言语攻击和身体攻击等。初中生出现这种攻击性行为的原因一般认为有以下几种。

1. 生理上的原因。心理学研究证明：在儿童攻击性行为的影响因素中，遗传因素占很大比例。所谓遗传并不是父母把打人、骂人等一些具体的行为遗传给孩子，而是把某些神经活动类型遗传给孩子，比如情绪容易激动等。一些研究还表明：攻击性行为与雄性激素水平有关，一般认为男性比女性具有更强的攻击性。从生理上分析，打架活动多发生在同性之间，并以青春期的男生居多。原因是雄性荷尔蒙高，同性之间更容易出现相斥的现象，所以说这种打架大多都与生理上的激素有关。

2. 心理上的原因。根据初中生的心理特点，可以分成以下三种情况：第一，以自我为中心，争强好胜，当在集体生活中遇到摩擦和矛盾时，不能站在对方的角度看问题，总认为自己是对的，以自我的情绪体验为主，容易产生攻击性行为。第二，自尊心得不到满足，缺乏自信，甚至自卑。这部分学生平时表现不好，在学校中被人尊重的需求得不到满足，企图通过打架斗殴的方式引起大家的关注。

当然还有一些是害怕被同学伤害，试图通过这种攻击性行为让自己看起来强大，使别人不敢欺负自己。第三，个别学生确实有心理障碍。也有个别学生存在一些不良的心理因素，在遇到棘手的矛盾冲突时也会产生打架斗殴的行为。

3. 行为上的原因。第一，个人的行为。初中生遇事冲动，缺乏理智的思考，平时口不择言，说话不看对象，导致矛盾，引发冲突。同时初中生缺乏明辨是非的能力，自控能力低下，却喜欢身体力行，好勇斗狠。第二，集体的行为。集体的打架就是打群架，更多的是一种哥们儿的义气，参与其中的孩子有的是爱管闲事，有的是迫于无奈。

4. 外部的原因。第一，社会环境。由于初中生的辨别能力较弱，容易受社会不良风气、电视网络书报等负面新闻的不良影响，如果没有正确的价值观引导，初中生容易模仿一些不良行为。第二，家庭环境。家庭成员之间的不和谐关系或者家庭成员具有攻击行为等都容易引发孩子产生攻击性行为。第三，学校环境。如校园欺凌事件，如果没有得到有效的处理也会影响到学校这个大环境，引发不良的打架斗殴行为。

【操作指导】

家庭环境对孩子的成长起到潜移默化的作用，是形成良好行为习惯的重要因素。面对一个爱打架的孩子，家长可以从以下几个方面着手。

1. 创设良好的家庭氛围。

家庭对子女的影响是不可替代的。父母应营造和谐、民主、平等、相亲相爱、相互关怀的家庭氛围，关心孩子的学习生活，尊重孩子的爱好等。

2. 提升父母自身的素质。

俗话说："孩子是父母的一面镜子。"无论父母做什么，对孩子而言都是有影响的。根据初中生自身的特点，他们正处在人生观、价值观建立的当口，善于学习和模仿，如果父母言行举止不当，很容易给孩子造成负面的影响。积极乐观、向上向善的父母更容易培育出温文尔雅、善良美好的孩子。所以父母需要不断学习，提高自身素养，给子女做榜样。

3. 接纳孩子的缺点。

"唯有包容与爱才能改变一切"。希望改变孩子，首先要接纳和包容孩子的缺点，帮助孩子分析行为背后的原因，教会孩子遇到矛盾要冷静处理。如果孩子遇到处理不了的问题，可以找家长一起商量。

4. 教孩子控制情绪的方法。

（1）注意力转移法：当火气迅速上涌时，可以有意识地转移话题或做点别的事情来分散注意力。

（2）语言节制法：一旦情绪激动时，可以默诵或轻声自我警告"保持冷静""不允许发火""要注意自己的形象和影响"等词句，想尽办法抑制住自己的情绪。

（3）环境转换法：每当处在起伏较大的情绪状态时，可以暂时离开激起情绪的环境和有关人物。

（4）呼吸调节法：当人生气时，呼吸会变得更浅并加快，所以可以通过深呼吸来调整情绪，缓解愤怒，可以用鼻子缓慢深吸气并用嘴缓缓吐气，几分钟后即可有效降低愤怒的情绪。

【教育提升】

初中生正处在从儿童的幼稚期向成人的成熟期转变的过渡阶段，在生理上，他们处于发育的第二个高峰期，大脑皮层结构功能变化巨大，神经活动兴奋，抑制过程不太稳定，行为调节作用降低，所以他们容易冲动，易被激怒，做事不计后果；在心理上，半幼稚半成熟，独立性、依赖性、自觉性、放任性错综交替，所以他们既以自我为主线，自尊心爆棚，不容易自控，又容易自怨自艾，陷入自卑，破罐子破摔。有研究表明，暴力（这里主要指行为暴力）的学生类型中，初中生的占比最大。作为初中生的家长，我们首先要了解他们打架背后的身心因素，为其营造和谐、民主、平等、相亲相爱、相互关怀的家庭氛围，提供安全的成长空间。其次，努力提升自身素质，接纳孩子的优缺点，而不是遇事一味地指责、打骂了事。最后，家长可以给予指导，教给孩子一些调控情绪的有效方法，并鼓励孩子在现实生活中实施应用。

问题 10：孩子学习拖延，怎么办？

案例

小郑是个初一女生，生性活泼，外向开朗，舞蹈业余十级，但在学习上却总是拖拖拉拉。小郑放学回家后第一件事就是先拿到爷爷的手机，开始上网聊天或玩游戏，等妈妈下班、晚饭过后，才开始写作业，这过程还时不时能见到小郑出来喝水、吃零食、上厕所的身影，即使是坐在书桌前，也是一会儿看看课外书，一会儿玩玩文具，写作业拖拖拉拉，每晚都要写到半夜。即便延迟了作业时间却依然不能完成学习任务，老师经常向家长告状孩子作业没有完成、成绩差。家长很着急，没收了手机，有空就陪读，父母的严厉管教不但没有改变小郑写作业时拖延的习惯，反而增加了亲子间的冲突。小郑怨恨父母管得太多，对自己太过严苛，对他们的说教厌烦不已，而父母则责怪小郑太不懂事，不能理解家长的一片苦心。

小郑的故事就发生在我们的身边，那么问题出在哪里呢？是孩子不懂事、不学习，还是没有养成良好的学习习惯呢？

【原理分析】

学业拖延是拖延症的一种类型，是一种集行为、认知和情绪等于一体的复杂心理现象。拖延会带来显著的学习质量下降、学习主动性降低和身心疲惫等。引发初中生学业拖延的因素有以下几个。

1. 学业拖延的主观因素。

（1）初中生身心发展的局限性。

初中阶段的学生自我认知往往存在一定偏差。在面对学业任务时，总是高估自己的自律能力，同时，对缺点没有足够的认识。很多初中生在解释其拖延行为发生的原因时都会将拖延行为归结为"我以为我可以做完"，这种解释在学业拖延中也是极其普遍的。

（2）学生自身的畏难情绪。

畏难情绪是造成初中生学业拖延的重要因素。当学生不够自信，不认为自己具备独立解决困难的能力，又过于注重事情本身可能产生的坏结果时，他们通常会用拖延来拒绝任务的开始。这类人认为成功或失败是衡量一个人能力的重要标志，失败带来的负面评价是他们不愿意接受的。因此，宁愿拖着不做，也不愿意看到证明自己"失败"的结果出现。

2. 学业拖延的客观原因。

（1）作业布置不合理。

任务本身难度过大，无法达成时，任务的解决就会自然而然地被拖延。例如：当教师布置的作业量超过学生能够承受的能力，学生就会不自觉地产生畏难情绪——与其做不完挨骂，还不如休息一下。

（2）同伴关系的负面影响。

同伴关系是初中生的重要人际关系之一，好的同伴关系会促进学生学业任务的完成，不良的同伴示范作用会干扰和破坏正常的学业计划和学习秩序。

【操作指导】

作为家长，可以通过以下四种方式帮助初中生顺利摆脱拖延症。

1. 制订合理的目标。

经常拖延的人在目标设定上存在着一定的困难，这一点有时或许不是很明显，原因是他们一直都在做着设定目标的事。即使这样，他们所设定的目标要么模棱两可，要么好高骛远。这样的目标实际上更容易引发拖拉的问题。目标具有可操作性是克服拖拉非常关键的一步，因为这会让行动方向清晰、明确。一个可操作的目标必须是具体务实的，具有可观察、可分解、可调整等特征。目标建立的 SMART 原则可以帮助孩子制订合理的目标。

2. 学会管理时间。

拖延是一个时间管理问题。拖延者对时间的看法相当不现实。他们喜欢待在"时间无限"的王国里，而不愿意生活在具体的、可测的、有限的时间框架内。为了能够运用以下时间管理的技巧，他们必须首先放弃对时间的一厢情愿的态度。

（1）练习判断时间。

加强对时间的判断需要经常练习，将实际使用时间与预测的完成时间做对比，从而进行评估，学会判断。

（2）利用零碎时间。

阿兰·拉金在《如何掌控自己的时间和生活》一书中提到，在一个大的任务中使用"见缝插针"的方法。那就是充分利用零碎时间，而不是消极地等待整块时间段的出现。

（3）短时间限制。

短时间限制会让一项很困难或者令人厌烦的任务更容易被接受。如果认识到开始做事并不意味着无穷尽的折磨，只需要耐着性子做 15 分钟即可，那么讨厌的事就会显得不那么讨厌了。

（4）找出最佳时间。

每个人都有一个自然的生物节奏。比如说，一天当中什么时候体力最充沛，什么时候最适合社交，什么时候脑力最旺盛，什么时候精神最差。如果把繁重的学习任务安排在精力最差的时候，那么学习任务的完成简直就是妄想。

（5）时间利用最大化。

找出那些对达成目标没有帮助或者并不重要的事情，对它们说不。在时间管理中经典的"二八法则"说：20％的事情十分重要，会产生巨大的影响；80％的事情不那么重要，做不做没有多大影响。对诸多微不足道的事情说不，将 80％的时间用来完成那 20％的重要事情吧。

3. 培养不轻言放弃的品质。

拖延者往往在一个任务的开始时既积极又乐观，但是到了某一个阶段后，他们却被卡住了，无法脱身，最终选择了放弃努力。如何才能打破这种不良趋势，坚持完成任务呢？

父母要告诉孩子任务总是难易不同，当面对某些本身就有难度的任务时，不要简单地认为只要自己克服了抗拒的心理，做好完成任务的准备，一切就会顺顺利利地按预期进行。在完成任务的过程中难免会遭遇磕磕碰碰，要做好打持久战的心理准备。而当任务不能顺利解决时，可以建议孩子休息一会儿，比如休息10分钟，放松心情，调整情绪，然后再回来处理问题，并尽量帮助孩子找出具体的应对措施，鼓励其不要轻易放弃。

4. 奖赏点滴进步。

学会奖赏孩子前进路上的每一次进步。记住：哪怕是迈出一小步也是进步。当取得的进步没有达到预期的结果时，还是应该给些奖赏的，因为他们为此付出了努力。任何他们喜欢的东西都可以作为奖赏：来点好吃的，看场电影，周末去爬山等。这就是常说的"成功吸引成功"。

【教育提升】

拖延的现象不只是孩子身上才有，很多成年人终其一生都无法摆脱。很多时候，拖延孩子的背后，还有着爱拖延的父母。比如有些父母每天吃完晚饭就躺在沙发上玩手机了，第二天早上才开始洗碗洗锅，这些看似"微不足道"的小细节，孩子却看在眼里，记在心中。当然在孩子写作业看书的时候，父母也不要去看电视、玩手机，这些都容易让孩子分心。要想孩子不拖延，父母一定要作出一个好的表率。在"操作指导"中提到的四个建议，需要父母在尊重孩子的发展规律的基础上，和孩子一起去完成。教会孩子学会设定目标，建立时间观念，学会时间管理，培养不轻言放弃的品质，奖励孩子的点滴进步，改变孩子做事拖拉磨蹭的不良习惯，培养孩子做事情的计划性，虽然这过程可能会比较辛苦而且烦琐，但是，好的习惯一旦养成，将会受益终身。

问题11：家长如何帮助孩子塑造决战未来的领导力？

案例

小邱是个初二的男生，他活泼开朗，成绩优异，在班级中像个小小的太阳。

小邱团结同学，乐于助人，从不区别对待他人，所以大家都很喜欢他；他待人有礼，尊师守纪，做事有理有据有节，老师们也特别信任他，大家都说领导力爆棚的小邱未来无可限量。

"虽然说初中是领导力培养的关键期，但不是所有人都可以成长为领导，特别是那些性格内向、不爱表达、不爱与人沟通的人，将来肯定当不了领导，那还不如就让那些外向的、爱表现的人去培养领导力吧，对于我们这种内向的人，只要努力学习，成绩好就可以了，其他的就不用管了。"内向的小陈面对小邱时，总是这样告诉自己，所以，他除了学习，对班级的事情漠不关心。

小林妈妈最近在为小林申请办理出国留学事宜，她想申请的美国重点高中都特别重视学生的领导力，他们的招生简章中随处可见"leadership"这个词，小林妈妈不了解领导力是什么，但听说有些家长为了让孩子体现领导力，自己成立了一个项目或者公司，让孩子挂名担任负责人，然后家长负责打理、操办。小林妈妈也在犹豫要不要这么做。到底领导力是什么呢？要如何培养？

【原理分析】

领导力是一个人有效执行领导角色和领导过程的能力，由价值观、人格、智力、社交能力、解决问题能力等多种要素共同组成，所以这种能力包含了诸多复杂的能力指标。学生领导力作为学生的一个基本素养，旨在培育学生具备自我管理、自我领导、自我提升与自我发展的能力。

领导力从功能上可以分为技能（skills）和品质（qualities）两部分，每一部分又可以拆分出多种素质：

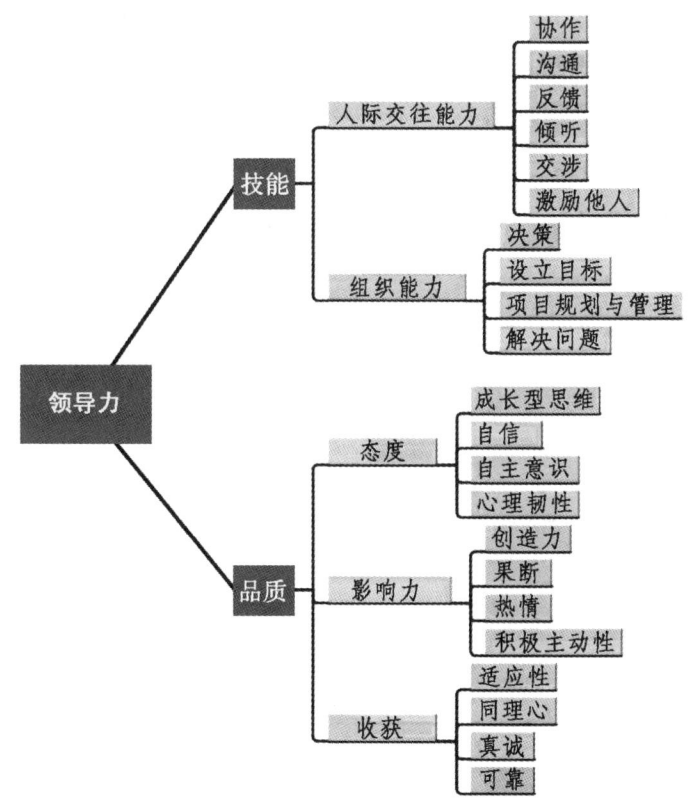

所以说领导力不等于当领导，培养领导力也不等于培养领导，但确实是可以培养社会精英。有人说领导力是天生的，不可否认，人的差异是非常大的，有的

人身上就"自带流量"。性格乐观、开朗的人更容易感染人、影响人,但是,对于绝大多数人来说,领导力是在实践中锻炼出来的,是后天培养的。初中,正是培养孩子领导力的关键期。

【操作指导】

培养孩子的领导力,可以从以下几个方面着手尝试。

1. 培养孩子自我管理的能力,提高其自觉意识和自我完善能力。

初中生处在半成熟半幼稚时期,自我意识高涨,渴望独立,但情绪不稳定,容易走极端。作为初中生的父母,要懂得尊重、支持、鼓励孩子,懂得从台前走向幕后,给孩子提供选择的机会,让他们为自己的事做出选择,培养其决策能力的同时明确责任。帮助他们学会自我教育、自我控制,同时学会积极有效地自我评价以及自我激励的能力。

2. 培养领导力所需的技能和品质。

(1) 培养孩子的自信心。初中生在这一时期有较强的自尊心,可能因为一些小事而产生自卑心理。家长可以鼓励孩子进行尝试并做力所能及的事,及时肯定和赞扬孩子的良好行为,同时在孩子遇到困难的时候给予有效的支持、安慰、鼓励,提供帮助。当然,培养孩子的专长也不失为一条培养自信的有效途径,毕竟每个孩子天赋各异,能力方面也各有千秋。在重视学业成绩的学校教育面前,并不是所有孩子都能成绩优异,如果孩子拥有专长,就有了一种竞争优势,具有了上进的动力,孩子也会因此变得越来越自信。

(2) 培养孩子与人沟通的能力。初中生在人际交往上出现了许多新的特点:他们逐渐摆脱儿童时期的团伙交往的形式,对朋友的质量有更高的要求,并希望从朋友那里获得更多的理解和关怀。有研究表明,初中生对同伴关系的重视程度远远高于其他的年龄阶段,但亲子关系却降到了最低,大体上表现为情感上、行为上、观点上的脱离,以及父母榜样作用的削弱。所以作为初中生的家长,在了解初中生人际交往特点的基础上,学会做一个引路人,引导孩子正确评价和认识自己,排除人际交往中的心理障碍,不因自我交往能力较差、性格内向而妄自菲薄。同时指导孩子学习人际交往的原则、技巧与手段,如准确表达、学会倾听、换位思考等,让他们学会与人打交道。

(3) 培养孩子运用知识的能力。现代社会是一个知识社会,作为现代社会的领导者,必须具有丰富的知识,不仅如此,还必须能够把自己所学到的知识运用到实践、生活中去,解决实践和生活中的问题。因此,要想提高孩子的领导力,必须引导孩子认真学习,积累知识,不断地学会运用知识。

3. 鼓励孩子多参加团体活动

团体活动会锻炼孩子的团队精神、沟通能力、吃苦耐劳精神与领导能力。父母能做的就是创造一个有益于锻炼孩子领导力的环境，鼓励孩子参加学校各种活动。

【教育提升】

注重培养孩子的领导力，是对孩子未来的负责，有利于孩子在未来的社会中脱颖而出，初中正是领导力培养的关键期。作为初中生的家长，我们要打心眼里重视起"领导力"这个概念，并且纠正对它的狭隘理解，了解领导力是一种行为、一种精神、一种积极向上的态度、一种宏观决策的能力，而不是说具体指某一个角色、某种权利地位。当然领导力这件事除了言传，更需要身教。家长要以身作则，在引导孩子做好自我管理的同时自己也要做好自我管理，而且积极参与到职场和公共事务中去。

问题 12：孩子受挫能力差，怎么办？

案例

小宇，初一男生，已拒绝上学近一周。小宇从小就很乖巧懂事，成绩也很优异，小学时，同学和老师都喜欢他。上了初中，小宇因学校离家较远要住宿，他在生活上很不适应，而且还发现身边的同学不喜欢和自己交往。他主动找舍友聊天，舍友也是敷衍一下就找别人了，所以他很伤心，不明白自己为什么会交不到好朋友。他觉得自己在这个学校就像一个透明人，很孤独，所以怎么都不愿意继续去学校。

小严，初二女生，她最近情绪特别低落。上个星期，班级竞选班长，小严心想班长铁定是她的，毕竟，从小学到初一，她已经当了5年的班长，而且能歌善舞，多次代表学校参加演出。她静静地坐在位置上听着其他人的竞选感言，心想着等这些同学发表完感言，大家举手表决之后，自己就顺理成章地继续担任班长一职。没想到，在举手表决的时候，自己居然以低票被淘汰出局了。小严特别委屈，觉

得自己特别不值得，在家里大哭大闹，谁都劝不动，甚至觉得在同学面前丢尽脸面，拒绝上学。

【原理分析】

以上两个案例在学校中并不少见，初中是一个人成长的特殊时期，是学生从幼稚走向成熟的关键期，学生的生理和心理都发生着巨大变化，这些变化使初中生经常处在矛盾之中。他们一方面积极热情，勇于展示自我，对任何事物都有强烈的好奇心；另一方面又自尊心爆棚，意志力薄弱，容易遭受挫折，陷入自卑无法自拔。正确对待挫折，提高受挫能力，是初中生必须直面和解决的问题。

"挫折"在心理学上是指个体的意志行为受到无法克服的干扰或阻碍，预定目标不能实现时所产生的一种紧张状态和情绪反应，它是一种消极的心理状态，也就是俗话说的碰钉子。这在人生道路上是难以避免的，是一种正常的心理现象。但是在现实生活中，有人在挫折面前，消极、颓废、悲观、终日郁郁寡欢，甚至酿成悲剧；有的人却不屈不挠、顽强进取，能很快摆脱挫折压力的困境，解除心理压力和紧张情绪。受挫能力弱往往表现在以下几方面。

（1）不肯面对失败，失败过后会懊恼、生气，甚至攻击他人。
（2）面对新事物不敢尝试，轻易就说"我不会"。
（3）做事不能坚持和长久，经常半途而废。
（4）经常会指责他人，把失败都归结于他人，或者动不动就说是他人的错。
（5）事事争第一，以自我为中心。
（6）面对各类新环境不能适应或者对环境的改变一时很难融入。

导致孩子受挫能力低下的家庭因素主要有以下几个。

（1）溺爱孩子，事事包办。
（2）孩子做错事时经常遭受父母责骂。
（3）父母对孩子的能力估计不足，或者给予过高的期待。
（4）父母对孩子的鼓励不够或者鼓励过多。
（5）家长有怕输的心理，处处要孩子争"第一"，而且家长的情绪掌控力不佳，易冲动，自控能力弱。

【操作指导】

1. 了解孩子的个性特征。初中生一方面自尊心爆棚，另一方面又容易遇事自怨自艾。然而不同类型的孩子应对挫折有着不同的特点，家长只有在了解自家孩子特点的基础上才有可能对症下药，有的放矢地帮助孩子提升自身的受挫能力。

2. 引导孩子正确认识和敢于面对挫折。挫折是人生中必然的生命历程，它对人的刺激强烈，直接影响着心理和生理活动。但挫折也是两面性的，有消极的一面也有积极的一面，它不仅使人痛苦不安，也使人得到磨砺和成长。遇到挫折时，我们要适当地改变思维角度和方式，正确评价和正视所遇到的挫折，树立正确的挫折观，树立坚定的目标，培养乐观精神，并敢于直面挫折、挑战挫折，这样才能把挫折转化为走向成功的动力，取得更大的进步。

3. 培养孩子的自控能力。抗挫折能力弱的主要原因就是学生的自控能力较差，是一种意志力薄弱的表现。培养意志力是增强自控能力的主要手段，能够增强初中生克服困难、抵制挫折的信念。对自控能力进行培养，首先要强化孩子的正确动机，人的行动都是靠动机支配的，只有正确的动机才能对初中生的活动产生正确的影响。其次要通过培养初中生的兴趣从而锻炼其意志力，对于自己感兴趣的事情，大部分人都能够全身心投入，初中生也不例外，要以此为基础，对其意志力进行锻炼。

4. 教给孩子应对挫折逆境的方法。一是目标补偿，即最初的目标受挫后，用其他目标来代替原来的目标，以其他的成功给予补偿，从而减轻受挫感和心理不适，取得心理平衡。二是积极转移，即通过注意力的转移，把受挫后的消极情绪转化为积极情绪，减少面对逆境的恐惧心理。如找朋友聊聊天、打打球等来转移受挫后的不良情绪。三是适度宣泄，即教给孩子一些理智的适度宣泄的方法。比如哭就是一种适度宣泄的方法。医学研究表明，人通过流泪，可以将一些有害物质排泄出去。所以，当遇到挫折逆境无法控制悲伤时可以大哭一场来宣泄苦闷。又如倾诉，即遇到挫折逆境时，把烦恼苦闷向自己的朋友诉说。

【教育提升】

高尔基说："单单爱孩子，这是母鸡也会做的事，可是要善于教养他们，却是一桩伟大的公共事业。"在培养初中生的受挫能力上，作为家长，最重要的是以身作则，有稳定的情绪、乐观的态度，积极面对困难和挫折。同时给孩子合理的期待，营造良好的亲子依恋关系，给予孩子温暖、鼓励、帮助、信任，不随意责备、否定与挑剔，保护孩子的自尊心的同时，注重孩子的个体差异，给予有针对性的指导和帮助。

问题 13：如何让孩子区分个性和叛逆？

案例

小周上小学时十分听话，是让父母省心的乖孩子。但是进入初中后，父母觉得与小周越来越难以沟通了。他再也不像小学时，喜欢跟父母说说学校的事，反而动不动就发脾气，经常与父母对着干，父母让他往东，他偏偏往西。这次期末考试，小周成绩退步了，父母说了他两句，他一副很不服气的样子，找各种理由，坚决不承认错误。父母说得多了，小周就直接摔门离开。

在学校，小周也常常因为发型、着装等不符合学校要求受到老师的批评。但是他认为这是个性，是潮流，因此对老师、学校十分不满，上课不听讲，课后也不完成作业，学习成绩一落千丈。

像小周这样的孩子，在学校还有很多。他们奇装异服，标新立异，张扬个性，对限制极力反抗，对权威嗤之以鼻。这种行为，是个性吗？

【原理分析】

个性一般是指一个人经常表现出来的本质的、稳定的心理特点，包括一个人的整体精神面貌，即具有一定倾向性的心理特征的总和，包括个人的能力、气质、性格、兴趣、动机、价值观等。这些特征相互联系，有机结合，从而展现出用于调控、预测个人行为的，就是个性。儿童时期，自我意识发展比较浅薄；随着身体的发展和性的成熟，青少年的自我意识也在迅速发展。而个性发展中起决定性因素的正是自我的发展。所有的外因只有通过内因才能起作用，而自我意识的发展就是个性发展的内因。虽然说纵观人的一生，个性并非一成不变的，但是正如老话所言，"三岁看大，七岁看老，十三岁定终身"，因此，青春期是青少年个性发展的重要时期。另外，教育和社会生活也在个性发展中起到了重要作用。

叛逆，顾名思义，就是反叛、忤逆的意思。在青春期，随着自我意识的发展，孩子通常有"我长大了"的感觉，出现强烈的自我表现欲，为了体现这种"标新立异"，很多孩子会以"叛逆"的形式展现出来。通常表现出对权威的反叛，一般是对规章制度的反抗，对正面榜样、先进人物的否认，对家长、老师的叛逆，会做一些违背家长、老师本意、出人意料的事。当然，青少年叛逆心理的产生也是有原因的。家长与孩子缺乏沟通和理解，家长的教养方式过于严苛，都是导致青少年产生叛逆心理的原因。

许多青少年会把"叛逆""标新立异"作为自己个性的展现，实际上叛逆与个性是有很大区别的。最主要的区别就是个性具有一定的稳定性，是个人心理特征的展现；而叛逆不具有稳定性，而是随情境而动。另外，个性没有好坏之分，每个人都具有不同的个性；但是多数叛逆的孩子只关注行为本身，不计较行为的后果，一般情况下容易造成诸多危害，例如形成多疑、冷漠、偏执、自负的心态，习惯化了的叛逆还容易导致青少年不合群、对抗社会等。

【操作指导】

青春期孩子的家长应该在正确分辨孩子个性与叛逆的前提下，引导孩子认识叛逆，形成真实的、独特的个性。

1. 开放自我，接纳孩子。很多家长在面对孩子的叛逆时，感觉权威受到挑战，总是说孩子以前不是这样的。确实，根据皮亚杰的儿童道德发展阶段理论，在儿童5～8岁的时期处于权威阶段，孩子服从外部规则，接受权威指定的规范。但是孩子在成长，不可能一直停留在这个阶段，家长应该接受孩子长大的事实，开放自我，摆正心态，调整自己的教育理念和与孩子的沟通方式，相信孩子，接纳孩子，建立平等的朋友关系。

2. 了解孩子行为背后的动机。不管是个性还是叛逆，展现出来的都只是孩子的行为。不要想当然地认为孩子对自己的忤逆就是叛逆，而应该通过沟通，了解孩子行为背后的动机。有些叛逆，实际上是孩子需要更多的选择空间。而对于部分年纪较小的孩子来说，叛逆可能是在试探父母的底线。所以对于叛逆，一味地采用打击或者退让的态度，都不利于孩子的成长。

3. 正确对待孩子的个性。虽说个性没有好坏之分，但是青少年处于个性发展的形成期，家庭教育对他的世界观、人生观、价值观的影响还是非常明显的。而且由于该年龄段孩子阅历有限，诸多想法并不成熟。有些家长美其名曰尊重孩子，其实无底线地"尊重孩子"也是偷懒的一种表现。有些家长十分委屈地说"自己已经尽量满足孩子的要求了，可是他还是不满足"，可实际上孩子的所谓要求，其实是一种无形的呐喊，希望得到家长的关注、理解。家长应该在了解孩子需求的基础上，加以正确引导，帮助孩子形成良好的心态和积极向上的世界观。

【教育提升】

并不是所有家庭的孩子都会出现叛逆期。纵观大部分家庭，我们发现，那些孩子在青春期出现严重逆反情绪的家庭，几乎都是家长"管得太多"。只不过有的孩子没有表现得很明显，有的孩子叛逆期延后，例如大学一定要离家远。所以孩子一旦出现叛逆，家长不妨自我反省一下，是不是过度呵护孩子却演变成限制？是不是没有给孩子足够的空间和尊重？是不是过度严厉地要求孩子却忘了表达爱？

其实从另一角度看，叛逆也不见得是坏事。孩子出现叛逆情绪，说明孩子的自我开始发展，他开始有了自己的想法，渴望摆脱对父母的依赖，开始尝试自己独立思考、判断和解决问题。在此之前，父母把孩子保护得很好，孩子按照父母已知的、清晰可见的路线徐徐前行；在此之后，父母要学会放手，让孩子去尝试走自己的路。只有通过实践，经历挫折，孩子才能真正开始学会更全面地看待问题，为自己操心，对自己负责。

孩子的叛逆期，其实也是父母的成长期。作为父母，应该要在这个阶段完成自己的一次成长。孩子青春期这一阶段，也被称为"心理断乳期"。这个过程对孩子对父母而言都是痛苦的，每个人都渴望被需要、被看到。当一个事事都需要依赖自己的孩子要"离开"父母时，作为父母，自然会觉得痛苦，觉得难以接受。但是父母要意识到，为孩子操一辈子的心，并不是为孩子规划好一辈子的路线。父母之爱子，则为之计深远。爱孩子，就要在还有能力的时候培养孩子独立的能力，在孩子需要的时候能够给予足够的支持。只要孩子不做违反底线的事情，父母都应该放手让孩子去尝试；当孩子误入歧途时，父母要适时阻止，陪他一起走出来。

因此面对叛逆期，家长也不需要过于抵触或者紧张。利用好这个时期，做好角色的转变，是对自己，也是对孩子最好的做法。

问题 14：如何让孩子学会尊重他人？

案例

2020年10月，一条短视频引起了众人的关注。武汉地铁站内，一女孩疑似因为坐错车而当众踢踹母亲。在视频中，母亲拎着大包小包的行李，而一旁与母亲一般高的女孩双手插兜。两人发生了争执，原因是母亲不知道路线，坐错了车。下车后，女孩就用脚猛踹母亲，母亲则站在一旁没有还手。女孩连踹几脚后，旁边的路人实在看不下去，上前阻止，结果女孩还动手打了这个路人。这个视频发到网上后，立即引发众怒，网友纷纷指责女孩的行为，称其"欠教育"。

如今生活中，像这种毫不尊重他人，唯我独尊的熊孩子比比皆是。例如：随意呵斥父母或者顶撞长辈的，在路上随意打闹而影响其他行人的，在影院或者公共交通工具上踢椅背影响他人的……为什么现在熊孩子越来越多？如何让他们学会尊重别人呢？

【原理分析】

在心理学上，我们定义了自尊，却没有对尊重进行明确的定义。尊重更多体现在人际交往中，罗杰斯就非常强调尊重对心理咨询的意义，认为咨询师在价值观、人格尊严等方面应与来访者平等，对来访者的现状、权益做到关注、接纳和爱护，对来访者做到"无条件尊重"。

在人与人的交往中，尊重是非常重要的。尊重是一个人自身素质的体现。同时也只有尊重别人，才能获得别人的尊重。

现在所谓的熊孩子越来越多，其实原因有很多。首先就是父母的行为。父母在日常生活中是否给了孩子足够的尊重，是否给孩子做了一个正面的榜样？父母是孩子的第一任老师，孩子从小到大，接触最多的就是父母，父母的言行自然就成了孩子学习的模板。如果父母在日常生活中谦逊有礼、尊重他人，相信孩子也会是一个懂得尊重别人的人。

其次，过分宠爱孩子也会导致孩子目无尊长。现在，"积极心理学""快乐学习""正面管教"大行其道，但是有些父母误解了其中的含义，只看到了"积极""快乐""正面"，没有看到后面的管教，孩子要什么就给什么，想做什么就做什么，认为这样就是尊重孩子的想法。实际上，在孩子价值观尚未形成的阶段，这样纵容孩子只会让他长成以自我为中心，不顾他人感受、不懂得尊重他人的人。

【操作指导】

那么面对这种熊孩子，家长该怎么教育呢？

1. 保持冷静。很多家长在面对孩子的不尊重时，总觉得受到冒犯而暴跳如雷。在这种情绪下是不能解决问题的，反而会给孩子树立一个不好的榜样。

2. 找出孩子不尊重家长的原因。青春期的孩子存在不同程度的闭锁心理，内心活动复杂又丰富，但是又不愿意直接表达出来。与其单纯地纠正孩子的行为，不如先找找其行为背后那些没有被表达出来的原因。通常孩子出现不尊重家长的言行，一般是由于自身的需要没有被满足。例如：他们想做的事被家长阻止了，他们就把这种不被满足的愤怒发泄在家长身上。实际上他们可能并没有意识到自己的行为是不尊重他人的做法，只是选择了一种错误的方式发泄自己的不良情绪。

3. 了解完孩子行为背后的原因后，家长应该尊重孩子的需求，但是这个尊重不是没有原则的退让。对于孩子的某些需求，家长可以满足；但是对于一些不合适的需求，恰如其分的阻止才是尊重孩子的正确选择。只有尊重别人，才能获得别人的尊重，这是家长要教给孩子的一个重要的概念。一味地纵容，孩子学不会理解别人的感受，同样不懂得尊重别人。这里就要借用正面管教的一个核心概念——和善而坚定。"和善"是尊重孩子，"坚定"是尊重自己。只有和善而无坚定，是溺爱；只有坚定而不和善，是专断。家长在教育孩子时，既要尊重孩子的需求，也要坚持自己的底线。这样才能让孩子知道，自己有需求，别人同样也有需求，不能只为了满足自身的需求而要求别人无底线地退让。

4. 家长要做孩子的榜样，像希望孩子如何尊重自己的那样去尊重别人、去尊重孩子。很多家长会对孩子提出各种要求，却很少看看自身是否做到了这些要求。其实所谓言传身教，便是要求家长既对孩子辨是非讲道理，也要家长身体力行地示范教育。家长能尊重孩子的需求，合理拒绝孩子的无理要求，孩子也能尊重家长的决定；家长能尊重家人、朋友甚至陌生人，孩子也会在与人交往时多多换位思考，尊重别人。

【教育提升】

被尊重的孩子，才更懂得尊重别人。被尊重也是一种正常的、普遍的心理需要。家长对孩子的尊重对孩子良好的心理品质形成具有积极的作用。那么在家庭中，家长如何做到尊重孩子呢？

最重要的一点，就是要尊重孩子的特异性、主动性。有许多家长觉得孩子只需要把书读好了，其他一切都有父母代劳。而在读书上也安排得满满当当，一有假期就是各种培训班。家长自以为是在帮孩子排除困难，帮助孩子少走弯路，其实是剥夺了孩子的自主权。这种千篇一律的模式，实际上并没有把孩子当成一个独立的、独特的个体，也没有看到孩子真正的气质特点、兴趣爱好，孩子自然没有感受到被尊重。

家长如果把孩子当成一个独立的个体，应该让孩子参与家中的大小事情，让他们独立思考、发表意见。在这个过程中，孩子感觉到自己是不同于他人的，感受到被重视，他们能够去思考、去尝试、去体验失败、去感受成功。这样，他们就更能够换位思考，更能体谅他人。他们开始相信自己的能力，学会根据自身特点去选择，同时也会更有自信。

另外，把孩子当成一个独立的个体，而非父母的附属品，就要允许孩子有自己的空间，允许孩子超越自己，也允许自己在孩子面前示弱。

学会尊重别人，是一个人最好的品质。孩子终将走入社会，只有学会尊重他人，才能赢得别人的尊重，更好地适应社会。

 # 问题 15：如何培养孩子的乐观精神？

案例

小 A 是一名初三的学生，她希望能够考入自己心仪的高中。初一、初二时，她的成绩一直名列前茅，是他人眼中"别人家的孩子"，自信、乖巧、懂事。升入初三后，小 A 对第一次考试成绩很不满意，虽然家长、老师觉得成绩不错。小 A 没有达到想要的结果，觉得自己变差了、变笨了，注意力、记忆力都下降了，认为别人会笑话自己……小 A 变得情绪低落、睡眠不好、精神不佳，不愿进班级。同学和老师看到小 A 的变化后，感到很诧异："小 A 怎么这样了，她平时不是很活泼的吗？"

【原理分析】

当一件坏事发生时，人们对事情发生原因的看法和解释习惯，是一个人的解释风格。解释风格是一种习惯性的思维方式，表明人是悲观的还是乐观的。通俗地说，就是当坏事发生时，我们是怎么解释和归因的。通常，以外部不稳定的具体原因解释坏事件，被认为是乐观的，例如归因为运气、环境、他人的影响等。以内部稳定的整体原因解释的人被认为是悲观的，例如将坏事的发生归结为能力、人格等，多是从自己身上找原因。

解释风格有三个维度：永久性、普遍性和人格化。永久性是指事情的起因是否会继续下去还是起因是可以改变的或是过渡性的。普遍性是起因会影响到很多情况，还是只会影响特定情况。人格化理解为将事件归因为是个人的还是非个人的，即起因就是我，还是其他人或其他情况。当有不好的事情发生时，我们可以利用这三个维度进行分析：

永久性		普遍性		人格化	
乐观	悲观	乐观	悲观	乐观	悲观
还好这是暂时的	我完蛋了	数学老师有点偏心	所有的老师都偏心	我只是一时失误了	都是我的错
下雨影响我发挥了	我真笨	每个人都不喜欢我	他可能不喜欢我	我完全没有玩游戏的天分	这次玩游戏时运气不大好

积极心理学引用心理学家艾利斯的 ABC 模型解释坏事对人的影响是如何发生的：当人遇到不好的事件（Adversity）时，我们会对该事件有一些看法，也会观察到身边的人的反应，久而久之，形成习惯性的思维方式，导致当同类事件发生时形成相对稳定的看法、信念（Belief），这些想法和信念引发一系列后果（Consequence），即影响我们的情绪和我们会怎么做。

事件（A）：事件发生的经过（不好的事件）。

想法（B）：对事件的看法与解释。

后果（C）：事件发生后的感受及做出的行为，往往是事件发生后引发的习惯性的后果。

例如：当失败时，有些人会感到无助、懊恼，自我苛责，选择放弃；有的人则感到振奋，越挫越勇，迎难而上。

【操作指导】

既然悲观是人们不断训练的结果，那么是否可以改变解释风格、习得乐观呢？答案是肯定的。

那我们如何改变悲观的解释风格呢？可以从以下几个方面着手。

1. 转移注意力。当习惯性的悲观想法出现时，改变身体姿势，并大声说"停止"。停止思维是一个简单有效的方法，帮助人们停止或者中断习惯性的思维。之后，转移注意力，去做别的事。也可以拿起一个小物件，看一看、摸一摸、闻一闻，这样既能分散注意，也能让思绪慢下来。

2. 与固有想法保持距离，并反驳它。反驳是与固有想法的辩论，寻找已有的积极证据，寻找更有意义的解决方式。我们要知道想法只是想法，并不代表这个想法是真实的。客观地看待事件（A），很重要的一点是后退一步，让自己与悲观的解释保持距离，检查自己的习惯性想法（B）是否正确，从以往的经验中寻找积极的证据，驳斥（Debate）悲观的信念，激发（Energization）其他解决问题的可能性。

结合 ABC 模型，这就是习得乐观的 ABCDE 模式，用培养乐观的 ABCDE 来引导小 A 改变对自己的看法。

明确小 A 遭遇的事件、现有的思维方式及后果。

事件（A）：初一、初二时名列前茅，初三时，成绩稍有下滑，没有达到自己的预期。

想法（B）：我变笨变差了，很丢人，别人会笑话自己的。

后果（C）：情绪低落，睡眠不好，精神不佳，不愿进班级。

这是小 A 对整个事件的原有看法和反应。成绩一直很好的小 A，在一次成绩略微下滑后，便消极地看待自己，否定自己。

反驳消极想法最有效的就是举证，证明这些想法和信念是不正确的、是扭曲了事实的。那怎样驳斥这种观念？

引导小A冷静下来，思考原有观念的合理性。影响考试结果的因素有很多，一次考试失利就能确定一个人能力大小、水平高低吗？然后，让小A回忆在以往的经历中，她是如何战胜困难的，引以为豪的成绩是什么，是如何获得的，有什么积极体验？这时，小A或许会想起小学时，一次成绩下滑，并没有自我放弃，而是在老师的帮助下，找原因、查缺补漏，完善学习方法，成绩很快得到了提升，让自己感到很开心、很有成就感，是相信自己、付出努力得到的结果。在其他方面，弹钢琴、跳舞、书法，很有艺术天分。

反驳（D）：这次真的没考好，很难过，以前也有过，我是不是能力不行？不过，上次我通过老师、家长的帮助很快提高了成绩，说明我还是有能力和潜力的。而且这次因为是升入初三后的第一次考试，我有些紧张，心态没调整好，影响了考试状态，这次的数学考试题目也不是我平时擅长的。所以，我不能因为一次考试就否定自己。

激发（E）：虽然没达到预期，有些难过，但这只是暂时的，我在其他方面都能学得很好。接下来，我会及时调整心理状态，更平和地应对。学习上，分析目前的整体情况，补齐短板，更好地分配学习时间，相信下次一定能进步。

【教育提升】

悲观与乐观不仅表现在对坏事的解释上，还表现在对好事的归因。当好的事情发生时，悲观的人归功于别人或环境、运气等外部的、不稳定的因素，乐观的人归因为能力、人格等内部的、稳定的因素。

孩子的解释风格会受多种因素的影响。孩子在与父母的交往中，会观察和学习父母对事件的因果分析、处事方式，所以乐观的父母，孩子乐观的可能性更大。另外，外界的评价方式也影响着孩子的解释风格，如果对孩子的批评是稳定的、内在的，则孩子可能会变得悲观，如：经常被骂笨的孩子，久而久之，或许真的以为自己很笨。孩子早期生活经验中的消极生活事件也会导致孩子的悲观，父母离异、亲人去世等都会影响孩子对事件的看法。

但是，我们并不是盲目地、无条件地将乐观应用到所有的情境中，而是有弹性地乐观，以增强对不利环境的控制。成功的生活需要大部分时间的乐观和偶尔的悲观。轻度的悲观使我们在做事之前学会思考，三思而后行，不鲁莽行事。大多数情况下保持乐观，则使我们的生活充满希望。

主题五　家教与家风

 **问题 1：家庭关系序位对孩子的成长有何影响？**

案例

李悦的爱人长期在外地工作，一两个月回来一次，每次住上三四天。李悦和12岁的儿子关系很亲密，爱人每次回来都找不到家的感觉，李悦和儿子亲密无间，总让爸爸感觉自己像个外人，无法融入妻子和儿子的关系。每当他抱怨的时候，李悦总是会理直气壮地反驳说："我跟儿子关系好有问题吗？哪有你这样的爸爸？"

儿子很乖巧，很听妈妈的话，但爸爸觉得儿子过于听话了，希望儿子更有男子汉气概一些，但总被李悦反对。

爸爸总觉得哪里不对劲，但是又说不出来，觉得很憋屈。

【原理分析】

因为爱人不在身边，所以李悦全部的心思和时间都花在孩子身上，进一步淡化了和爱人的夫妻关系。爸爸被排挤在妈妈和儿子的外围，这样容易造成家庭丈夫角色的缺失，儿子很容易成为妈妈的心灵和精神伴侣，儿子承担了不属于自己的家庭责任。而妈妈也容易形成对孩子的依赖，在没有爸爸参与的情况下，妈妈和儿子很容易形成共生关系，不利于孩子的成长。

家庭里夫妻关系是第一位，子女应在其后。如果家庭关系序位颠倒，就有可能带来不良影响。举例来说，当一个很温和的父亲从不显示丈夫的力量，子女就很容易被卷入，承接父亲的愤怒，而在情感上经常与母亲抗衡，在家里形成三角对立。这样的家庭很容易烦恼不断，父亲的缺位，孩子的替位和纠结，母亲的委屈和敌意，经常纠缠在一起。

在家庭中，以夫妻关系为主，夫妻关系是第一位的；其次是孩子和妈妈、爸爸的关系，这叫三元关系；然后是孩子跟妈妈的关系、孩子跟爸爸的关系，这是两人关系。在一个家庭中保持这样的序位，孩子才能感受到安全感，感受到被重视，感受到被支持。在中国的文化里面，父亲不喜欢留在家里，这会破坏家庭关系序位，影响亲子关系和教育成效，爸爸应承担起属于自己的家庭责任，教育孩子不仅仅是妈妈的责任，爸爸对孩子规则的建立、价值观的引导，都起着不可或缺的作用。

【操作指导】

1. 将夫妻关系置于家庭中最重要的位置。要想营造一个健康的家庭系统，必须将夫妻关系置于家庭中最重要的位置。夫妻关系是家庭的定海神针，是家庭的顶梁柱，顶梁柱稳固，则家庭稳固，生活在这个家庭的孩子就是安全的。如果夫妻关系不好，经常争吵、打骂，或者夫妻冷暴力、情感隔离，生活在这样家庭里的孩子就会严重缺乏安全感，甚至会以牺牲自己生命的方式去拯救这个家庭，在青春期有可能会出现严重的行为问题，例如网瘾、早恋、自残、自杀等，而

且，孩子长大之后，也很容易复制父母糟糕的婚姻模式，没有安全感的孩子，终其一生都会在寻找安全感。夫妻需要明白，在原生家庭，父母是最重要的；在新家庭，丈夫和妻子之间的关系才是最重要的。要想营造一个健康的家庭，必须将夫妻关系置于家庭中最重要的位置。当然，这不是说鼓励把自己的小家庭和父母分离，永远向着妻子或者丈夫，忽略父母的感受，不理会他们的需求，而是要向父母表明观点，在公平的基础上，希望他们也可以把自己的夫妻关系放在第一位，这样才能维持自己新家庭的和谐稳定。

2. 履行好父母角色。在家庭中，父母角色是指为人父母在法律和伦理道德上的责任和义务。就儿童发展来说，父母角色要求：（1）形成和谐的夫妻关系，避免夫妻冲突；（2）在孩子不同的发展阶段上，注意角色内容的变化；（3）父母之间确立互补、均衡、目标一致的角色关系，以确保对子女教育的一致性。但在现实环境中，很多家庭都存在错位的亲子关系，错位的亲子关系源于错位的夫妻关系。所以，夫妻要把握好父母角色，尤其丈夫要履行自己父亲的职责，才能更好地为孩子健康成长提供良好的环境。

【教育提升】

1. 不把责任转嫁给孩子。孩子在成长的过程中，需要把所有的生命能量放在自我构建上，不宜承担过多的属于成年人的责任，尤其是爸爸妈妈的责任。爸爸妈妈任何一方都不应该把自己对伴侣的情感需求放在孩子身上，让孩子负担不属于他的责任，那样孩子会被压得喘不过气来，也就无法发展真正的自我。尤其是妈妈把儿子当作情感伴侣，爸爸把女儿当作情感伴侣的时候，家庭秩序陷入了混乱，对孩子会产生不利的影响。

2. 积极强化自我发展。如果母亲自己人格不够成熟，很容易将对丈夫的不满向孩子倾诉，或者在言行中带着情绪指责丈夫，长期如此，孩子感受到的是爸爸的不堪。如果是男孩，将在无意识中认同自己将来在家庭中作为这样的父亲/丈夫的形象，重复原生家庭中男人作为一个父亲/丈夫的状态；而女孩，则会在无意识中接受自己家庭中伴侣的这样的父亲/丈夫形象，同时又会重复原生家庭中母亲作为一个女人的状态。所以，父母的自我成长是极为重要的课题，作为成年人，要学会成年人处理情绪的方式，把属于父母的责任收回到父母身上，不要强加到孩子身上。

 问题2：长辈太宠孩子，怎么办？

案例

张明夫妇都在外企工作，收入高，但工作很忙，14岁的儿子强强主要由爷爷奶奶照顾。爷爷奶奶对强强很宠爱，从不拒绝他的任何要求，强强生活自理能力很差，不会收拾书包，不会收拾房间，更不会做任何家务，一不如意就大发脾气摔东西。

张明夫妇觉得爷爷奶奶太宠爱孩子了，不利于孩子的成长，多次劝说不要一直惯着孩子，要适度给孩子一些挫折，爷爷奶奶表面上答应得好好的，但一转身就把他们的叮嘱丢到了九霄云外，继续无节制地宠溺孩子。

由于张明夫妇二人工作忙，需要经常出差，教育孩子主要还需要靠爷爷奶奶，但爷爷奶奶认为孩子就是需要宠，自己就一个宝贝孙子，怎么宠爱都不过分。眼见着强强一天天长大，坏脾气越发见长，生活习惯也糟糕透顶，张明夫妇很苦恼。

【原理分析】

现在一些年轻家长由于自己工作繁忙，或是因为婚姻问题而把孩子的教育、生活等责任全部推给了爷爷、奶奶、外公、外婆，而这些祖父母自觉地成为全面照顾第三代的"现代父母"。这种由祖辈对孙辈进行抚养和教育称之为隔代教育。

目前看，隔代教育主要出现在农村夫妇两人都外出打工的家庭、城市双职工家庭以及单亲抚养者家庭。据调查，目前我国约20%的独生子女是由其祖辈抚养的。孩子由祖辈教育的好处主要有：一是可以减轻年轻父母的负担。这是隔代教育最根本的一个因素，现代社会生活压力大，竞争激烈，特别是生了孩子之后，压力与日俱增，而隔代教育可以大大减轻年轻父母精力和财力上的负担。二是中国传统文化的影响。长辈们往往有着强烈的奉献精神，凡事为孩子考虑，在孩子成家立业之后，陡然觉得失落，无所事事，于是在照顾孙辈的过程中感受到自己的价值，情感上也得到满足，享天伦之乐对他们来说可以避免孤独的痛苦。三是祖辈一般具有一定的育儿经验，有足够的时间和耐心。祖辈都养育过孩子，他们吃苦耐劳，不怕辛苦，也有足够的时间和精力照顾孙辈。

隔代教育可能会带来许多弊端：一是隔代教育较之父母抚养，更易养成孩子任性、自私、为所欲为的性格。祖辈对孙辈一般较为宠溺，什么事都依着孩子、迁就孩子，而在这种溺爱、祖护的环境中成长起来的孩子，极易形成任性、自私、为所欲为的性格。二是隔代教育常常使孩子对父母的情感需求得不到满足，从而产生情感和人格的偏差，既不利于孩子的健康成长，也影响父母与子女之间的感情和关系。现代心理学研究表明，孩子对父母的情感需求，是其他任何感情都不能取代的。即使孩子的爷爷奶奶、外婆外公整天全身心地泡在孩子身上，将自己的全部感情投到孩子身上，也是无法取代父母之爱的。孩子缺少血肉相连的父母之爱，极可能会因情感缺乏而产生情感和人格上的偏差，导致产生诸如心理和行为障碍、对人对物缺乏爱心、有暴力倾向和行为等问题。

【操作指导】

1. 积极履行父母职责。教育孩子是父母的职责，父母不管有多重要的事情，都不应该缺席孩子的成长，更不能成为甩手掌柜。养育是父母与孩子互动的过程，而过程是需要时间和空间来填充的，每个孩子出生之后，对父母有天然的依恋，越是小的孩子，越是需要父母亲自养育，才能建立良好的依恋关系。父母是孩子的第一任老师，青春期的孩子处于叛逆期，更需要和父母有情感连接，就算面临现实困难，也要尽可能地让孩子知道父母始终爱着他，通过电话、网络等途径，保持和孩子的联系与沟通，帮助孩子建立起稳定的安全依恋。

2. 尽力优化隔代抚养。一要积极克服隔代抚养的缺陷。当客观条件决定了孩子需要隔代抚养，父母在繁忙的工作之余尽量多抽出时间陪伴孩子，积极满足孩子对父母的情感需求，要采取多种形式控制祖辈对孙辈的过分宠溺。二要积极反思孩子的成长问题。孩子的成长出现问题的时候，父母首先要反思自己的原因，而不能一股脑儿将所有原因都推到隔代抚养者身上。对待抚养孙辈的长辈，父母要认可祖辈的辛苦，而不是指责祖辈做得不到位的地方，要看到祖辈的付出，共情祖辈的辛苦和他们对孩子的疼爱，然后，心平气和地谈过于宠溺对孩子成长的不利。

3. 强化孩子自我发展。好的家庭教育是促进孩子进行自我教育。"教是为了不要教，管是为了不要管"，要达到不要教、不要管，家庭教育应致力于孩子的自我教育，应注重孩子自觉、自理、自教、自强等主动精神的培养。当孩子自觉主动时，隔代抚养的不良影响自然会消减。隔代抚养的家庭更要注重孩子的自我发展，家长要采取多种方式积极促进孩子自我教育。如：可采取目标管理，积极培养孩子的自觉、自强；可以采取角色引导，让其担负孝敬祖辈、承担家庭职责等行为，积极培养孩子的自理、自立能力。

【教育提升】

1. 尽可能地为孩子提供稳定的抚养者。尽量不要选择外祖父母与祖父母家之间轮流抚养的方式。尤其在儿童出生的前三年之间，一个稳定的抚养者对于孩子的人格成长至关重要。与此同时，父母最好不要只在周末或节假日将孩子接到身边。既然生了孩子，就要担负起父母的角色。即便再辛苦，抚养孩子也是应尽的责任。

2. 丰富祖辈的晚年生活。要提醒家中老人，即便孙辈多么可爱、讨人喜欢，都应记住这不是自己的儿女。父母的角色应该还给他真正的父母。对于晚年的生活，没有人可以承担谁的幸福。老年人同样如此，如果只是为了给自己找点事情，那么抚养孩子并不是最佳的选择。当我们把所有的注意力都集中在小生命的身上时，无形中便制造了很多压力给孩子，这些对于孩子未来的心理健康都会有所影响。因此，在帮助儿女照顾孩子的同时应明确自己的身份，以及培养自己晚年的其他兴趣爱好。只有这样，孩子才能健康成长。

 ## 问题 3：父母教育观念不一致，怎么办？

案例

嘉恒，今年 13 岁，上初一，父母经常因为他的教育问题大吵大闹。妈妈认为不能让孩子输在起跑线上，从嘉恒三岁起，就给他报了篮球、钢琴、足球、游泳、画画、小主持人等培训班，认为教育就应该从娃娃抓起，将来做一个优秀的人。上了初中，更是增加了奥数等课程，嘉恒学习压力很大，时间也被安排得很紧。但爸爸认为孩子就应该有个孩子样，应该以快乐为主，不应该学那么多东西。不仅如此，爸爸认为男孩子应该粗养，不用太精细，要像个男子汉；但妈妈认为社会将来的发展，男孩子也应该很精致。两人经常为孩子的教育问题发生争吵。

【原理分析】

父母教育观念不一样，是家庭里面经常出现的情况，因为父母是不一样的人，所以教育观念不一样很是正常的。父母都希望把自己认为正确的东西给孩子，如果在这个过程中，父母双方都强迫对方接受自己的观点，结局一定是两败俱伤。所以尊重对方和自己的不同，然后从孩子的角度来共同探讨，怎样才是对孩子更好的方式，是父母需要思考的东西。

夫妻双方来自不同的家庭，有不同的文化背景、不同的成长经历、不同的价值观，因此形成在亲子教育方面不同的态度和理念，在对孩子的培养目标、爱孩子的方式、教育策略的选择方面都容易存在不同的看法。首先，由于夫妻双方的素质、教养与生活经历的不同，彼此又缺乏必要的理解与协调，以致在把孩子培养成什么样的人这个大目标上看法不一致，导致在对孩子进行教育时各有各的主张。其次，虽然父母都爱孩子，但对于"爱"的理解不同，投入爱的方式也就不同，导致教育态度不一致：一个施压，一个放松；一个严管，一个袒护；一边是棍棒，一边是防空洞。有时候，就算父母对教育孩子的目标一致，但缺乏科学一致的方法，又想严格管理，又怕孩子受委屈。于是，一个出来唱"白脸"，以吓唬、训斥甚至"打"为手段；另一个出来唱"红脸"，以哄、劝为手段。

案例中的嘉恒父母在教育问题上产生了严重的分歧，亲子教育是社会中很重要的课题，但绝大多数父母都未接受正式训练学习如何做好父母。

【操作指导】

1. 要理解夫妻教育孩子的出发点是一致的。夫妻关于家庭教育的观念、方法可能不一致,但应相信对方也是深爱孩子的,也是希望给孩子最好的,理解了这一点,对对方才不会有强烈的指责和不满,才更可能去达成一致的想法。母亲的职责是给孩子温暖和爱,而父亲的职责是帮助孩子建立规则、明白秩序,父母各有分工。所以父母要给孩子不一样的教育,并不需要刻意地去为孩子寻求什么不一样的教育,父母要做的就是尊重孩子的成长,从孩子的兴趣和需要及经验出发,为他创造一个安全、和谐的环境,使他在这个成长的空间里感到自在、愉悦,生活得幸福,那么这就是不一样的教育了。

2. 要正视夫妻教育观念完全一致是不可能的。正面管教创始人简尼尔森说过:"我们究竟从哪里得到这么一个荒诞的观念,认定若要共同养育孩子,就意味着父母双方必须要用完全一致的养育理念和行为?"父母之间完全一致的育儿理念是理想状态,这几乎是不可能的。每个人的价值观不一样,看待事物的方式不一样,何况男性和女性呢?父母两人性格不同,想法和意见不同,这很正常。我们要摆脱非对即错的思维方式,求同存异,尊重差异。尽管你可能不喜欢对方做某些事情的方式,但你愿意尊重对方与孩子的关系。如果父母中的一方在管教孩子,另一方就不要介入,当然,虐待孩子的现象除外。

3. 正确处置夫妻教育观念的不一致。就算父母观点不一致,也尽量不要在孩子面前争吵,而应该在背后达成一个双方都能接受的平衡,保证最后传递给孩子的是一个共同商议之后的结果,而不是让孩子感到无所适从:到底应该听爸爸的,还是听妈妈的?父母之间的矛盾不要传递到孩子身上,不要把孩子拉入父母的战争之中,与父母形成三角关系。

【教育提升】

1. 做真实的自己。孩子天生是优秀的观察者,他们可以毫不费力地明白爸爸是这种做事方式,而妈妈是另一种,而且知道怎么从不同的关系中给自己争取到最大的好处,所以他们完全能够适应不同的养育风格。当父母中的一方试图过度弥补另一方的做法,而不是做真实的自己,这会给孩子带来困扰。

2. 学会尊重差异。当我们对自己的育儿能力有信心,能够激发孩子的行为越来越好,我们就不会在乎其他人的方式。当我们学会看重彼此的差异并尊重对方的养育方式，快乐教育就不再是一个遥不可及的传说了。父母首先要形成统一战线，先达成统一意见，再在孩子面前表态；其次，家是一个讲爱的地方，不是一个讲理的地方，保持理性，不以吵赢为目的，对方教育时不干扰；最后，父母双方不要停滞不前，要共同学习，与孩子共同成长。

 问题 4：父母该如何克服自身文化不足的问题，引导孩子好好学习？

案例

王芳小学文化，丈夫初中毕业，两人都认为应该培养儿子良好的学习习惯和营造良好的家庭氛围。儿子同学的父母不少是大学毕业，还有硕士和博士毕业的，教起自己的孩子得心应手，孩子成绩也都很好。再看看自己的儿子，成绩始终上不去，虽然有心帮助孩子，但不知道该怎么引导。

【原理分析】

父母总希望给孩子最好的，但是不少父母因为自身能力所限，会陷入能力与愿望相悖的境地，比如王芳夫妇，他们自身文化水平比较低，可能会更加迫切地希望孩子能够好好学习，但现实中却不能给孩子更好的教育方式和学习习惯的引导，显得有心无力。同时父母也很容易自责，责怪自己不能给孩子更好的生活条件和更好的学习指导。面对这样的情况，父母可以坦诚地接受自己的局限，并在此基础上尽力去引导孩子养成良好的学习习惯。

学习是综合能力的体现，许多有着优异成绩和良好学习习惯的孩子的家长并不全都是高学历的，父母给予孩子的言传身教和品行教育更为重要。父母要接纳自身现有的条件，一味地自责和怨天尤人并不能解决问题，更不能帮助孩子健康成长，而应该充分挖掘目前所拥有的条件和资源，从其他方面为孩子的学习提供条件。

【操作指导】

低学历的父母虽然不能在知识文化方面引导孩子，但可以根据自身情况，尽可能地为孩子营造一个良好的学习环境，做自己能做的事情，教育孩子养成坚韧不拔的性格,督促他努力学习,告诉他将来要靠自己辛勤的劳动和专业的知识来获得美好的生活。同时还要教育孩子知道最基本的做人道理:诚实,自食其力,自尊自强自立,要得到就要有付出,要学会感恩,要有爱心等。

1. 营造一个良好的学习环境。学习环境很重要,一些家长容易忽略环境的重要性,比如喜欢在家里呼朋引伴,高谈阔论,对孩子的学习环境会产生强烈的干扰作用。如果家庭条件所限,也应尽可能地给孩子创造一个独立的学习空间。

2. 对待孩子要学会尊重。尽可能采用协商的语气和孩子说话,而不是命令式。比如提醒孩子作业没有完成,却一直在看电视,可以说:"你的作业没有完成,明天去上学会不会被老师批评呢?或者太晚做的话,明天早上会起不来的。建议你先做完作业,如果有多余的时间再来看电视,你觉得怎么样?"而不要简单粗暴地说:"不准再看电视,赶快去做作业。"要尊重孩子,把孩子当作平等的人去对待。

3. 要发挥好言传身教的作用。文化比较低的父母虽然不能在知识方面给予孩子更多的引导,但可以在言行举止上给孩子做好榜样。父母自己本身是积极的、上进的、阳光的、温暖的,可以给孩子起到很好的言传身教的作用。家长可通过自己的言行来培养孩子对学习的热爱。家长需要不断学习,与孩子共同进步。家长可以通过读书、自学等

方式逐步提高自己的文化水平,甚至可以拜孩子为师,这样可以极大地激发孩子的学习兴趣。遇到不懂的问题可以和孩子共同查资料,或者请教周围的邻居、亲朋,给孩子树立勤学好问的好榜样。如果孩子的知识水平已超过了家长,家长不妨以孩子为"小老师",经常向孩子请教一些问题。孩子不但巩固了所学的东西,还会产生要学得更好的愿望,因为他有爸爸或妈妈这样的学生!

4. 培养孩子良好的时间管理观念。好的习惯将终身受益,尤其是对正在成长中的孩子来说。培养孩子的时间观念,要求他们在规定的时间内完成学习任务,不拖拉,不磨蹭;培养孩子专心致志干好每件事的习惯,在写作业时要一心一意,而不应该一边看电视一边写,或者一边吃零食一边读书,也就是一心不可二用;帮助孩子制订好学习计划,并督促孩子按计划实施。

【教育提升】

青春期的孩子处于叛逆期,要尽可能地尊重孩子,哪怕孩子的想法不合理,也要耐心倾听他的想法和看法。

1. 和学校老师积极配合。家长不能认为教育孩子全是老师的责任，而规避家长的责任，做甩手掌柜。良好的教育需要家长和老师共同配合，要加强和老师的联系，及时了解孩子在学校的表现，如果老师需要家长配合，家长要做到主动支持，为孩子营造一个积极健康的成长环境。

2. 学会和孩子交朋友。平时多想办法和孩子聊天，以朋友的身份平等地交流，多关心他的生活、学习；多鼓励孩子，看到他的优点，强调他的优点，淡化其缺点，相信孩子有改进和成长的能力。

3. 多倾听，少教导。有的时候孩子只需要一个听众，相信他们有自我整合的能力，多谈孩子感兴趣的话题，即便听不懂也没关系，家长只需要做个听众。让孩子习惯说，慢慢地关系就会拉近，只要关系好了，家长的话孩子就很容易接受。

家长陪伴孩子的方式是多种多样的，家长不用太过担心自己文化程度不高，可以在其他方面多下功夫，认真坚持，就可以让孩子从中受益良多。

 ## 问题 5：如何为孩子营造良好的学习环境？

案例

张强家里是开棋牌室的，每天人声鼎沸，很是吵闹。张强即将上初二的儿子多次对爸爸提出想要一个安静一点的学习环境，但张强不耐烦地说："会学习的孩子在哪里都会学习，不会学习的孩子才会整天要这要那。"

张强的儿子抱怨："可是你们整天打牌，声音很大，让我没法集中注意力啊！"

张强板着脸训道："别为你自己的走神找借口，你李叔家条件更差，可李叔的儿子成绩不是比你好？要从自己身上找原因，别想其他有的没的。"

张强的儿子很烦恼。

【原理分析】

作为父母，都希望把最好的东西给孩子，故事中的张强也是如此，但他忽略了喧嚣的环境对孩子学习的影响，中国古代曾有人用"染于苍则苍，染于黄则黄，所入者变，其色亦变"来说明环境对人的影响。意大利教育家蒙台梭利指出："教育的基本任务是使每个儿童的潜能在一个有准备的环境中能得到自我发展的自由。"在这里提出了环境的概念，人生活在环境中，很难不受环境的影响。案例中的张强完全忽视了在喧嚣的环境中，儿子根本无法集中注意力学习的事实，一味强调学习是儿子自己的事情,与环境无关。哪怕是成年人也很容易受环境的影响,更何况是未成年人?

有这样一句名言:"环境能铸造一个人才,也能毁掉一个人才。"可以说孩子的一言一行都透露着家庭教育的成败。如果父母能从小就给孩子创造一个好的生活环境和学习环境,比寻找一个好的教育方式和指导要省力得多,那孩子的教育也就不再令父母忧心。

良好的环境会让孩子对自身修养、品质的学习都起到事半功倍的作用,并且能激励孩子奋进,试想孩子如果每天都待在一个热爱学习的群体中,他想不学习都很难。这样积极向上的氛围,对亲子教育只会是如虎添翼,锦上添花。俗话说的"近朱者赤,近墨者黑"也是同样的道理。

【操作指导】

家庭是孩子成长的第一所学校,父母是孩子的第一任老师,家庭环境的好与坏直接关乎孩子能否健康成长。所以,为孩子营造良好的学习环境,是父母的重要职责。

1. 创设良好的家庭物质环境。一要完善物质环境。主要包括安静的住所、明亮的书房、舒适的桌椅、合适的灯光、必备的学习用品等物质条件,如果条件有限,不能为孩子准备单独的书房,至少也要准备一张单独的书桌,作为孩子的学习空间。创设良好的家庭物质环境时,家长要本着量力而行的原则。二要给孩子留有活动的空间。在家庭中,要给孩子一个活动的空间,家庭装潢、环境布置与陈设等应考虑有利于孩子的活动,不能只为成人服务而忽视孩子的需求。三要注意美化家庭环境。美的家庭环境表现在家具的款式和摆设、室内颜色的搭配、光线明暗的处理等符合美的规律上。这样的环境有利于孩子审美修养的提高。另外,家庭环境的美化要注意让孩子参与,让他们用自己的双手美化自己的生活环境,以培养其表现美的情趣和能力。

2. 创设和谐的心理环境。一要注重亲子沟通的态度与行为方式。亲子沟通中父母的态度与行为方式将直接影响到孩子的发展。为此,父母要养成耐心倾听孩子说话的习惯和修养,要坚持民主、平等地讨论问题,不武断,也不无原则地迁就孩子,要真实、温和、明确地说出对孩子的感受,但不贬损孩子,保持一点童心童趣。二要建立和睦的家庭氛围和合理的家庭生活方式。这主要是指家庭成员性格开朗,有乐观向上的生活态度;家庭成员之间关系融洽,彼此相容,团结互助;家庭气氛温馨,具有合理的学习、生活制度和必要的家规。在这样的家庭中长大的孩子具有安全感,能形成良好的行为习惯。三要对孩子有合理的期望。罗森塔尔效应表明,一定的期望可以激发孩子内在的成就动机,促使其更加努力向上。但是过高的期望不但起不到激励作用,反而会使孩子望而生畏,造成沉重的精神负担,严重影响其身心健康成长。因此,家长为孩子设计的发展目标要考虑孩子自身的条件,考虑社会的需要及目标实现的可能性。

【教育提升】

1. 家长要以言传身教营造积极的学习心理环境。我们通常可以看到,父母有文化、有教养、好学上进、作风民主、举止文明、关系和谐,孩子往往也健康上进、乐观积极,学习成绩一般也都不错。因此,家长应率先热爱学习,形成家风,以自己的言行熏陶子女。

2. 家长要密切亲子关系,营造和谐的学习心理氛围。家庭心理环境主要是指家庭成员之间的关系,家庭活动氛围和生活方式所构成的心理系统。家庭教育中,最显著的相互作用发生在亲子之间。就孩子的成长而言,亲子关系是一种不对称的相互作用关系,父母对子女发展的作用更为重要,更为有力。

问题6:如何营造"热爱读书"的家庭氛围?

案例

林爸爸和爱人开了一个小吃店,生意红火,两个人常常忙得不可开交。很多人羡慕他们夫妻俩,说他们生意好,赚大钱,做梦都会笑出声。却不知道林爸爸和爱人也有他们的烦恼。他们有两个儿子,大儿子林成辉,14岁,上初二;小儿子林成煌,8岁,上小学二年级。因为有家庭作业要监督,所以孩子们放学后,林爸爸就把他们先接到店里,安排他们在最里面的一个饭桌上写作业。

店里顾客不多的时候,林爸爸还能偶尔过去监督两个儿子写作业,而一旦忙起来,就根本顾不上孩子了。孩子在店里吃过晚饭,做完作业,由哥哥带弟弟先回到离店铺不远的家。每次他们回家,林爸爸都要吩咐:你们回家再看一会儿书,早点洗漱上床睡觉,不许看电视哦!可是许多次当他们拖着疲惫的身躯回到家时,看到电视还开着,而孩子们躺在沙发上睡着了。可见,孩子们在睡着之前一直在看电视。这还不是让林爸爸最头疼的事,让他最头疼的事是两个儿子经常会打闹，爸妈不在家里的时候，常常闹得不可开交，有时候是为了看自己喜欢的电视节目而抢电视遥控器，互不相让；有时候为了一点鸡毛蒜皮的事大打出手，然后总有一个孩子打电话到店里告状，他们又忙得走不开，只好在电话里训斥一番，最后常常是不了了之。两个孩子都能够把学校老师布置的作业完成，除此之外就是看电视、打闹。开家长会的时候老师说要多读点课外书，拓展知识面，可两个孩子从来没有安安静静坐下来读课外书。林爸爸感到困惑，怎么样才能够让孩子愿意读书、热爱读书呢？

【原理分析】

健康发展的青少年，精力充沛，他们除了有本能的生理需求，也有丰富的精神需要。在学校教育之余，应该适当地安排和引导他们去追求知识，发展能力，提升情操，而获得精神食粮最好的方式就是读书。

家长要引导孩子养成爱读书的习惯。习惯既然是养成的，那一定有一个过程。个体通过外界刺激接收到某一个信息，形成一种反应，这种体验无论好坏，如果只是偶尔发生，就没有办法进入人的潜意识。如果个体或者周围的人不断地把这个信息一次次强化，就进入了个体的潜意识，形成习惯。青少年对自我和对社会的认知还不够全面，所以很容易受家长和身边人的影响，这时候家长给他什么样的引导，他就会形成什么样的习惯。比如孩子做完作业看电视、玩手机，如果家长没有及时去约束孩子看电视和玩游戏的时间与次数，慢慢地，这些电子产品的刺激就进入孩子的潜意识，形成习惯，习惯一旦形成，需要花很长的时间去改变，有的孩子如果已经达到了沉迷的程度，就是所谓的网络成瘾了。所以换个角度思考，如果能够让孩子养成爱读书的习惯，你想阻止他学习都很困难。而读书习惯的养成，要靠家长给孩子营造良好的氛围。

【操作指导】

如何营造"热爱读书"的家庭氛围呢？

1. 培养读书的意识。"读万卷书，行万里路。"读书和实践能使人开阔眼界，增长知识和能力。3~6岁是孩子学习、认知的第一个关键期。在这个时期，父母在孩子的生命中是至关重要的，父母的一言一行直接影响到孩子的成长，比如热爱读书的父母，孩子也会对书籍情有独钟，所以家长要给孩子做出喜欢读书的榜样。如果你不喜欢读书，在孩子面前也要放下手机，少看电视，多与孩子聊天互动。因为你低头看手机、抬头看电视的样子，都会成为孩子模仿的对象。"行万里路"，也是培养孩子读书意识的一个很不错的方法，家长可以带着孩子去领略大好河山，拓宽孩子的见识面；还可以带孩子去大学校园走走，感受大学美丽的校园环境，告诉孩子：你认真读书，未来就可以到这样的环境里学习生活。

2. 布置读书的环境。网络上看到有一个一夜暴富的富翁为了弥补自己没有读书的遗憾，在家里装了两面书墙，摆放着几百册书。有网友评论："假装文化人！"有条件的家庭，为什么不能有两面书墙？自己没读书，但可以营造这样一个环境，让子孙后代能感受书香，享受阅读的快乐，这也是一笔难得的精神财富。

普通家庭可以在客厅或者是书房安置一个家庭图书角，准备一些适合孩子年龄特点的书籍。在选择图书的时候带上孩子，让孩子亲自挑选符合他的阅读需求以及阅读兴趣的书，并且根据需求，增加藏书量。孩子小的时候，在图书角铺上地毯等，就可以成为他席地而坐读书的地方；当孩子长大时，要为他选择适合的书桌，调整合适的光线，创设一个静心阅读的环境。

3. 开展读书的活动。有了硬件不能让它成为摆设，一定要让它发挥作用，真正让书香弥漫在家庭里，陪伴孩子健康成长。书本买回来后，先引导孩子把这些书一一分类并且造册。如果家里有多个孩子，就可以让孩子们轮流做图书管理员，设计表格对看过的书进行登记。还可以邀请孩子的朋友一起来阅读，让这些书流动起来。家长与孩子设定一个亲子阅读时光，在这个时间里，无论你有多忙，都要和孩子共同读书。哪怕你只是坐在那里看孩子读、听孩子读，在孩子的眼里，这一定是最美好的时光。

【教育提升】

1. 注重与孩子的阅读交流。经常在公众场合看到年轻的家长带着孩子，孩子吵着妈妈给他讲故事，年轻的妈妈就把手机交给孩子，让他自己听手机里的故事，或看动画片。这样是不是也可以在听故事中获得语言训练，或者在动画片中获得人生的感悟，从而培养孩子的读书习惯呢？也许会有一定的效果，但如果经常用这些电子产品替代家长的陪伴，有可能在不久后，你要为自己一时的偷懒付出巨大的代价。孩子听手机里的故事，或者看动画片，身边没有和他交流的家长，孩子只是单方面接受语言信息，没有输出和交流，这不利于他的语言发展。

2. 注重孩子阅读习惯的养成。把阅读的主动权交给孩子，让孩子选择自己喜欢的书进行阅读；营造共同阅读的氛围，父母每天抽出一定的时间与孩子共同阅读，交流读书的体会。

 问题 7：如何培养初中生良好的学习习惯？

案例

磊磊在一所普通的中学就读，父母初中文化水平，在父母的共同努力下，磊磊小学时候成绩还不错。但是到了初中，磊磊的父母发现磊磊的成绩一直提不上去，他回到家不是想看手机，就是偷偷跑出去玩耍，学校老师反映磊磊课堂上经常插话、开小差、上课注意力不集中。这可愁坏了磊磊父母。

磊磊的父母说孩子上小学时自己还勉强能够辅导一些简单的题目，到了初中，真的是没办法辅导孩子学习了，报的课外辅导班孩子也不认真上，成绩怎么都提不上去，总是想着玩……磊磊的父母很想帮助孩子纠正一些不好的学习习惯，但是不知道该如何下手。

【原理分析】

良好的学习习惯是孩子取得好成绩的重要基础。孩子学习习惯好，父母对孩子的教育也会轻松很多。孩子学习习惯的养成受到孩子自身学习能力和学习动机等因素的影响，也受家长教养方式的影响。

1. 家长过分干涉和控制容易使孩子丧失学习兴趣和缺乏主动性。

当下，家长有着"望子成龙、盼女成凤"的迫切心情，为了使自己的孩子不低人一头，给孩子制订了"严密"的计划，给孩子报各种课外辅导班，比如绘画、钢琴、奥数等，甚至什么时候吃饭、什么时候睡觉都列到计划表里，孩子的时间被安排得明明白白，这种机械式的计划很少会顾及孩子的兴趣和心理感受，很多孩子就像机器一样执行父母给的操作。长此以往，一部分孩子习惯了接受这样的安排，父母安排好好的，只要去做就行了，但这部分孩子很容易在父母没给安排的情况下大乱阵脚，缺乏主动安排自己学习计划的能力，也自然而然不会去主动安排学习。还有一部分孩子由于长期处于高压下，会在某个时期爆发出来，因此过分干涉和控制会削弱孩子的学习兴趣，使孩子缺乏主动学习的能力。

2. 家长放纵和溺爱容易使孩子缺乏进取心和规矩。

在快节奏的今天，很多家长由于工作无暇顾及自己孩子的学习和生活，把抚养任务交给了老人，老人承担了做父母的责任和义务。很多家庭的老人由于年纪大、精力不够等原因无法顾及孩子生活和学习的方方面面，多数情况下孩子的学习习惯、行为方式即使有问题也是能过即过，不会有太高要求，久而久之，孩子会习惯现在自己的状态，缺乏内在动力，缺乏进取心。另外，老人由于对孩子的宠溺，基本都会按照孩子的要求去做，甚至在父母批评孩子时，老人都会阻拦，这种溺爱使孩子在家缺乏规矩，在学校也容易违反校规。

3. 家长不作为和忽视容易使孩子缺乏自控力和计划性。

孩子在尚未形成良好的自控力之前，需要家长的引导和教育。有些家长教育孩子往往力不从心，把"我不懂"作为挡箭牌，认为教育孩子是学校的事情，把教育推给学校，殊不知家庭教育才是最重要的。有些家长确实对孩子提出了要求，但是却没有监督，孩子没有及时完成，家长也没有让其坚持完成，缺少适当的监督力度，长此以往，孩子做事就会得过且过，不能长期坚持，很容易受外界因素干扰，缺乏自控力，做事情也会没有逻辑性、计划性。

【操作指导】

1. 形成科学的教育观念，塑造民主的氛围。良好的学习习惯是需要后天养成的，与父母对其的教育方式息息相关，过度干涉控制、过分放纵和溺爱都不利于孩子养成良好的学习习惯。最好的方式就是父母尊重和信任孩子，给孩子独立的自主权和选择权，学习什么、如何学习，都由孩子自己做主，父母只需要提供方向、分析利弊就可以了。即使是日常生活中的琐碎小事，也需要孩子共同参与和讨论，让孩子参与其中，充分发挥其自主民主的权利。还需要注意一点，父母需要给孩子树立一个好的学习榜样，以身作则，不能嘴上要求孩子达到很高要求，而父母却做不到。例如：不让孩子玩手机，那么父母也不要在孩子学习的时候摆弄手机。

2. 及时鼓励和表扬。喜欢被褒奖是每个人的天性，孩子更是如此。当孩子出现良好的行为习惯时，比如提前预习、按时完成作业等，父母要结合具体的行为表现及时做出有针对性的鼓励和表扬，这就是心理学上所谓的"强化"。这种鼓励和表扬一方面会巩固孩子已经形成的良好学习习惯，另一方面更会增强孩子的自信心。但请家长注意一点，千万不要过度使用物质作为奖励，因为一旦孩子把学习这件事定义为只是为了获得某种物质奖励，那孩子原来内在的学习动机就转变成了外在动机，所以家长在鼓励和表扬的时候要结合孩子的具体实际情况，有的时候一句简短的口头表扬就可以了，孩子需要的是被看见。

3. 允许孩子犯错并耐心引导。良好的学习习惯养成是一个长期过程，孩子在这个过程中肯定会多多少少出现各种偷懒、犯错的行为，家长此时要做的不是不问青红皂白一顿打骂教育，而是要弄清楚为何孩子会出现此行为，弄清楚孩子的需求。如果孩子在写作业期间睡着了，家长要反思一下是不是孩子的学习作息时间安排得太紧凑，或者安排的学习任务太多，导致睡眠不足，如果是，需要及时调整学习计划跟作息时间；如果孩子沉溺于手机世界，不想学习，家长就要考虑是否因为孩子得到的父母陪伴不够，或者在家里、学校得到的成就感不足，而不是去强制没收手机，这样的效果适得其反。所以当孩子出现了不好的学习行为习惯时，家长应及时跟孩子沟通，明确孩子的需求，耐心引导，重新制订规则和计划。

【教育提升】

1. 从孩子的问题反思亲子沟通方法。良好的亲子沟通能够让事情事半功倍。沟通不是说教，不是批评，更不是大吼大叫，沟通是双向的过程，不是父母单方面的输出，所以父母也要去了解孩子的想法和需求，这样沟通起来才能对症下药。但现实生活中很多父母遇到问题先自己大发一顿脾气，然后再气急败坏地批评教育孩子，这样的效果可想而知，父母要做的是先平复自己的心情，再去非暴力沟通。

2. 从孩子的问题反思养育方式。养孩子真的是一门非常重要的科学，做父母其实比做孩子更难，不仅要工作、养家，更重要的是要执行抚养和教育孩子的义务。很多孩子的问题都源于原生家庭，不仅仅是学习习惯方面的问题，还有各种行为表现、为人处世风格都来自原生家庭。父母在养孩子的过程中一旦觉得困难了，就要及时反思跟总结，是哪里出了问题，而不是把问题怪罪在孩子身上，只有父母好好学习，孩子才能天天向上。做父母的要不断地学习、成长，才能拥有科学的养育方法。

 **问题8：夫妻吵架应避开孩子，为什么？**

案例

小雪是初二学生，家里虽说不富裕，但家庭氛围却幸福和谐，可这一切在爸爸与他人合伙做生意失败后都变了。爸爸接受不了生意失败的挫折，又碍于生活的压力，迷上了六合彩，天天沉迷于赌博而无心工作，甚至天真地幻想着自己某天会一夜暴富。

对于爸爸这种沉迷赌博、不理智的行为，妈妈感到很生气，整天和爸爸吵架。后来爸爸索性离家住到打工的工厂去，每周末才回来一趟，一回来爸爸妈妈又开始吵架甚至动手打架，家里许多东西都被打碎了。虽然他们一般当小雪的面不会有非常激烈的冲突，但小雪在睡觉的时候却时常被他们激烈的争吵声吵醒，每次她都装着没听见继续睡觉。小雪既渴望爸爸在家，又害怕那种吵闹的声音，夜里经常睡不着，白天也没有多少心思学习，脑子里就想着父母吵架的情景。她不知道自己该怎么办，自己需不需要想办法让他们和解，或者劝他们干脆散伙算了。

【原理分析】

生活中父母吵架很常见，父母起争执大动手脚导致孩子思想压力大的也不少。文化水平比较高的父母吵架往往不会太激烈，也会回避孩子。文化水平比较低的父母往往比较少考虑到孩子的感受，当着孩子的面大吵大闹甚至打架的不少，他们不知道这样对孩子的心理会造成很大的负面影响。

1. 夫妻吵架会给孩子提供一个攻击性行为的坏榜样。处于青春期的孩子学习模仿能力较强，父母通常是孩子首先模仿的对象，因此，孩子很有可能在潜移默化中习得吵架来处理事情。

2. 夫妻吵架会使孩子的情绪受到强烈的冲击，产生消极情绪如恐惧、悲伤、无助感、不安全感等。青春期孩子敏感细腻，有时情绪会很强烈且波动巨大，因此父母的争吵会对孩子的情绪产生影响。

3. 夫妻吵架对孩子进行了错误的社交技能训练，使孩子误以为吵架、谩骂乃至打架都是解决冲突的办法。如果父母经常激烈争吵甚至是发生强烈的肢体冲突，这会让孩子看到父母在采取攻击行为来解决问题和矛盾。

4. 夫妻吵架会使孩子的情绪、性格、行为出现问题。初中阶段是孩子成长的关键时期，思维会进一步发展，性格也会逐渐建立，如果父母长期争吵，会对孩子的情绪、性格和行为产生影响。

【操作指导】

如何才能将吵架对孩子的伤害降到最低呢？

1. 吵架时尽量避开孩子。吵架不能避免,那么就尽量避免当着孩子的面吵架,要先考虑孩子的感受,不要随意发泄。但千万不要冷战,因为那样会给孩子带来更大的心理伤害,孩子会不知所措,甚至会认为是因为自己造成了父母的不和,长此以往,便会形成孤僻自卑的性格。吵架不可以犯三个错误:一是乱扔东西,飞掷的物品很可能会砸伤孩子;二是拿无辜的孩子出气,这是最伤害孩子的一种做法;三是不要找孩子做裁判,或者让孩子选择向着他们当中的哪一个,让孩子站立场,这对一个孩子来说是很困难、很痛苦的事情。

2. 吵架后要当着孩子的面和好。争吵过后,问题说清了,误会解除了,父母之间就能轻松地"一笑泯恩仇"了。夫妻俩应该当着孩子的面和好,明白无误地向孩子表明,吵架的事情已经过去,爸爸妈妈不再吵架了。

3. 鼓励孩子把当时的感受说出来,再有针对性地加以宽慰解释。比如孩子说害怕,要弄明白具体怕的是什么,是父母当时的高声喊叫,还是怕父母不要自己了,然后向孩子解释,说爸爸妈妈当时是一时冲动,没有控制好自己的情绪等,孩子会平静许多。时间久了,只要父母一直不再吵架,孩子就会把父母吵架的事情渐渐淡忘。

4. 要勇于承认错误。父母吵架时经常口不择言,一些不良言行很容易成为孩子模仿的对象,刚开始时孩子可能是无意地模仿,但父母必须告诉孩子这不是好孩子应该做的。有的孩子会说"爸爸那天就这么说的",这时家长不要用一句"大人说的,小孩子不能说"就把孩子堵回去,应该承认那天爸爸这么说也不对。

最后,吵完架后,千万别忘记安慰受了惊吓的孩子。

【教育提升】

夫妻即使吵架,也要尽量把对孩子的伤害降到最低。

1. 夫妻即便有矛盾,也尽量不要在孩子面前打架。尽可能冷静地在孩子面前讨论这个问题,并向孩子解释你的想法,让孩子知道父母意见不一致是正常的,世界上有很多人有不同的意见和想法。在产生分歧时,尽量保持平和的心态,和孩子解释自己的观点,冷静地倾听对方的想法。同时协调出一个双方都能认可的结果,以和平的方式解决问题。在这种环境下成长的孩子不会因为人际冲突感到害怕或选择逃避,而是会发散思维去寻找解决问题的方法。

2. 夫妻之间的问题不要归咎于伴侣或孩子身上,要学会管理自己的情绪情感。情感是人体一系列认知体验的总称,它是人们对客观事物的态度、经验和相应的行为反应,它由复杂的神经阻滞和人类大脑分泌的激素控制。当我们被困在麻烦和痛苦中时,真正让我们困惑的往往是我们自己,而不是别人。所有的情感和痛苦的来源是我们自己,关键是如果我们不放手,而是一味地责怪另一半,向孩子灌输造成这一切的都是因为孩子，这将会让孩子内疚一生。

3. 夫妻间有矛盾时最好坐下来沟通，退一步海阔天空，很多矛盾也就迎刃而解。夫妻之间吵架时，一定要避开孩子，不管你有多生气，脾气有多暴躁，为了孩子着想，都应该忍一忍。同时，夫妻之间要学会沟通，这也是宽容和忍让的体现，孩子也会从中学会包容。为了孩子着想，请家长们一定要好好说话。言传身教，就是对孩子最好的教育方式。

问题9：家暴会遗传吗？

案例

陈女士老家在农村，夫妻很早就到城里做生意，儿子小明自小在城市长大。陈女士自述儿子对她很凶，对自己不理不睬。前段时间自己动手术住院了，儿子不仅不到医院探望，还发短信说了很多难听的话："你的报应终于到了……"她很伤心，自己的独生子竟然如此仇恨自己。虽然说自己经常用棍棒管教儿子，但主要是因为儿子经常与同学打架并多次打伤同学，自己是因为怕孩子以后误入歧途，为了教他做人的道理才采取了比较严厉的教育方式。最近陈女士几次教训儿子，但都被儿子反击了。

小明受访时也满腹委屈，他说母亲对自己一向管教过于严格、霸道，完全不尊重自己。不管什么事情不分青红皂白非骂即打，有时候都不给自己解释的机会，他基本上没有机会和母亲好好说过话。父亲除了整天和母亲吵架、打架或与母亲联手教训自己，也从不关心自己。他总结母亲的教育方式是打、骂、罚。自述读小学四年级时因为自己和同学起了一点小冲突，就曾被母亲推倒在地。有时候还会被母亲打，类似这样的情况经常出现。他渴望早日脱离这个家庭。给母亲发短信就是要让母亲尝尝被辱骂被伤害的痛苦滋味，虽然知道这样做不对，但实在无法控制自己去恨母亲。

【原理分析】

打骂会严重伤害孩子的身心，限制孩子个性的发展，阻碍孩子特长的发挥，又不能达到父母的教育目的，而且会使孩子形成自卑、说谎、冷漠、孤僻、仇视、攻击等心理问题，这

往往会成为日后不良行为甚至走上犯罪道路的根源，也可能造成孩子离家出走甚至自杀等终生遗憾事情的发生。孩子长大后他们的内心仍然会保留着幼年时挨打的痕迹，直接的影响就是内心压抑、不自信、有攻击性、跟人相处困难或工作不负责任等。

学术界对人类暴力行为原因的研究主要集中在三个方面：一是学习获得说。这种观点认为暴力行为纯粹是环境影响的结果，而与本能没有直接关系。二是挫折反应学说，认为人对挫折必须具有成熟的反应能力。当人具备这种反应能力时，在挫折面前便会表现出其理性的一面；而当人不具备这种成熟的反应能力时，人便会拿出他的原始武器（即攻击本能）来反击被认为是伤害自己的人。三是大脑功能异常说，认为暴力行为跟脑功能异常有关。在本案例中母亲采取的是粗暴的教育方式，这种行为在无意中被小明模仿和习得了。

小明在比较小的时候无力反抗父母，只能任由父母摆布。当他进入青春期后，要求独立自主、渴望摆脱父母控制主宰的愿望就越来越强烈，而且随着他的身体发育也越来越具备反抗的能力，所以开始变得越来越敢于对抗家长。

【操作指导】

1. 用心聆听孩子的想法。对待孩子，不是单靠眼睛去看，而是要用心聆听和体会孩子的声音与感受，才能使他们敢于说出心里话，并学会接纳不同的理念。

2. 要控制自己的情绪，平衡心态。在和孩子的谈话中，如果孩子的意见和自己有冲突，父母要注意控制自己的情绪，从孩子的角度出发分析孩子的观点和看法，如果正确的要给予支持，如果是错误的，父母应该在商讨的气氛中帮助孩子分析，那样就会对孩子多些理解，也可以帮助孩子更好地完善他的行为和观念，并让孩子理解你的帮助和指令都是为他着想的。

3. 冷静处理孩子的不良行为。在自己着急、上火、生气时不要教育孩子，自己先消消气，等心情平静了再教育孩子。而当孩子也处于生气、激动的时候，也不适宜进行教育，应该等孩子平静下来再进行教育。这样才能防止粗暴型教育，冷静、客观地处理问题。

4. 不论多忙，每天也要空出一段时间专心陪伴孩子，跟孩子聊聊天，做良好的互动。

【教育提升】

1. 要深刻认识家暴的危害性。父母是孩子的最好的老师，如果面临问题时，父母用暴力来解决问题，那么当孩子将来与伴侣发生争执时，他也会采取暴力的方式让伴侣服从自己的想法，这也解释了为什么少年犯更有可能出现在暴力家庭中。如果一个孩子长期生活在有家庭暴力的环境中，可能会更加孤僻、焦虑，会对人没有热情，会失去信任。

2. 家暴解决不了孩子的问题。当孩子犯错时，如果父母只会用殴打和责骂这种简单粗暴的方式来解决问题，而不是对其进行教育劝导让他们认识到自己的错误，挨打的孩子往往无法意识到自己的错误，就难以避免再犯。如果他们继续这样下去，只会阻碍孩子的正常心理发展。家庭暴力并不能够解决任何问题，家长应该要学会管理自己的情绪，不随意动手，给孩子一个和睦的家庭，避免家庭暴力对孩子无形的影响。

 **问题 10：孩子抱怨父母偏心，怎么办？**

【案例】

小丹在学校学习好，自理能力也很强，就是脾气有点倔。课间操时她一瘸一拐地走进心理咨询室，把裤管小心翼翼挽起来让老师看，只见小腿上一条条长长的血印，原来是她妈妈用衣架打的。究竟小丹做了什么事让她妈妈下手如此之狠？听了小丹的叙述，老师才知道，都是因为小丹弟弟的缘故。小丹的老家重男轻女，父母在城里做生意，弟弟一直跟着他们。小丹则在老家与奶奶一起生活，奶奶常骂小丹是赔钱货，还说不让小丹读书。直到初一时，父母才把小丹接到身边，但小丹看不惯父母太偏心、太宠爱 8 岁的弟弟了。弟弟每天闹着要买玩具、买零食，妈妈都同意，有时还动手打妈妈，妈妈也觉得没有关系。而小丹放学后要做家务，要带弟弟，但要零用钱时妈妈却从不给。每次小丹和弟弟一闹矛盾，父母就不分青红皂白地骂小丹，要小丹让着弟弟。昨天，弟弟把小丹写好的作业拿去乱涂乱画，害得小丹写好的作业全毁了。小丹实在气急了，拿起书打了弟弟一下，弟弟扬言要找妈妈告状，小丹火起来又踹了他一下，正好被妈妈看到，妈妈立即拿起衣架打小丹。小丹说她讨厌那个家，讨厌妈妈，但又不知道自己要怎么办。

【原理分析】

被长期冷落的孩子有较低的自尊，长大后总觉得自己不够好，似乎无论怎么努力，都无法获得父母的认可，也无法真正认可自己。被偏爱的孩子可能会强化兄弟姐妹之间的竞争。什么争个玩具打个架都是表象，竞争的核心，是来自父母的爱与关注。而这样的行为是可以被强化的。当被偏爱的孩子发现，可以通过做某些事情来获得父母更多的爱与关注、在手足竞争中胜出的时候，他就可能会选择继续与另外的孩子敌对。父母长期偏心、重男轻女的行为对于每一个孩子来说，最终都会有负面影响。当父母区别对待孩子、偏心其中一个的时候，对每个孩子都会有一定的负面影响，可能促成其反社会及暴力行为，或影响认知功能。

小丹的妈妈可能本身也是在重男轻女的家庭里长大的。重男轻女使得许多女性在成年后找不到被尊重的感觉，她们会把自己父母对她们的态度重新繁衍到自己后天的家庭生活里，家庭成员成了她们必然的牺牲品。从心理学的角度看，男女之间存在着互补性的角色期待，母亲亲近儿子，从而形成角色互补。

小丹在用自己的方式挑战母亲的重男轻女观念。在这样的家庭里，她没有能力直接挑战母亲，处于青春叛逆期的她所能用的方法就是把不满和怨气出在比她小的弟弟身上，在她的潜意识里认为是弟弟夺走了本该属于她的爱，是弟弟害她受到冷落和遭到母亲的打骂。而母亲又认为小丹太不懂事，不懂得疼弟弟，所以每当弟弟告状，母亲会更加气愤地暴打小丹，形成了类似心理学说的"踢猫效应"恶性循环。但实际上，不管是女儿还是儿子，都是父母的心头肉，父母都是爱孩子的。所以当心理老师和小丹的母亲沟通时，她痛哭失声，说她这样做也很痛苦内疚，但小丹又确实对弟弟很排斥，经常趁她不在时打弟弟，她实在没有办法了。

其实，在多子女的家庭中，父母偏心某一个子女的情况非常普遍。心理学家弗兰克·苏洛威用"达尔文主义"解释了这个问题，即父母希望通过繁衍后代，来复制自己的生物学自恋情结。从现实角度来说，父母会更宠爱那些更像自己的孩子，尤其是继承了自己优点的孩子。他们觉得，只有在这些孩子身上，家族的优良基因才会得到更好的繁衍。

【操作指导】

1. 给女孩的建议。不管是男孩女孩，都是父母的心头肉，尽管他们的爱的比重也许会不一样，但父母爱子女这一点是毋庸置疑的。体谅父母，在一个延续几千年重男轻女的文化传统里，他们是很难摆脱这种重男轻女观念的束缚的。把当下的不幸当作幸运，父母重男轻女固然令你不舒服，但从另一个角度讲，这也使女孩子更加自立自强，反而成就了她。在一些重男轻女的家庭里，往往女孩子变得很出色，而儿子却变得很平庸。真诚地和父母沟通，当你感觉到明显的不公平时，尝试着用友好的方式和父母沟通，说出自己的委屈和内心的真实感受，当父母知道你的内心世界时，可能会改变对待你的态度，毕竟女儿也是父母的亲生骨肉。从行动上来表达自己的感受，让妈妈知道，儿子需要的，女儿也需要，只给儿子，女儿会难受的。

2. 给男孩的建议。在宠爱下成长的男同学，不要因为自己在家庭当中获得比姐妹更多的宠爱而沾沾自喜。因为，在受到宠爱的同时，你也失去了很多锻炼的机会，养成了娇纵的习气，生活自理能力差，这些不良的品性和习惯都不利于你的成长，不利于你将来很好地适应社会。

【教育提升】

1. 父母要反思是否公平对待孩子。当孩子抱怨父母偏心时，不要急着先去责怪孩子，而是应该要先自我反思：自己是否真的有做到公平？有句话说得好，不怕父母偏心，怕的是偏心却不自知。父母因为其他兄弟姐妹而"没时间"爱自己，这会让孩子产生一种被冷落的感觉，甚至会觉得父母不需要自己了，所以才会那么偏爱其他孩子。所以说，父母一定要理性地反思一下自己，是不是真的偏心了。当意识到自己可能多少有点偏心以后，可以和孩子沟通交流一下，必要的时候也可以向孩子道歉，表达一下自己的看法。

2. 父母要正视自己的偏心。父母的偏心或多或少，其实每个父母都是想一碗水端平的。不管父母再怎么宣称"手心手背都是肉"，偏心是绝对存在的，这是人之常情。有的父母偏向和自己性格特质相似的子女，因为孩子身上有自己的影子（生物的自我认同）；甚至，有的父母偏向自己老年后更能照顾自己的子女。父母认为"公平"的标准，和孩子认为"公平"的标准不同，所以父母觉得自己很公平，但孩子却觉得父母很偏心，所以父母要正视自己的偏心，改正不当的做法，尽量做到相对公平。

 问题11：为什么用同样的方式教养两个孩子，结果却不同？

案例

家长会后，一位妈妈很烦恼地诉说，自己是全职妈妈，家里有两个男孩，哥哥初三，弟弟初一。对于两个孩子，妈妈尽心尽力照料，但是他们的表现却迥然不同。大哥处处是榜样：做事稳重，学习主动，专注力强，待人接物皆有度。弟弟则让她操碎了心：性情冲动，经常和同学发生冲突，做事风风火火，丢三落四，无法像哥哥一样长时间专注学习，经常要妈妈在一旁监督，因此成绩也不好。家人经常责怪妈妈溺爱弟弟，她则委屈无奈：对待两个孩子从来都是一视同仁的，从未厚此薄彼,所有的教养方式都是相同的,为什么他们的表现却如此迥异?

【原理分析】

同一个家庭,用同样的方式教养两个孩子,他们的表现却大相径庭,这让妈妈既委屈又困惑。

1. 家庭教育的效果受到多种因素的影响,看似相似的家庭环境和教养方式,事实上也存在着很大的不同。这些因素在与孩子的互动中交叉变化,难免会产生不同的教育效果。同时,随着孩子的成长,其社会化程度逐渐增强,影响家庭教育效果的因素也随之增多,很多社会因素、学校因素等会对家庭教育的结果产生隐性、不确定的影响。

2. 俗语说:"一母生九子,九子各不同。"研究表明,每个孩子都有自己的气质类型,并且在智能优势、个性特征等方面都存在差异。气质差异是先天形成的,受到神经系统活动过程特性的制约,并无好坏之分。传统的气质类型分为四种:(1)胆汁质,又称不可遏止型。这种气质类型的特点是:精力充沛,性情粗豪,直率急躁,情绪难以控制;思维、语言、动作反应快,但不灵活,不准确,注意力程度较低。(2)多血质,又称活泼型。这种气质类型的特点是:活泼好动;善于交往,容易适应新环境;容易接受新事物,兴趣易转移;情绪发生快,但体验不深刻;思维敏捷,随机应变,热情奔放。(3)黏液质,又称安静型。这种气质类型的特点是:安静稳重,交往适度;善于忍耐,能克制自己;注意稳定不易转移;情绪慢而微弱,不易外露;思维、动作反应慢,不灵活。(4)抑郁质,又称弱型。这种气质类型的特点是:好静但孤立;情绪发生慢不外露,体验特别深;动作反应慢但准确;注重自己的内心世界,注意力是四种类型中最稳定的。不同气质类型的孩子需要不同的教养方式,看似相同的家庭环境和相似的教养方式,对于不同气质类型的孩子却会产生不同的效果。

3. 人的心理发展具有不平衡性和差异性的特点。每个孩子成长与成熟的速度不同,最终达到的水平以及发展的优势领域等方面也千差万别。即使是同一技能特性,在孩子发展的不同时期也有不同的发展速度。不同孩子的身心特征各不同,教育条件对他的成长速率和发展水平产生的影响也会因此不同,相似家庭教养方式对不同孩子产生影响的形式和时间也会不同。

【操作指导】

1. 重视影响孩子成长的各种因素。研究表明,初中阶段的孩子在成长过程中受到朋辈的影响更大,不同的孩子受影响的程度也各不相同。家长要充分地了解和重视在孩子成长过程中的各种因素及其作用,依据不同状况做不同的教养方式的调整。

2. 尊重孩子的气质底色。从某种意义上讲，孩子不是一张可以随意写画的白纸，其天生就具备了一定的气质底色。家长要耐心地对待孩子，全面考虑他们不同的气质特点，积极采取适合其特点、有针对性的措施，才能促使孩子朝健康、良好的方向发展。比如在注意力的稳定性上，四种气质类型就各不一样。因此在养育的过程中，家长就不能以学习时长作为检验学习效果的唯一标准，应当允许孩子依据自己的特点选择适合自己的学习方式。

3. 尊重孩子发展的阶段。尽管每个孩子的心理发展总是具有一定的方向性和先后顺序，但是不同年龄的孩子有不同阶段的发展任务，即使是相同年龄的孩子，在发展同样的技能时也存在着不平衡性和个别差异性。家长要充分了解和尊重不同孩子各自的发展阶段，注重教育的长效性，保护孩子的主动性。

【教育提升】

1. 要注重教育方式的多样性。在现实生活中，个性鲜明、类型单一的孩子是极少数的，更多见的是混合型的孩子，因此家长在教养时应综合运用多种策略，从而更有效地促进不同类型孩子的内在发展。

2. 要注重发挥孩子的能动性。一个人能否依据自己的天性发展自己，是衡量一个人是否正常成长、健康发展的重要标志。影响孩子发展的内在动力在于孩子的主观能动性，家长在教养过程中不能越俎代庖。

3. 要尊重孩子的差异性。在有多个孩子的家庭里，家长既要注意教养方式的一致性和连贯性，也要注重不同孩子的个别差异性，避免教养策略的单一性。

问题 12：该如何与孩子聊天？

案例

一天，上初中的女儿与妈妈逛街，看到街边有安全套自助提取机，询问妈妈为什么好多地方都放这个机器，妈妈说："小小年纪知道这些干吗？你呀，就是太容易分心了，难怪成绩一直上不去。对了，这次半期

考语文成绩怎么下滑了那么多？你那要好的同学考得怎么样？她的语文可是不如你哟……孩子，再过一年马上就中考了，你可得好好努力，不要想七想八的，否则到时候有得你哭了……"听着妈妈的这些唠叨，女儿一路上都嘟着嘴不高兴。

【原理分析】

日常中我们与其说是培养孩子，不如说是陪伴孩子，陪伴中最重要的一个环节就是与孩子好好聊天。很多家庭的问题说白了就是与孩子聊不到一块去。因为父母有时候并不知道和孩子聊天应该聊啥，或者说应该咋聊。哪怕是同一话题，有些家长也会聊崩了。问题究竟出在哪？案例中，母亲没有和女儿好好聊天，在于母亲忽略了孩子的心理发展特点，也没有把握好沟通、聊天的技巧。

青春期是儿童生长发育到成年的过渡时期，是以性成熟为主的一系列（形态、生理、内分泌、心理、行为）的突变阶段，它还是人生发展的关键期、黄金期、创造力的高峰期，是可遇不可求的教育契机。通常10~19岁性发育完成，一般男孩比女孩晚一至两年，女孩基本上10岁左右开始发育，男孩可能要十三四岁才开始发育。进入青春期，孩子会面临身心变化带来的种种困扰，需要获得成年人的帮助，特别是性意识的觉醒，对性有了探知和尝试。如果父母不能给予孩子科学的性健康知识，孩子就会通过一定渠道获取零碎、片断、可能不健康的性知识。

沟通是人们按照某种设定的目标，利用文字、语言与肢体语言等手段与他人进行交流，是人与人之间交往最重要的方式，是生活的一项重要技能，无外乎听与说两种。父母怎么说孩子才肯听，父母怎么听孩子才肯说？沟通有道、有术，有效的沟通应该建立在平等对话的基础上。然而，受到个人经验、固有观念、成见或偏见的制约，沟通中很多时候人们往往听不进他人不同的观点，用自身的标准去衡量他人，或是先入为主，只相信自己的观点，并不停地说服他人听从自己的观点，这样就会导致无效沟通，达不到所设定的目标。

【操作指导】

我们认为性教育需要融入对孩子的日常养育中。案例中女儿提出关于安全套的问题，这正是性教育的最佳时机，如何达到最佳的聊天效果，关键需要遵循聊天的"三同原则"。

1. 同题。接着聊而不是另起话题，也就是我们平日所说的"有问必答，答其所问"。女儿说为什么要安放这么多安全套自助提取机，而妈妈直接越过这个问题跳转到学业方面。乍一听母女俩聊的是一件事，但事实上女儿说的是安放这么多安全套自助提取机的目的或意图，妈妈说的是努力学习的重要性，这是"答非所问"。当然，我们也不能排除母亲是因为女儿所提的安全套问题而产生诸多性的联想和担忧，或许是有些母亲自己从未接受过系统的性教育根本无从回答女儿的问题，抑或是母亲对性难于启齿而转移话题等，如此，好好的一场求知提问，女儿却被母亲借机教育一番，无法聊。怎么改正？我们建议，顺着孩子的话题往下聊。先问问女儿对安全套等方面的知识了解多少，以尊重、理解的态度去倾听获取信息，同时对一些未明确的信息，家长需要及时向女儿澄清，如：你说安全套……是这意思吗？然后在肯定鼓励的基础上对女儿所说的相关有缺漏的性知识予以科学补充，如安全套的用途、性病/艾滋病、少女意外怀孕等，最为重要的是家长需要明确：与女儿聊性知识时要把知识教育与责任教育结合起来，让女儿明白这个年龄的责任和义务。这个话题建议引导女儿自己给出结论，如：如果你身边有同学怀孕了或得了性病，你会怎么看等。这样的交流更容易被女儿所接受，所以接茬聊而不是另起话题就是所谓的同题。

2. 同情。和孩子一起表达相同的情绪感受。这个情是情绪、情感，不是平时说的同情、可怜。女儿主动与妈妈聊大街上安放如此多的安全套提取机，说明女儿对安全套多少有些了解，但还不是很清晰，想从妈妈那里获得更多的知识。可是，妈妈直接转移话题，还给女儿贴上成绩下滑的原因标签，女儿会高兴才怪。怎么改正？妈妈可以就女儿问题先反问："你是怎么看的呢，安放这么多安全套自助提取机？"用以了解女儿的想法，观察女儿的情绪，让女儿将其见解和情绪充分表达出来，如："哎呀，将这个机器满大街挂，太不好意思了""那些没使用安全套的人万一怀孕或染上性病真是太可怕了，也挺倒霉的"……为此，你可以尽量做到与女儿的情绪同步，直接告诉女儿，如果妈妈在女儿这个年龄或单位年轻同事遇到这个问题时妈妈的情绪和感受，让孩子觉得妈妈是和自己站在一边的。

3. 同法。鼓励孩子自己找到解决的办法。母亲做好了同题和同情，女儿可能自己就会接下去说，"难怪大街上要挂这个机器，原来是方便一些需要的人呀"，或者"我们年龄还小，只要不谈恋爱，不与男生啪啪就没事了，用不上这个"……你看，其实女儿自己是有解决办法的。如果你还不放心，可以接着问：那怎么与男生相处才不会与他们发生亲密关系？从而引导孩子继续深入思考。所以这个时候家长只需要就事论事，引导孩子主动找到解决的办法就可以了，而不要就事论理，将一些无法落实的道理教条地灌输给孩子。

【教育提升】

1. 丰富家长性与生殖健康方面的知识。离开性就无从谈青春期。青春期面临的最大问题就是性教育问题，家长只有具备足够的科学性生殖健康方面的知识，如性生殖、怀孕/避孕、性病/艾滋病等，才能在与孩子交流时引导其正确对待性方面的问题，满足孩子的性知识需求，从而促进家庭健康和谐发展。

2. 提高家长与孩子沟通的能力。在掌握聊天原则的基础上，沟通还需要拥有一定的技巧，学会倾听，实现与孩子的良性沟通。俗话说一把钥匙开一把锁，家长只有通过学习，树立对孩子进行主动关注和沟通的意识，掌握科学的沟通技巧，才能顺利实现与孩子的有效沟通，拉近亲子间的距离，为孩子的健康成长助力。

 问题 13：父母如何为孩子营造和谐、平等、美好的家庭环境？

案例

妈妈的心声：

辛辛苦苦养孩子十几年，虽然没给孩子提供多么富裕的生活，但我和他爸爸在抚养和教育孩子上自问也算尽心竭力、宽严相济。孩子小时候聪明礼貌，同事朋友无不称赞我们教子有方。我一度为自己的教育有些小成功而暗自得意。

可如今一切全变了！儿子上了初中后我们开始管不了了！孩子的三观和学习成绩倒还好，没什么让人太担心，只是他和我们之间的隔阂越来越大，不愿接受我们的安排和建议，对我们的苦口婆心视而不见、抱怨不满，甚至无话可说。只要我们开口，不管说什么他都不听，家里要么是一片死寂，要么是鸡飞狗跳。上次他爸爸规劝失败，恼羞成怒扇了儿子一巴掌："我没你这儿子！"儿子也立马回应："你以为我稀罕你这个爸

爸吗？"当时父子俩简直乱了套了，我也拦不住，还要受夹板气里外不是人。爸爸被儿子的话伤得不轻，觉得自己无论从教育程度和对孩子的付出上都问心无愧，我埋怨他爸爸不该动手，他反而说我惯坏了儿子；我试图跟儿子沟通，儿子却阴阳怪气地回了我一句："你们大人说得都对，我还有什么好说的！"

儿子的心声：

小时候我真的是以爸妈为荣的。他们很爱我，用心培养我，同学们都很羡慕

我有这样的父母。我也挺给他们争气，从小到大奖状、荣誉拿了不少。那时候妈妈很温柔，爸爸也总是笑眯眯的。谁知道我上了初中后他们就像变了个人似的，恨不得安个监视器在我身上。每天跟我说的话题永远是"不许这样，不许那样""应该这样，应该那样"，好像我上了中学，就一定会变坏。我一拿起手机，他们就觉得我在玩游戏或者是看乱七八糟的东西；回到家他们说的第一句话永远是"快去写作业"；只要是和我有接触的同学，他们就恨不得把对方查个底朝天，要是成绩没我好，就觉得我跟着这群狐朋狗友成绩一定会退步……

我觉得他们很不尊重我，他们从来不听我的意见。只要我的想法和他们希望的不一致，那就一定是我错了，我就必须要接受或认错。如果我不服气去辩解，就说我不知好歹，轮不到儿子教训父母之类的话。有时吵架他们也会服软道歉，但总要加上"虽然爸妈也有不对的地方，但你不应该……我们这么做都是为了你好……"。他们常说为了家庭多么不容易，我也知道他们在我身上付出很多，可他们又何尝知道我的痛苦？我觉得这样的家庭氛围很没意思、很累，久了就懒得跟他们说话了。

【原理分析】

在学校心理辅导中，我们发现在与许多家长沟通孩子的情况时，家长说得最多的一句话是："老师，这孩子我没法管了，你帮我劝劝他吧，我说的他都不听。"家庭里亲子间的矛盾，似乎总是与学习、作业、手机有关。"不谈学习，母慈子孝；一谈学习，鸡飞狗跳"已然成为亲子关系中最真实的写照。要想营造出一个和谐、平等、美好的家庭氛围，首先我们需要了解家庭中常见的教养模式。1978年，美国心理学家戴安娜·鲍姆林德提出了家庭教养方式的两个维度，即要求性和反应性。要求性是指家长是否对孩子的行为建立适当的标准，并坚持要求孩子去达到这些标准。反应性是指对孩子和蔼接受的程度及对孩子需求的敏感程度。根据这两个维度，可以把教养方式分为权威型、专制型、放纵型和忽视型四种。

通常权威型教养方式下的孩子独立性强，善于自我控制和解决问题，自尊感和自信心较强，喜欢与人交往，待人友好。专制型教养方式下的孩子往往会因为达不到父母的要求，出现自尊上的问题，他们的想法常常不被重视，有可能出现敌对或者攻击性，或养成撒谎的习惯来逃避责罚。放纵型教养方式下的孩子有更多机会表达自己的感受和冲动，行为较少受到限制和规范，不接受权威和规则，出现学业问题和行为问题的概率较高。忽视型教养方式下的孩子由于长期不被关注，最有可能出现自尊问题，由此产生各类行为问题，缺少幸福感、归属感和安全感。

每个家庭的教养方式并非一成不变，可以根据孩子的成长需要进行适度调整。

但需要找到适合的平衡点，在对孩子的要求、控制程度以及情感态度方面都要做好平衡，为孩子营造平等、尊重、友爱、理解的家庭氛围。从本案例中可以看出，孩子小学时的家庭模式偏向于权威型，初中后开始向专制型转变，而在转变的过程中，父母并未真正从尊重孩子的身心发展规律的角度去看待和处理问题，导致与孩子之间原有的平衡被打破，却并未建立起新的平衡。

【操作指导】

要想创设平等和谐的家庭氛围，就不能只是一味地站在父母的角度发号施令。家长在与子女的沟通中既要懂得"说"，更要学会"听"，这样才能实现亲子关系的"双向奔赴"。

1. 学会"听"的艺术。听懂话里的情绪情感，听懂语言背后的潜台词。家长是否能抽丝剥茧，听懂孩子真正内心的声音？那些愤怒、吐槽、不满的背后其实都是对父母满满的在意和期待。其一，学会共情。感同身受不是无关痛痒地对孩子说一句"我理解你，你要加油、你可以的"，而是用自己的嘴，把对方心里想说的话表达出来，从而让孩子感受到"父母能理解我这件事比什么都有力量"。其二，有效陪伴。对孩子而言，父母不用刻意做什么，"我在"就是最大的精神助力。父母也不必完全抛弃自己的工作与休闲时间，死盯孩子辅导作业，这样非但失去了自我，还有可能换来孩子的逆反抵触。其三，听而不说。倾听是一种修养，觉得孩子的看法很没道理、很幼稚，但却仍然能克制住不去打断，是一种修行。其四，保持中立。不用道德眼光去判断好坏，不做主观评价。孩子会主动地和父母分享自己的烦恼，一定是源于信任与依赖，希望在困惑时能得到帮助。这时若父母的反应是讲道理或是纠偏的话，那以后再想让孩子跟自己掏心掏肺就难了。

2. 把握"说"的尺度。那些父母眼中孩子身上的"大"问题，比如暴躁、追星、玩手机、逆反、早恋等，往往都是在影响到成绩时，家长才会意识到它是个问题，因此往往头痛医头，脚痛医脚，把握不住重点，不但没解决问题，反而引发多方矛盾。在与孩子的沟通中，家长可以怎么说呢？其一，关系做基础。客体关系理论认为，一切心理问题，都是关系的问题。亲子沟通中的最大障碍，大都体现在双方是以发泄情绪为目的，而非以解决问题为导向。于是沟通中常犯这样的错误，家长明知道有些话说了也没用，还会起到反作用，但为了缓解自己的不安与焦虑，他还是忍不住要说。其二，语言做润滑。良言一句三冬暖，恶语伤人六月寒。学会灵活地和对方相处，各取所长，互相欣赏，相处的方法一旦转变，正面的效果就会有所体现。其实也就是换位思考，用对方可以接受的语言来达到自己的预想效果。

【教育提升】

1. 对孩子多一些认同和接纳。孩子处在青春期这一身心剧变的时期,最渴望得到的心理支持就是来自于身边重要他人的认同、肯定和接纳,从而从内心培养出自信与安全感。若孩子总是生活在被否定、嫌弃、忽视的土壤中,又怎么能期待他开出宽容、乐观的花?只有被温暖和力量滋养,他才会慢慢变成一个温暖而有力量的人。

2. 对伴侣多一些关心与耐心。许多父母结束了一天疲惫的工作回到家中,还要面对操持家务、辅导作业这些事,负面情绪本就容易累积放大。一旦孩子不听话,很容易将怒火蔓延到伴侣身上,对另一半产生诸多怨怼,责怪对方管教不当,进而影响夫妻和谐,进一步扩大矛盾。须知在家庭关系中,夫妻关系应高于亲子关系。父母不应把所有精力都集中于孩子,对另一半多一些关心与耐心,沟通双方的情感需求,夫妻感情牢固美满,便是孩子最大的安全感和信任感的来源。

3. 对自我多一些觉察和提升。有人说带娃是一场自我修行。明智的家长会发现,在孩子身上看到的问题,大多是自身问题的投射。如果家长在孩子问题上总有诸多担心或要求,其实是家长自己的内心深藏着恐惧与焦虑,以期通过控制孩子感到与对方联结得更深、更紧,从而减轻不安的感觉。孩子的问题行为是一面"照妖镜",照出了家长自我觉察、情绪控制、教育理念和处理问题的不足。家长应把教育的重心由教育孩子放到教育自己上来,自己的层次提升了,孩子自然也会跟着变好。

问题 14:夫妻关系会影响到孩子吗,为什么,怎么办?

案例

记者从上海市静安区人民法院发布的涉老民事案件审判白皮书中获悉,2019年9月1日至2020年8月31日,该院共受理涉老民事案件1244件,审结1244件。其中,离婚纠纷数量仅次于民间借贷纠纷,排位第二,年纪最大的离婚纠纷当事人当时已93岁。有一个70多岁的于姓老太太的离婚诉讼让法官印象深刻。老太太已经肝癌晚期,于20世纪80年代结婚,夫妻共同生活了40余年,共同育有一子。于老太太说:"他打了我30多年,以前为了孩子,我一直忍着。但我已经没几个月好活了,得为自己活一次,我现在就要离婚。"但是,她自以为是为了孩子,儿子却毫不避讳对父母的"怨念":"如果不是他们天天吵架打架,我也不至于40多岁了还没结婚。"在儿子看来,正是父母多年不和,让他对婚姻留下了阴影。

究竟父母之间的关系会不会影响子女?许多父母为了给孩子一个完整的家庭,即使感情破裂了,还是继续生活在一起。这种貌合神离的夫妻关系,对孩子有没有影响呢?

【原理分析】

幸福的人用童年治愈一生,不幸的人用一生治愈童年。网上有许许多多关于原生家庭的讨论,虽然各方观点不同,但是有一点是统一的,就是认为夫妻之间的关系会对孩子产生影响。很多父母认为,即使夫妻关系再差,为了孩子也不应该离婚。但是勉强维持的家庭,真的对孩子好吗?

20世纪初,西方有不少研究就表明,婚姻中夫妻冲突会影响亲子关系。一般来说,如果夫妻对婚姻不满,则会导致自己与孩子疏远。近年来,国内的研究也得出许多相似的结论,父母关系不良会造成子女情绪、自尊、人格等许多方面的心理问题。在学者孔海燕2016年发表的《父母婚姻质量与子女心理健康关系的研究》中,阐述了夫妻解决冲突的方式与子女的行为问题有直接关系,父母角色平等会使孩子形成自信、独立、善于自我控制、喜欢交往的性格特点,而父母角色混乱不平等的家庭与子女的焦虑和情绪困扰有很大关系。

良好的夫妻关系对孩子心理健康的影响大多是积极的。如果夫妻恩爱、相互尊重,孩子也能彬彬有礼、内心充满爱,也能付出爱。如果夫妻经常在子女面前发生冲突,孩子可能会产生社交恐惧、对人际冲突形成不良的问题解决方式、对亲密关系的形成产生抗拒。究其原因:一是根据班杜拉的社会学习理论,家庭是孩子的第一学校,父母相处模式就是孩子接触到的第一种社会交往模式。如果父母经常发生冲突,或者父母关系冷漠,孩子就有可能从父母的相处中习得不正确的人际交往模式,以及不良的问题解决方法,并不断强化这种错误行为。二是夫妻关系冲突会影响夫妻各自对家庭及婚姻的满意度,进而波及亲子关系。在不少案例中,夫妻双方由于冲突,导致孩子与家庭疏远,对家庭产生恐惧或者倦怠。或者因为夫妻关系的疏远而导致亲子关系的疏远，或者因为夫妻关系的疏远而将多余精力投入到亲子关系中，导致亲子关系非正常亲密。三是孩子可能会对父母冲突产生错误归因，从而导致心理问题。有不少夫妻冲突是由于子女问题引发的，究其根源，更大可能是由于夫妻双方处事风格的差异导致的。但是孩子一旦卷入冲突中，就很大可能会导致孩子产生错误的认识，认为是自己的原因引发父母关系冲突，从而产生自罪心理，形成自卑、退缩、出现抑郁、焦虑等问题。四是夫妻冲突会破坏父母的一致性，从而影响孩子三观的养成。孩子没有办法从父母身上习得一贯的处理方式，可能导致孩子缺乏主见，产生内在矛盾，进而导致心理问题。五是家庭是一个完整的系统，夫妻冲突会破坏家庭系统的稳定性。若孩子长期处于不稳定的家庭环境中，则会让他产生不安全感，进而产生焦虑，影响他形成健康的人际关系。

【操作指导】

相信很多家长都不希望由于自己的错误言行而导致孩子出现心理问题，那么要怎么避免呢？

1. 不要直接在子女面前发生冲突。有研究表明，子女未感知到的父母冲突对子女心理健康的影响很小。如果有不同意见，可以私下协商，有争执，也尽量不在有孩子的场合爆发，更不要在孩子面前攻击或贬低另一半。孩子是夫妻双方的结合，在孩子的理解中，自己一半来自父亲，一半来自母亲，不管否定哪一方，都会令孩子觉得自己受到否定。

2. 如果夫妻关系出现问题，可及时寻求婚姻咨询，了解出现问题的原因，并获得减少或合理处理冲突的技能，从根源上防止夫妻关系冲突对孩子的影响。

3. 帮助孩子进行正确归因。如果夫妻关系的破坏不可避免，甚至导致家庭破裂，夫妻双方也应该协助孩子对父母之间的问题进行正确合理的归因。夫妻双方均有义务让孩子明白，父母之间发生冲突的原因不是因为孩子，避免孩子卷入夫妻关系冲突中，使孩子形成对夫妻关系的正确认识，有利于孩子长大后形成健康的人格。

4. 帮助孩子形成与父母的积极连接。每个孩子都渴望与父母形成良好的关系，因此不管夫妻之间处于什么样的关系，都要学会称赞孩子"像爸爸/妈妈"。

根据积极心理学的思想，一旦孩子与父母产生连接的需求被满足，孩子就会不断强化自己与父母产生连接的优点。即使父母发生冲突甚至离异，只要连接存在，孩子也必能有好的发展。

【教育提升】

既然夫妻关系对子女会产生很大影响，那么夫妻之间应该如何相处呢？

1. 要好好经营自己。夫妻二人在成为夫妻之前，都是一个独立的个体，也是因为各自的特点而走到一起。但是组建家庭之后，许多妻子开始被妻子、母亲、儿媳等身份束缚着，没有自我的时间。她们一天忙得团团转，没时间打扮，没时间做自己喜欢的事情，甚至没时间学习、没时间成长，最后夫妻之间的差距越来越大，越来越缺少共同语言，甚至走向离婚。所以要好好经营自己，让自己不断成长。

2. 不要过于自我。世界上没有完全相同的两个人，每个人在各自的家庭中成长，肯定有很多不同的地方。如果过于强调自我，不肯为对方做出一定程度的改变，或者过于强调自己的改变，对每次改变都认为是很大的牺牲，以自己的利益为主，这样的婚姻往往走不长久。两个人生活在一起，就是建立起命运共同体，是需要双方共同合作、共同承担的，彼此之间互相影响，共同成长。

3. 要互相尊重。夫妻相处，肯定会遇到矛盾冲突，遇到事情时推卸责任、互相指责、互相拆台，不仅无济于事，还会破坏夫妻关系。在家庭中，要相互理解、相互尊重、互相扶持、互相帮助，出现了问题，少争辩对错，多寻找共同解决之法。

4. 如果夫妻关系破裂难以维持，那么和平分开比强行在一起更好。每个人都有追求幸福的权利，结婚是为了得到幸福，离婚也是如此。有的人在一起时闹得鸡飞狗跳，分开了却能做朋友，因为我们对另一半的要求肯定会比朋友高。如果在一起并不能给孩子一个其乐融融的环境，不如退一步，作为朋友相处，至少还能减少对孩子的负面影响。

 问题 15：家风传承要讲好家庭故事，为什么，怎么做？

案例

张良栋的父母非常注重孩子的家庭教育，他们对张良栋的教育，一般不讲大道理，而是结合孩子在成长中遇到的问题，以身边的人和事来引导张良栋明理践行，其中最有特色并颇具影响力的方法就是给孩子讲家庭故事。当张良栋刚上初中时，学习不适应，父母给他介绍自己当年初中入学的困扰以及如何克服的经历；当张良栋学习不努力的时候，父亲就给他讲述祖父母当年没书读的困苦遭遇，祖父母如何砸锅卖铁送子女读书的故事，父辈从小如何珍惜学习机会、刻苦学习、努力成才的故事；当张良栋遭遇情感困扰的时候，父母亲就给他讲述并讨论他们那一代人青春期的情感困扰、男女交往等经历与体会。有时候，父母会结合张良栋的生活实际，在宽松和谐的气氛中，给他讲述祖辈和父辈艰难困苦生活的经历和生活感受、积极进取的故事。父母讲述的家庭故事，给张良栋留下了深刻的印象，并产生了积极影响。张良栋身上的自强上进、勤奋努力、乐于助人、踏实稳重、坚强刚毅的品质，与这些家庭故事的影响密切关联，这些故事让张良栋秉承了长辈的优秀品质，传承了他们家自强奋进的风尚。

【原理分析】

讲故事是家庭教育的有效方法。形象生动的故事能增强教育的吸引力，"故事的魅力在于它不是敲着我们的头指指点点，而是将教育娓娓道来"，讲故事是使用吸引而不是强迫的手段来教育子女，能克服初中生对父母"苦口婆心"式教育的逆反心理；故事能给孩子的成长提供榜样，社会学习理论认为人的许多社会行为都是靠观察和模仿形成的，故事克服了抽象说教和灌输，它是用人物形象和具体情节来吸引孩子的注意，让孩子体验喜怒哀乐，激发孩子向上向善的欲望，讲好故事会推动孩子主动学习、模仿故事中的人或事。讲故事是种便捷的教育方式，故事内容丰富，不拘一格，既没有固定的形式，也不受时空的限制，运用起来比较自然方便，适合任何家长，它能给孩子润物细无声的影响。

讲好家庭故事是传承家风的有效方式。家庭故事是叙述者用自己的语言讲述富有意义的有关家庭的人物、事件、历史。家风是一个家庭或家族在发展过程中逐渐积淀演进而成的较为稳定的价值观念、生活方式、行为习惯、文化氛围、精神风貌的总和。良好家风的形成不是一人一时之事、一朝一夕之功，需要长期的熏陶与积淀，需要传承。讲好家庭故事是家风形象生动又倍感亲切的"传"与"承"，家风传承要靠有意识地去"传"（告诉、给予）、有敬畏地去"承"（聆听、接纳），讲好家庭故事就是家长有意识地将家庭历史、家庭价值观和家庭规范，通过家庭里的人和事形象生动地向孩子述说，也是孩子以亲密及崇敬的心情聆听与接纳的过程；讲好家庭故事是家风具体直观又自觉发展的"遵"与"行"，家庭故事是通过家庭人物为人处世的有意义的经历，以具体形象、直观简洁的形式回答了家庭价值观、家庭规范是什么，为什么要遵行，怎么来遵行。家庭故事的榜样性、感染性、情境性，引发的家庭自豪感、散发出的精神力量，为家庭成员营造厚德向善的自觉氛围。就如老舍先生的儿子舒乙接受专访时坦陈："当老舍先生的儿子有种压力，但同时也是一种很好的动力，常提醒自己再努力一些，要夹着尾巴做人。"因此，家庭故事有利于孩子自觉遵行和积极维护家风，有利于家风的"守正创新"。

【操作指导】

每个家庭都有着许多感人的故事，都有值得传承的家风，只要有传承的意识，平常人家也可以通过故事把家风传承得很精彩。

1. 讲好家庭故事要清楚讲什么。主要要讲好两个方面内容：一是讲好家庭以往的光荣。主要是讲述家庭自强不息的奋斗历史，家族中的优秀成员，让家庭成员引以为豪的家庭经历，得到外界充分肯定赞扬的家庭人物或事件。家庭以往的光荣最能代表家庭向上向善的精神和感情，是家风的典范和硬核，这些内容的讲述很容易被孩子接纳，而且能激发孩子的家庭自豪感，为孩子德行发展烙上深刻的印记，形成积极定式。二是讲好家庭成员的经验或经历。主要讲述家庭成员的各自独特的人生经历或人生经验，即家庭成员自己在学习、工作、生活中的平凡经历、平常事及其人生体会。家庭成员的平常事、平凡经历，看似平淡，但它是家庭发展的本色，也许不完全积极，但却富有意义，其意义在于家风是平凡人做平常事中无数得失的提炼，其意义在于孩子可以直接学习与借鉴。

2. 讲好家庭故事要懂得怎么讲。要把握好家庭故事讲述的要点：一要明确主题。叙述者要明确所讲的故事要传承家风的哪个方面内容，要解决孩子思想或行为上的什么问题，要达到什么样的家庭教育目的。主题鲜明才能让故事有意义。二要富有故事性。叙述者要围绕主题，叙述事情发生的背景、事情发展过程、主人公是如何应对和处理的、事情发展结果，所叙述的人或事要能引人入胜。富有故事性才能凸显故事的意义。三要升华思想。叙述者要结合叙述，针对事情发展过程，适当对故事中的人或事进行评议，阐述自己的反思及感悟、经验及教训、思考与启发，这种评议不是高谈阔论的说教，而是点到为止的夹叙夹议，它可采用"现在想起来，当初那样做，得到的经验（教训、收获、遗憾）是……""如果换成现在，我可能会……"等方式来评议。升华思想是让教育意图在娓娓道来中实现。

【教育提升】

1. 提高讲的技巧。讲家庭故事是家庭成员之间的"讲"与"听"，不是"读"，也不是"教"。因此，家长讲述故事时要讲究自然，不矫揉造作，要娓娓道来、如数家珍；讲述时要注重语速、语气、语调，学会适当运用体态语言来增强讲的效果；讲体验感悟的时候，家长要由衷感受，有感而发，自然流露，不生拉硬拽讲大道理。

2. 瞄准孩子实际。讲好家庭故事要注重时代性，家庭故事是讲述家庭过去的事情，孩子未必都愿意听、喜欢听，这些"过去的事情"要让孩子认同，叙述者要用时代眼光进行选择和取舍,让故事内容紧跟时代步伐;讲好家庭故事要注重思维特点,针对初中生思维独立性和批判性开始发展、思维全面性和分析性不足的特点,叙述者可以采用两面法(既要讲家庭"好"的方面也要讲家庭"坏"的方面,既要"忆苦"也要"思甜")和讨论法(讲述中可以和孩子一起讨论家庭人物和对事件的看法)来讲好故事。讲好家庭故事要注重时机。什么时候讲故事效果好呢?当孩子遇到困难、获得成功、感到困扰,即有发展需求的时候效果最好;茶余饭后、需要就事论事,即亲子关系和谐、家庭气氛安全自由的时候效果也好。

3. 丰富家庭生活。讲好家庭故事的基础是家庭要有故事可讲,家庭要成为充满故事的地方。一方面,家长要重视搜集和挖掘家庭先辈的故事及其教育价值,让先辈的故事传承好家风;另一方面,必须不断丰富家庭生活,围绕"修身、齐家、治国、平天下"开展家庭活动,使家庭成员在勤学、持家、治事、帮亲、厚友、睦邻、尊师、重教等活动中形成故事,让家庭后辈能践行和发展家风。

主题六　家长自我提升与家校合作

 **问题1：学了育儿知识，为什么还是教育不好孩子？**

案例

朋友圈的一位妈妈每天都在转发教育类文章，《如何培养出自信优秀的孩子》《不管教的勇气》《为什么我的青春期孩子不和我说话》等，原想着这样一位爱学习、爱思考的好妈妈，教育孩子必定很有自己的经验和心得。可就是这样一位妈妈，却时常抱怨孩子多么不听话，自己多么焦虑，觉得干预多一些，孩子情绪逆反，不干预又担心孩子学坏，常常不知如何是好。经过交流，发现很多父母都有同样的感受，为什么学了那么多的教育方法，却还是教不好孩子？

【原理分析】

科技的迅猛发展，使家长获取育儿知识的方式越来越便捷，家长眼前涌现出各种教育理念，耳边充斥着各路专家乃至学霸父母们的声音。这固然拓展了家长对教育的认识，也给我们提供了更多的育儿范本。家长会通过读书、公众号、线上课程、线下课程等多种方式进行教育知识的学习，以求在教育孩子的效果上事半功倍。然而教育理念五花八门，教育观点林立，每种方法都可能成就一个孩子，也有可能毁掉一个孩子。育儿知识能否产生教育成效，关键要判别是否符合家庭教育实际，家长应用育儿知识，要善于分析这种育儿知识"是否适合我家孩子""是否适合我""是否适合我们的家庭环境"，若是不考虑家庭教育实际而盲目使用，则失败的可能性就极大。

家长们在学习教育理念和方法时存在知易行难的现状。家长通过广泛的学习，对自己的要求没有提高，而更多地要求孩子做什么，指导孩子怎么做更好。有的家长甚至直接说："某某专家、某本书里说你要怎么做，才能……"家长把教育知识作为约束管教孩子的工具时，势必引起孩子的反感，甚至排斥，就更谈不上教育好孩子了。学习育儿知识是要让家长成为智慧型家长，而不是让家长生搬硬套教育方法，是要促成家长树立正确的教育观念、丰富教育知识、提升教育能力、改进教育行为，在自我提升的基础上，创造性地应用育儿方法。如果是简单按照书上写的、专家说的，依葫芦画瓢对孩子进行教育，难有教育成效。

【操作指导】

1. 明确家长角色，建立良好亲子关系。良好的亲子关系是一切教育的基础和前提。家长在亲子互动过程中让孩子感受到你无条件的爱和接纳，给予他们安全感；通过赞赏给予孩子自我价值感；花时间和精力去陪伴、给予他们爱，表达对他们的爱。亲其师而信其道，师生关系如此，亲子关系亦是如此。关系第一，教育第二，明白了这个道理，父母就不要纠结孩子不听话了，而要考虑该如何与孩子建立良好的关系。爱孩子是父母的本能，会爱孩子需要父母学习。育儿知识的有效使用，是以亲子关系的和谐为基础的。

2. 善于反思，因材施教。家长在养育孩子的过程中，对孩子脾气秉性、性格特点最为熟悉。家长要依据孩子自身的性格特点进行有针对性的教育。古代圣贤孔子讲完课，子路匆匆走进来，大声向老师讨教："先生，如果我听到一种正确的主张，可以立刻去做吗？"孔子看了子路一眼，慢条斯理地说："总要问一下父亲和兄长吧，怎么能听到就去做呢？"子路刚出去，另一个学生冉有悄悄走到孔子面前，恭敬地问："先生，我要是听到正确的主张应该立刻去做吗？"孔子马上回答："对，应该立刻实行。"冉有走后，公西华奇怪地问："先生，一样的问题，您的回答怎么相反呢？"孔子笑了笑说："冉有性格谦逊，办事犹豫不决，所以我鼓励他临事果断。但子路逞强好胜，办事不周全，所以我就劝他遇事多听取别人的意见，三思而行。"也就是说家长对于所学的教育方法，不要急着盲目照搬，关键是要了解自己的孩子。平时生活中注重观察，多和孩子沟通，重视孩子的感受，了解他的喜好、个性、特长等，这是一个日积月累的过程。家长应该是从听到、看到的教育观点中得到启发，根据自己孩子的特点灵活应用，懂得变通，慢慢摸索并调整，才会有好的成果。

3. 家庭教育注重言传身教。法国思想家卢梭说过，最无用的三种教育方法就是：讲道理、发脾气、刻意感动。很多家长在教育孩子时总喜欢苦口婆心讲道理，其实这是效果最差的一种做法，讲多了还会引起孩子的反感。所谓身教胜于言传，家长的表率作用对于孩子而言远远大于道理的讲授。学习育儿知识，家长要做到"先教己，后教儿"，要"先做，后教"。

【教育提升】

1. 遵循发展规律，正确看待"不听话"。初中阶段是自我意识发展的重要时期，个人的自我意识开始大大增强，孩子会从爸爸妈妈的"乖乖"宝贝，逐渐转变为一个有想法、有主意的独立个体。家长则要认识到这是孩子成长的必然过程，而非教育失败所致。初中阶段，家长应用育儿知识，要深入把握、积极理解、全面尊重孩子的自我意识发展。

2. 建立多元评价，合理期待未来。人的自我评价最初来自他人评价，结合自身反思与客观求证而建立。父母对孩子的多元评价对孩子积极的自我认知有着非常重要的意义。美国心理学家加德纳提出人的智能不仅仅是语言与逻辑智能，人的能力也不仅仅表现在单一的考试成绩上，而应从语言智能、逻辑—数理智能、空间智能、运动智能、音乐智能、人际交往智能、自然观察智能多个维度来衡量一个人的智力能力。家长对孩子建立多元的评价，多一把衡量孩子未来的尺子，也就多一个优秀的孩子。家长运用育儿知识，要从孩子的多维发展判别其成效，从而不断增强育儿的效能感和成就感。

 问题2：如何面对与孩子之间的代沟？

案例

班级要参加学校的合唱比赛，作为文艺委员的小丽从选曲、编舞到购买服装、道具和组织排练都亲力亲为，希望通过自己的努力能为班级拿一个好名次。但是小丽妈妈看在眼里急在心上，几次对小丽说："你说你，一整天的都在干些什么，不务正业，再不好好学，成绩都要倒数了，别再当什么文艺委员了。成绩上不去，高中考不上，唱歌跳舞再好又有什么用？"

"我做的都是我喜欢的事情，为班级争荣誉怎么就不务正业了？你的眼里就只有学习这一件事，整天成绩成绩的，听得都烦死了！难道唱歌跳舞就没用吗？那些艺术家就没有价值吗？"小丽说。

"班级荣誉是一时的，但是影响自己的学习就是一辈子的事。艺术家也要学习，考不上高中什么都白费。"妈妈说。

妈妈没想到一向乖巧懂事的女儿居然这样顶撞自己，火气一下子就上来了。小丽则冷冷地看着妈妈，说："我和你代沟太深，你真是太不可理喻了！"然后狠狠地摔门而出，留下妈妈独自伤心。

【原理分析】

代沟指年轻一代与老一代在思想方法、价值观念、生活态度、兴趣爱好等方面存在的心理距离或心理隔阂，也就是两代人之间由于年龄的差异，对同一件事产生不同的看法和意见。两代人因价值观念、思维方式、行为习惯、兴趣爱好等各方面的不同，而在认识和行为上产生的差异、摩擦或冲突，彼此间出现你有你的观点、我有我的意见，因意见不一致而在心理上会产生相互排斥的感觉。案例中的小丽与妈妈的问题就是一种呈现，母亲认为孩子不理解自己的良苦用心，听不进劝解。孩子却认为家长思想保守老旧，总是不能尊重和支持自己的想法与行为。相关调查显示，有61%的青少年认为父母根本就不了解自己的内心想法，75%的青少年认为父母的思想太保守、太传统了，76%的青少年希望能拥有一片属于自己的天空。随着社会的快速发展，这让代沟的变化也越来越快，现在20岁的人与10岁的孩子对待同一件事的看法就不一样，40岁与30岁的人对同一件事的看法也是完全不同的。

青春期的孩子因为身心的迅速发展，更加强调自身的独立，希望脱离父母的控制，反对把自己当"小孩"，"我"怎么做由"我"自己做主。要求以成人自居，为了表现自己的"非凡"就对事情倾向于持批判的态度。但其自身的问题解决能力和问题分析能力还尚未成熟，需要依靠成人的意见和帮助。这就需要父母有足够的智慧，跳出自我认知，站在高处，才能更好地处理与孩子之间的代沟问题，从而对孩子进行有效的引导。

【操作指导】

从理论上分析，家长与孩子之间的相互不理解是产生代沟的原因。家长怎样与处于青春期的孩子有效沟通，消除代沟？

1. 努力沟通。在与孩子沟通过程中觉察自己和孩子的情绪，待到双方都比较平静的时候进行交流。家长要明确自己的想法、提出要求的目的、主要是帮助孩子解决什么问题。如小丽母亲可以说：你最近花费这么多时间在筹备比赛上，影响了你的学习，我看见你也很努力调整，但是效果不是很好，妈妈看着着急。我们一起来探讨下怎么做才能解决好你筹备工作和学习之间的问题。

2. 全面分析。经过认真分析和思考，弄清对方的意见和态度后，理解处理事情的不同角度，就能够更全面地看问题。在指导孩子具体如何做之前，先要了解孩子的想法是什么，了解孩子为什么这么做。外显的行为背后有孩子更深层次的需求。只有了解其真实需求才能对症下药，给出合理建议。

3. 接纳融合。两代人可以取长补短，形成更完美的方案。两代人之间观念、认知存在偏差，通过沟通无法解决的时候，就需要相互的尊重和接纳。对于家长而言，上高中、考大学是通途，但是孩子却认为自己直播当明星是康庄大道。那么这个时候很难说谁对谁错，因为双方都能举出有力的例证。这时则需要相互接纳，分析直播明星有什么特点，他们的成功之道是什么。结合自己的实际，从而确定此刻的执行方案。案例中的小丽并不排斥学习，只是不认可妈妈只看重学习的态度，所以，要先说明自己要帮助孩子解决的问题是什么，而非否定小丽，然后再帮助小丽分析现状，提出双方都能接纳且又有效的方案。

【教育提升】

代沟的产生是社会文化发展的必然结果，说明年轻人在学习进取有主见，更能适应环境的变化，这有着积极意义。家长无法改变代沟的存在，那么为了更好地引导尚未成熟的青春期子女，则需注意以下两点。

1. 建立和谐的亲子关系和家庭关系，让孩子在家庭中感受到彼此的支持和妥协。父母的亲子教育应走在孩子的生理、心理发展的前面，所以父母应全身心地投入孩子的教育，不断学习，提升教育的能力。

2. 青春期的孩子，通常比平时更需要爱。父母不论用哪种方法引导，都要谨记一条：不要把孩子推到我们的对立面，而是要温和地接纳，让自己成为孩子的朋友，给予孩子最大的理解、包容和尊重。

问题3：如何与班主任有效沟通？

案例

教育部于2021年3月1日起开始推行《中小学教育惩戒规则（试行）》，其中第十二条表示，教师在教育教学管理、实施教育惩戒过程中，不得有体罚、刻意孤立、辱骂等侵害学生权利的行为出现。对如何界定"刻意孤立"的禁止性行为，很多人存在疑惑。教育部对此的答复如下：《中小学教育惩戒规则（试行）》第十二条规定的"刻意孤立"，首先主观上是故意而且针对特定学生，具有相对性、持续性，非因疏忽而没有关注到学生的需求；行为表现上，可以是对学生正常需求故意不予回应、指使其他学生孤立特定学生或者物理上隔离（比如单独坐在最后一排）等；后果上，则会导致学生得不到老师的关注和正常的同伴关系，产生心理上的压力。

教育部做出答复后,俊逸妈妈却产生了新的疑惑。原来俊逸是体育特长生,学习成绩不是很理想,再加上平时训练强度高,所以俊逸出现在课堂上睡觉、分神的情况,班主任老师便把俊逸安排在讲台桌旁边的第一排。俊逸妈妈担心这样的安排会对俊逸产生心理压力,从而影响他与同伴正常交往。俊逸妈妈不知道该如何与班主任沟通。

【原理分析】

初中阶段是青少年个性发展的关键期,自我意识增强,注重老师与同学的评价。家长也越来越重视孩子的身心健康发展,关注孩子的学习成长环境。然而家长和老师的角度不同,认识不相同,爱孩子是家长自然的、本能的反应,也是老师基本的职业素养。但是,家长和老师的立场不同,爱孩子的表现也就会有差异。如果家长与老师沟通不顺畅,对老师不信任,担心老师会对自己的孩子不利,也担心老师工作忙无暇顾及孩子的诉求,就更会产生老师与家长之间的"心事误读",造成双方的不理解。

教育部推行的《中小学教育惩戒规则(试行)》中对"刻意孤立"做了清晰的说明。首先主观故意针对学生,忽略学生的需求,行为上故意对学生的正常需求不予回应,并且导致学生不能得到老师和同学关注的后果。虽然列举了单独坐在最后一排的例子,但是并非单独坐在最后一排或者前排就是属于"刻意孤立",还要从老师对座位安排的主观性及老师与学生之间、学生与学生之间的互动来评价。解决俊逸妈妈的担心主要明确两点:一是老师对俊逸座位安排的出发点,是否存在主观刻意?老师在对俊逸的教学和管理上能否满足其心理需求?二是座位调整后俊逸自身的感受如何,他是否能够更加专心学习,同学对其是否产生负面评价?

【操作指导】

父母是孩子的第一任老师,学校是孩子成长的摇篮,在孩子成长过程中,只有将两者紧密结合起来,才能够有效促进学生的成长。家长与班主任的有效沟通是将两者结合起来的桥梁。家长和班主任互相信任是彼此保持良好沟通的基础。

1. 家长保持理性,诉求合理。人们常说:"孩子是家长心中的树,是老师眼里的林。"在家长心中,孩子是中心,家长只看到自己孩子那一棵"树";而在老师眼里,看到的是所有的孩子,孩子是一片"林"。家长与老师之间的沟通,首先要明确老师是所有孩子的老师,需要对班级所有孩子负责。对老师提出诉求前,要先明确自身的诉求是否合理,老师是否具备满足诉求的前提。

2. 确认方式，把握时间。很多家长与老师沟通时会担心给老师添麻烦，也担心打扰到老师的工作和休息。所以家长在与老师初次见面时，需要认真记下老师的姓名与联系方式，与老师确认哪种联系方式是老师喜欢使用的。比如对于习惯使用电话处理信息的老师，家长打电话前先想好要说什么，如果内容较多，建议列出清单，条理清晰。对于习惯用微信进行沟通的老师，家长则需要将沟通的内容编辑成文字发送给老师，文字内容尽量言简意赅。

3. 态度谦和，讲求技巧。家长在沟通中应维护老师的尊严，充分尊重老师，态度谦和。韩愈在《师说》中呼吁："师道之不传也久矣！欲人之无惑也难矣！"师道无尊，教育则无效。客观事实描述和开放性问题会有助于家长表达对老师尊重的同时还能获取更丰富的信息。比如案例中俊逸妈妈可以这样问班主任：俊逸上个星期坐在第一排后（客观事实描述），他的学习状态怎么样（开放性问题）？

【教育提升】

1. 在家校沟通中厘清需要解决的真实问题。家长在与班主任沟通中明确是家长遇到问题还是学生遇到问题。如果是家长的过度担心、目标期待等因素产生的困扰，那么家长可以通过家校沟通了解孩子的状态、用自我认知调整等方法进行调整。如果学生在学校的学习生活遇到问题，那么家长可与班主任组成合力，一起帮助孩子渡过难关。

2. 积极提升自我沟通技能。无论是在家庭中亲子之间的沟通还是家校间与班主任的沟通，必要的沟通技巧能帮助人与人之间传递更真实的信息与情感。在此推荐《非暴力沟通》一书，它是由马歇尔·卢森堡博士创作的，文中强调的观察、感受、需要和请求，有助于促进相互尊重、关注和理解，提升沟通效率。

 问题4：孩子恋爱了，该如何引导？

案例

小青今年就读初二，学习成绩一直很好，家长在假期给她请了老师补习功课，平日看不出什么异常。一天上午，小青妈妈外出办事，路过家附近的广场时，恰巧看到一男一女两个年轻人坐在草坪上，其中穿着白底蓝花裙子的女孩在开心地笑着，

他们依偎在一起很亲热的样子，男孩的手搅着女孩的腰……晚上小青妈妈回家后看到女儿将待洗的白底蓝花裙子扔在盆里，裙子上分明沾着星星点点的泥土和草屑。

接下来，小青妈妈和女儿之间爆发了有史以来最激烈的家庭大战，女儿狠狠地摔门而去，临走前冲母亲大吼大叫："很多同学都有对象，为什么我就不能谈恋爱？"

【原理分析】

中学生恋爱是中学阶段比较常见的现象，虽然比例不大，但是对学生的影响不小，一度被称为"早恋现象"。后来随着社会发展，"早恋"一词被搁置，取而代之的是"中学生恋爱"，背后的意义是人们对于此现象从完全反对转变为某种意义上的理解包容，这是社会开明进步的表现。

家长反对中学生恋爱是缘于"恋爱弊大于利"的认识。一般人认为：初中生恋爱会带来很多问题，如影响青少年的身心健康和学业成绩等，尤其对女孩更为明显突出；初中生恋爱常常以失败告终，很少出现能够终身厮守的。但也有人认为：恋爱是青少年对男女关系的探索和学习，为将来的恋爱与婚姻作准备，不宜过分禁止或压抑。

家长反思孩子恋爱原因比单纯反对恋爱更为重要。孩子过早地对异性感兴趣有几种原因：一是在成长过程中未得到充分关爱的孩子，寻求情感依靠的倾向性更明显、更强烈。如父母忙于生计，对孩子缺少关心关注；单亲家庭，父爱或母爱缺失等。二是过于娇惯和溺爱的孩子，也容易寻求情感依靠。在家有人侍候惯了，饭来张口，衣来伸手，什么事都由父母解决，独立生活能力差，到一个新的环境中，极易产生情感依赖，寻求他人的保护。

【操作指导】

对于孩子恋爱问题，因为孩子还小，还在学习，家长应该合理引导，而不应该采取高压政策。感情需要宣泄，堵是堵不住的，强压制只会适得其反。当发现孩子恋爱时，家长应该怎么做？

1. 三要：要学会沟通，要多陪，要尊重。

要学会沟通：学会和自己的孩子沟通，告诉他你知道他恋爱了，但是这个时候不要提出反对，而是要通过相应渠道适度了解对方情况。其实恋爱不可怕，可怕的是交到坏朋友。同时，要和孩子共同探讨恋爱的利弊，让孩子权衡初中生谈恋爱的利弊。要多陪：大多数孩子恋爱是家长造成的，自己对孩子不够关心，没有时间陪孩子，于是孩子就容易产生寻求他人关注的需求。要尊重：尊重孩子。

处于初中阶段的孩子已经有自己的想法和意见，虽然很多方面还不成熟，但是作为父母还是要尊重孩子，不要"倚老卖老"，更不应该用父母的身份来压制孩子，要给予他们充分的尊重。在互相尊重的前提下沟通，效果是最好的，尤其是对于男孩子更是如此。

2. 三不要：不要打骂，不要闹到学校，不要私下找对方。不要打骂：现在很多家长共同的毛病是一旦发现孩子有问题就是一顿打骂，这是错误的做法。当家长发现孩子恋爱后不要直接粗暴地对待，更不要打骂孩子，因为未成年人的逆反心理特别严重，这样做只会加大他的逆反心理，让他排斥你，认为你剥夺了他的真爱，要拆散他们。不要闹到学校：每个学生都是要面子的，特别害怕在全校学生面前丢脸。如果家长跑到学校找班主任、找老师，反而影响孩子在学校的生活，极容易引起孩子反感，不利于问题的解决。不要私下找对方：有些家长以为私下找对方，让对方不要和自己孩子谈恋爱就能解决问题，这是错的。如果家长私下找对方小孩，如果被自己的孩子知道了，不管你和对方说了什么，孩子肯定会先抱怨自己父母的。

此外，家长应该先改变恋爱对孩子有害的看法。在西方，只有恋爱，没有早恋这个概念。家长要明白，交男女朋友，是孩子性心理发展的正常体现。有这种认识，家长引导孩子就会心平气和，就会策略性地解决问题。

【教育提升】

1. 引导正确的爱情观念。孩子成长后对异性所产生的好奇感是不可避免的，那么家长的正确引导就很重要了，父母要让孩子知道什么叫爱情，婚姻中爱情要承担各种各样的责任，它不仅仅是对于夫妻两个人，还有双方的父母以及来自各个方面的压力，没有任何能力的人是做不到这一切的。

2. 建立融洽的亲子关系。要积极营造温馨、和睦的家庭氛围，在理解、尊重的前提下，积极与孩子多沟通、多分享，没有爱化解不了的矛盾，用心去感受温暖，让爱流动在家中的每一个角落，让孩子有安全感。

 **问题 5：为什么一直表扬孩子，孩子却没有进步？**

案例

有一天，未成年人心理辅导站值班老师接到一个妈妈打来的热线电话："自从学习了家庭教育，我基本上不打骂孩子，都是表扬孩子，可是孩子却还是没有力量感。升入初一后，我们更是一直表扬他学习认真、团结同学，可是这孩子一点儿也不争气，成绩一直下滑，还染上了一些恶习。作为妈妈，我应该怎么办呢？"

【原理分析】

教育孩子是一门艺术。我国教育家陈鹤琴先生说过："随便什么事，你要小孩怎么做，做什么样的人，学什么样的事，求什么样的知识，研究什么样的问题，你都要有一个法宝——鼓励。"孩子需要成人的爱护和评价，需要成功的喜悦。表扬可以帮助孩子建立自信心和自我评价。孩子年龄小，他们更喜欢听好话，不高兴大人处处限制他们、指责他们。为了适应孩子这一心理特点，在教育的方法上，应该多给孩子一些鼓励和表扬。

但是，一味表扬的方式容易让孩子形成心理定向，对孩子而言并不一定是什么好事，因为这样的赞扬会让部分孩子形成过高的自我评价，畏惧挑战，不敢面对新的困难，从而逐渐失去为获得某种表扬和肯定去完成某种任务的动力。青春期的孩子，自我意识强烈、叛逆、拒绝沟通，如果只是一味表扬，且表扬不够具体、真诚，反而会引起孩子的逆反，认为父母是虚假的人、敷衍了事，不信任父母，没有力量感。因此，表扬应适量，忌过度，一味表扬，将会适得其反。

【操作指导】

那么到底应该怎么做才能达到表扬孩子的效果，让孩子朝着你希望的方向发展呢？

1. 表扬要具体，切合实际，态度要真诚。表扬孩子一定是建立在准确的细节上，不要笼统地说"你很好""你最棒"敷衍了事。来自父母的表扬越具体，孩子越容易明白他的行为习惯中哪些是好的，因此越容易找准努力的方向。表扬鼓励就好像是给孩子设定的"方向标志"，可以让他更轻松地找到前进的道路。对孩子的表扬应该是公正、准确的。表扬作为教育孩子的一种多功能手段，必须坚持实事求是，而不是虚情假意。表扬不只是称赞和夸奖，它应该让孩子感到家长真的对他的进步予以关注和全面考虑，同时家长内心的满意与他口头上的表示应该是一致的，是一种真实的表扬。除了口头语言外，若家长能辅以适当的表情语言、身体语言，那么表扬的效果会得到增强。对于孩子来说，尤其是青春期的孩子，文字教育是孩子比较乐于接受的方式。文字交流其实是最能避免家长与孩子之间爆发矛盾的一种方式，更是表达爱意的一种途径。

2. 表扬要促进孩子的成长性思维发展。斯坦福大学卡罗尔·德韦克教授的研究指出，人有固定型思维（固定型思维的人，一般认为人的特质和能力是基本固定的，不可控的，是注重结果的思维）和成长型思维（成长型思维的人，一般认为人的特质和能力像肌肉一样，需要努力锻炼才能获得，注重自己学会了什么、有没有努力、有没有进步）。通过培养成长型思维，孩子们提高了自己的能力，每天都能在更富有挑战性的情况下有效地解决问题。当孩子有了这样的思维，就不会害怕挫折。因为他们会自我激励，努力找到解决的办法，而不会是那种一遇打击就崩溃的情形。家长要表扬孩子的努力、毅力、谦虚、态度、选择等，要通过表扬让孩子相信"我拥有变得更好的力量"。

3. 表扬要促进孩子提升自我价值感。首先，家长从内心里真正接纳自己的孩子，而不是有附加条件的。有条件的爱会严重伤害孩子的自尊心，也会给孩子形成无形的压力，伤害亲子感情。家长以赞许的目光注视孩子、拥抱或亲吻孩子，会加强亲子之间的感情，让孩子感到更加欣慰，更能提升孩子的自我价值感。其次，家长要把主要精力放在提升自己的价值感上。父母尽力把自己的事情做好，以积极阳光的心态对待每一天的生活，自己的价值感提升了，孩子的价值感也会提升，也越来越有前进的动力。

【教育提升】

1. 教育应以表扬、鼓励为主，批评为辅。我们要多看到孩子的优点，看到孩子的进步，多给孩子以肯定式的评价，鼓励孩子把自己的优点发扬光大，扬长避短。批评孩子要就事论事，不要以偏概全，态度要一致，更不能挖苦嘲笑孩子，要以尊重孩子为前提。只有科学合理的批评和表扬才能促进孩子更好地发展。教育是一项复杂的系统工程，每一个孩子都是独一无二的，家庭教育方式不同，其人生经历、个性特征、心理状态也会不同，表扬、鼓励、惩罚、批评都是教育的手段，但并非万能，只有针对性地使用才能有效发挥其作用。作为家长，到底怎么用这些手段，需要父母在实际中学习。

2. 父母要提升自己的能量。和孩子一样，家长自身的能量，最核心的就是思想能量。我们平常说的充满正能量，就是指大脑里面都是积极正面的思想习惯，自信、乐观、积极、向上、勇敢、负责……反之，即负能量。家长要坚持不断地学习、成长，持续不断地自我积极暗示，强化自信，改善思想习惯，才能对自己的孩子有信心，才能很好地开展家庭教育。

问题 6：家长如何逐步放手对青春期子女的掌控？

案例

小芳是独生女，父母文化程度不高，两个人均在一家工厂里上班，住在工厂的宿舍里。虽然父亲工作忙，但是对小芳的要求非常严格，从幼儿园开始就主抓学习，有严格的学习时间与游戏时间的控制。小芳小学成绩非常突出，从一年级到六年级都是学校的第一名，在毕业考的时候是全区第一名，获得市级"三好学生"称号。小学的时候，小芳父亲经常作为家长代表到学校为其他家长做亲子教育典范讲座。初二的时候，学校班主任反馈说接到同学反映，小芳在社交网站上传了一些让人看起来会害怕的图片，如站在顶楼上、手上的划痕。班主任也发现小芳近来上课常走神，下课都趴在桌子上睡觉。电话家访的时候，父亲说要好好教育，说她最近被朋友带坏了。

后来接触到小芳，她表达了轻生的想法。因为成绩没有考好，父亲周末都不让她出门，手机也不能用，整天就是上学—回家做作业—上学。有一次小测成绩没有达到父亲的要求，与父亲顶嘴后被扇了一巴掌，小芳就在周末离家出走，住在同学家里。可是，父亲找到她的时候，扬言都是同学带坏她的，要求她与同学绝交。小芳害怕给同学造成不良影响，就只能闷在家里，但是很难受又没有地方可以说，书也读不下去。成绩出来以后更加糟糕，父亲会更加严厉，连日常的一些看其他书籍以及电视的时间都会全部被禁止。

【原理分析】

初中生的生理机能迅速发育和趋于成熟，自我意识增强，表现出自我中心化和心理闭锁，同伴群体的友谊关系变得日益重要，从而导致初中的亲子关系发生逐步的变化，具体表现在感情、观念和行动上对家长依赖的脱离和对控制的反抗。进入青春期以后，青少年要求独立的愿望和倾向的需求会渗透在生活的方方面面。家长如果不能转化从孩童时期的比较简单的保护和完全的控制父母角色行为，将会面临与初中生子女交流沟通中的各种矛盾与碰撞。

青少年会尝试向家长表达自己的期待、愿望、想法等，只是因为认知水平还不够成熟，表达的时候过于偏激、无法动摇。在父母看来，他们表达诉求的方式与内容幼稚可笑，不会认真倾听这种诉求表达。这使得青少年认为父母不理解他们，很多话题要规避父母，不然会引起不必要的麻烦。父母则一方面困惑于青少年的叛逆，另一方面急需去寻求新的角色定位以及沟通模式。

养育子女是不断放手的过程。随着子女的成长变化，与他们相处的方式也需要逐步发生变化。这是为了子女更好地成长，也是为了家长可以不断活出生命的精彩。家长不应该将所有未来的期许、自身未满足的愿望统统压在孩子身上，紧紧抓住子女不放手，否则，只能导致教育失效、亲子冲突。本案例中小芳在小学的成功经历，让家长无法放手对小芳的控制。这样的方式终究会引起家庭矛盾，更甚者阻碍孩子的身心健康发展。

【操作指导】

纪伯伦的诗《你的儿女其实不是你的》中说道：你可以拼尽全力，变得像他们一样，却不要让他们变得和你一样，因为生命不会后退，也不在过去停留。家长需要明白想要子女更好，要多方位了解自己、相信子女、逐步放手，子女才能走得更远。如何逐步放手对孩子的掌控呢？

1. 探寻自身成长的基调。自我认识是成长的起点，当家长有自我的兴趣爱好、明确的个人成就所在、在自己的人生道路上有发展、有成就，在遇到孩子成长的困境的时候就有更宽广的视野与更多的包容。家长对自身成长的探索有助于在子女面前树立榜样，言传更在身教，言行一致才更有影响力。家长自身成长可以从自我的情绪状态、言谈习惯、处理问题的方式等多方面入手，加强自我觉察，从细微处积极改变，不断促成自我成长。

2. 从家庭系统角度看亲子关系。亲子关系永远附属于夫妻关系之后，在一个家庭中，夫妻关系是第一位。夫妻关系处理不当的一方，更倾向于与子女融合。有些家庭，父亲总处于甩手掌柜的状态，子女的教育问题生活琐事全部由母亲一个人承担。一旦成绩下滑，父亲可以顺理成章地责怪母亲没有教育到位。母亲则忧心忡忡，将更多焦虑倾倒在子女的学业上。教育子女是父母双方的责任，在这个问题上的推诿更容易造成青少年在父母中站队的行为，也会影响推诿一方在子女心目中的影响力。

3. 明确成长责任，将决定权逐步归还孩子。关于孩子的生活、学习，父母要尊重子女的选择和决定，要学会倾听意见给些建议，但不做决定。要让孩子明确责任，明确告知他可以做决定的事情和应该承担的责任。遇到矛盾，需要双方都表明意见支持的依据，有理有据，学会分析问题、探索解决问题的方法。当子女

遇到困境的时候，父母要坚定地提供支持，而不是嘲讽与奚落。

【教育提升】

1. 家长逐步放手对子女的掌控时，需要观察子女的状态。平时被家长全方位包办的青少年，虽然心里希望父母不要管教，想要自我独立，但是家长到了孩子青春期开始放手，且是一下全方位放手，会造成孩子的不适。可能孩子会一时间不知所措，长时间处于玩手机、网络游戏等无法自控的状态。家长一紧张又开始觉得放手不靠谱，又加大力度掌控孩子。逐步放手需要抓住青少年时期孩子要求独立、话语权的时机，理解有这样状态的青少年只是暂时缺乏面对困难的自信，需要家长持续的欣赏和鼓励。逐步放手，孩子可能暂时会出现更多让家长头疼的毛病。但从长远来看，家长没有办法牵着孩子走完这一辈子，只能在他需要的时候做好脚手架的作用，目送他远行，祝福他成长。

2. 家长逐步放手是对子女自我成长的信任。逐步放手也让子女意识到父母不是万能的，父母也有自我认知的局限，在孩子面前展示真实的自我，向孩子请教学习，可以让子女更加认同父母。唯有家长放下内心的期待与焦虑，悦纳孩子的问题，让孩子有机会去试错体验，有体验才有经验，有经验才有智慧。这样才能让家长成为孩子遇到困难时首先想到的并信任的求助对象。

问题7：初中家长自我提升要做什么，怎么做？

案例

小陈，初中二年级学生。父亲做生意，平时经常出差；母亲在家当全职太太，全心全意照顾小陈的生活起居。小陈父母对自己小时候没有受到很好的教育表示遗憾，将自己未曾实现的愿望、理想延续到小陈身上，希望他能实现自己的梦想，考上名牌大学。小陈从小就上各种辅导班和兴趣班，现在上初中更是各种补。平时基本不让小陈看电视、看手机，一下班看到小陈就让他写作业、补课，而父母会轮流坐在沙发上看电视、玩手机，时不时地监视书房里的小陈。小陈很苦闷，觉得父母不进行自我提升，只懂得整天逼自己学习。家庭矛盾激化后，家长前来求助心理老师：已经给小陈提供了那么好的物质条件，在辅助他学习上也尽心尽力，小陈怎么还要他们自我提升？同时对于小陈提到的自我提升也感到困惑，问小陈，小陈却懒得回答，自己也不知道该怎么提升。

【原理分析】

家是孩子成长的第一环境，父母是孩子成长的榜样，家长不断自我提升是家庭教育的关键。青春期是人生成长的必经阶段，子女随着身体的发育成长，成人感逐渐产生，想要挣脱父母的"束缚"，对父母不再是"仰视"，而想要变成"平视"。在此阶段，家长的教育理念、方式能否随子女身心的发展变化而改变，是家庭教育成败的关键因素。家长自我提升出现困境主要出于以下两方面的原因：一是家长由于自我成长停滞，各方面发展已经处于稳定期，与子女的相处模式已经根深蒂固，没有出现极大的变动或矛盾，家长难以停下来进行自我观察与反思改变。自我成长的停滞使得家长更容易将注意力全部集中在子女身上，导致亲子矛盾紧张。特别是全职在家照顾子女的一方，个人的自我价值存在感都与子女各方面的表现紧密联系。在心理层面，这样的家长挤兑掉了子女成长的心理空间。二是家长自我提升的方向与路径并不是很明晰。市面上的家长培训良莠不齐，各种信息难辨真假，无法高屋建瓴地引领家长进行自我提升。经常有家长学会一两招技能便强行运用在家庭成员身上，导致家庭问题激化，家庭成员的抱怨导致家长更加委屈难过。

【操作指导】

家长持续的自我提升是引领和促进孩子成长的最好途径之一。家长自我提升能激活自己的生命活力，滋养孩子生命，同时为孩子树立一个好榜样，指引孩子成长的方向。自我提升的家长能够紧跟时代前进的步伐，缩短与孩子之间的心理距离，有利于更好地理解孩子的成长需求与心理特点，有利于良好亲子关系的建立。初中家长自我提升主要从以下两方面入手：一方面，要了解初中孩子的心理发展特点。反思教养方式，结合孩子的实际需要，提出合乎实际的期望和要求，同时辅助以耐心细致的指导。另一方面，身教大于言传。家长想要教育好孩子，必须要严于律己，时刻做好表率。具体方法和路径，可以从以下三个方面来探寻。

1. 提升了解子女的水平。要多与孩子沟通，积极了解子女的心理发展特点与需要。与孩子沟通，可以采用多种形式。例如：可以谈论孩子感兴趣的话题、尝试孩子喜欢玩的游戏与活动，争取在这方面探寻与孩子沟通的突破口；可以回顾孩子成长各个阶段的照片，找回爱孩子的初心；也可以阅读一些关于沟通的书籍，提升沟通效能。同时，要深入了解孩子的心理，初中孩子脑额叶的发展未成熟，容易冲动行事，情绪波动巨大，容易因为对生活各种期待的破灭产生的无力感而莫名愤怒。了解孩子的心理发展特点与需要，在面对孩子处于困境的时候才会更有耐心。

2. 提升自我情绪管理能力。孩子的教育无处不渗透着父母的处世态度和人生感悟。家长承担来自各个方面的责任与要求，自身也存在各种情绪压力。自我内外不和谐的家长总会将改变的压力强加在子女身上来平复自身的焦虑。提升自我情绪管理能力可以从自我觉察和自我关怀两个角度入手。平时对自己情绪的变化进行记录与观察，日常进行自我关怀的冥想和正念练习，掌握一些情绪管理的小技巧。家长对自己的情绪越接纳越了解，越可以为子女情绪调节提供榜样的力量。

3. 立足时代，扩展教育观。随着科技的发展，人的发展有更多的途径。多样化是科技化发展的必然，每一个孩子都是独一无二的。如何在不断的发展变化中帮助孩子探寻发展的路径，才是家长要着眼的地方。对于新媒体等新鲜事物，家长往往比孩子接受起来要慢得多，家长可以借此机会虚心地向孩子请教，与孩子一起共同成长。

【教育提升】

1. 明晰自我提升目的。随着家庭教育的重视度提高，初中家长自我提升有了更多的方法和路径，可以积极参加家长学校的学习，多了解孩子成长的规律，多学习相关心理学知识，多听一些家教知识讲座，在理论学习的基础上，结合家庭教育实际思索一些问题、尝试一些方法，不断提高家教水平，不断提高自身素质。但是不论是怎么样的自我提升，都不要偏离自我提升的初心。家长自我提升不是为了更好地控制子女的成长，或者在亲子冲突里取得胜利。萨提亚说：孩子是父母的老师，他来到这个世界上，督促父母把从前忽略的课程补上，不断完善自己的人生地图。家长自我提升的最终目的是更好地将自己的生命活出价值和意义。

2. 自我提升要持续进行。家长自我提升不要一蹴而就，在错误的方向上停止就是进步。亲子关系的危机，亦是家长自我提升的良好契机。借由亲子关系危机的问题，反观家长与子女在沟通模式、情绪管理、榜样引领、价值导向等方面是否出现了偏颇。从问题出发反思，在危机中找转机，在行动中实践改变，是家长自我提升的捷径。陈默在谈如何做好青少年家长的讲座中，提及家庭沟通是否良好要看家长是给孩子提供力量还是焦虑。评估家长是否有效自我提升，也可以借鉴这一点。家庭教育路漫漫，初中家长自我提升需从长远着眼，从日常生活细微处入手，功不唐捐，勿要轻易放弃。

 问题 8：如何与老师一起一步步提高孩子的自信心？

案例

曾经有位家长谈到她儿子时说："孩子从小学到初中，实在是乏善可陈。学习成绩一般般，也没有什么爱好与特点，学过钢琴，考过二级后便半途而废了。不要说孩子对自己没有信心，我对他也不抱什么大的希望。初二第一学期期中考后的家长会结束后，我被班主任'留下'长谈。从班主任那里我了解到儿子在学校的表现还是挺不错的，遵守纪律，上课认真听讲，也热心帮助同学，就是胆子比较小，对自己缺乏信心，特别是在学习数学时，认为自己天赋不够。班主任告诉我，孩子现在最重要的是培养自信心，要不然在学习上他还会遇到更大的挫折，对他的心理健康将会产生很大的负面影响，希望父母和老师一起不断地鼓励孩子，帮助孩子提升自信心。后来在老师和家长的配合下，半年以后，儿子的数学成绩虽没什么明显提高，但显然对数学有了些兴趣。进入初三，学校每周一要进行数学测验，并按分数排名。通常他排在班里二十名左右，有时也会进入前十。我问他为何不能保持前十的成绩，他说：'这也不是做不到，只要周日好好复习就行。不过你也不要让我这么辛苦，也要让同学的父母高兴高兴。'从孩子这一番话中，我发现他开始有些自信了。"

【原理分析】

自卑是一种不健康的心理状态，它会使人丧失自信，在思考和行事中不能发挥自己真实的实力，总是觉得自己不如别人、不能胜任等。而有自卑心理的青少年不在少数，这对于他们的健康成长是非常不利的。那么导致他们产生自卑心理的原因都有哪些呢？

长期以来，社会上有这么一种倾向，即认为中小学生只有考上重点中学，才有机会进入重点大学，这才是人才。这无形中给中小学生带来了很大的压力。虽然国家倡导素质教育，但缺乏有效的评价机制，因此社会及家长仍以"升学率"的高低来衡量学校教学质量的好与坏。这就必然造成沉重的课业负担和单调的教育方式方法，使学生心理上承受着过重的心理负荷。

家庭方面，家长盲目攀比，不从学生的实际出发，为了升学不惜一切代价，如请家教、上补习班等，以此来提高学生的成绩。家长期望值过高，会做出偏激行为，如考不好就训斥，甚至打骂，缺少关爱，无形中又增加了学生的心理压力。

据有关统计，中学生产生自卑心理大多数都是因为学习成绩较差，经常受到老师和家长的指责所致。在目前中国的很多家庭，对孩子的关心和照顾事无巨细，物质上应有尽有，精神上百依百顺。事事不必自己操劳和付出努力，孩子很容易养成一种凡事均要依靠家长的心态，认为自己离开家长就一事无成，对任何事情也不想费力去做。这样的孩子就是典型的依赖性极强、缺乏自信的人。很多家长往往只要求孩子扮演好一种角色就够了，那就是"好学生"，只要孩子是一个好学生，其他方面的缺点就很容易被忽略或者原谅。这导致很多孩子独立性差、抗挫能力弱，稍有不顺就产生自我怀疑，变得自卑。

【操作指导】

自信心是相信自己有能力实现目标的心理倾向，是推动人们进行活动的一种强大动力，是一个成功者最重要的心理素质之一。但它并非与生俱来，必须由家长和老师共同对孩子从小加以正确引导，使孩子逐渐学会相信自己，建立起自信。

1. 找到孩子不自信的原因。首先要知道导致孩子缺乏自信心的原因，是家长的过分溺爱与保护，是过多的批评和指责，还是总是拿他和别的孩子比较，或者是过高的期望和要求等，弄清楚原因后才能"对症下药"。如果是过于溺爱和保护，那么就要学会放手，让孩子在自己的能力范围内做决定；如果是过多的批评，家长就要采用赏识教育，多鼓励孩子；如果总是拿他和其他的孩子比较，那么家长要立即停止了，这是最伤害孩子的做法，要拿孩子和他的过去相比，只要比过去有进步，那就值得鼓励；如果是过高的期望和要求导致孩子总是不能令你满意，则要根据孩子的情况，和他一起制订实际的"跳一跳就能够得着"的目标等。

2. 及时赞扬、肯定孩子的良好行为。心理学家威廉·杰姆斯说过："人性最深切的渴望就是获得别人的赞赏。"家长千万不要吝啬运用赏识和鼓励手段，一定要多跟老师沟通，了解孩子在学校的表现，尽量找出孩子的闪光点进行表扬，用些非语言性的及语言性的激励。如果你给予他激励性的评价，他就认为自己确实是这样，慢慢地就有了信心去做事，也会更乐意去做更多的事，接受更多的挑战，以获得更多的肯定和成功的喜悦，自信心也随之日趋增加。

【教育提升】

1. 建立平等、互相尊重的亲子关系。家长要看到孩子的成长，尊重孩子的自尊心，放下自己长辈的架子和孩子耐心地谈，与他建立亲密、平等的朋友关系，并允许孩子也能参与家庭的管理。替孩子做主不是明智的办法，做一个可以适当放手的父母反而会加速孩子的成长。

2. 体谅、相信、支持孩子。初中的孩子正处于叛逆期，难免会脾气暴躁，顶撞家长，这时父母必须要体谅孩子，等孩子心情恢复平静后再与其沟通，虽然孩子表面上未必会承认错误，但心里一定会认识到自己做得不对的地方。家长要相信孩子有独立处理事情的能力，尽可能支持他们，在其遇到困难、失败时，应鼓励安慰，成功了应尽量给予表扬。

3. 多观察，学习现代教育模式。莫言说："好父母都是学出来的。"时代在变化，教育理念也在不断变化。家长也要不断学习，才能做好父母。父母需要认真倾听、体会孩子心底的渴望。其实孩子不是一张白纸，而是一颗有灵魂的种子，他在努力长成自己的样子。我们能做的就是尽力给予孩子最适当的环境、条件，远远地看着他们用自己的方式长大。

问题9：孩子嫌弃父母，怎么办？

案例

李兰婷初中毕业后到城里打工，尽管只有初中文化水平，但通过自己的努力找到了一份薪水不错的工作。后来和小武结婚后生下女儿，女儿从小体弱多病，李兰婷因而辞掉工作，当起了全职妈妈，照顾一家人的生活起居。赚钱养家的任务就落在了小武身上，所以小武压力特别大，经常下班回来会发脾气，还开始嫌弃兰婷文化程度不高，没有工作。两个人在这期间经常吵吵闹闹，甚至是当着女儿的面也不避讳，小武说兰婷最多的一句话就是："你文凭太低，什么也不懂，孩子交给你管，都被你教坏了。"兰婷也试着去找工作，但没有找到合适的，于是继续当她的全职妈妈。直到女儿上了初中，做作业拖拉，学习三心二意，兰婷忍不住对她发脾气，女儿吼了一句："你自己什么都不懂，还来管我做作业！"兰婷当场就蒙了。后来无奈求助女儿的老师，女儿又吼了一句："你怎么那么笨，自己的孩子都不懂得教，还要去求助别人！"兰婷有些崩溃了：为什么我付出这么多，我的老公嫌弃我，我的孩子也嫌弃我？

【原理分析】

俗话说："子不嫌母丑，狗不嫌家穷。"一个人无论是发达富贵，还是疾病贫穷，都不应该忘了生养自己的父母。那为什么有些孩子会嫌弃自己的父母呢？

其实，很多父母在教育孩子的过程当中，都会经历被自己的孩子"嫌弃"的过程。孩子嫌弃父母，与这个家长优秀不优秀似乎没有很大的关系。孩子都会经历"叛逆期"，这个时期的孩子，开始用自己的思维和眼光去看待问题，评判事物，对父母会提出这样那样的疑问——家长太优秀，孩子会嫌弃：你自己工作都那么厉害，怎么不把我也生得再厉害一点？你自己长得那么好看，你怎么不把我也生得好看一点？如果家长很平凡，甚至比别人家的家长能力稍差点，孩子也会嫌弃：别人家的家长都可以帮孩子去学校出黑板报，你怎么不会？

孩子的行为习惯，最容易从身边最亲密的人身上习得。比如案例中的父亲做了一个不良的负面"示范"，他在孩子面前说孩子妈妈什么也不懂、什么也不会，给孩子留下了"我妈妈是不合格的"印象，从而产生"她没有资格管教我"的想法。所以心情不顺畅的时候，孩子自然也会模仿爸爸的样子，嫌弃妈妈不够优秀。

"为什么我付出这么多，我的孩子嫌弃我？"很多家长会有这样的疑惑。如果父母对孩子的管教模式是过于溺爱、事事迁就，就可能容易造成孩子缺乏感恩之心。缺乏感恩的孩子，是无法理解父母的用苦良心的，所以，父母付出的越多，他的抱怨就越多，他的嫌弃也就越大。

【操作指导】

1. 要冷静反思，找到根源。孩子身上出现的问题根源有可能就来源于家长，所以当父母发现孩子嫌弃自己的时候，一定要先冷静下来反思自己哪里做得不够好，哪些环节做错了，然后找一个时间和孩子好好沟通，了解孩子内心真实的想法。那样才能对症下药，找到改正的方法。

2. 要互相尊重，共同成长。家庭关系中占主要位置的是夫妻关系，良好的夫妻关系、亲子关系，都是建立在互相尊重的基础上的。夫妻关系没有处理好，直接影响到了亲子关系，而父母的行为是孩子模仿的范本。夫妻一方嫌弃对方，传达出的是不尊重、不平等，沟通模式一定是出了问题。如果被嫌弃的一方，把心里的不满、愤怒转嫁到孩子身上，那种伤害是小小年纪的孩子无法承受的痛。面对家长的"压力"能够大声吼出"你什么都不懂，还来管我"的孩子，从心理宣泄的角度来看，对他的身心发展倒还是有利的，至少，孩子把心里的想法说出来了，而不是压抑在心里。所以，一家人要互相尊重，相亲相爱，共同成长。

3. 要接受孩子的不完美。在婴幼儿时期，绝大部分的家长是能够做到无条件地把爱传递给孩子。随着年龄的增长，父母的爱就带上了条件——你要是乖乖坐在那儿，妈妈就给你买棒棒糖；你要是每门功课都考 95 分以上，妈妈就可以带你去吃肯德基、麦当劳；你要是有隔壁小明那么懂事就好了……很多事情都带着爱的名义给孩子提无数的要求，孩子总是有无法达到父母要求的时候，父母要懂得接受孩子的不完美。

4. 要满足孩子的心理需求。不同年龄阶段的孩子，除了需要身体营养，还有很多心理营养需求。6岁之前他要获得无条件接纳、安全感、肯定、赞美、认同、学习、认知等心理营养。这些营养如果在相应的敏感期里没有得到满足，孩子长大后缺什么就会不断去寻求，比如他在4~5岁的时候，缺少肯定、赞美、认同，更多的是来自父母老师的指责、拒绝、否定，可能会形成自私、自卑、易暴躁等性格。

【教育提升】

1. 家长要活得自信、有价值。家长教育是根，家庭教育是主干。所以每一个人都应该持有终身学习的理念，不应该因为你成了家长而停止学习，无论是自己的事业、专业上的学习，还是家庭教育上的学习。家长除了有"家长"这个身份之外，还有其他社会性的身份。即便没有工作，家长也要活得自信、有价值，家长活得有尊严，孩子哪里还有嫌弃的机会？

2. 家长要学会放手。案例中的兰婷，在孩子成长过程中，无微不至地照顾孩子的吃喝拉撒，充当保姆的角色。在照顾孩子中失去了自我，停止了学习和成长，终有一天孩子会超过父母，若父母还用固定的思维模式和他交流，自然就无法引起孩子的共鸣。同时，作为家长要明确自己的角色，在家里，你是家长，你可以培养孩子的学习、生活习惯，在孩子做家庭作业的时候，要学会放手，相信孩子有学习的能力，要允许孩子犯错。

问题10：孩子的问题真的是家长的错吗，为什么，怎么办？

案例

初三女生小欣由于经常请假在家，断断续续维持着上学状态被家长带来咨询，通过介绍到精神专科医院就诊，被诊断为中度抑郁，需要一边服药治疗，一边进行心理咨询。在访谈中了解到小欣日常的学习和生活主要由妈妈负责，同时还有爷爷奶奶帮忙，而妈妈只要小欣学习成绩好，什么都不需要做。当小欣成绩不理想时，妈妈就会觉得与自己的付出不成正比，达不到自己的要求，会表现出各种负面情绪。爸爸在家则是甩手掌柜，对孩子的生活学习表现持一副无所谓的态度，觉得妻子过于紧张，自己则是一身轻松、神采飞扬，基本上只忙于自己的社交，让妻子觉得自己与单身无异。爷爷奶奶也觉得小欣妈妈的做法过于偏激，但又觉得她平时包办所有家务很辛苦，所以也不愿意批评她。平时会在小欣妈妈不在的时候跟小欣说不要太紧张，要多放松之类的话。家里人的教育观念完全不同，致使小欣的心理产生严重冲突。小欣服药后存在药物反应，无法进行正常的学习，妈妈为了孩子的学习，时常让她停药，因此小欣的抑郁症状存在反复现象，学习成绩越来越差，妈妈每天都焦虑不安、愁眉苦脸，家里人害怕引发小欣妈妈的焦虑都不敢大声说话，这样的氛围同样也导致小欣更加焦虑烦躁。

【原理分析】

孩子的问题既是家长的错，又不是家长的错。为什么说家长有错呢？因为是家长在客观上让孩子出现了问题。从系统观来看，这个家庭系统出现了问题。首先这个家是个大家庭，由祖孙三代组成，因此核心家庭结构没有形成，边界混乱。就孩子而言，存在父亲缺失（这是目前很多家庭的共性），孩子的生活中一旦缺爸爸，就会缺乏力量感，在遇到困难时，没有足够的力量去解决。就妻子而言，这个家缺丈夫，孩子的学习生活由妈妈一人负责，妻子苦苦支撑得不到关爱、支持和理解，这极易形成无力感，从而把自己生活的重心转移到孩子身上。就丈夫而言，也

许客观上忙于工作，放在家里的精力比较少，同时由于爷爷奶奶也在家里一起生活，所以依然把自己当作是大家庭中的儿子，忽略了自己作为丈夫，必须服务于妻子，给予妻子在生活方面以及在孩子教育上足够的支持，也忽略了作为父亲要给予孩子应有的陪伴和指导，让孩子从父爱中汲取成长的力量。就爷爷奶奶而言，由于受传统观念的影响，认为自己是长辈，还是家庭的主人，因此替代爸爸承担责任，对核心家庭干预过多。个人边界、核心家庭与大家庭的边界不清，导致家庭关系混乱。在这样的家庭环境中成长的孩子出于对家庭系统的爱，会把拯救家庭的责任背负起来，然而由于孩子毕竟是孩子，心智不够成熟，无法承担这份本来不属于她的责任，因此产生无力感和焦虑不安就不足为奇了。

为什么说这又不是家长的错呢？影响孩子成长的因素是多样的、复杂的，不能简单地归因为谁对谁错。一个孩子的成长，既有家庭影响，也有社会影响，还

有学校影响，更有孩子的自我影响，这些影响因素都不可偏废。但从目前看，家庭在孩子成长中的关系极为重要。由于我国现阶段还没有专门的机构对家长进行系统性的家庭教育指导，导致很多夫妻在成为父母之后，不知道如何教育孩子，只能凭借自己的成长经验来教育孩子，或者把教育孩子的责任托付给学校。所以说，不会教育孩子并不是家长的错。

【操作指导】

1. 建立起核心家庭结构。父母要多参加提升自我的学习活动，重新确立自己的身份，让妻子找回丈夫、孩子找回爸爸，让爸爸承担起自己的责任，以自己男性的力量和妻子、孩子建立起密切的关系，给孩子和妻子更强有力的心理支持。

2. 大家庭中的成员都要保持良好的边界。爷爷奶奶要尊重夫妻两人的家庭地位，把孩子的教育问题还给父母，把对家庭重大事情的决定权还给父亲，促进他的成长。只有所有的家庭成员各自归位，明确自己的身份，站好自己的位置，承担自己该承担的责任，孩子才能从混乱的关系与心理冲突中解脱出来，接受来自家族的爱，轻松做自己，把精力放在自己的事情上。

【教育提升】

1. 父母要积极转化认知。父母需要通过孩子表现出来的问题感受到孩子对家庭的爱，把解决问题的重心放回到自己身上，而不是在孩子身上用力。当父母的认知发生改变以后，父母的行为也就跟着发生了改变，孩子的改变也就自然而然了。

2. 父母积极参加家庭教育的学习，提升解决孩子问题的能力。主要从学习孩子的问题是如何产生的、如何建立良好的亲子关系、如何进行有效沟通、如何进行有效的情绪管理等方面的内容入手，通过系统的学习，了解如何正确教育孩子，保证家庭和个人的健康成长。

问题 11：父母的挫败感怎么解？

案例

一名 14 岁的男孩的母亲，自己上学时非常努力，考上了理想的大学，有了令人满意的工作。她在生活、工作中也追求尽善尽美。孩子一出生，她就学习各种育儿知识，希望培养出和自己一样优秀的孩子。孩子在小学阶段学习成绩优异，自从上了初中，情形逆转，老师经常打电话来反映孩子的各种问题：上课注意力不集中，有时还打扰其他同学，也不主动举手发言，经常拖欠作业，学习成绩一般。母亲想了很多方法，制订各种规则约束孩子，可情况好转一段时间后，孩子又故态复萌。这位母亲很焦虑，想了很多方法，参加家庭教育课程，不断提醒自己"要给孩子时间，允许孩子犯错，静待花开"，可看到身边朋友的孩子自律，学习优秀，还是一次次陷入焦虑，认为自己非常努力地在做一个科学育儿的好妈妈，怎么会成为经常被老师点名的家长呢？越想越挫败，一度怀疑人生。

【原理分析】

大部分的妈妈，有了孩子以后，把注意力转移到孩子身上，忽视了自己，也忽视了身边的家人，并且对孩子往往期待过高，即我们常说的"过度关注"。在关系里，我们期待被关注，渴望被看见和认同，同时又希望能掌控自己的领域，让自己有自由的空间，不被打扰地做真实的自我。一个过度关注孩子的母亲往往有很强的控制欲，孩子为了摆脱这种被过度控制的"吞噬感"，往往会发出抗拒的信号，孩子在这样的状态下成长，要耗费很多的心力与母亲抗争，因此也很难集中注意力来学习。导致了关注和被关注的双方都感到痛苦与矛盾。

在"做父母"这件事上，现在的妈妈比任何一辈人都投入了更多的时间和精力，上一辈人让孩子吃饱穿暖、好好学习就够了，但现代的妈妈，在孩子身心的方方面面，都要事无巨细地面面俱到，投入了大量的精力来培养孩子。正因为我们对孩子的教育更深入，才会引发焦虑：孩子成绩不好，我们焦虑他以后没有个好出路；成绩好了，焦虑他不会人际交往，不能成为一个内心丰富、有幸福感的人；孩子不听话，头疼；孩子听话懂事，又担心他没有独立的判断能力。

社会的大环境被各种育儿焦虑裹挟。我们知道，父母在各方面越来越重视孩子，这是一件好事，适度的焦虑会促进我们成为更好的父母，也会让孩子成为更好的自己。但过度的焦虑，深深伤害了自己也深深伤害了孩子，过度焦虑的人会习惯把孩子的一个小问题看成是"大危机"，一个焦虑的母亲养育不出一个平和的孩子。

焦虑是一种应对危机的预警机制。焦虑的背后是一直失去掌控的挫败感。这种挫败感通常来源于孩子的某些行为或状态，如果孩子的表现没有达到预期，妈妈就会不由自主地产生焦虑，而这种焦虑又根本无助于现状的改变，于是挫败感就出现了。

【操作指导】

1. 正确认识孩子。承认大多数的孩子是普通人，鼓励孩子做个普通的优秀人。父母首先要做的是接纳自己，允许自己平凡，给自己失败的自由，这样就不需要用孩子的成就来肯定自己，给自己"打分"。不需要孩子给自己挣面子，有成就了就拿出来炫耀，落后了就沮丧挫败。面对孩子的"不足"，要调整自己的情绪，不要过分焦虑，和孩子一起面对，改变可以改变的部分，接纳不可改变的部分，相信人的发展性，切勿急功近利，损害了孩子的天性。

2. 父母要做好言传身教。每个人从生下来最早接受的就是家庭教育，受到影响最大的也是家庭教育，孩子一出生就在模仿照顾他的人，大人的一言一行容易为孩子所吸引、模仿，要想使自己的孩子优秀杰出，那父母就必须耐心地给孩子以训练和指导，而这种教育除了言传，更要身教。营造良好的家庭氛围，父母之间的交流和谐，给孩子安全感，鼓励孩子表达自己的真实想法。

3. 父母不要凡事都追求完美，给孩子充分发展的空间。做事不要太较真，无论是家中的日常琐事还是教育子女，没有违背大的原则，都可以一笑而过。如果有什么不满，要平和地表达，让家人看到自己的需求，取得家人的理解和支持，不要动不动就发脾气，暴躁的脾气只会让人远离，而不是亲近。

4. 父母要拓宽自己的交际圈，开阔眼界。父母在家庭以外的生活越丰富，就越容易带着满足的心情对待家人，也会有更多的信息、心得可以彼此分享。如果把孩子当成人生的全部，父母的生活就会日益狭窄。

所有的心理需求都要孩子来满足时，对孩子过高的期望最终也会让父母伤心难过。自我照顾、自我成长是我们做父母的必修课。我们只有在智力、体力、情感、社交各方面都照顾好自己，才能赢得家人的信任，才有可能让家里舒适温馨、其乐融融。

【教育提升】

1. 不神化父母的职能。没有完美的父母，只有适合的父母。养育孩子实际上是父母对自我的一次重塑。复旦大学社会学教授沈奕斐的一篇文章《妈妈，操劳一个家，还得养个好娃，可是谁来取悦你？》中认为：孩子的成长是个长期的过程，解决孩子的某个问题甚至需要五六年的时间，可是当我们看到孩子的某个问题时，往往立马就有一个很强的反应，去迫使妈妈们给出回应。所以我们看到，中国的妈妈在公共场合对孩子是极其严厉的，但是这种严厉对于教育并无裨益。

英国客体关系理论大师唐纳德·温尼科特创造了一个伟大的精神分析术语——good enough mother（刚刚好的妈妈），意思就是妈妈从孩子婴儿期起能随着时间的推移，学会慢慢放手，并根据孩子逐渐增长的能力来应对她的失败。如果能身体力行地做到这一点，对妈妈对孩子都是最好的。我们不需要做 100 分完美的母亲，只需要做 60 分的母亲就足够了。

2. 父母不断提升自己的生命品质，有终身学习的意识，完善自己的人格，适当参加自我成长课程，疗愈自己成长过程中的创伤。提升自己的内在力量感，照顾好自己才有能力照顾好孩子，负起对自己生命的责任。在生活中觉察自己产生挫败感的来源，看见它，接受它，疗愈它，只有解决好自己的问题，当看到孩子的"问题"时，才有心理空间去反思自己的哪些言行给孩子带来伤害，避免再次陷入挫败的情绪里。

问题 12：如何缓解教育孩子过程中的焦虑？

案例

李女士是一名初一女生的妈妈，最近她的心情跌落到了谷底。女儿琳琳在初一上学期的期中考试中发挥不佳，每科成绩都在 70 分边缘徘徊，位列班级倒数第十。李女士当时认为是女儿还没有完全适应初中的学习，在课堂上没能充分吸收课本知识所致，于是，她给女儿报名参加语、数、英三门课程的周末补习班，期望通过课外辅导能迎头赶上。

从此，琳琳每天傍晚放学就到托管写作业，由老师帮忙辅导、检查作业。她的周末时间被安排得满满当当，周六上午补语文，下午补数学，晚上到托管晚自习；周天上午补英语，下午学钢琴，晚上学画画。李女士认为自己的安排很合理，女儿通过全方位的学习，期末考一定能打个翻身仗，同时在学钢琴和画画时既发展了才艺又放松了心情，一举多得。然而，令李女士万万没想到的是，琳琳的期末成绩没有提升反而下降了，各科成绩跌到了 60 分甚至不及格，成为班级倒数第五名。李女士心急如焚，她不明白，明明得到了老师额外的辅导，成绩怎么不升反降了呢？

【原理分析】

案例中的李女士是众多充满教育焦虑的家长的缩影，从孩子出生开始，家长们就恨不得使尽浑身解数，替孩子规划好"正确的道路"，生怕孩子的发展有一点儿闪失。在孩子上初中之前，家长们给孩子报的大多是各种才艺班；而上初中之后，就转换成了各学科的补习班，更有甚者，才艺班和补习班都不愿放弃，家长们美其名曰"让孩子全面发展"。然而，家长们似乎并没有考虑孩子的精力和体力是否能承受这样高强度的学习；没有探寻辅导老师是否尽心弥补孩子的知识漏洞，是否耐心启发孩子独立思考问题，只是想着把孩子交给辅导老师就万事大吉了。

家长焦虑的心理一定程度上来源于社会环境及竞争压力。我国正处于快速转型期，社会竞争压力大，很容易让家长对孩子的未来产生过度的担忧，这种担忧自然而然转化成焦虑感。于是，有些家长看到孩子一次数学考试没考好就头皮发麻："完了，看来他没有学数学的天分，以后中考、高考可怎么办呢？数学是高考必考的科目，看来他上不了好大学了，上不了好大学就找不到好工作，这样一辈子不就完了吗？"

家长的焦虑还来源于对孩子的期望值过高。在许多父母的心中，自己的孩子是优秀的、出色的，有无限的潜能，可以达到父母设定的目标。尤其是自身学历水平、文化素质较高的父母，更是坚定地认为青出于蓝而胜于蓝，孩子一定会超过自己。然而，当孩子在学习过程中出现种种不尽如人意的表现时，家长便开始焦虑万分，不断给孩子的学习加码，希望通过课外"加餐"的方式让孩子弥补学习上的不足。当效果不佳时，家长会变得更加焦虑，从而产生恶性循环。

家长常常拿自家孩子和"别人家的孩子"比，从而产生焦虑心理。父母将众多"别人家的孩子"集合成一个虚幻体，他是一个学习自律、成绩优秀、体育好、多才多艺、讲文明、懂礼貌的乖小孩。家长为孩子不如同事家的孩子自觉而感到烦恼，为孩子不如朋友家的孩子成绩优异而沮丧；听到亲戚家的小孩考上重点高中，自己却为孩子能否上普通高中而忧心忡忡。家长看到的都是自家孩子不如别人的地方，忽略了孩子的过人之处，认为这不值一提。家长在这种畸形比较中变得越来越不安，越来越丧失信心，于是也就越来越焦虑。

【操作指导】

1. 尝试放下对孩子未来的过度担忧。家长要明确考试只是检测孩子学习效果的方式，一两次的考试不理想并不代表孩子的学习就一落千丈了，更没有必要由此联想到中高考甚至找工作等遥远的问题。专注当下，和孩子沟通考试不理想的原因，用心观察孩子的学习安排是否合理、学习习惯是否良好、时间管理是否恰当等,并从中寻找原因和解决方案。如果孩子已经做了很多努力仍无法达到家长的期望时,家长应学会接纳,接纳孩子目前的成绩水平,接纳孩子可能不如其他孩子的现实,并鼓励孩子做得更好。如果家长能这样想:"孩子如果能考上重点大学固然好,考不上去普通大学也没什么不好的,再不济考个专科学校还可以专升本,相信孩子会走出属于他自己的路!"那么,相信家长的焦虑感会大幅降低,也能以更平和的心态面对孩子的学习和成绩。

2. 降低对孩子的期望值。每位父母都望子成龙、盼女成凤,但究竟成龙成凤的孩子有多少呢?有研究数据表明,如果父母在考试方面十分厉害,处于人群的前3%甚至是前1%,那么在80%~90%的情况下,自己的小孩都会比自己差,这意味着,不一定青出于蓝而胜于蓝。我们不得不承认,能在学业拔尖的孩子,确实是凤毛麟角,大部分孩子一出生,就注定了将成为普通人。接受孩子的平庸,珍惜和孩子相处的美好时光,相信孩子有属于自己的美好未来,这是所有父母的必修课。

3. 不盲目攀比孩子。以客观的眼光看待孩子,多拿孩子和他自己比,少拿孩子和别人比。家长在教育孩子的过程中应该从固定型思维切换到发展型思维,当孩子成绩或表现不太理想时,不要给孩子贴上"我家孩子数学就是不行""我家孩子天生就是内向,不敢表现自己"的标签,而是应该想到这只是孩子成长过程中必然会遇到的困难和挑战,慢慢来,孩子会不断进步的。当孩子数学考试中计算错误率比之前有所降低时,家长应该及时表扬和鼓励孩子;当听老师说孩子上课发言更加积极时,家长应该夸赞孩子提升了勇气值,并相信他下次会做得更好。当然,适当地把孩子和其他优秀的孩子进行比较也是很有必要的,这样能让孩子知道自己在某些方面和别人还有差距,还需要向别人学习,从而让自己变得更好。但是家长要把握好尺度,千万不要引起孩子的反感和厌烦,否则就适得其反了。

【教育提升】

1. 发掘孩子的优点和长处,鼓励孩子成为最好的自己。家长肯定孩子的闪光点和优势,可以促进他朝着优秀的方向一往无前,有助于提升其个人竞争力和综合素养,增加自信心,让孩子在遇到问题和困难的时候,不畏艰辛,勇敢向前,激发潜力,不断地突破自我。

2. 主动学习,改变不科学的教育方式。教育孩子是一门学问,很多家长并不"合格"。父母在教育孩子的时候总是感到着急却不知所措,或许是教育方式不正确,这时就应该学习科学的育儿模式和思维,不断加强自身学习,平时多和一些经验丰富的专家交流,观看科教类的节目等,从而减少焦虑感。我们能够放下焦虑,心态平和,就是对孩子的成长最有益的帮助。

 **问题 13：离异夫妻如何当好父母？**

【案例】

"支撑我咬牙学习的动力就是熬过这三年，就可以远走高飞，逃离我父母的控制。"这是一名刚刚毕业的初三女生说的话语。听上去颇有些悲壮而决绝的意味。是什么让一名平时安静刻苦的女孩说出如此决绝的话？而作为她的父母，如果听到此刻女儿的心声，心中又会作何感想？原来，在女孩父母未离异前，家里充斥着不和与争吵。即便父母离异后，双方仍然相互诋毁，甚至面对责任互相推诿。"从小到大他们吵架，我便是出气筒。只有努力学习考上离家远的学校，离他们远远的，我才能快乐。"在女孩看来，在父母"精神扯皮"的离婚过程中，自己在非自愿情况下承担了一个聆听者、目睹者和他们宣泄彼此仇恨的暴力承受者的角色。当亲子关系渐行渐远时，女孩努力学习不是为了实现自己的理想而是为了逃离支离破碎的原生家庭，是远离父母的手段。

良好的家庭教育是确保孩子健康成长的重要因素。如何当好一名合格的家长，让孩子对家庭有真正的依恋感和归属感，不再与自己渐行渐远，是现代父母需要思考的问题，更是离异家庭父母必须解决的问题。那么，究竟离异夫妻与孩子之间应当如何相处？他们的相处模式会对孩子的成长造成何种影响？即便离异后双方感情破裂，如何在保护孩子健康成长的前提下更好地尽到做父母的职责呢？

【原理分析】

民政部2017年发布的《中国民政统计年鉴》显示，自2007年至2016年，中国离异家庭逐年增多。其中，67%左右的离异家庭都会涉及孩子。父母离异对于孩子有何影响及如何消除其负面影响，一直以来都是离异夫妻所关心的话题。

家庭是子女接受启蒙和教育的直接阵地，而父母是孩子的第一任教师。根据班杜拉的社会学习理论，儿童通过观察生活中重要人物的行为进行学习，形成相应认知，而后对其行为进行模仿。早期家庭教育中，父母行为对子女的影响是潜移默化但也是深远持久的。家庭教育所具有的父母的权威性、强烈的针对性及巨大的感染性，使得其影响是后期任何教育都难以替代的。离异家庭中家庭结构的变化所导致的部分家庭教育的缺损及其后续影响，是离异父母需要正视并且清晰认知的。如孩子容易产生自责倾向，对人有焦虑和冲动倾向，缺乏积极健康的情感及安全感等。

从 20 世纪 90 年代初，研究者从不同的角度对父母离异对孩子的影响程度进行探讨，越来越多的研究者支持离婚对孩子的"有限影响说"。在 2016 年《离婚对儿童青少年心理发展的影响：父母冲突的重要作用》一文中，学者邓林园指出离婚会给孩子带来时限性的消极影响，大部分孩子能够从父母离婚的阴影中走出来，甚至比某些完整家庭的孩子发展得更好。父母离异对孩子的影响并不一定完全是消极的。父母离婚在给孩子带来压力及其他消极影响的同时，也可能为孩子重新营造出一个摆脱了家庭冲突、暴力和冷漠的成长环境。近年来，大量针对我国离异家庭的亲子关系的研究表明，父母冲突对于孩子的负面影响是多方面的，部分孩子会将父母冲突的责任归因到自己身上，进而造成与父母关系疏远。2017 年《离异家庭的亲子关系》一文中，学者汪洁指出父母间的冲突及其难以解决的过程，往往是父母离婚给孩子带来的最大负面影响。因此，使父母离异对孩子负面影响的减轻甚至转变为正面影响的关键是减少离异家庭的父母冲突，更多关注家庭教育中父母与孩子健康积极的互动过程。

【操作指导】

那么离异家庭如何减少离异父母双方的冲突，增加他们与孩子的良性互动过程呢？"教育孩子的实质在于教育自己，而自我教育则是父母影响孩子的最有力的方法。"父母作为家庭教育中最重要的一环，可以根据家庭教育潜移默化的特点，不仅言传，更需身教。家长在日常生活中的行为习惯、是非标准、道德观念、处世态度等诸多方面都时刻影响着孩子。所以想让孩子成为什么样的人，父母自己应先成为那样的人。不要让父母双方离异成为父母负能量的借口，让家庭成为充满负能量的竞技场。即便离异后双方感情破裂，但是在保护孩子健康成长的前提下更应当以身作则，在离异家庭背景下为孩子最大程度营造健康的家庭成长环境。

1. 建立平等互信的亲子关系，降低心灵震荡。跟孩子讲明父母离异的缘由，学会彼此相互理解，形成良性的互动。父母离异后，要在更多的问题上尊重孩子的意见，倾听孩子的感受，大胆放手，给他们更多的选择权利。不要相互诋毁、埋怨、责怪甚至人身攻击，把孩子当作砝码来争夺。因为如果那么做了，会加重对孩子内心的伤害，甚至会降低父母在孩子面前的人格威信。同时，离异父母不应把离异的愧疚转化为对孩子的溺爱，应该把对孩子的期望，通过日常生活的言谈举止悄悄传递，孩子内心潜藏的积极力量会被调动起来，自信心增强，自觉性发展，从而形成独立的个性。

2. 培养家长自身积极的健康心态，进行积极的自我调适。如果离异后，父母一方成天抱怨生计艰难，唉声叹气，斤斤计较，然后要求孩子为自己努力读书，认真奋斗，改变自己和家庭的生活与命运。这样的孩子必然会个性压抑，很难乐观地去面对生活，也不善于排解自己的情绪。一遇到挫折，第一个念头就是内疚！再加上在离异情况下，孩子内心缺乏安全感，更不敢跟父母其中一方诉说自己的苦恼，长久下来，亲子沟通严重受阻，往往会产生各种各样的心理问题。所以家长的言行举止所传递的能量是非常巨大的，如果想让孩子乐观、开朗、勇敢、自信，那么家长在家庭生活中就需要处处树立这样的榜样，积极勇敢地面对生活的难关，在孩子面前不要有诋毁对方的言辞，孩子必定会成长得更加健康！

3. 认同自己的角色，正确表达内心之爱。父母离异后，孩子内心会缺乏一定的安全感。父母离异的孩子需要家长更多的关心及沟通，尽快地使孩子适应离婚后家庭结构的转变。即便离婚过后，离异父母双方仍然可以坐下来和孩子聊聊天，不要只问作业做了没、考了多少分，多问问他的兴趣爱好、情绪情感，信任他，学会只当顾问，不替孩子决定，对孩子自己所做的决定，不急于发表看法，让实践去检验。经常给孩子拥抱，或是搂一搂肩膀，让孩子体会到家庭的温暖和强大的安全感。用语言和行动去回应孩子，增加孩子的自我认同感，做孩子最坚强的后盾。认同与肯定是一种无穷的力量，它会催生出孩子自我悦纳的能力，也有助于发展欣赏他人、关爱他人的能力，从而发自内心地感恩父母，提升父母在孩子面前的威信，有利于形成孩子对家庭的责任感。避免孩子在父母离异后觉得没人真正关心自己、理解自己，那么他将离你越来越远。

【教育提升】

苏霍姆林斯基在《家长教育学》中曾言："家庭教育好比植物的根苗，根苗茁壮才能枝繁叶茂，开花结果。良好的学校教育是建立在良好的家庭教育基础之上的。"既然家庭教育如此重要，离异父母应当如何让孩子尽快适应父母离异背景下的家庭教育呢？

1. 不要向孩子播撒仇恨的种子。夫妻双方离异过后，不论是经济上或者是情感上，在抚养孩子的过程中相比之前可能负担会增加。但双方应该摆正心态，不在言语上相互责备、诋毁甚至推卸责任，否则孩子在心中可能会对异性产生偏见或偏激的看法。

2. 培养孩子逆境中的智慧及能力。离异后，作为离异父母双方应当适当及时地多与孩子进行沟通交流，了解孩子的想法，同时进行适当的谈心，增进彼此的理解，为孩子提供稳定自由的发展空间。不要把因自身离异对孩子的愧疚转化为溺爱，一味地迁就孩子，而应当教会孩子在逆境中需具备的学习能力、生活能力和心理品质。

3. 坚持一切从孩子出发，建立新的亲情秩序。夫妻离异过后，父母双方或一方应该增加必要的亲子互动，珍惜每次陪伴或者探视子女的机会，承担为人父母的责任，合理安排与孩子相处的时间，丰富生活方式，享受亲情，实现良性的三方互动，使孩子的内心得到爱的滋润。

 问题14：当孩子抱怨老师时，该如何维护老师的威信？

案例

小张是某中学初二年级的学生，近一学期对上学失去兴趣，一看到老师就烦，不想去学校上学，还不按时完成作业。据了解，新学期开学后，换了新老师，小张对老师的教学方法不适应，而且觉得老师处事不公平，包庇好同学，整天拿成绩不好的同学说事。上课了，老师检查作业，一个成绩差的学生没带作业本，老师见到就说："你带过什么啊！就知道玩！你还上什么学？"不一会儿，老师发现一个好学生没带本子，老师说："同桌和他一起看一下。"小张心里觉得委屈，就以上课讲话扰乱课堂纪律来表达不满，故意跟老师唱反调，被老师当众批评。他认为老师对他有意见，自暴自弃，上课故意不听课。他有时也想表现得好一点，上课主动举手要回答问题，但老师对他视而不见，他觉得自己受到了不公平的对待。小张在家向父母抱怨老师不会教书、处事不公，小张的父母很想改变小张对老师的成见，但是不知道该怎么维护老师的威信。

【原理分析】

当家长遇到孩子向你抱怨自己的老师时，请略作停顿、耐心倾听，孩子的诸多表现都在提示家长应当暂停一下，和孩子说说话。在倾听孩子的过程中，家长用心观察孩子的表现、体会孩子的感受，了解孩子抱怨老师的原因。一般情况下，孩子抱怨老师主要有以下三个方面的原因。

1. 学习上遇到困难。成绩差或者表现不好的孩子由于常常受打击而自我怀疑，渐渐放弃努力，就连好些学习不错的孩子也会因为成绩接连退步而沮丧，更有甚者像案例中的小张一样自暴自弃。心理学中，有一个名词叫作"习得性无助"，可以解释这种心理现象。心理学家曾做过实验，把狗关进一个笼子，每次蜂鸣器一响就给予电击，狗被电得狂吠不止，却又无处逃窜。如此反复一段时间后，实验者在蜂鸣器鸣响之前就将笼子打开了,但是狗却依然站在原地等待即将到来的电击,而不再尝试逃脱。在人类身上也做过类似的实验,结果如出一辙。这个实验表明:接连多次的失败会导致无助感,进而不再相信自己,认为一切都不受自己控制。

2. 师生关系不佳。在学校教学过程中,良好的师生关系能够满足教师与学生双方的心理需求,为有效教学创设有利条件。师生关系不佳大多是因为老师和学生当中一方或者双方的心理需求没有得到满足,根据马斯洛的需要层次理论,人都有归属与爱、自尊、自我实现的需要,当需要得不到满足时,就会产生不良的情绪和行为反应。

3. 与他人交往的不同模式。每个孩子表面看起来是一个独立的个体,但是他们的行为和所处的环境是息息相关的,孩子会受到父母言行、情绪表达、人际交往模式等因素影响。根据班杜拉的社会学习理论,孩子的模仿能力是十分强的,父母的榜样示范会起到意想不到的效果。孩子从家庭中习得为人处世的方法,如果父母对孩子或他人多有苛责、抱怨、批评,孩子习得这种模式以后,会将其转移到和他人包括老师的交往中,这样的孩子会比同龄人更加容易指责、怪罪他人。

【操作指导】

没有最好的方法,只有最适合的方法,每个孩子都是独一无二的,每个家庭都是不可复制的,无论是家长、老师还是学生,只有心往一处想、劲往一处使,家校合作才能形成合力,才能更好地助力孩子成长。如果孩子和老师关系出现问题,家长可以从以下方面着手解决。

1. 让孩子充分表达,倾听孩子的感受和需求。当孩子向家长抱怨老师的时候,很多家长如临大敌,大概率地觉得孩子不懂事,急于指责孩子、提意见。这时候,家长不妨尝试让自己慢下来,为孩子的表达创造条件,让孩子充分表达他的感受,观察孩子的行为,挖掘其感受和行为背后潜藏的需要。家长可以借由沟通了解以下信息:孩子是什么感受?他们有什么需求?家长要做的是不批判、不指责,让孩子感受到家长是理解他们的。

2. 给予友善的回应,学会运用善意的谎言。初中阶段的孩子虽然表现得不顺从,但是对父母的依赖并没有完全消失,他们希望从父母那里得到精神上的理解、支持和保护。在理解孩子感受的前提下,采取鼓励和引导的方式,做孩子成长路上的支持者、陪伴者,可以善意地告诉孩子"老师有跟妈妈说过这个事情,老师觉得你很有潜力,不努力去做实在太可惜了"等充满积极暗示的话语,给予孩子自信和力量,让孩子意识到自己有能力改变和创造,帮助孩子建立积极的自我认同。

3. 合理归因，重获对老师的尊重和理解。老师在生活中承担多重角色，也承受工作、家庭、社会各方面的压力，偶尔的不良情绪表达，并不是针对孩子本身。家长可以引导孩子合理归因，从积极乐观的角度解释老师的行为：老师可能因为别的事情心情不好，不是孩子的错，可能是环境、运气或其他原因造成的。这也从侧面反映老师对孩子的情感投入，期待孩子有不同的行为表现。以往的研究发现，决定师生关系质量好坏最为关键的五个要素分别是师生之间彼此的理解、接纳与尊重、互惠关系体验、学生的解释风格、师生关系持续的时间，这为建立和谐的师生关系提供了行动指南。

【教育提升】

1. 从问题解决中激发孩子学习的动力。任何人都需要得到别人的肯定，作为学生，老师的肯定和赞赏对他们十分重要。除此之外，家长努力去发现、挖掘和发展出孩子的"重要他人"——对孩子成长有重要影响的具体人物，可以是同伴、老师、历史上的英雄、现实生活中的典型、孩子的偶像等，通过"重要他人"身上的品质或者"重要他人"在孩子心目中的权威性，激发出孩子内在的发展动力。家长也可以引导孩子回忆过去某段成功经历或体验，请孩子让现在的自己与过去的自己对话，使过去的成功经历成为孩子克服当下困难的动力，进而提高孩子的学习积极性。

2. 从沟通中增进家庭关系。情感表达能够增强家庭成员之间的情感联结，家长在陪伴、关怀、支持孩子的过程中，应静下心来与家人相互关怀、彼此体贴，进而让家成为孩子温暖的港湾。就像歌曲《我想有个家》当中唱的："我想要有个家，一个不需要华丽的地方，在我疲倦的时候，我会想到它；我想要有个家，一个不需要多大的地方，在我受惊吓的时候，我才不会害怕。"同时，家长要注重家庭的仪式感，如在孩子升学时可以举办一些仪式，让他们知道自己已经从小学阶段升到中学阶段了，他们的学习方式、学习内容、学习状态都要发生相应的改变，让孩子产生可预期的确定感，更能应对外界的变化。

 **问题 15：该如何和孩子谈论学校的人与事？**

【案例】

绵绵性格开朗，喜欢交朋友，上了初中以后开始住校，回家也会跟父母分享在学校和朋友间发生的趣事。但是，从初二下学期开始，绵绵发现自己的东西经常没了，刚开始还以为是自己不小心弄丢了，可随着发生的次数越发频繁，绵绵意识到不对劲，跟家长和班主任都反映过。班主任也亲自到她们宿舍检查，一直无果。直到初二临近期末考时，绵绵发现自己的本子被人恶意涂鸦，并在本子上写有辱骂的话语，绵绵很害怕、生气，把本子交给班主任。班主任看到本子上的字迹后，一一比对班级同学的字迹，怀疑是绵绵的舍友所为，并亲自与绵绵的舍友面谈，对方承认自己是因为嫉妒绵绵什么都比自己优秀，心里很不平衡，所以才做出这样的举动。绵绵得知后，很气愤、难过，觉得自己的一片真心被辜负。家长又着急又无奈，不知道该怎么与孩子谈论学校的人和事才好。

【原理分析】

从人的终身发展来看，青春期的个体比较关心自己在群体中的地位如何，关心自己的外表是否具有足够的吸引力，关心自己性别角色的完美程度、被他人接受和欣赏的程度……这是伴随着生理成熟而产生的很正常的心理现象。但如果没有正确的教育、引导，很容易出现像绵绵的舍友这般因嫉妒而做出的不理智行为。实际上，嫉妒这种情绪每个人都会有，我们的世界总是充斥着各种比较，比成绩、比财富、比家庭、比颜值、比身高……但是，并不是所有的人都害怕比较。心理学家发现有两类学生，一类是任务卷入的学习者，这类学生关心的是能否掌握技能，而非与他人比较，他们在意的是自己的能力是否能有效提升，并不害怕失败；还有一类是自我卷入的学习者，这类学生关心能否向他人证明自己，他们寻求的是能比别人做得好，害怕失败，容易焦虑。本案例中绵绵的舍友就是典型的自我卷入的学习者，被嫉妒蒙蔽了双眼，进而做出了损人不利己的行为。

绵绵得知事件真相后出现的情绪反应，是因为原有的认知被挑战，同学关系破裂，内在的安全感受到威胁，进而产生焦虑、怀疑、愤怒、痛苦、失望等复杂的情绪体验。根据马斯洛的需要层次理论，人的需要从低级到高级一共有五个层次：生理需要、安全需要、爱与归属的需要、尊重的需要、自我实现的需要。在遭到舍友嫉妒这个事件当中，绵绵有两种需要受到威胁，分别是安全需要、爱与归属的需要。

【操作指导】

伴随危机事件的出现，父母获得了与孩子深入沟通、探讨的机会，家长不要回避负面信息，可以恰当利用契机，帮助孩子获得意外的成长，巩固亲子间的深度联结。

1. 调整情绪，做孩子可靠的避风港。父母在面对恶性事件对孩子产生不良影响或伤害时，定然有很多负面情绪需要发泄，但请时刻记住，父母是孩子此时此刻最需要依赖和信任的人，孩子需要从与父母的情感联结中汲取力量。父母在给予孩子支持时，请先安抚好自己的情绪，保证自己有足够的韧性和理智来帮助孩子走出不良事件的影响。父母情绪的稳定性是孩子今后遭遇任何危机事件与情绪困扰时，能够主动向父母寻求帮助的重要基础，他们会发自内心认为父母是可依靠的、可信赖的。

2. 理解孩子，做孩子情绪的感应器。父母鼓励孩子合理、真实地表达感受，因为亲人之间真实情感的交流具有重要的疗愈力量。比如孩子因为舍友的行为感到伤心、失望、怀疑、愤怒、痛苦等情绪，父母都可以去接纳孩子的感受，当孩子的感受得到理解和接纳，其行为将更符合家长和学校的期待。陈述事件、说出感受、叙述想法，对于情绪波动时期的孩子来说意义重大。一方面是孩子对父母陈述事件并表达情绪，得到父母的接纳和理解，会让孩子知道自己的身心反应是正常的，有利于孩子恢复常态。另一方面，孩子在叙述的过程中，也会加入一些自身对事件的反思，从中挖掘自身和周围环境的资源与能量，为自己走出困境创造条件。

3. 家校合作，为孩子的成长保驾护航。在关乎孩子的事情上，每位家长都希望自己的孩子好，都希望自己的孩子能得到老师更多的关注，都想知道自己的孩子在学校的各种信息。家长可以多和老师沟通，并针对当下发生的不良事件，发挥老师的权威性和影响力，从中调节、化解矛盾，也可以通过主题班会、心理健康教育课、团体活动等不同的渠道，给孩子们讲授同伴交往的经验、传授合作共赢的方法，别让孩子因不良事件留下心理阴影。另外，孩子身边的同学也是很好的资源，让孩子保持和同学的交往，重获人际交往的信心。

【教育提升】

孩子的生活是多姿多彩的，挫折是成长的主题之一，当孩子经历挫折时，需要的是父母理解他们的感受和现状，支持、鼓励、引导他们，进而帮助他们培养问题解决能力、情绪管理能力等。

1. 正面引导，催生孩子自我成长的内在动力。父母要聚焦于孩子积极正向的方面，帮助孩子建立积极的自我认同，让孩子时刻保持一种良好的状态。父母要教会孩子以更乐观、更宽容的态度对待周围的人和事，让孩子尝试与自己、他人、环境和谐相处，磨炼孩子的意志，促使孩子能够坦然地面对未知的挑战和风险，做到无惧无畏，父母自始至终要做的是引导和扶助。

2. 自我提升，教会孩子获取幸福的能力。幸福的家庭孕育幸福的孩子，父母是孩子的人生导师，家长需要给予孩子真切的幸福体验。家长的眼界、格局、对人事物的态度会给孩子潜移默化的影响，在与孩子谈论学校的人与事时，家长可以反问自己一个问题："我希望我的孩子变成什么样子？"谈论的目的是让孩子进行多元评价，世界不是非黑即白的。生活不仅有苟且，还有诗和远方，就像马克·吐温说的："生命如此短暂，我们没有时间争吵、道歉、伤心，我们只有时间去爱。"